EDITORA DO CONHECIMENTO

Auxiliando a humanidade a encontrar a Verdade

CB137630

História da Umbanda no Brasil

Volume 5

© 2017 – Diamantino Fernandes Trindade

História da Umbanda no Brasil - Vol.5

Diamantino Fernandes Trindade (Org.)

Todos os direitos desta edição reservados à
CONHECIMENTO EDITORIAL LTDA.
Fone/Fax: 19 3451-5440
www.edconhecimento.com.br
vendas@edconhecimento.com.br

Nos termos da lei que resguarda os direitos autorais, é proibida a reprodução total ou parcial, de qualquer forma ou por qualquer meio – eletrônico ou mecânico, inclusive por processos xerográficos, de fotocópia e de gravação –, sem permissão, por escrito, do Editor.

Projeto gráfico: Sérgio Carvalho
Ilustração da capa: Banco de imagens

ISBN 978-65-5727-061-5
2ª edição – 2020

• Impresso no Brasil • Presita en Brazilo

Produzido no Departamento Gráfico de
CONHECIMENTO EDITORIAL LTDA
Rua Prof. Paulo Chaves, 276 – 13485-150
Fone: 19 3451-5440 — Limeira – SP

Dados Internacionais de Catalogação na Publicação (CIP)
(Angélica Ilacqua CRB-8 / 7057)

Trindade, Diamantino Fernandes.
História da Umbanda no Brasil - Vol. 5 - Documentos históricos : / Diamantino Fernandes Trindade (Org.) — Limeira, SP: 2ª edição – Editora do Conhecimento, 2020.
476 p.

ISBN: 978-65-5727-061-5

1. Umbanda - História - Brasil I. Trindade, Diamantino Fernandes

17-0990 CDD – 299.672

Índice para catálogo sistemático:
1. Umbanda - História

Diamantino Fernandes Trindade
(organizador)

História da Umbanda no Brasil

Documentos históricos

Volume 5

2ª edição – 2020

EDITORA DO CONHECIMENTO

Esta é uma obra de pesquisa e resgate da História da Umbanda. Os direitos autorais são totalmente revertidos para as atividades de caridade.

Figura 1: Pai Ernesto Antonio Scazzioti

Dedicatória

Para Pai Ernesto Antonio Scaziotti, desencarnado em maio de 2016, após uma vida profícua exercendo com maestria e humildade o sacerdócio de Umbanda.

Saravá meu pai

Agradecimentos

Aos irmãos amigos pesquisadores, Cristiam Siqueira, Adão Lamenza, Juarez D'Ávila Rocha Bastos e Ademir Barbosa Junior pelas preciosas colaborações para o resgate da memória umbandista.

É impossível ao historiador a imparcialidade. Desde a coleta de documentos até a redação do trabalho são feitas escolhas, que não são causais. Qualquer tentativa de escrever sobre um fato ou período histórico envolve seleção, julgamento e pressupostos metodológicos. A História não pode ser nunca puramente descritiva, pois sempre haverá elementos de avaliação em qualquer relato. Sendo assim, o máximo que um historiador pode fazer no seu trabalho é alcançar uma face da verdade, que não é absoluta e sim variável de acordo com as condições que se apresentam no momento da escrita.

Umbandista que não estuda e não se dedica ao labor mediúnico caritativo, não é umbandista; é um simpatizante.

Pai Juruá

* * *

A luz não foi feita para ficar escondida em baixo do congá!
Senhor! Semear eu semeei. As árvores deram frutos.
Mas receio que poucos querem prová-los!

Matta e Silva

* * *

Zélio sabia, com antecedência, o motivo que levava os visitantes a Boca do Mato. Certa vez, um irmão nosso resolveu ir ao sítio com a intenção de pedir a Zélio que confeccionasse uma guia para seu uso. Não teve oportunidade de avisá-lo e, lá chegando, ao fazer o pedido, surpreendeu-se ao ver que a guia já estava pronta. Zélio a havia preparado na véspera, dizendo à esposa: "Guarde esta guia, que amanhã o seu dono virá busca-la".

Lilia Ribeiro
Boletim Macaia (TULEF)

* * *

Tudo mundo quer Umbanda
Quer, quer, quer Umbanda
Mas, ninguém sabe o que é Umbanda
Mas quer, quer, quer Umbanda
Umbanda tem fundamento
Mas quer, quer, quer Umbanda
Mas, ninguém sabe o que é Umbanda

Pai Antonio

Sumário

Apresentação

Prezado leitor!

No quarto volume desta obra iniciamos escrevendo: "Estamos chegando ao final de uma árdua, mas prazerosa, tarefa." No entanto, após a publicação muitos irmãos, interessados no resgate da memória da nossa religião, foram enviando documentos, imagens e reportagens esquecidos pelo tempo. Assim, aliado a novas pesquisas, foi possível reunir este precioso material no quinto volume. Como sempre contamos com a compreensão e amizade de todos da **EDITORA DO CONHECIMENTO** para mais esta empreitada.

O destaque deste volume vai para Lilia Ribeiro, fundadora e presidente da TULEF - Tenda de Umbanda Luz, Esperança e Fraternidade, do Rio de Janeiro, realizadora de muitas das entrevistas com Zélio e outros membros da Tenda Espirita Nossa Senhora da Piedade. Lilia debateu tenazmente, em debates e reportagens, as normatizações da Umbanda efetuadas pelo Senhor Caboclo das Sete Encruzilhadas, defendendo de unhas e dentes o preconizado pelo venerável Caboclo. Escreveu e gravou depoimentos importantes, mostrando claramente que a Umbanda instituída pelo Caboclo das Sete Encruzilhadas é simples, harmoniosa, sem roupagens coloridas e cheias de rendas, sem adereços, sem sacrifício de animais, sem atabaques, sem cobranças, sem beberagens, sem dançarias, sem vaidades, sem festas regadas a comes e bebes, sem rituais e magias disparatados e complicados, sem profusão de oferendas e despachos.

Lilia Ribeiro foi fundadora e mãe espiritual da Tenda Espírita Nossa Senhora do Rosário, em 1955. Essa Casa foi originária da Tenda de São Jerônimo, uma das sete criadas pelo Caboclo das Sete Encruzilhadas na primeira fase de expansão de nossa Religião. Posteriormente, em 23/04/1965, mudou a razão social para "Tenda de Umbanda Luz, Esperança, Fraternidade". Era médium do Caboclo Mata Virgem.

Lilia Ribeiro era repórter e jornalista, editando o Boletim "Macaia", e foi quem deu entrada à história da Umbanda, longe dos mitos; a história real, com fatos. Em 6 de novembro de 1968 assumiu a coluna de Attila Nunes, recém desencarnado, no *Diário de Notícias*.

Durante todo o período que conviveu com Zélio de Moraes e com suas filhas Zélia de Moraes Lacerda e Zilméia de Moraes Cunha, Lílian constituiu um grande acervo de gravações, perto de 90 (noventa) fitas históricas, dentre as quais, uma grande quantidade de fitas com gravações de Zélio de Moraes, do Caboclo das Sete Encruzilhadas e pontos cantados na Tenda Espírita Nossa Senhora da Piedade, verdadeiros pontos de raiz. Também constituiu vários textos sobre ensinamentos, rituais, pontos e trabalhos executados naquela Tenda e na Cabana de Pai Antonio, em Cachoeira de Macacú/RJ. Várias de suas matérias são aqui apresentadas.

Em 1986, quando publiquei a obra *Iniciação à Umbanda*, fiz os primeiros registros sobre a História da Umbanda. Em 1990 recebi do Astral a tarefa de resgatar a memória da nossa religião.

No ano seguinte publiquei o livro *Umbanda e sua história* e, em seguida, *Umbanda - um ensaio de ecletismo*, as primeiras obras da saga histórica da Umbanda (esgotadas). Quando do centenário da Umbanda (2008), munido de mais documentos, trouxe a publico *Umbanda Brasileira - um século de história* e algum tempo depois *Memórias da Umbanda*. Estes dois livros podem ser considerados como introdutórios para quem pretende conhecer a nossa história.

Passei a aprofundar minhas pesquisas, fazendo várias incursões a Biblioteca Nacional, sebos e terreiros. Por interferência do Astral muitos amigos e irmãos foram contribuindo para a concretização de algo mais substancial. Livros, revistas, jornais, fotos e documentos que eu não imaginava que poderiam chegar às minhas mãos, acabaram chegando.

Por algum motivo, que só o Astral sabe, a História da Umbanda está hoje concentrada nas publicações da **EDITORA DO CONHECIMENTO**. Depois de uma procura, por mais de vinte anos, consegui um exemplar do livro *No Mundo dos Espíritos*, de Leal de Souza, de 1925. Este não é o primeiro livro de Umbanda, mas é o primeiro que fala de Umbanda em alguns capítulos, onde o autor conta, por exemplo, como ele conheceu a Tenda Espírita Nossa Senhora da Piedade. Encaminhei e fiz a apresentação da obra para a **EDITORA DO CONHECIMENTO** que a publicou, em 2012, após quase noventa anos decorridos desde a primeira edição.

Anteriormente já tinha feito o mesmo processo para o outro livro de Leal de Souza: *O Espiritismo, a Magia e as Sete Linhas de Umbanda*. Este sim, o primeiro livro da Umbanda e o primeiro resgate histórico da religião.

Em 2009 foi lançado o meu primeiro livro por esta editora: *Antônio Eliezer Leal de Souza - o primeiro escritor da Umbanda* fruto de várias pesquisas e fundamentado em diversos livros raros e documentos originais. Pouco se sabia, até o lançamento desta obra, sobre Leal de Souza, poeta parnasiano, jornalista, critico literário, dramaturgo e tabelião. Veio em seguida, 2010, a obra *A construção histórica da literatura umbandista*, que mostra as principais obras e autores que fazem parte do universo literário umbandista.

Mais quatro anos de pesquisas me levaram a escrever o livro *História da Umbanda no Brasil*, obra de folego, com quase seiscentas páginas, e publicada em 2014. É um livro para quem quer conhecer em profundidade a memória umbandista.

Como a História da Umbanda é uma grande pesquisa em construção, fiz novas incursões na Biblioteca Nacional e, contando a valiosa ajuda de irmãos e amigos pesquisadores, chegamos ao segundo volume da obra que tem como subtítulo: *A Umbanda nos Jornais do Rio de Janeiro*. Este livro apresenta diversos textos perdidos no tempo, de autores consagrados, em periódicos já extintos do Rio de Janeiro, onde a Umbanda foi revelada.

Quando pensei que a tarefa havia chegado ao final, pois não tinha mais material disponível, fui orientado pelo Astral que ainda havia muitos textos e documentos que precisavam ser resgatados. Assim, em pouco tempo, foram chegando mais e mais documentos, textos e imagens que deram origem ao terceiro, quarto e quinto volumes. Tive também nesta empreitada a colaboração de diversos irmãos autores que escreveram alguns capítulos para abrilhantar a obra.

Iniciamos este quinto volume com uma belíssima mensagem de Mãe Ziméia de Moraes ao jovens, seguido pelo opúsculo ***Transposição dos Umbrais***, de Leal de Souza, publicado no ***O Reformador***, em 1924. Mostramos logo após um estudo, versando sobre banhos de descarga e defumadores, apresentado pela Tenda Espírita Fé e Humildade, na reunião de 22 de outubro de 1941, por intermédio do Senhor Eurico Lagden Moerbeck, no Primeiro Congresso Brasileiro do Espiritismo da Umbanda. O próximo capítulo apresenta o trabalho de Mestre Yokaanan a frente da Fraternidade Espiritualista Eclética Universal.

Continuando, Renato Alencar descreve um ritual realizado na Pedra da Onça no Rio de Janeiro, em 1949. Ainda nesse ano, temos a matéria sobre a famosa procissão realizada, em Porto Alegre, pela Congregação dos Franciscanos Espíritas de Umbanda. Em 1950, Armando Pacheco mostra, na ***Revista da Semana***, como Leal de Souza foi revelado por Olavo Bilac. O ano de 1941 trouxe à luz um Ritual de Umbanda, aprovado em 04 de novembro de 1952, pela União Espiritista de Umbanda do Brasil.

Em 1953, o jornal ***O Dia***, relata uma festividade umbandista, em São Paulo, que contou com a presença de um padre excomungado pela Igreja Católica.

A seguir comentamos o livro ***No limiar da Umbanda***, publicado, em 1954, pela Organização Simões. O uso do fumo e das bebidas nos terreiros é um tema muito controverso, até os dias de hoje, na Umbanda. A Tenda Nossa Senhora da Piedade elaborou um trabalho sobre o tema que também apresentamos.

Carlos Azevedo mostra no jornal ***O Semanário***, 1956, um

artigo sobre os centros de força. Os ataques da Igreja Católica à Umbanda, proferidos por Dom Jaime Câmara, em, 1957, vieram acompanhados dos protestos de muitos umbandistas. O relato é feito, em duas matérias, pelo periódico *O Semanário*. O mesmo jornal, em 1957, comenta sobre a liberdade de cultos, propiciado pela Constituição Brasileira. Ainda no mesmo ano, o periódico citado publica matéria sobre a Teogonia da Umbanda.

Em 1961, o jornal *A Noite*, traz matéria sobre um grupo de quase dois mil congressistas (Pajelança, Xangô, Candomblé, Umbanda e Batuque ou Pará), presentes ao Segundo Congresso Nacional da Umbanda, que apresentaram uma tese pedindo a sagração do Monumento ao Pai Preto, erigido em Campo Grande, em 1958. Em agosto de 1961, Pedro Lívio apresentou matéria na Revista *Manchete*, intitulada *A Nova Lei de Umbanda* também relativa ao Congresso.

Comentamos, em seguida, a importante obra do escritor gaúcho Leopoldo Bettiol, intitulada *O Batuque na Umbanda*. *Saravá* é matéria de Maria Aparecida Palma, publicada, em 1968, pelo Jornal *Diário do Povo*. O *Jornal do Comércio*, do Recife, destacou, no mesmo ano, a vida e o trabalho espiritual do famoso dirigente espiritual Pai Apolinário, em matéria de Paulo Viana.

Segue-se uma série de matérias de Lilia Ribeiro, 1969/1970, publicadas no *Diário de Notícias*: *Attila Nunes desencarnou*; *Origem, formação, evolução; Ritual*; *A mensagem dos terreiros*; *Iemanjá*; *Esclarecimento*; *Os Caboclos*; *José Alvares Pessoa*; *Vegetarianismo na Umbanda; O Evangelho na Umbanda; Attila Nunes; Evolução; Exu - o incompreendido; O vocábulo Umbanda*. No mesmo jornal temos as matérias de Cavalcanti Bandeira intituladas *Fundamentos do Umbandismo*; *Orixalá, Oxalá e Orixá*; *Omolu*. Ainda no mesmo periódico, 1970/1971, Romário Ferraz de Campos escreveu sobre o Caboclo das Sete Encruzilhadas e a matéria *Procurando a verdade*.

Seu Sete da Lira não podia estar ausente deste quinto volume. José Carlos Marão escreveu a reportagem *Seu Sete da Lira*, na Revista *Realidade*, em 1971. A Revista *Intervalo* publicou o artigo *Seu Sete faz o milagre: a TV vai mudar!* Após as apresentações de Seu Sete da Lira nas TVs, em agosto de 1971, a mídia, a Igreja Católica e os Órgãos de Cúpula da Umbanda passaram a desferir ataques constantes ao Exu do Povo, que se manteve tempo em silencio. Em 5 de outubro de 1971 a Diretoria do Terreiro manifestou-se pela primeira vez sobre os fatos.

A Revista *O Cruzeiro*, 1971, apresentou a matéria *Seu Sete presta contas*.

As fitas gravadas por Lilia Ribeiro deram origem a várias publicações históricas. Apresentamos uma entrevista com Zélio de Moraes e o Caboclo das Sete Encruzilhadas, em 1971. Em seguida, algumas entrevistas com a família de Zélio de Moraes. No capítulo seguinte abordo a dúvida sobre o Caboclo das Sete Encruzilhadas pertencer à Linha de Ogum ou à Linha de Oxóssi. Apresentamos a seguir matéria publicada no Órgão Oficial do Centro Espírita Caminheiros da Verdade, edição especial pelos quarenta anos de fundação. Apresentamos também o Hino dos Caminheiros.

A próxima matéria versa sobre a criação do Conselho Nacional Deliberativo da Umbanda (CONDU). Em novembro de 1972 o jornal *Correio da Manhã* destacava a comemoração do Dia da Umbanda. No mesmo ano Cavalcanti Bandeira escreveu a matéria *Umbanda e suas influências* para a Revista *Planeta*.

Novamente Seu Sete está presente na mídia. Em 1975, a Revista *Fatos & Fotos* trazia a matéria *Seu Sete está em todas*, de Pedrosa Filho. Ainda no mesmo ano, na homenagem a Mamãe Oxum, Lilia Ribeiro falou sobre o Caboclo das Sete Encruzilhadas. A revista *Fatos e Fotos Gente* publicou, em 1976, a matéria sobre Antonio de Alva considerado, na época, como um dos mais importantes bruxos brasileiros.

Em 1978 o jornal *Adjá* publicou a matéria *Setenta anos de Umbanda com Sete Encruzilhadas. Saravá Umbanda!* foi o artigo publicado por Afrânio de Oliveira, no jornal *O Dia*.

Mais uma vez Lilia Ribeiro escreve, em 15 de novembro de 1978, sobre o Caboclo das Sete Encruzilhadas, para a ALUERJ (Aliança Umbandista do Estado do Rio de Janeiro. José Fonseca escreveu uma obra rara da literatura umbandista, *Umbanda Brasileira*, em 1978, e publicada pelo CONDU (Conselho Nacional Deliberativo de Umbanda). *Por que a Umbanda vai à praia no Révellion e não no carnaval*, de Waldo Luis, foi a matéria publicada pela Revista *Fatos & Fotos Gente* em 1980. No mesmo ano a mesma revista publicou o artigo *O colecionador de despachos*, de Renato Savarese. O CONDU publicou, em 1980, o texto *Conceitos de Umbanda*, extraído do livreto *Noções Elementares de Umbanda*.

O magnífico texto *As origens de Umbanda*, foi publicado no Boletim Informativo da Federação Nacional das Sociedades Religiosas, em 1982. O Dr. Adalberto Pernambuco escreveu o brilhante artigo *O marafo*, em 1984, no periódico *Umbanda em Revista*. Em 1987, o jornal *Folha de São Paulo* publicou uma matéria sobre as crenças religiosas do então Presidente da República José Sarney. Diamantino Fernandes Trindade foi entrevistado no *Jornal Zona Sul*, 12 de maio de 1989, para a matéria *A nova face da Umbanda*. No mesmo ano, Regina Helena Paiva Ramos fez a reportagem *Saravá Umbanda!*, publicada na Revista *Visão*, 15/11/1989.

Chegamos à década de 1990 e começamos com o artigo do *Diário Popular*, intitulado *Macumba de rico custou 300 mil*. O mesmo jornal publicou. Em 1991, *Macumba no Corinthians*. A *Folha de São Paulo* publicou, em agosto de 1993, uma matéria sobre o ritual do axexé, cerimônia que lembra a morte de Mãe Menininha do Gantois.

Em seguida fazemos um comentário sobre a revista *Umbanda: origens e rituais*, redigida por Brasão de Freitas. Em 2010 tivemos o desencarne da querida Mãe Zilméia de Moraes. Apresentamos quatro capítulos sobre a sua vida espiritual. O periódico *Esotera*, de 2006, apresenta excelente matéria sobre o valente trabalhador da Umbanda Manoel Floriano da Fonseca.

Reproduzimos, a seguir, uma mensagem do Caboclo das Sete Encruzilhadas: *Feliz Natal e Ano Novo*.

Nosso querido irmão Adão Lamenza foi cambono de Seu Sete da Lira. Aqui ele conta, em duas matérias, um pouco sobre o final da grandiosa tarefa do Exu do Povo. No quarto volume desta obra apresentamos a Carta Magna da Umbanda, oficializada por um grupo de líderes religiosos de São Paulo e que foi lançada no dia 13 de novembro de 2015, na Câmara Municipal de São Paulo. O nosso irmão Ademir Barbosa Junior tece comentários sobre o documento. Como, em minha opinião, um documento deste porte não deve ser algo regional, apresentamos neste volume um documento mais amplo (ainda em construção), idealizado elaborado por Pai Ortiz Belo e diversos colaboradores.

A seguir mostramos algo muito significativo para a nossa religião. A Tenda Espírita Estrela do Mar recebeu moção da Câmara de Vereadores da Cidade do Rio de Janeiro. São 64 anos de existência ininterrupta em prol da Umbanda e com a bandeira firme da caridade. A atual diretoria, através do presidente Juarez d'Avila esteve presente em uma sessão solene em 29 de agosto de 2016. A Moção foi concedida por intermédio do Vereador Átila Alexandre, que tem tido conduta intensa em prol da Umbanda e respeito às crenças religiosas com aprovação de Lei neste sentido.

Os capítulos seguintes referenciam figuras ilustres da Umbanda: Pai Guarantã, Carlos Buby, Mãe Sima Tchalian, Tia Edith, Pai Ernesto Scaziotti e Mestre Yatyçara. A Umbanda passou a ser considerada patrimônio cultural imaterial da cidade do Rio de Janeiro. Mostramos o decreto número 42.557, de sete de novembro de 2016, que oficializa esse importante evento.

A Umbanda tem crescido significativamente nos últimos vinte anos em Portugal. Um dos terreiros de referência no país é o ATUPO, que conta com aproximadamente uma centena de médiuns em sua corrente. O atendimento ocorre aos sábados à tarde. A instituição publica o periódico *Jornal Umbandista Português - Fundamento* que trás importantes matérias elucidativas sobre a nossa religião.

J. A. de Oliveira nos trás um pouco mais de História no livro *Magias de Umbanda*. Em seguida explico qual a metodologia por mim utilizada na pesquisa sobre a História da Umbanda. Apresentamos, também, uma importante relação de terreiros entre 1888 e 2011. O próximo capítulo é uma homenagem ao primeiro escritor e historiador da Umbanda: Leal de Souza.

Coaching astral é um texto onde mostro os caminhos da denominada *Neo Umbanda*. Em seguido escrevo sobre *O outro lado vida*. O Diário Oficial do Estado de São Paulo publicou, em 18 de agosto, uma matéria sobre a realização, na Assembleia Legislativa, de uma reunião de sacerdotes e seguidores de religiões de matriz africana, iniciativa da deputada Clélia Gomes. A audiência serviu também para homenagear pessoas ilustres que se notabilizaram pelo combate à intolerância religiosa.

Encerramos com a tradicional Galeria de Imagens.

Aqui finalizamos uma jornada histórica de 1906 páginas, 332 capítulos e 572 imagens.

Comunicamos aos nossos leitores, como fizemos anteriormente, que o acervo do *Jornal de Umbanda*, no período de 1952 até 1960, encontra-se digitalizado e disponível no site da Biblioteca Nacional:

http://memoria.bn.br/hdb/periodico.aspx

Como a História da Umbanda é uma pesquisa em construção, novos documentos podem se apresentar. Faremos, então, a publicação no jornal *Aldeia de Caboclos* e em nossas páginas:

http://www.aldeiadecaboclos.com.br
http://mandaladosorixas.blogspot.com.br
https://www.facebook.com/Cabanadepaibenguela

Saravá!

Mensagem de Mãe Zilméia aos jovens

O mais importante é que tenham pureza em seus corações, consciência das dificuldades que os esperam em um caminho que sempre é árduo, no qual, muitas vezes, sua fé será testada.

Procurem ter sabedoria para se desviarem dos falsos mestres: aqueles que mistificam os ensinamentos da verdadeira Umbanda na busca de interesses escusos ou simplesmente por uma questão de vaidade, aqueles que oferecem conhecimento e sabedoria como coisas fáceis de serem conquistadas, como se houvessem atalhos para o crescimento pessoal e espiritual.

Lembrem-se que na Umbanda, assim como na vida, as coisas devem ser aprendidas em um longo e muitas vezes penoso caminhar. Tudo tem seu tempo e sua hora. O sucesso rápido de hoje pode significar o fracasso de amanhã. Para se construir algo que permaneça firme, principalmente se quisermos que continue a crescer, sempre necessitaremos de bases sólidas. Quanto mais fortes melhor.

Devem ainda ter sempre em mente que a Umbanda foi, é, e sempre será baseada na simplicidade, na humildade e na caridade. Estes são os verdadeiros ensinamentos da Umbanda, dos quais vocês nunca deverão se afastar.

Usem seus corações como guias. Façam suas orações pedindo aos seus mestres espirituais a orientação necessária nos momentos de dúvidas, sobre quais caminhos trilhar e como proceder diante das dificuldades e mesmo das facilidades que a vida nós dá, uma vez que o caminho mais fácil nem sempre será aquele que nos fará mais feliz.

Tenham fé em Deus, em Oxalá, em nossos guias e protetores espirituais. Sejam humildes e caridosos, pois esta é própria razão de ser da Umbanda.

Que Deus os abençoe.
Zilméia

https://www.facebook.com/Tendaespiritanspiedade

Transposição dos umbrais

Conferência pronunciada na FEB, e publicada em *O Reformador* (1924). Reeditada em 1970 pelo mesmo periódico

Antonio Eliezer Leal de Souza

Ó Espíritos de luz, que pondes nos lábios dos médiuns as armas antigas de Júpiter, dando ao pálido verbo humano as fulgurações de raios que iluminam sem fulminar; ó mensageiros benignos, que amparais, nos seus desfalecimentos, as fraquezas humildes; e vós, irmãos meus, que já vos habituastes aos clarões de verdades novas para mim, envolvei-me na atmosfera dos vossos eflúvios simpáticos, assisti-me nesta hora de transposição de umbrais, quando o meu ser se desdobra, como se o meu Espírito incorpóreo pairasse librado nesta sala, e buscando-o, para integrar-se, o meu corpo pesadamente subisse as escadarias deste edifício, trazendo heranças bárbaras no legado de sangue de nossas tribos, músculos atrofiados de charrua em arcabouço rijo de luso, e encontrando, na alma imortal, reminiscências de longas vidas extintas, lembranças de costumes perdidos em paisagens transformadas, saudades de civilizações sepultas sob as ruínas de milênios mortos.

Assombro! Maravilha! Deslumbramento! Dilataram-se os horizontes da vida, abrangendo os horizontes da morte, e nessa rasgada imensidão, sem limites no espaço e sem fronteiras no tempo, em continuidade incessante, alternam-se as existências renovadas, como os panoramas das mesmas regiões.

Os planetas ignotos, os astros afundados no infinito, os mundos inacessíveis à luneta investigadora da ciência orgulhosa, desvendados pelas revelações dos Espíritos, oferecem às nossas esperanças, em escala sideral de aperfeiçoamento, vidas mais suaves em pátrias mais belas!

Ai de mim! Na grandeza dessas magnitudes que se multiplicam no indefinido das criações nascentes e renascentes, por onde se espraia a glória de Deus, ai de mim! Sou a pedra que leva ao fundo da ribeira as impurezas da superfície, embutida nas areias do leito, fica a lavar-se sob o arrulho trêmulo das águas! Obrigado, Senhor, obrigado pela graça de permitirdes que sobre as minhas imperfeições escorram as claras águas lustrais, em que hoje me inundo e lavo!

Há duas semanas, eu não ousaria alimentar a pretensão de subir a esta tribuna. Comparei-a, entrando pela vez primeira nesta casa, a uma cova aberta, de onde surdissem[1] fantasmas, arrastando o livor funéreo[2] das mortalhas. Julguei-a, mais tarde, atentando na excelsitude dos Espíritos que a orientam, e sob a influência de antigas concepções, a um pedaço azul de nuvem estrelada, entapizando pés radiantes de arcanjos. Se hoje não encontro expressões dignas dela, compreendo, ao menos, a sua majestosa responsabilidade, pois as palavras proferidas nesta eminência, ou são ditadas pelos mensageiros divinos, ou por eles testemunhadas.

Ao atingi-la, cheio de sacra emoção, em obediência a um convite da importância de um chamamento, eu deveria, inicialmente, procurando elevar-me acima de mim mesmo, agradecer à bondade misericordiosa de Deus os favores de sua graça, derramados em meus caminhos, ainda quando eu o desconhecia, e a piedade com que me conduziu à crença e à fé, sem transitar pela desventura.

Não cheguei às praias da fé como um náufrago envolto na espuma da tempestade, agarrado a um destroço de nau, sob os tufões da desgraça. Levaram-me a Deus o estudo sereno, em horas tranquilas, o raciocínio, em períodos frios de análise, e, na normalidade regular da vida, a demonstração anormal dos fatos. Por essas mesmas escalas meditativas, em lógica progressão, cheguei, no Espiritismo, às puras convicções que me irmanam aos vossos princípios.

Passei pela Igreja de Roma à maneira de um monge que ao vestir o burel tombasse à entrada da cela e, deixando o corpo

1 Emergissem.
2 Palidez cadavérica.

morto na gelidez do claustro, seguisse, em Espírito, para outro destino. Adotei-a por um erro de cálculo, para fins de utilidade social, mas logo reconheci, com amargura, que o sacerdócio católico não tinha o sentimento cívico necessário para auxiliar a consolidação da unidade política brasileira, e não possuía a solidez de fé indispensável para o serviço de Deus entre os homens.

O Catolicismo, como quase todas as religiões, é uma construção humana levantada sobre bases divinas, e é a segurança dos alicerces que ainda lhe sustenta as paredes arruinadas. As catedrais são, sem dúvida, templos, mas templos da arte, que abrigaram, através de séculos, sob os seus tetos doirados, as esperanças e as ansiedades dos corações voltados para Deus.

Quando se abaterem, um dia, esses altos muros ornados de gemas custosas, e subirem aos ares, em poeira, os seus escombros, envolvamos as velhas igrejas em generoso respeito, e, olvidando culpas e erros de casta, oremos pela redenção de seus últimos adeptos.

Autor de uma sátira sobre o clero, e só tendo aceitado o Catolicismo, num instante de ilusão patriótica, em Setembro de 1919, não tenho deveres especiais de defesa para com uma religião de que fui, por cinco anos, o hóspede constrangido, mas devo encará-la sereno, com elevação e justiça.

Não há mal em ser católico. O mal está em não o ser com sinceridade; em não praticar, na conduta individual, a austeridade das regras baseadas no reconhecimento da existência de Deus, no princípio da imortalidade da alma, e nas dez prescrições divinas recebidas por Moisés, no Monte Sinai. Cumpre-nos reconhecer que a Igreja pode, e talvez ainda possa orientar, sob o saiote do clero, almas iluminadas como Santo Antônio de Pádua ou São Francisco de Paula.

Os processos espíritas de propaganda diferem essencialmente dos métodos católicos de conversão. O Espiritismo examina e discute; analisa e raciocina; propaga-se estudando e ensinando. A Igreja Romana, inspirada pelo profissionalismo sacerdotal, dogmatiza e anatematiza; adensa trevas e confunde em sombras as evidências reais; inverte princípios ou detrata indivíduos, e despenha sobre as verdades demonstradas, a trovoar entre nuvens de intransigências, os raios platônicos da excomunhão.

Em relação aos fenômenos mediúnicos, ou às manifestações das almas dos mortos através dos médiuns, incidem em contradição os padres que as consideram impossíveis e que as proíbem em nome da legislação mosaica, pois só se proíbem as coisas de possível realização.

Quanto à proibição decretada por Moisés, devemos considerá-la como lei transitória, imposta, em dado momento, a um determinado povo, pelas circunstâncias locais, e não como preceito divino, de eterna vigência, pois Deus não o insculpiu entre os dez mandamentos que constituem a sua lei.

O Catolicismo estabelece diferença entre puros Espíritos, criados perfeitos, e as almas dos defuntos, e todos os seus livros relatam os numerosos casos, popularmente conhecidos, de anjos reveladores ou salvadores, aparecidos, em visíveis corpos materiais, a homens e mulheres, em sítios inumeráveis. Sendo, porém, na verdade, aqueles Espíritos e estas almas, entidades da mesma natureza e origem, os primeiros representando a evolução e o progresso das segundas, achamos assim, na trama sutil das concepções teológicas, emaranhada em novelo de doutrina, a confirmação dos fenômenos mediúnicos operados por almas ou Espíritos não demoníacos.

Ainda que se persista em considerar os anjos como Espíritos de natureza diversa da de nossas almas, a Igreja católica, em seus anais, regista incontáveis casos de aparecimentos visíveis e tangíveis de almas de defuntos materializadas.

Os puros Espíritos criados perfeitos, segundo a teologia, são os de mais alta hierarquia, os Serafins, os Querubins e os Tronos; os da segunda categoria, as Dominações, as Virtudes e as Potências; e os da terceira e última classe, os Principados, os Arcanjos, e os Anjos de Guarda, incumbidos, estes, de acompanharem as pessoas, garantindo-as e encaminhando-as à santificação.

Os santos não são, pois, puros Espíritos criados perfeitos e, consequentemente, são, na vida corpórea, almas da mesma natureza das dos outros homens, e, depois da morte, almas da mesma essência das dos outros defuntos.

Se quiserem, não obstante a classificação teológica, considerá-los como puros Espíritos criados perfeitos que se corporizaram na Terra, teremos de admitir que os puros Espíritos criados perfeitos deixam de o ser, sem que se transformem em demônios, e, sujeitos às contingências da matéria, assumem efêmeros corpos mortais, constituídos trivialmente, conforme as leis comuns da natureza humana. Sofreriam, assim, aquelas privilegiadas entidades espirituais, sem terem cometido crime, um perpétuo rebaixamento, não compensado pela santificação, dependente de cerimoniais burocráticos que não os retirariam da classe das almas dos defuntos, para restaurá-los em sua primitiva natureza angélica.

Se disserem que as almas dos santos, por se haverem purificado na Terra, ou por graça especial de Deus, subiram à condição de puros Espíritos, reconhecerão como verdadeira a doutrina espírita, proclamando que quantos procederem, como procederam os santos, ascenderão, com a graça divina, à ordem feliz dos Espíritos superiores.

Se, porém, as almas dos santos, após a morte, continuam a ser da mesma natureza das outras almas de defuntos, terão os párocos de confessar que as almas dos defunt os podem comunicar-se com as pessoas vivas, ou encarnadas, porque os santos, depois de mortos, segundo os relatos da Igreja, têm, vezes incontáveis, revestidos de visíveis corpos materiais, aparecido na Terra, como em Lourdes, a Bernadette, que viu a Virgem Maria, ou a frades de certas ordens, que recebem, todos os anos, simultaneamente, nos seus conventos do mundo inteiro, a visita de S. Cosme.

Assim, irmãos meus, não precisamos sair do Catolicismo para aceitar, na translúcida pureza de sua verdade, o Espiritismo.

Dir-se-á, porém, negando-se o princípio das reencarnações, que as outras almas de defuntos, nunca mais voltando à vida terrestre, jamais poderão chegar à perfeição das que foram santificadas e constituem uma casta privilegiada, com poderes inerentes aos seus foros especiais.

Ora, irmãos meus, a santificação é um ato meramente eclesiástico e exclusivamente humano, em que se apassiva a soberania divina, permitindo monstruosas iniquidades, seculares e até perpétuas. Vejamos.

Condenada como herege por um tribunal de bispos, Joana d'Arc foi queimada viva. Dobados séculos sobre as labaredas que a consumiram, a Igreja, ao termo trabalhoso de longos inquéritos e pesquisas, reconheceu que não soubera distinguir entre uma santa e uma pecadora, e confessou que martirizara a santa, supondo castigar uma herética. Reparando tardiamente o seu erro, colocou-lhe uma auréola à cabeça e uma espada à cinta, ergueu-a num altar, e mandou adorá-la.

Mas, perguntamos, nos extensos séculos decorridos entre o martírio e a santificação, onde esteve a alma de Joana? No Paraíso? Não, que o Paraíso não é lugar de heréticos, e Joana foi oficialmente queimada, pela Igreja, como herética. Esteve, pois, no inferno, ou no purgatório.

E Deus – a suma bondade e a suma justiça – só porque os bispos erraram, conseguiu que, por séculos, um santo padecesse no inferno ou penasse no purgatório, ou então, sendo a suma sapiência, precisou que se fizesse um inquérito na Terra, para saber que havia uma santa abandonada às fúrias infernais. Absurdo! Blasfêmia!

Outro exemplo. Quando, pela força vitoriosa das armas e pela vontade entusiasta do povo francês, Napoleão Bonaparte ascendeu ao trono imperial, descobriram os seus áulicos, entre os seus ancestrais, um pobre clérigo falecido na obscuridade, e, dispondo-se a santificá-lo, a Igreja iniciou o inquérito basilar da canonização. Solicitou-se ao monarca sem nobreza de sangue os emolumentos para a marcha do processo canônico, e, negando--os, o guerreiro coroado explicou:

– Se descobrem um santo entre os meus parentes, podem roubar-me as glórias, atribuindo-lhe a fundação da minha dinastia.

O processo parou e Deus, na sua bondade e na sua justiça, em homenagem ao orgulho despótico de um soldado, permitiu que se deixasse um santo apagado no silêncio e no olvido, sem resplendor e sem culto! Absurdo! Absurdo!

Assim, catolicamente, a Igreja é quem faz o santo, sem a intervenção de Deus, avisando o céu e a terra: "Desta data em diante, Pedro ou Paulo, é santo". Segundo o Espiritismo, os Espíritos superiores, que correspondem aos santos, não atingem o seu grau de superioridade mediante inquérito ou concessão de contingentes criaturas terrenas, mas pela força natural do seu aperfeiçoamento, e a sua hierarquia independe do nosso reconhecimento, sendo eles próprios, com a graça paternal de Deus, que nos revelam a sua elevação, sem que se declarem santos ou iluminados.

No esforço empregado para dar às manifestações dos Espíritos explicações consentâneas com os interesses do profissionalismo sacerdotal, atribuem-nas os púlpitos e os confessionários a sacrílegas artes do demônio. Ora, sendo o demônio o mal, e a faculdade mediúnica servindo única e exclusivamente para aquelas manifestações, não é admissível que Deus, a suprema bondade e a justiça suprema, desse aos seus filhos uma faculdade que só servisse para perdê-los, entregando-os ao demônio.

Grandes homens da ciência contestam e negam as verdades espíritas. Poderemos avaliar a importância dessas contestações ou negativas, pelas contradições dos negadores entre si, que uns aos outros se combatem eles, provando-se os erros de cada qual. Enquanto os negativistas contendem ou discordam, outros grandes nomes da ciência, celebrizados, alguns, por descobertas notáveis, chegam, através de severas pesquisas, no rigor dos laboratórios experimentais, ao conhecimento e reconhecimento de verdades que os alistam entre os adeptos do Espiritismo.

A teoria não produz o fato, e a transcendência imponderável da mais complexa teoria jamais destruirá o fato mais simples. O Espiritismo é o fato criando a teoria.

Na esfera positiva dos fatos, as minhas observações datam de longos anos.

Em 1911, Alcides Maia, membro da Academia de Letras, e, mais tarde, em duas legislaturas, deputado federal pelo Rio Grande do Sul, alegando necessitar, numa crise de alma, da constante assistência moral de um amigo, pediu-me para mudar-me da Rua Senador Vergueiro para a casa de pensão existente, naquele tempo, na rua Buarque de Macedo, 52, onde ele residia. Era natural que o atendesse. Instalei-me em um segundo andar, dividido em quatro quartos, habitados, o da frente, amplíssimo, por Alcides; o segundo, por Ezequiel Ubatuba, que mo cedeu, transferindo-se para o último, nos fundos, e o terceiro pelo Sr. Francisco Marcondes, então presidente da Assembleia do Estado do Rio e depois deputado federal.

No próprio dia da minha instalação, às dez horas da noite, estando eu no quarto, com a porta semicerrada, ouvi que batiam, e convidei: "Entre". Soaram nítidos passos, da porta ao lugar em que me achava, mas, não vendo entrar alguém, supus, despreocupando-me, que as passadas fossem no aposento contíguo. Fechei a porta do corredor, mas, na que comunicava o meu com o quarto do deputado Marcondes, retumbaram violentas pancadas, enquanto a mesa de cabeceira oscilava, inclinando-se. Tão desprevenido estava eu, que atribuí absurdamente essa inclinação aos golpes que imaginava dados sobre a outra face da porta, no quarto de Marcondes. Saí para falar ao incômodo vizinho, mas, não o encontrando, pensei que, depois de bater, o barulhento havia saído. Deitei-me, e logo, inexplicavelmente, levantando-se comigo, a cama ergueu-se do solo. Saltei ao chão, e esse leito, que era de ferro, desceu docemente, assentando os seus pés nas tábuas, sem barulho. Não perdi a calma. Deitei-me pela segunda vez, e, pela segunda vez, suspendeu-se a cama, pairando.

Sem receio algum dos Espíritos e sem pensar neles, passei para a alcova de Alcides, e, contando-lhe o ocorrido, disse-lhe julgar-me em estado de grave desequilíbrio nervoso, e pedi-lhe para assistir-me, com a sua companhia, até a manhã seguinte, em que eu iria consultar um especialista em moléstias nervosas.

Disse-me, então, o meu excelente amigo, que, sendo aqueles fenômenos constantes naqueles quatro quartos, fora buscar-me, como pessoa de sua confiança, para ver se eu, sem ser avisado, também os constatava, pois ele, positivista, estava em dúvidas quanto à realidade de tal inverossimilhança.

No dia imediato, Ubatuba, cujo sono fora perturbado por anomalias semelhantes, abandonou a casa, ocupando o quarto, por ele deixado, um inglês que fora procurar cômodos na pensão, e que se despediu pela manhã, dizendo que por aquele quarto passavam luzes que o aborreciam.

Fui, então, para esse compartimento, e, tendo Marcondes emigrado para uma fazenda, ficamos sozinhos no segundo andar, separados por dois aposentos, eu e Alcides. Uma noite, talvez às 9 horas, estando eu deitado, a ler, e, portanto, com a luz acesa, senti nos pés uma sensação de frio, e, para agasalhá-los, desviando os olhos do livro, que era "M. Joffre" vi, com estranheza, uma coluna de luar leitoso a alvejar sobre a cama. E esse luar, condensando-se, gelatinoso, aos poucos parecia desenhar-

-se em forma de figura humana. Não sabendo como proceder, deixei a cama e o quarto.

Os fenômenos começavam a ocorrer, de ordinário, às duas horas da tarde, prolongando-se, às vezes, até alta madrugada. Iam pessoas estranhas a casa para verificá-los. Constatavam, mas ninguém os explicava. Uma tarde, às quatro horas, na presença de um pastor protestante, tomávamos mate chimarrão, à moda gaúcha, no quarto da frente, Alcídes, Ubatuba e eu, quando, de súbito, pesado sofá em que se assentava Alcides, numa ascensão vagarosa, sem que mãos visíveis o levantassem, ergueu-se e pairou no ar, à altura dos nossos peitos.

Alcides saltou ao chão, e, como o sofá permanecesse no ar, discutimos o caso.

É o efeito de um abalo sísmico, disse o pastor.

M. Joffre – Não pode ser, objetou o positivista, um tremor de terra sacudiria os outros móveis e abalaria as paredes.

E o sofá, descendo lentamente, pousou no solo, sem ruído. Então, o protestante opinou:

– Meus amigos, só há uma explicação para o caso. Este sofá não se levantou. Nós tivemos um momento de alucinação.

E durante vinte e seis dias esperamos, Alcides e eu, que o mistério se desvendasse, espontaneamente, ermando, depois, o campo das investigações, porque as vigílias da noite prejudicavam a nossa atividade diurna. Deserto o segundo andar, cessaram os fenômenos, porém, meses mais tarde, habitando-o outros inquilinos, uma noite, justamente quando para lá voltara Alcides, saíram os novos moradores a fugir, em trajes menores, gritando que estavam a sacudir e a quebrar os móveis.

E assim principiaram, irmãos meus, sem que eu as procurasse, as minhas observações no mundo dos Espíritos.

Em 1915, em Junho, nesta capital, pereceu, atingido por uma bala, o poeta Aníbal Teófilo.

Por esse tempo, eu e Goulart de Andrade, Martins Fontes, Heitor Lima, Alexandre Lamberti Guimarães e, não raro, Gregório da Fonseca e Luiz Murat, costumávamos jantar diariamente em companhia de Olavo Bilac, em qualquer dos restaurantes da cidade, e, uma ou duas vezes por semana, em casa de Alexandre, cunhado do poeta.

Estávamos numa quadra radiosa de ventura pessoal e evidência literária. Nada deixava entrever o próximo desaparecimento trágico de um dos nossos companheiros diletos e, inexplicavelmente, alguns dias antes da morte de Aníbal, tornou-se pesado, sombrio, enchendo-se de presságios, o nosso ambiente. Os nossos jantares, que o talento e o sonho matizavam de alegria e de brilho, ficaram, num repente, fúnebres, e as nossas palestras, sempre fulgentes e álacres, tornando-se lúgubres, arrancaram, certa vez, à observação melancólica de Bilac, esta reflexão augural: – Parece que a morte paira sobre nós.

Certa manhã, Aníbal, que não tinha crença religiosa alguma, surgiu em minha casa para dizer-me que, sentindo-se gravemente enfermo e esperando morrer em breve, ia constituir-me em depositário de suas vontades extremas. Ouvi-o, e, de acordo com Alcides Maia, fiz examiná-lo, contrariando-o, pelo médico de sua família, Dr. Hernani Lopes, que, poucos dias depois, confirmado pela autópsia policial, declarou ser perfeito o estado de seu vigoroso organismo.

Nas antevésperas do dia fatal, se me permitis a expressão, jantávamos em casa de Alexandre Lamberti Guimarães e, de pronto, encruzando os talheres, a face ensombrada, Olavo Bilac declarou sentir-se indisposto, pediu que não nos inquietássemos com a sua indisposição e recomendou que não lhe fizéssemos perguntas. Ao fim do jantar, chamando Alexandre e outros dos seus amigos, disse-lhes o poeta: - Eu vi, repentinamente, naquele canto, o Aníbal cair ensanguentado.

E, aflito, enquanto Aníbal, na sala próxima, conversava com uma senhora, Bilac afirmava:

– Vejo-o, de novo, naquele canto, caído e ensanguentado.

E dois ou três dias depois dessa extraordinária visão, Aníbal, ensanguentado, caía no saguão do "Jornal do Commércio".

A explicação de sua visita, quando foi constituir-me em depositário de suas vontades extremas, tivemo-la, após o seu traspasse, em carta endereçada a uma pessoa residente em São Paulo, e guardado hoje o documento, por Gregório da Fonseca. Nessa missiva, descrevia ele um sonho que tivera.

Era noite cerrada, de espessa treva. Caminhando ao longo da muralha do cais da Glória, Aníbal ouviu um barulho de remos batendo na água, e, parando-se, viu encostar-se ao paredão um bote negro, de onde saltaram marinheiros vestidos de negro, que o cercaram.

– Tens medo? perguntou-lhe um deles.

– Não! respondeu-lhe Aníbal.

– Vem conosco.

Embarcando no bote funéreo, Aníbal, com os marinheiros enlutados, atravessou, sobre as águas cheias de sombras, o silêncio escuro da noite, e longe, no meio da Guanabara trevosa, passou-se para um navio inteiramente negro, a cujo lado, junto à escada, encostara o bote.

Ao percorrer o interior desse navio funerário, Aníbal constatou, com surpresa, que os seus camarotes e beliches eram túmulos com epitáfios, e lendo, numa lápide, o nome de seu pai, abriu-a.

Apareceu-lhe, então, a amada figura paterna, que lhe disse:

– Meu filho, está próxima, muito próxima, a tua última hora. Fiz quanto me foi possível para salvar-te, mas nada consegui. Vai, e prepara-te para morrer.

Disse e desapareceu. Aníbal, afastando-se desse camarote, ou sarcófago, regressou, no mesmo bote, à terra, onde o deixaram os marinheiros misteriosos. Então despertou.

As manifestações do Espírito de Aníbal tem sido, aquelas que eu conheço, de uma semelhança que lhes assegura a autenticidade. Ouvi-o eu, certa noite, em sonho, sem vê-lo, dizer-me que estava no escuro, sentindo-se devorado pelos vermes. Em estado de vigília, e ignorando o que comigo ocorrera, o Sr. João Fontoura recebeu, psicograficamente, uma comunicação em que Aníbal lhe descrevia, nos mesmos termos, a sua situação no espaço, e, há dois meses, manifestando-se em uma sessão particular, entre pessoas que desconheciam aquelas anteriores demonstrações, que datam de alguns anos, o seu Espírito, ou ele próprio, já em condições de felicidade, descrevendo o período imediato à sua passagem para a outra margem da vida, recordava que "estivera no escuro, sentindo-se devorar pelos vermes".

Pertencem ao domínio público os resultados das observações por mim feitas no decorrer de um inquérito realizado com intuitos meramente jornalísticos. Encerrando-o, na imprensa, continuei, paciente, os meus estudos e pesquisas, e, com tão benigna proteção das potências espirituais, que tive todas as provas desejáveis da imortalidade da alma, da realidade de suas comunicações, de sua sabedoria e poder: - diagnósticos exatos, curas instantâneas, visões a distância, transporte de objetos, materializações de Espíritos.

Ombro a ombro com Coelho Neto, consultando-nos sobre o que os dois testemunhávamos, vi repetir-se, muitas vezes em poucas horas, o transcendente fenômeno da materialização. Plenamente materializados, Espíritos identificados pelos circunstantes tocaram as nossas mãos, ofertaram-nos flores, produziram luzes para que lhes examinássemos a carnação, os tecidos das roupagens, a maneira de andar. Seria eu indigno desses incomparáveis favores, se, para alardear enganosa superioridade intelectual, recusasse aceitar os resultados e as consequências das minhas próprias investigações.

– Aceito-as e, como vós e convosco, sob a invocação protetora dos mestres e dos guias desencarnados, levando, agradecido e súplice, o coração a Deus.

Deus, princípio sem origem e fim sem acabamento, envolve na tua luz os Espíritos dos nossos mortos, os Espíritos de todos os mortos; acrisola e embalsama os nossos sentimentos, enlaçando-nos, pelo amor, aos nossos irmãos dispersos nos teus sistemas de mundos; alivia e consola, na terra e no espaço, os enfermos e os desgraçados; orienta os desorientados e conserva a alegria dos felizes; faze dos nossos lares, de todos os lares, em todos os orbes, templos de harmonia, para que possamos adorar-te sem lágrimas na face, e, condoído das nossas misérias, levantando-nos em nossas quedas, acolhe, Pai Magnânimo, a insignificância dos nossos tributos, na humildade de nossas preces!

Banhos de descarga e defumadores
Um olhar da década de 1940

Eurico Lagden Moerbeck

Este é um tema recorrente no dia a dia dos terreiros de Umbanda. Por vezes as Entidades Espirituais recomendam determinados tipos de banhos de descarga e defumações. Nem sempre, porém, os consulentes ou os próprios cambonos tem a preocupação de pedir esclarecimentos, a essas Entidades, sobre a função de tais práticas. Mostramos a seguir um estudo apresentado pela Tenda Espirita Fé e Humildade, na reunião de 22 de outubro de 1941, por intermédio do Senhor Eurico Lagden Moerbeck, no Primeiro Congresso Brasileiro do Espiritismo da Umbanda. É muito interessante notar a brilhante explicação sobre a atuação dos espíritos obsessores no corpo astral e no corpo físico da pessoa obsidiada, além da apresentação de uma síntese histórica sobre a ancestralidade do uso dos banhos e defumações.

"É comum ouvir"-se de pessoas mais ou menos cultas, ocupando posições de relevo na vida social, palavras de sincera estranheza acerca da recomendação frequentemente ouvida dos trabalhadores invisíveis na chamada ***Lei de Umbanda***, quanto aos banhos de descarga e defumadores. Não podem compreender essas pessoas – e confessam-no em sua boa fé – que uma infusão de ervas silvestres de aroma nem sempre agradável ao nosso olfato, possa produzir efeitos terapêuticos em um organismo depauperado ou momentaneamente enfermiço. E por tal não compreenderem, deixam de executar as recomendações dos caboclos amigos, continuando a ostentar no seu ambiente físico as causas que as levaram às sessões.[1]

Outra prática com a qual não concordam muitos dos leigos no assunto, é a dos defumadores individuais ou coletivos, como meio de se libertarem das más influências que porventura os persigam. Alegam, alguns, que semelhante prática só poderá ter cabimento em ambientes destituídos de certa cultura, no meio dos simples e humildes, e nunca entre pessoas esclarecidas que nenhum alcance descobrem em trabalhos desta natureza. E não há de ser pequeno o número das pessoas que se sentiriam diminuídas perante si próprias e os seus familiares, se uma visita as surpreendesse de fogareiro à mão a percorrer, atentas, todos os recantos do seu confortável palacete, a espargir delicados évolos de fumaça impregnada de incenso, mirra ou benjoim, ou dos três para um mesmo efeito. Certo não encontrariam de pronto, para dar à visita, uma explicação bastante credível que lhe não transmitisse a convicção de se encontrar em face de alguém que frequenta sessões espiritas.

Não há, porém, nenhuma novidade para os atuais viventes da terra, na adoção dos banhos de descarga como meio de restabelecer o equilíbrio orgânico, nem no uso de defumadores aromáticos para a limpeza do ambiente psíquico.

Tanto um quanto outro datam de tempos imemoriais, e foram adotados por todos os povos cultos do passado, constituindo ainda uma prática generalizada entre várias das raças espiritualmente mais adiantadas do presente. Entre os hindus como entre os fenícios, duas das raças orientais mais evoluídas do passado, assim como entre os gregos, godos e visigodos que imperaram por largos séculos no Ocidente, os banhos aromáticos e a queima de resinas odorantes constituíam hábitos a que não se escusavam as suas mais nobres figuras, Faziam-no – sabemos hoje – não por um simples apego à tradição avoenga[2] ou por um diletantismo qualquer, mas, sim, por um principio de higiene psíquica, para manter à distância os inimigos ocultos, ou, segundo os dogmas religiosos de então, para tirar o demônio do corpo. Ora, isto nada mais representava que uma prática perfeita de alta magia, ensinada e recomendada aos seus con-

1 Naquela época, as giras de caridade eram comumente denominadas de sessões, por analogia às sessões espiritas kardecistas.
2 Ancestral.

temporâneos pelos magos ou oráculos de então, que outra coisa não era senão os espiritas de hoje. Como os trabalhos de *passes magnéticos* não existissem naqueles tempos, os banhos e defumadores realizavam o tratamento.

Esta é a síntese histórica dos atuais banhos de descarga no organismo humano que consiste na limpeza dos fluídos maléficos nele depositados por entidades perturbadoras ou malfazejas, com a intenção de transmitir a enfermidade àquele que lhes caiu no desagrado.

Tais entidades conseguem os seus objetivos pela aproximação da criatura que desejam perturbar, espargindo sobre ela, ou na parte que lhes parecer mais suscetível, os fluídos maléficos de que são portadores. Pela delicadeza de sua constituição e pela importância de sua função no organismo, quase sempre são os pulmões, o fígado, os rins ou o coração, os órgãos mais diretamente visados. Sobre eles os obsessores vão concentrando os seus fluidos dia por dia, ao mesmo tempo em que vão transmitindo ao espirito da criatura a ideia persistente da doença, até conseguirem impressioná-la.

Desta ação invisível resulta, não raras vezes, o calvário de numerosas criaturas. Certas de que estão sofrendo do coração, por exemplo, dirigem-se ao médico, a quem relatam tão pormenorizadamente os sintomas da *moléstia*, que este não pode deixar de concordar com elas. Ao examinar o coração, porém, não encontra o facultativo[3] a confirmação do que ouviu, porque esse órgão entrou a funcionar com admirável precisão. É que o obsessor está presente e removeu os fluidos para o fígado, a fim de desviar a atenção do clínico e transformar-lhe o diagnóstico. Examinando este órgão, encontra-o o médico positivamente afetado, não lhe sendo difícil convencer o cliente de que tudo quanto ele sentia e julgava ser do coração, era de origem hepática. Receita, pois, para o fígado, e o doente inicia o tratamento.

O obsessor, entretanto, que é inteligente, remove novamente os fluidos para o coração e deixa o obsidiado esgotar o tratamento hepático. Se este volta ao médico para lhe dizer que não melhorou, o facultativo, certo da sua ciência, examina-o mais atentamente, concluindo ainda uma vez que o coração nada

3 Médico.

tem. Já então percebe qualquer irregularidade no funcionamento do baço e concilie que deve ser este órgão realmente afetado. Imagina logo ter-se equivocado muito provavelmente na vez anterior, desviando sua atenção para o fígado. Receita desta vez para o baço e o paciente submete-se ao novo tratamento. Novamente o obsessor, para desconcertar os dois, desviara os fluidos para o baço, deixando livres o coração e o fígado. E assim continuará o sofrimento da criatura, com possibilidade de ter de suportar até intervenções cirúrgicas dolorosas, se alguma entidade amiga, o seu Guardião, por exemplo, não intervir em seu favor.

Imaginemos agora que assim aconteceu, e doente encontra meios de comparecer a uma sessão da chamada ***Lei de Umbanda***. Conduzido à presença do Guia, trata este inicialmente de investigar o seu ambiente psíquico, que se encontra seriamente perturbado pela ação fluídica de um ou mais obsessores. A primeira coisa a fazer, então, é a atração dos obsessores ao recinto dos trabalhos, donde são enviados ao Espaço, afim de que se regenerem no meio daquelas falanges de trabalhadores. O doente, entretanto, ostenta uma boa carga de fluidos maléficos nele deixados pelo obsessor, e que se torna urgente retirar para restabelecer o equilíbrio orgânico.

Para a retirada, pois, desses fluidos, são recomendados tantos banhos de descarga quantos forem requeridos pelo seu estado, e que devem constituir séries de três, sete ou vinte e um, segundo a indicação do Guia, os quais deverão ser tomados em dias seguidos, sem nenhuma interrupção, para que o efeito corresponda à necessidade do doente.

O defumador passa a ter, aí, um papel de relevo na limpeza do ambiente. A queima das substâncias indicadas para este fim, e que tanto podem constar de ervas secas escolhidas pelas suas propriedades magnéticas, como da reunião de resinas aromáticas apropriadas, – produz no campo mental do doente uma espécie de profilaxia, expulsando de lá as entidades incompatíveis com os elevados sentimentos do bem e da fraternidade espiritual. A elevação de uma prece a Jesus durante o defumador, e a salvação aos nomes das entidades graduadas da Lei de Umbanda, ou daquelas santificadas pelo seu devotamento à causa sagrada da humanidade, tem a virtude de atrair algumas falanges de trabalhadores invisíveis, que passam a cooperar na limpeza psíquica do ambiente doméstico.

E aí reside uma das causas por que o Espiritismo[4] consegue realizar curas consideradas impossíveis pela ciência contemporânea, depois de esgotar os recursos aconselhados à especialidade. É que, em se tratando de m ales de origem psíquica, a sua cura só se poderá processar no mesmo plano, pelo conhecimento e remoção das respectivas causas. Quase se pode afirmar que, hoje em dia, oitenta por cento dos males que afligem a humanidade, provem daquela origem. A ciência combate efeitos; mas se as causas persistirem, só o Espiritismo as removerá".

4 Naquela época considerava-se a Umbanda como uma modalidade de Espiritismo (nota do autor).

Fraternidade Espiritualista Eclética Universal

Oceano de Sá, mais conhecido como Mestre Yokaanam, nasceu em Maceió em fevereiro de 1911. Aos 13 anos suas faculdades mediúnicas floresceram sob diversas formas. Aos 34 anos iniciou suas filosóficas, passando por várias escolas religiosas, esotéricas e espiritualistas em vários estados brasileiros e também no exterior.

Essas experiências despertaram em seu ser o desejo de criar uma doutrina que congregasse as escolas religiosas nobres (segundo sua ótica). Surgiu então a Doutrina Eclética, afirmando que "O Cristianismo Reúne, Não Divide" e agitando o mundo religioso, especialmente em razão do extenso programa assistencial promovido pela organização por ele fundado, integralmente gratuito, beneficiando os pobres necessitados de qualquer origem, raça e filiação política ou religiosa.

De inicio essa doutrina foi considerada uma loucura, por parte de outras religiões. Algumas organizações umbandistas, por exemplo, fizeram forte oposição a doutrina por se imiscuir em algo que ele não conhecia direito (segundo a ótica dos dirigentes umbandistas).

Yokaanam publicou diversos livros, inclusive o ***Evangelho da Umbanda***. Em 27 de março de 1946 fundou a Fraternidade Espiritualista Eclética Universal. Sua primeira sede ficava situada à Avenida Presidente Vargas, 1733, no Rio de Janeiro. Vários membros do grupo percorriam alguns locais do Rio de Janeiro, nos meses de novembro e dezembro, distribuindo alimentos, medicamentos, roupas, assistência social e clínica.

Em 1947, Mestre Yokaanam fundou o jornal da comunidade: *O Nosso*. Foi seu superintendente até o ano de 1985, com o objetivo de fazer jornalismo espiritualista comprometido com a verdade, com o Evangelho e com o Conhecimento Superior.

A Fraternidade continua em atividade até os dias atuais e é considerada uma associação de caráter filantrópico, reconhecida como de utilidade publica e identificada como Pessoa Jurídica de Direito Privado. A Sede Matriz foi transferida para o Planalto Central Brasileiro, com a instalação oficial em quatro de Novembro de 1956, hoje ocupando imensa área do Município de Santo Antônio do Descoberto, Goiás, fazendo limite com a cidade de Brasília-DF.

Mestre Yokaanam desencarnou em 21 de abril de 1985.

No site da Fraternidade encontramos uma agenda de atividades:

Domingos (9:00 horas) – Ofício de Ação de Graças, sob os auspícios da Igreja Cristã Eclética, na Sede-Matriz-Principal. Eventualmente, nas demais Casas, o referido ofício se realiza, quando ocorre a presença de Sacerdote Eclético Presbítero. (15:00 horas) – Trabalhos de Caridade Pública em ritual de Umbanda Eclética.

Segundas Feiras (20:00 horas) – Reservado aos Irmãos Adeptos e Iniciados. Aulas e Desenvolvimento Mediúnico.

Quartas Feiras (20:00 horas) – Trabalhos de Caridade Pública em ritual de Umbanda Eclética.

Quintas Feiras (19:00 horas) – Reservado aos Irmãos Iniciados.

Sextas Feiras (20:00 horas) – Trabalhos de Caridade Pública em ritual Eclético-Kardequista.

Sábados (A partir das 15:00 horas), somente na Sede-Matriz-Principal, reservado aos Irmãos Iniciados: Aulas e Atividades diversas.

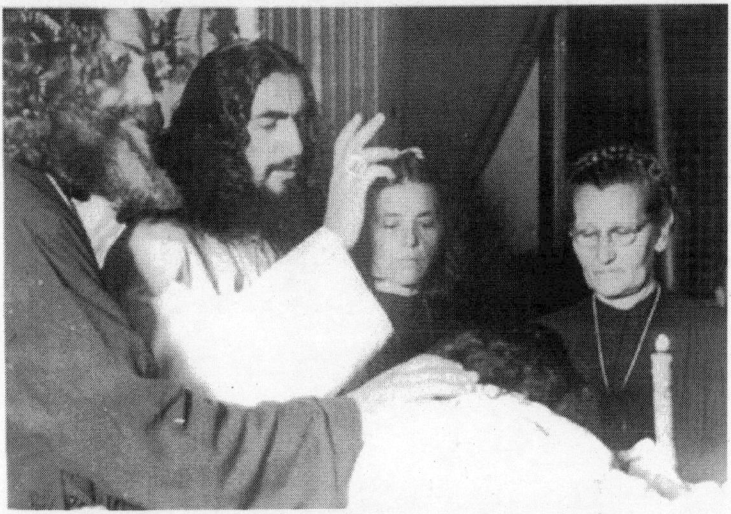

Figura 2: Mestre Yokaanam. Fonte: http://www.fraternidadeecletica.org.br

Figura 3: Primeira sede-matriz-principal. Fonte: *www.fraternidadeecletica.org.br*

Figura 4: Milhares de necessitados se aglomeravam, diariamente, à porta da Sede--Matriz-Principal, em busca de auxilio espiritual e material. Fonte: http://www.fraternidadeecletica.org.br

Velas acesas na Pedra da Onça

Renato Alencar

Revista da Semana, 22/01/1949, n. 4

Do alto do morro lá do Bananal, desceram aos grupos mulheres e homens com flores em laços de fita para o ritual. Desceram, na calma da noite, chegaram à praia do vento ao açoite e fizeram um sinal. Mocinhas de branco foram chegando, tirando os sapatos, vestindo avental.

Formaram um terreiro à deusa das Águas, a Iemanjá. As velas fincadas à beira do mar, de ondas tão mansas a murmurejar. Triângulo de luzes, cercadas de flores tão brancas e leves como a espuma do mar. Garrafas de vinho para a obrigação estavam já bentas para a saudação, na regra litúrgica como os Pais ensinaram, da deusa em louvor.

As velas acesas da Pedra da Onça lá em Governador, chamavam do povo a mais viva atenção. E muitos vieram para ver mais de perto o rito selvagem do negro padrão. Nas leis de Umbanda todos são iguais, e o templo que usam é o da natureza, ao pé das mangueiras, no seio das matas, à beira da praia, à luz das estrelas, que Deus semeou com tanta largueza.

Formaram em roda, cantando em surdina, um hino dolente de grande tristeza, de funda emoção. Cambonos de branco falavam baixinho ao seu Pai de Santo pedindo conselhos, pedindo "benção". Nos últimos instantes do ano que morre na noite sem lua da praia deserta lá do Bananal, um grupo de crentes da deusa do mar, vem à beira da praia pedir-lhes a esmola de um seu olhar.

E a Mãe de Santo vestida de branco com seu avental, tão

alvo, tão leve como as margaridas formando um desenho triangular, abriu as garrafas de vinho corado, despejou nas taças que estavam ao lado, na areia morena e começou a cantar:

Hoje é dia de Nossa Senhora
De nossa Mãe Iemanjá
Karunga, eh!
Eh, eh, eh, eh!
Karunga, ah!
Ah, ah, ah, ah!

E aspergiu as cabeças, dos homens descalços, para os batizar.

Quem via, da rua, aquelas mulheres batizando a vinho, cerveja e uísque os novos adeptos de deusas pagãs, pensava, na certa, em mil bruxarias, no mal que faziam, talvez desunindo duas almas irmãs. Paravam, olhavam, receio nos olhos temendo os efeitos de Exu e Iansã; não era macumba, não era "despacho", não era mandinga, não era Xangô e nem Candomblé naquela manhã.

Estavam rezando ao deus de seu credo, à imagem da deusa que os via do mar. Em preces e cantos, pediam a Deus que desse ao Brasil um ano feliz, de luz e de flores como naquele altar. Estavam pecando? Ilícito o seu rito? As leis proibiam seus hinos pagãos? Mas era poético, aquele batismo, com água salgada, com vinho do Porto, o ogan sacerdote, chamando falanges para aqueles irmãos, entrando descalços nas águas do mar.

As velas sagradas ao pé do Orixá, luziam, trementes, à brisa do mar, e todos cantavam baixinho, sem vibrar a curimba, sem sons de atabaques, somente nos lábios a sua oração:

Brilham as estrelas do céu
Brincam os peixinhos no mar!
Karunga, eh!
Eh, eh, eh!
Karunga, ah!
Ah, ah, ah, ah

Cabeças curvadas, ao pé do altar, corpos de bruços beijando o terreiro no rito bárbaro de Iemanjá; não era quimbanda, falanges do mal, linha negra africana de vinganças e pontos para desfazer casal. Tudo era ingênuo, quase primitivo, só ogan era altivo, benzendo os irmãos na última noite do ano a morrer. Chamavam sereias, chamavam ondinas, chamavam também as caboclas do mar. O chefe era Oxum; Nanã Burucu e a formosa Indaiá, também lá estavam para protegê-los. E elas vieram? E o arcanjo os ouviu? Sete Linhas marcadas por um Orixá. Legião das Sereias, legião das Ondinas, legião das formosas Caboclas do Mar. Derretidas em cotos, as velas acesas da Pedra da Onça estavam a findar.

Lá no alto dos céus uma lua fininha, parecia uma gôndola deslizando no azul; não se via uma nuvem na noite calmosa, e as estrelas em festa pareciam crianças brincando de roda, piscando os olhinhos para o Cruzeiro do Sul.

Já era manhã, já de madrugada, quando os crentes então encerraram a festa de seu Ano Bom. Ao longe o clarão do sol já se via tingido de ouro o cimo dos montes, as ilhas distantes, as serras bucólicas, em um hino de luz. Ficamos pensando nas crenças do povo, simplório, nos cultos selvagens, nos ritos pagãos. Saíram felizes em busca dos lares, no peito a esperança de um ano melhor. Teriam razão? Oxum os ouviu? A fé é quem salva, já disse Jesus.

Cortejo singular nas ruas de Porto Alegre

O Dia, 06/07/1949, n. 8149

Do ritmo monótono e arrastado da melopeia, ao som de tamborins, chocalhos e apitos parece evolar-se terrivelmente real, o queixume dorido e, por vezes, o grito de revolta dos negros escravos. Lembram-nos navios negreiros, terra encharcada de suor negro, leite das mucamas nutrindo as crianças brancas, sangue africano empapando os campos das lutas cívicas, eito e chicote de feitor, miséria da senzala. Patrocínio e Princesa Isabel.

O préstito serpenteia, vagamente, através das ruas da Cidade Baixa, rememorando, quase com volúpia masoquista, os sinistros dias da escravidão.

> "O povo baiano baixou o soberano
> Para confortar os filhos de Umbanda
> Neste plano. Ó tu que estás na cruz
> Ó Jesus
> Saravá, Saravá..."

Com este préstito,[1] comemora a Congregação dos Franciscanos Espíritas de Umbanda a grande data de 13 de maio. Riscada do calendário dos feriados oficiais, esquecida por vezes a sua importância histórica, a grande data revive, entretanto, todos os anos, em Porto Alegre, através dos festejos dos filhos da Umbanda.

1 Grupo de pessoas que caminham juntas, com determinada finalidade; procissão, cortejo.

A seita de Umbanda

Para muitos dos que assistem ao préstito da Congregação dos Franciscanos Espíritas de Umbanda, fica uma ideia vaga, mas viva de ritos africanos e mistura com formas cristãs. E é isso, mais ou menos, a Umbanda, cujos começos remontam à chegada das primeiras levas de escravos ao Brasil.

Os primeiros escravos que aqui chegaram, trazidos pelos pavorosos traficantes da mercadoria humana fundaram a seita da Umbanda – poderoso elo racial e sentimental que os ajudasse a suportar os horrores da escravatura. Lentamente, a seita evoluiu de suas formas puramente africanas e nela se infiltraram elementos de cristianismo. Essencialmente, segundo, seus adeptos, funda-se a Umbanda na crença

de um Poder Supremo Zambi, o Deus dos cristãos e seus santos, ministros da corte celestial.

Mas, para os praticantes, da Umbanda, tais santos e ministros recebem as denominações de Orixás e encantados, pois não admitem que tais espíritos sejam de criaturas geradas e que viveram na Terra. Partindo deste principio, os praticantes da Umbanda aceitam o castigo e o sofrimento como, meio de resgate para a reabilitação do espírito do homem.

Assim os praticantes de Umbanda acreditam que os escravos que sofreram no eito as torturas do chicote dos feitores, estão hoje evoluídos em formas superiores e integrados no que denominam "ciência divina", fundada no "amor, justiça e bondade".

Atualmente, segundo afirmam os dirigentes de Umbanda em Porto Alegre, a seita é professada pela maioria dos afro e ameríndios brasileiros, os quais teriam herdado de seus ancestrais os dogmas e ritos indispensáveis ao culto. Além disso a assimilação dos princípios cristãos pela Umbanda, transformou-a em uma doutrina afro-ameríndio-cristã.

Vejamos, agora, como se traduz praticamente esta concepção doutrinária. Em Porto Alegre, existe como dissemos a Congregação dos Franciscanos Espíritas de Umbanda cuja finalidade declarada é a prática do bem e da caridade aos necessitados. Uma de suas organizações é a Legião dos Franciscanos, que constitui, segundo os praticantes, uma das Sete divisões da Linha de Oxalá (Linha de Jesus, Senhor do Bonfim).

Segundo os dirigentes da Congregação, coloca-se a mesma sob a proteção de São Francisco de Assis, o Patriarca dos pobres a quem teria sido confiada a direção desta grande divisão.

A instituição, em Porto Alegre, conta 12 anos de existência e, independentemente de sua doutrina e seu rito, tem desenvolvido atividades sociais, indiscutivelmente meritórias. Será fácil, a quem passar, das 12 às 14 horas pela Rua General Lima e Silva, onde se acha instalada a sede da sociedade, presenciar a distribuição da panela de "Pai Silvério", maneira de alimentar dezenas de necessitados que para ali acorrem em busca de um almoço. No mês de abril ultimo, a Congregação distribuiu 876 refeições a necessitados. Aos domingos, dia de culto, são distribuídos 100 pães, acompanhados de uma cédula de Cr$ 100,00. Além disso, outros auxílios são prestados pela congregação aos pobres que batem a sua porta.

As comemorações do treze de maio

Durante o ano, os praticantes da Umbanda comemoram a data de seus santos.. Mas é no 13 de maio que realizam festejos excepcionais, como homenagem aos grandes vultos da Abolição. Como parte desses festejos, promove, todos os anos, um curioso préstito pelas principais ruas da Cidade Baixa.

Antes, no interior da sociedade, é armada uma espécie de altar tendo no centro um retrato da Princesa Isabel cercado por retratos de Pai Silvério, Pai Jovino, Castro Alves, André Rebouças, Lopes Trovão, José do Patrocínio. Envergando martreletes brancos, encarnados e amarelos, homens, velhos e moços, sentam-se em reverente postura, diante do cenário simbólico armado ao fundo do salão. De quando em vez, chega um dos irmãos e ora diante dos retratos dos grandes vultos da Abolição. E pretas velhas, carregadas de anos e recordações dolorosas, demoram-se mais tempo diante das imagens históricas, agradecendo a incomparável benemerência da Princesa...

Finalmente coloca-se em marcha o préstito, as imagens e os bustos históricos carregados aos ombros de filhos de Umbanda.

E os filhos da Umbanda cantam, invocando a proteção do Senhor do Bonfim:

Meu Jesus do Bonfim
No momento da Umbanda
Baixa o soberano
Saravá, saravá...
Meu Jesus do Bonfim
Valei-nos bom Senhor
Saravá nossa gente
Lá de São Salvador
Saravá, saravá...

Há pessoas de cor branca, entre os que participam do mesmo rito, E surge, de repente, na toada triste que cantam os filhos da Umbanda, uma nota alegre:

Já chegou Já chegou!
Povo da Bahia para entrar de ronda
Saravá, General de Umbanda

E agora, quando o préstito chega de volta à sede da Congregação, há uma estranha e misteriosa poesia na cantiga:

Chegou! Chegou!
O General da Umbanda
Saravá, saravá!
Ele vem do mar
Para entrar na ronda
Sarava, saravá!

Figura 5: Os irmãos franciscanos de Umbanda percorrem as ruas da capital gaúcha, carregando os bustos de Pai Silvério e do Índio Desconhecido. Fonte: *O Dia*, 6/7/1949, n. 8149

Bilac revelou o poeta Leal de Souza

Armando Pacheco

Revista da Semana, 02/09/195, n. 35

Álbum de família

O batismo vai bem, porque o repórter "peneira" no pesado, nas coleções de fotografias de várias épocas. Dentro dessa indiscrição pretendemos tornar lembrados vultos esquecidos da nossa história Para começar ninguém melhor que o saudoso e completo homem de jornal que foi Leal de Souza. E já iniciamos prestando um serviço ao público, pois reduzido número de pessoas sabe disso: Leal de Souza foi poeta. E grande poeta, segundo depoimentos insuspeitos e valiosos de Olavo Bilac e Martins Fontes, para citar apenas dois sujeitos que podem dar atestado neste país onde os poetas de rimas ou falsos modernistas abundam como sapos no pântano.

O poeta Leal, Bilac e Fontes

Estou na primeira página do álbum e vejo Leal de Souza menino, estudante de preparatórios, cadete nos Pampas, oficial que lutou em Canudos contra as tropas de Antônio Conselheiro e de onde trouxe belas e candentes páginas de observação da gente dos sertões. Viro a página e deparo com o nosso herói jornalista, novo na Corte, depois o repórter consagrado, depois já vitorioso em uma atitude de diretor dos vários órgãos da imprensa que fundou e administrou com a mão de mestre e inteligência brilhante. Vejo-o diretor de *A Noite* e *A Nota*, redator chefe de *Ca-*

reta e secretário do ***Diário de Notícias***, enfim homem de jornal reverenciado. Em outras páginas lá está ele com a esposa Gabriela Ribeiro Leal de Souza e seu filhos: Luís Alberto, Victor José e Lauro Walter, todos seguindo o exemplo paterno escrevendo para jornais e revistas. Leal de Souza, que foi um bem de verdade, que nos legou numerosas e importantes obras, dizia com orgulho que esses três filhos eram a sua melhor obra, porque são rapazes cultos que honram e veneram o nome do pai.

Passo mais uma página: lá está o poeta que terminou – jornalista que terminou – tabelião, de ***smocking*** no casamento do Victor que aparece por sua vez de casaca.[1] São numerosas e convincentes as fotografias, provando o amor reinante no seio da família. E vêm a seguir as fotos com os literatos do seu tempo: Bilac, Coelho Neto, Martins fontes, Aníbal Teófilo e outros. Mas, por falar nisso, não podemos esquecer as cartas fabulosas conservadas com carinho pelos filhos. Bilac, por exemplo, que pelo que dizem não se abria com ninguém, eclético demais em tudo na vida, mandou-lhe cartas assim:

> Paris, 13 de fevereiro de 1914, 18. Rue Gaillon. Meu caro poeta e amigo. Esteve aqui comigo, dois dias, o Martins Fontes, que no dia 10 de março casará em Nice. Dei-lhe ontem o número da *Careta*. Gostei muito das belas palavras que você escreveu sobre aquele selvagem heleno. Você, além de ser um belo poeta e um belo prosador, é um fúlgido bom e um radiante justo.
> Mando-lhe alguns versos – frutos da menopausa lírica.
> Muitos abraço ao nosso J. Schmidt. O coração do seu admirador e amigo grato – Bilac. Nota: bem sei que você como ourives que é, tem horror dos versos mal impressos; mas, sou tão medroso, que não resisto à impertinência de pedir-lhe um cuidado feroz e um escrúpulo draconiano na revisão da pontuação desses versos. Para mim. A supressão de uma vírgula na impressão de um verso, seria uma calamidade maior do que o arrasamento completo das finanças do Brasil!
> Novos abraços do Bilac.

1 As imagens desta matéria encontram-se na Galeria de Imagens do terceiro volume desta obra.

Bilac consagra um livro de Leal de Souza

Agora leia, esta outra carta reveladora de Olavo Bilac:

> Rio de Janeiro, 11 de setembro de 1917, 35. Rua Barão de Itambi, telefone 1330 – Sul.
>
> Leal de Souza:
> Quero enviar-te um grande abraço; pelo prazer que me deu a coleção das tuas poesias.
> Vivi dentro do teu livro, como dentro do mesmo Bosque Sagrado de Vesta, em cujo pórtico havia uma inscrição, lembrando que aquele recesso, vedado aos bárbaros e aos desmemoriados, era dedicado às musas e às saudades.
> Com as primeiras, gozei, afligi-me e sonhei. Mostraram-me a severa Clio e a eloquente Calliope fastos, festas e lutos do Egito, da Grécia, de remotíssimas épocas, de dias da Idade Média, e de eras mais chegadas à minha alma, coisas da nossa história, caravelas e bandeiras, domínio dos mares, conquista de serras, combates nos Pampas; deu-me Euterpe as sinfonias dos matos e das águas; sorri com a leve Thalia; tremi com a loura Melpomena; chorei com a melancólica Erato; dancei com a alada Terpsicore; revivi os meus velhos amores com a exaltada Polímia; e com a arguta Urania soletrei os versos de fogo do poema do firmamento...
> E com as segundas, longamente pensei e senti. O teu livro é um mundo de saudades: saudades tuas e saudades de todos. Não arrancas somente do passado as lembranças dos devaneios, das alegrias e das tristezas que já tiveste nesta vida, – mas ainda outras vagas lembranças de outras vidas, sedimentos de outras gerações, que são patrimônio teu e de toda a nossa raça, – como esta tua singela ***Canção Gaúcha***, tão profunda na sua singeleza, em que mostras a tua alma sucessora de tantas outras almas, o ódio e o amor que inflamaram o ciclo da conquista, a arrogância do branco e a revolta do índio, tristeza do vencido e a altivez do vencedor. Santuário das Camenas e das Memórias, o teu ***Bosque Sagrado*** é admirável e amável. Geraste um filho bom e belo; criaste obra de força, com extremos de alma e cuidados de feitura. Quando, à tua passagem, te atiraram esta injúria, que é uma condecoração. Parnasiano"!, – levanta do chão a palavra, e prega-a na tua fronte, como uma estrela. Parnasianos só podem ser os que são dignos do Parnaso, onde as nove companheiras de Apolo ensinam a pureza do pensar e

> a decência do dizer, dando nobreza às ideias e compostura ao estilo.
> E não te arrependas de ter provado, como dizes na última página do teu livro, a amargura dos frutos do Bosque Sagrado; os frutos mais amargos são os que dão mais saúde.
>
> Teu, de coração – Olavo Bilac.

Aí estão duas preciosas amostras do grau de amizade que unia os dois poetas.

Garantem os que conheceram Bilac de perto (e são poucos hoje!) que o mestre da forma jamais se prodigalizara em elogios a quem quer que fosse, e ainda mais nos termos aqui transcritos. De Martins fontes também vimos inúmeras missivas interessantes. Uma delas dizia assim, laconicamente:

> Querido Leal de Souza.
> Vim aqui te ver no jornal. E como não te encontrei, deixo-te um beijo na boca. – Martins Fontes.

O repórter viu cartas de Coelho Neto e de outros grandes homens do passado. Os filhos de Leal de Souza possuem valioso arquivo das coisas do velho (velho aqui é o Leal mesmo).

O jornalista e o tabelião

Antonio Eliezer Leal de Souza (este seu nome por inteiro, dado também a um de seus netos) era gaúcho de Santana de Livramento, tendo nascido na fronteira a 24 de setembro de 1880, filho de Manuelino Pereira de Souza e de Dona Emiliana Leal de Souza, era um dos grandes amigos do Presidente Getúlio Vargas. Desde os tempos de neófitos na imprensa. Tão amigos que o líder trabalhista deu-lhe um cartório: o primeiro Ofício de Notas, oferecido depois pelo General Dutra a um irmão do senhor Vitorino Freire.

Logo que Leal de Souza morreu (1° de novembro de 1948, estando sepultado no Cemitério de São João Batista), o Presidente Gaspar Dutra mandou chamar os dois rapazes que sempre trabalharam no cartório e disse-lhes que escolhessem um bom emprego, pois precisava do Primeiro Ofício para um amigo. Os rapazes (Luís Alberto e Victor José) concordaram, escolheram e estão agora esperando o lugar prometido. Esse fato o repórter ouviu do próprio Senador Getúlio Vargas quando esteve em Itu.

Vindo muito cedo para o Rio, Leal de Souza fez época como o repórter das campanhas, descobertas e "furos" sensacionais. Foi ele quem, repórter de policia na ocasião, primeiro escreveu sobre a tragédia da Piedade onde tombou Euclides da Cunha. Daí por que Leal de Souza é apontado como o pai da reportagem na imprensa brasileira. Candomblés e macumbas, gafieiras, festejos populares, foram revelados pela sua pena inquieta. Contam que indo fazer certa vez uma reportagem sobre Espiritismo, ele se aprofundou tanto no estudo da talvez ciência de Allan Kardec, que se tornou espírita de primeira plana, chegando a escrever livros apontados hoje como catecismos dos médiuns. Entre sua volumosa bagagem literária figuram: ***A Mulher na poesia brasileira***, ***Romaria da Saudade***, ***Almanaque das Glórias***, ***Getúlio Vargas***, ***O pelourinho***, ***Catinga de mulato*** (romance social), ***Notas de um tabelião*** (memórias), Álbum de Alzira, ***Notas de um notário notório***. Escreveu também peças teatrais como: ***O Charuto***, levada à cena no Teatro Municipal, pelo maestro Artur Napoleão; deixou também livros espíritas: ***No mundo dos espíritos***, ***Rosa encarnada*** (romance), ***O Espiritismo, a magia e as Sete Linhas de Umbanda***.

Só não acabou na Academia, como poeta, escritor e jornalista, porque foi sempre um homem modesto e avesso por comodismo pessoal às traquibernias literárias que levam às glórias acadêmicas. Todos os que trabalharam com ele, na imprensa e no cartório, guardaram os melhores e mais duradouras das impressões. Porque essas virtudes anímicas são, imperecíveis. Os homens passam, as glórias terrenas são transitórias; o que fica são as boas ações, a inteligência, a bondade. E Leal de Souza foi um apóstolo desse culto tão raro no mundo de hoje. Por isso, ao folhear o álbum de Luis, Victor e Lauro, o pelotão de amigos, gente de jornal e clientes do cartório do seu tempo, murmura ao evocar a simpática e querida figura daquele mansuetíssimo cético que se chamou em vida Leal de Souza ***sursum corda!***[2]

2 Corações ao alto!

Ritual de Umbanda

Aprovado em 4 de novembro de 1952 – Pela União Espiritista de Umbanda do Brasil, Órgão Federativo, Casa Mater da Umbanda, fundada em 26 de agosto de 1939, sob a inspiração do Caboclo das Sete Encruzilhadas na pessoa do se médium Zélio de Moraes.

Normas de Ritual aprovadas por uma comissão de médiuns chefes de terreiro nomeada pela União Espiritista de Umbanda do Brasil, entidade federativa, sucessora da Federação Espírita de Umbanda, fundada no dia 26 de agosto de 1939, obedecendo os princípios estabelecidos pelo Primeiro Congresso Brasileiro do Espiritismo de Umbanda, realizado sob o patrocínio da Federação, reunido no Rio de Janeiro, de 19 a 26 de outubro de 1941, cujos trabalhos apresentados foram publicados em livro sob o título " Primeiro Congresso Brasileiro do Espiritismo de Umbanda", no ano de 1942 e impresso no *Jornal do Comércio*, Rodrigues & Cia.

A presente codificação foi aprovada na reunião realizada no dia 4 de novembro de 1952, na sede da Tenda Espírita Nossa Senhora da Conceição e republicado no *Jornal de Umbanda*, órgão noticioso e doutrinário da União Espiritista de Umbanda do Brasil, com sede própria na Rua Conselheiro Agostinho, 52, em Todos os Santos, Rio de Janeiro.

Desnecessário é encarecer a importância de haver uniformidade de ritual, de hora de inicio e de terminação das sessões, dos dias de sessão, pois não é compreensível a existência de uma religião que não siga um ritual determinado.

Também não se diga que pode haver uma diminuição perante os Guias Chefes, pois o ritual que foi aprovado foi coordenado com todo o critério e estabelecem normas para a abertura e para o encerramento dos trabalhos, deixando a critério das Entidades Espirituais a parte propriamente dita dos trabalhos.

Que urge essa uniformização não temos duvidas nem as tem os responsáveis pelas Tendas de Umbanda, sejam os espíritos sejam os médiuns e administradores.

Não aceitamos também que os Guias-Chefes possam reagir contra tal uniformização. Guia Chefe é Espírito de Luz, portanto não se preocupa com coisas da matéria e em se tratando de assunto dessa importância, sua interferência tem de ser positiva.

Há muita coisa ruim por aí. Há muita coisa fora dos eixos. Há muito joio misturado com o trigo que é mister superar. Há muita mistificação que não nos interessa, muita exploração que não devemos endossar, muita ignorância que urge esclarecer.

Portanto, como identificar uma Tenda ou uma Cabana verdadeiramente de Umbanda, de Umbanda praticada pela Religião de Umbanda, ou em outras palavras como saber que uma dessas Casas é filiada a União Espiritista de Umbanda do Brasil?

Isso seria facílimo se a pessoa ao penetrar, ao assistir a abertura dos trabalhos pudesse constatar a uniformidade de nosso ritual.

Além disso, a homogeneidade dos trabalhos, a abertura em horário idêntico, a mesma liturgia, o mesmo ritual, estabelecem um ponto de apoio, uma vibração, uma cúpula de força muito maior naturalmente do que as estabelecidas mediante correntes restritas.

Está havendo um movimento no sentido de estabelecer o panteão umbandista, isto é, a representação por meio de imagens que não sejam cópias das usadas pela Igreja Católica.

Já os batizados, casamentos, preces pelos desencarnados vão sendo realizadas em nossas Tendas, dentro do programa emancipador que a União Espiritista de Umbanda do Brasil vem pondo em prática.

A Religião de Umbanda já alcançou sua maturidade: tratemos de demonstrá-la através de uma linha de ação harmônica e coerente.

E o caminho é a uniformidade, é a união, é o sacrifício de pontos de vista pessoais que formam os empecilhos que se antepõem à marcha gloriosa dessa Religião sublime trazida por nossos Pretos Velhos e Africanos e pelos Caboclos e Indígenas.

Acresce que o ritual que ora republicamos é de muito simples adaptação e não veio criar nenhum problema à realização das sessões de Umbanda, pois no fundo nada mais é do que uma norma de abertura e encerramento no final dos trabalhos, uma preparação de ambiente e um agradecimento final dos trabalhos, ficando a cargo do Guia-Chefe todo o transcurso da sessão propriamente dita.

Urge pois que as Tendas que ainda não estão cumprindo o ritual, que façam as adaptações necessárias, dando assim melhor testemunha da pujança da Religião e da União Espiritista de Umbanda do Brasil, do que muito depende a sorte dessa grande corrente de espiritualidade, porque sem união não há força.

Sessão de Caridade (Pública)

Abertura

1) Cinco minutos, pelo menos, antes da hora (20:00h ou 20:30h) do início dos trabalhos, os médiuns devem estar no Terreiro, concentrados e em silencio.
2) Preparo do ambiente por intermédio do defumador, com ponto cantado, que deve ser um dos três constantes do anexo.
3) Prece proferida pelo Diretor de Assistência Espiritual ou por alguém credenciado para tal.
4) Continuação do preparo do ambiente, por meio de explanação doutrinária, filosófica, sobre prática de Umbanda ou de moral (cerca de 15 minutos).
5) Declaração de abertura dos trabalhos em nome de Deus ou Zambi, de Oxalá ou Jesus, do Patrono da Casa, do Guia chefe da Casa e de todos os trabalhadores invisíveis da Umbanda.

   Parágrafo único. Em dias de festa de Santo, a abertura deve ser feita em nome de Zambi, de Oxalá, do Santo do Dia, do Patrono da Casa, do Guia-Chefe da Casa e de todos os trabalhadores invisíveis da Umbanda.

6) Ponto de Oxalá (cantado) – (o ponto deve ser um dos constantes do anexo). Os médiuns ajoelhados ou deitados, conforme a organização da Casa.
7) Saudação ao Patrono da Casa (ponto-prece) como no número 6.
   Parágrafo único. Em dias de festa de Santo, deve ser antes, saudado o Santo do Dia.
8) Ponto (cantado) de chamada do guia-Chefe da Casa para sua incorporação ou não.
   Parágrafo único. Quando o Guia-Chefe da Casa não incorporar, por qualquer motivo, deve ser tirado o ponto em seguida para o Guia substituto.
9) Saudação ao Guia-Chefe da Casa, de acordo com a organização de cada Tenda.
10) Ponto (cantado) de chamada dos Guias que vão trabalhar.
11) Inicio da parte espiritual propriamente dita, sessões de passes mediúnicos, correntes de descarga, doutrinação de obsessores, sessões de descargas, de trabalhos etc. (na prática integral de Umbanda, a doutrinação dos obsessores é feita no espaço pelas entidades superiores).

Encerramento

1. Ponto de subida dos Guias (menos o Guia-Chefe) depois de serem atendidos os assistentes ou terminados os trabalhos.
2. Saudação ao Guia-Chefe) da Casa, de acordo com a organização de cada Tenda.
3. Ponto de subida do Guia-Chefe.
4. Ponto-prece de despedida que deve ser cantado com os médiuns ajoelhados ou deitados, conforme a praxe da Casa.
5. Prece de agradecimento (final).
6. Declaração de encerramento dos trabalhos (deve ser feita em nome de Deus ou Zambi), de Jesus (ou Oxalá), do Patrono da Casa, do Guia-Chefe da Casa e a todos os trabalhadores invisíveis da Umbanda.

Considerações sobre as sessões de caridade

1) As sessões de caridade constarão de passes com objetivo de eliminação de fluidos que estejam perturbando os pacientes, de conselhos de caráter orientador para os que se acham em aflição etc.
2) Não será permitido o receituário de remédios, mezinhas ou indicações de ervas. Nas Tendas em que houver consultório médico, os doentes serão encaminhados a esse departamento.
3) É permitido nessas sessões o uso de fumo, água, flores, velas e indicação de banhos de descarga.
4) As bebidas, pelas quais serão responsáveis os médiuns, sem qualquer descontrole, só serão permitidas em sessões de trabalho com número predeterminado de assistentes ou em dias de festividades grandes.
5) A pemba é objeto de ritual secreto e por isso não deve aparecer nas sessões publicas.
6) É aconselhável uma mesa de médiuns para segurança dos trabalhos e descarga de obsessores.

Sessões de desenvolvimento mediúnico (privativas)

A sessão de desenvolvimento mediúnico compreende:

a) Instrução doutrinária.
b) Desenvolvimento das diversas faculdades do individuo.

Quanto a letra "a":

1) O médium, antes de começar o desenvolvimento, deve comparecer as sessões, sem tomar parte efetiva, a fim de receber a instrução doutrinária necessária.
2) As aulas deverão levar pelo menos meia hora e se destinam aos principiantes e aos mais adiantados.
3) Quando o iniciante começa a ter noção de sua função de médium deve ser submetido a testes de mediunidade, isto é, a experimentação que venha a determinar se é médium de incorporação ou de outras faculdades (audição, vidência, intuição, transporte, efeitos físicos psicográficos etc.).

4) Do resultado dessas verificações será o aspirante desenvolvido dentro de sua especialidade.

Quanto a letra "b":

1) O médium, antes de começar o desenvolvimento, deve comparecer às sessões, sem tomar parte efetiva, à fim de receber a instrução doutrinária.
2) Devem orientados de modo a quando fizerem uso do fumo, de bebida, não cuspirem. O cuspir é material e o fumo e a bebida são elementos de preparação fluídica e, portanto, são elementos espirituais.

Do cerimonial de firmeza das sessões

Há vários sistemas de se fazer a firmeza dos trabalhos:

a) É feito o ritual na "porteira" antes do inicio dos trabalhos, acendendo-se uma vela e fazendo-se oferenda de marafo ao Povo da Encruzilhada, sendo no final levantado o ponto.
b) São cantados três pontos para Exu, logo depois da entrada dos médiuns no terreiro e decorrido o tempo determinado no item 1 do ritual, seguindo-se então o defumador e o mais. No final, também são cantados três pontos de Exu.
c) A firmeza é feita por mentalização, sem nenhum ritual externo.

   Há ainda os que adotam conjuntamente os sistemas preconizados nas letras "a" e "b", sendo também comum cantarem somente um ponto em que são chamadas diversas entidades da encruzilhada.

Sessões de descarga

Nas sessões de descarga é também chamado o Povo da Encruzilhada para fazer a limpeza do terreiro, as descargas para que se tornem necessárias as eliminações de vibrações e o mais de que são encarregadas essas entidades, sempre dentro do principio da prática do bem e da neutralização dos malefícios oriundos da magia negra.

Essas sessões são realizadas no principio ou no fim de cada mês e não devem ter assistência, devendo estar presentes somente os médiuns, os ogãs, os cambonos, os diretores, enfim, a corrente da Casa.

Considerações gerais

1) Todos os médiuns, cambonos, ogãs, dirigentes e demais membros da corrente espiritual, devem apresentar-se com uniforme e sapatos de tênis brancos, de tecido de algodão, podendo variar de Tenda, para Tenda, mas devendo sempre ser o mesmo para cada organização.

   Mesmo quando o Guia trabalhar descalço deve o médium entrar no terreiro de sapatos de tênis, tudo muito limpo, tanto o corpo como o uniforme de modo a ser dada a melhor impressão aos que assistem à sessão.
2) É permitido o uso de fumo (cachimbo ou charuto) quando solicitados pelos Guias.
3) São permitidos aos Guias as saudações recíprocas quando incorporados, de acordo com o estilo e hierarquia de cada um, segundo instruções do Guia-Chefe da Casa.
4) Uma vez incorporado o Guia-Chefe da Casa, a ele compete a direção espiritual dos trabalhos, disposição dos médiuns, cambonos, ogãs etc. sendo igualmente sua a responsabilidade pelo que ocorrer durante os trabalhos.
5) O Guia-Chefe será sempre o primeiro a incorporar e o último a subir, não podendo haver mais nenhuma incorporação no Terreiro após a sua subida.
6) Em dias de festa no Terreiro, são permitidas as roupas de cores, segundo a organização de cada Tenda, não significando tal permissão que sejam permitidas fantasias de Caboclo ou semelhantes.
7) Não é permitida a cobrança por qualquer trabalho ou obrigação. É sempre aconselhável, quando houver necessidade de material parta qualquer espécie de trabalho que sejam os próprios interessados que comprem o que for determinado pelo Guia.

Das sessões para crianças

1) As crianças não devem ser admitidas nas sessões de trabalhos ou de magia.
2) Nas sessões de caridade podem assistir e tomar passes.
3) Também nas sessões de desenvolvimento podem assistir, principalmente à parte doutrinária.
4) Ressalvamos, entretanto que o desenvolvimento mediúnico somente deve ser iniciado na idade adulta.
5) Aconselhamos, de preferencia a criação de sessões especiais para as crianças, onde as mesmas tomem passes e recebam orientação religiosa.
6) É de todo o interesse que comece da infância a orientação doutrinária daqueles que serão futuramente os umbandistas e que poderão assim seguir uma diretriz firme sem confusões nem influencias estranhas adquiridas na frequência de aulas de outras religiões.

Do batismo e da confirmação

a) Do batismo

1. O batismo na religião de Umbanda é o primeiro contato do recém-nascido com os Guias espirituais e por isso deve ser realizado dentro do primeiro mês de nascimento.
2. As Tendas devem ter um dia marcado em cada mês para essa cerimonia, de preferência em dia em que não haja outra sessão, podendo ser escolhido o domingo à tarde, com a presença dos médiuns, cambonos e ogãs uniformizados, sendo feito o ritual comum das sessões até o item 10, quando então o Guia-Chefe ou seu preposto faria a cerimônia do batismo que o faria com água da cachoeira e luz.
3. O padrinho assistiria ao ato com uma vela acesa na mão direita e a madrinha ficaria com o objetivo da reunião.
4. O ritual de abertura poderá ser reduzido com a supressão do item 5, sendo que a prece e a parte doutrinária (itens 3 e 4) devem ser feitos de acordo com o objetivo da reunião.
5. Terminado o ato, far-se-á o encerramento de acordo com a

abertura, isto é, se naquela foi suprimido o item 5, neste se começará do item 2.

b) Da confirmação

1) A confirmação deve ser feita na idade de sete anos, podendo ser aproveitada uma data de ida ao rio ou à cachoeira, defendo o banho ser de corpo inteiro.
2) Os padrinhos, que podem ser os mesmos do batismo ou outros, levarão velas e flores, sendo oficiante o Guia-Chefe ou seu preposto.
3) Será seguido o mesmo ritual de abertura e encerramento da cerimônia do batismo, feita a adaptação necessária.
4) A criança deverá estar vestida toda de branco e ser enxuta após a cerimônia com uma toalha branca nova.
5) Tanto do batismo como da confirmação será feito registro na Tenda e fornecida uma certidão aos interessados e feita uma comunicação a União que criará o seu registro próprio.
6) Nada será cobrado pelos atos, nem pelas certidões, devendo as despesas que porventura tenham de ser feitas ser custeadas diretamente pelos interessados.

Do casamento

1) O casamento é ato de suma importância pois em sua base é construído o lar e a família é constituída, por isso deve ser dado realce especial à cerimônia, com altares iluminados e enfeitados de flores, e com a presença da corrente toda uniformizada, indo a noiva de vestido branco, véu e grinalda.
2) O ritual preparatório será o de abertura, suprimindo o item 5, sendo que a prece (3) e a parte doutrinária (4) devem ser feitas de acordo com o objetivo do ato.
3) Será oficiante o Guia-Chefe incorporado ou, no seu impedimento, o substituto.
4) As alianças serão cruzadas pelo Guia, devendo os padrinhos e madrinhas tomar parte na cerimônia com uma vela acesa durante o tempo todo que durar o ato.
5) Efetuado o casamento, far-se-á, suprimido o item 1, o ritual

de encerramento.

6) A diretoria da Tenda, dentro das possibilidades, poderá oferecer uma mesa de doces e refrigerantes, para dar maior realce ao ato.
7) Antes da realização do ato será exigida a apresentação da certidão do ato civil.
8) Do ato será fornecida certidão e comunicação à União, que criará os registros necessários.
9) Nada será cobrado pelo ato, nem pela certidão, devendo as despesas que porventura tenham de ser feitas ser custeadas diretamente pelos noivos.

Considerações gerais

Todos os membros da corrente (médiuns, cambonos, ogãs, dirigentes etc.) deverão apresentar-se com uniforme branco de tecido de algodão. Os homens de calça e camisa, de macacão ou de calça e dólmã[1] fechado no ombro; as senhoras com vestido de saia godê, de saia rodada e blusa branca (baiana), avental fechado com calça comprida como de homem, sendo que nos dois primeiros casos deve ser usada uma calça com elástico na bainha, que deve ir até o tornozelo ou pelo menos até a metade da barriga da perna.

É preciso notar que essas variações, acabadas de ser indicadas, não são para que em uma mesma Tenda cada uma use um uniforme dentre os apontados, mas pelo contrario deve haver em cada Casa uniformidade absoluta de modelo de uniforme.

Os médiuns, mesmo aqueles cujos protetores trabalham descalços devem entra no terreiro de sapato branco de tênis que serão tirados depois, devendo o uniforme e os sapatos estarem irrepreensivelmente limpos, pela má impressão que causará à assistência a falta de asseio, seja do corpo, seja no vestiário.

Do ofício dos desencarnados

1) A prece pelos desencarnados, sua elucidação e orientação

1 Sobreveste de origem turca, abotoada de cima a baixo, cintada e com abas soltas que chegavam aos joelhos. Atualmente, casaco de gola levantada, ajustado à cintura, abotoado de cima a baixo.

sempre foi feita em sessões de caridade, o que pode continuar a ser feito, entretanto, devem ser feitos ofícios especiais logo após seu desencarne, na semana seguinte.

Para tal objetivo devem as Tendas ter um dia por semana dedicado à esses ofícios de sétimo dia, podendo ser adotado o seguinte ritual:

2) Será constituída uma mesa de segurança e de descarga, constituída de médiuns, sob a direção do Diretor de Assistência Espiritual, ou por um doutrinador de sua confiança.
3) A abertura será a do ritual comum as sessões de caridade, sendo que os itens 3 e 4 (prece e doutrina) serão orientadas de acordo com o objetivo da elucidação dos espíritos desencarnados.
4) Na forma habitual, feita a abertura, o Guia-Chefe orientará os trabalhos.
5) Findo o ofício ou ofícios, será feita o encerramento dentro do ritual comum, seguindo-se sempre na parte de prece o objetivo da sessão.

O sinal da cruz

O sinal da cruz, símbolo do cristianismo, será feito com as seguintes palavras: Ao tocar a mão direita à frente – Em nome de Deus (em nome do Pai), em nome de Jesus (em nome de Oxalá). A mão direita cruzando os ombros da esquerda para a direita: – Em nome do Anjo da Guarda. Pode ser feito: Em nome de Deus (ou do Pai), de Jesus e do Anjo da Guarda.

Ritual de confraternizações

Abertura

1) Cinco minutos, pelo menos, antes da hora de inicio da sessão, os médiuns deverão estar no local dos trabalhos, já uniformizados, concentrados e em silencio.
2) Na hora marcada, preparo do ambiente por intermédio de defumador, acompanhado de ponto cantado.
3) Prece proferida pelo Presidente ou por quem o mesmo indicar.

4) Continuação do preparo do ambiente, por meio de explanação doutrinária, filosófica, moral prática ou sobre assuntos referentes à Religião, cerca de 15 minutos.
5) Declaração do Presidente de abertura dos trabalhos em nome de Deus (Zambi), de Jesus (Oxalá), do Patrono da Casa onde se realiza a Confraternização, do Guia-Chefe da Casa, de todos os Guias-Chefes presentes e de todos os Trabalhadores Invisíveis da Umbanda.
6) Ponto de Oxalá.
7) Ponto do Patrono da Casa.
8) Ponto do Guia-Chefe da Casa.
9) Ponto de chamada dos Guias-Chefes, cujos médiuns estejam presentes na ordem de chegada dos mesmos.
10) Baixada em conjunto dos Guias auxiliares cujos médiuns estejam presentes.
11) Giras predeterminadas.

Encerramento

1) Encerramento com ponto de subida dos Guias auxiliares.
2) Ponto de subida dos Guias-Chefes.
3) Ponto de subida do Guia-Chefe da Casa.
4) Agradecimento do Presidente ou seu preposto.
5) Prece final.
6) Declaração de encerramento com no item 5.

A parte espiritual ficará a cargo do Guia-Chefe da Casa em que se realizar a confraternização, coadjuvado pelos demais Guias-Chefes e pelos auxiliares.

A direção dos trabalhos ficará em harmonia a cargo do Presidente, auxiliado pelos demais diretores presentes e mais os auxiliares que julgar necessário.

Os pontos serão tirados em harmonia com os Guias-Chefes presentes, pelos ogãs e médiuns não incorporados e cambonos, por determinações nesse sentido e de ordem disciplinar que julgar necessário para o bom andamento dos trabalhos.

Os médiuns e mais componentes das confraternizações devem ter sempre em mente o objetivo fraterno dessas reuniões e que pretendem aumentar, cada vez mais, os laços de Família

Umbandista e devem ser disciplinados e corteses, condescendentes, atenciosos, procurando sempre harmonizar os companheiros e desculpar qualquer mal entendido que possa surgir.

Os médiuns nessas ocasiões devem concentrar-se com muito cuidado e sinceridade de modo a alcançar o melhor de suas incorporações, não só pelo objetivo espiritual como também tendo em mente que estão sendo observados por muita gente, crente e não crente, e também pelo objetivo construtivo que determina tais reuniões.

Dentro do objetivo fraterno, os Guias-Chefes presentes, que também devem fazer o mesmo entre si, o que deve ser repetido no final, antes da subida.

Também os cambonos e ogãs devem prestar suas homenagens aos Guias-Chefes à chegada e à subida.

Sacerdote excomungado pela igreja católica oficia, em São Paulo, em uma sessão de Umbanda

O Dia, 27/12/1953, n. 9456

Na capital bandeirante, localizado na Rua Piratininga, está situado uma tenda de Umbanda, onde sob a presidência da Senhora Aída Maria Teixeira, se realizam periódicas sessões, bem frequentadas pelos fieis, a maioria da Irmandade Mãe Guiné. Em uma das suas ultimas sessões, em que o realismo impressionou vivamente os presentes, esteve presente o sacerdote católico Jorge Alves de Souza, excomungado pelo Vaticano, e que agora pertence à Igreja Católica Brasileira do Bispo Moura, de onde também é bispo. Dom Jorge que é funcionário da policia e casado, fez larga pregação aos presentes, exortando-os a congregar-se para o bem da humanidade. E assistiu até o fim da cerimonia, na qual recebeu passes de Dona Aída, a sacerdotisa, exclamando depois: – Umbanda não é macumba. É caridade, essencialmente caridade.

No limiar da Umbanda

Zina da Silva teve criação católica, passou pelo Espiritismo até chegar na Umbanda. Foi uma umbandista de muita fé, mas, muito questionadora sobre determinados e ritos e condutas que via nas suas andanças pelos terreiros.

Sua vivência a levou a escreve esta obra que teve algum sucesso com os umbandistas sérios da época e incomodou os vendilhões do templo e estelionatários da religião, presentes em todos os momentos da história de todas as religiões. Neste livro, além de contar sua trajetória religiosa, Zina aborda temas como: Tendas de Umbanda, mediunidade, necessidade de uma preparação físico-material, banhos de descarga, defumadores, guias e amuletos e pontos cantados.

Em 2010 publiquei, pela Editora do Conhecimento, a obra *A construção histórica da literatura umbandista*. Na época ainda não havia conseguido um exemplar desta obra histórica. Assim, ainda que tardiamente, faço o devido resgate do livro *No limiar da Umbanda*. Publicado, em 1954, pela Organização Simões, atualmente só pode encontrado em sebos.

Apresento a seguir o prefácio desta valiosa obra:

> Ao escrever este livro, vi que não poderia fazê-lo, sem atravessar a camada material que é como o vestíbulo do Espiritismo.
>
> Não pude, desta vez, atingir o meu fim. Fui obrigada a criticar e apontar desmandos, quando, simplesmente pretendia abordar a Doutrina.

Fechar os olhos à má aparência de um fruto é arriscar-se a não encontrá-lo em condições de ser saboreado.
Fiquei indecisa ao esquematizá-lo. No limiar, fui forçada a parar. Não pude prosseguir. Envergonhei-me e permaneci, apenas, no LIMIAR DA UMBANDA.
No futuro é possível que ouse ultrapassá-lo.

Figura 6: Capa do livro *No limiar da* Umbanda

O uso do fumo e das bebidas nos terreiros

Autoria desconhecida

Tenda Espírita Nossa Senhora da Piedade

Um dos assuntos mais polêmicos na Umbanda, para quem não conhece em profundidade os seus meandros, é a utilização do tabaco e da bebida nos terreiros. Na década de 1960, na Tenda Nossa Senhora da Piedade, o Astral Superior enviou uma mensagem sobre o tema. Infelizmente não foi possível determinar a autoria e nem a data do evento.

Uma das coisas que mais predispõem os kardecistas contra nós da Umbanda é o fato das entidades que nela baixam, fazerem uso do fumo e da bebida.

Acham eles que um espírito de luz já se encontra, em virtude dessa condição, isento de todos os vícios e hábitos terrenos.

Até aí estão certos e concordamos plenamente com esse ponto de vista, porque está dentro da linha de evolução de todas as almas,

Entretanto, no que diz respeito à Umbanda, tal não acontece (não se aplica) porque a situação é muito diferente. Não que o grau de evolução das entidades que baixam não sejam elevadas, pois que o é realmente.

É preciso, saibam todos aqueles que fazem um falso juízo dessas entidades, que ali estão presentes com o seu charuto ou cachimbo na boca fumando ou, ainda, bebendo, e falando de forma, às vezes, ininteligível, o dialeto africano, que são, de fato, espíritos de luz já contidos em longas jornadas e peregrinações redentoras no planeta Terra.

É o espírito de um Preto Velho ou de um Caboclo porque,

no momento, essa é a forma que assumem para o bom êxito da sua missão.

Vale a pena lembrar aqui a experiência do Dr. Wantuil de Freitas, digno Presidente da Federação Espírita Brasileira, em 1932, com o Preto Velho Pai Francisco.

O fato de nos ocuparmos na parte que nos interessa para fins elucidativos, foi publicado no Órgão Doutrinário da Tenda Espírita Mirim, "O Caminho", número 174 de 1958.

Na referida publicação originada de uma entrevista concedida a Geraldo de Aquino, detalhava o Dr. Wantuil as razões por que se tornara espírita citando, inclusive, seu conhecimento com o Pai Francisco.

Pelo seu relato, verificamos a confirmação daquilo que já dissemos sobre os Pretos Velhos como entidades muito evoluídas e atuantes na Umbanda.

Entre outras coisas disse o Dr. Wantuil:

– Nesse mesmo dia, ao chegar à minha casa, às 17 horas, recebo um telefonema de excelente médium que trabalhava nas sessões do Senhor "E".

Pedia-me que comparecesse a uma sessão que iria realizar. Fui.

Lá chegando, contei que havia levado um maluco a uma sessão de Umbanda – (só então conheci esse nome) e, em presença de todos, a médium me censurou por me haver mantido nesse meio perigoso, improprio para um homem de minha condição social e de minha cultura, dizia ela.

Aberta a reunião, após a prece proferida pelo Senhor "E", manifesta-se um espírito pela própria médium "C", médium inconsciente de grande elevação.

Todos estavam perplexos com a beleza doutrinária de sua explanação, com o concatenado brilhante de suas frases, com os profundos conhecimentos evangélicos que nos apresentava, com tudo enfim. Falou por algum tempo e, após ligeira pausa, continuou o mesmo espírito.

– Meus amigos: dirigir-me a vós que já compreendeis os vossos deveres, que já procurais aumentar os vossos conhecimentos através da leitura de boas obras, que já sentis a grandiosidade do Espiritismo, é fácil, é missão sem dificuldades e seus espinhos. Mas dirigir-me a criaturas ainda distanciadas das lições do Cristo, ainda presas às coisas das religiões em que foram criadas, é bem difícil, é sacrificial. Esses irmãos, entretanto, precisam ser amparados, e espíritos existem que escolhem essa missão, descendo, às vezes, de outros planos e adotando processos que possam tocar aqueles corações, preparando-os para o futuro que a todos espera.

Eu sou Pai Francisco, o mesmo que atendeu ao irmão Wantuil, através de um "cavalo" e que aqui não se manifestaria se não fosse a ordem recebida do guia através dos vossos trabalhos. Ficai na paz do Senhor!

Esplendida lição!

Os que sabem ler nas entrelinhas percebem pelas palavras de Pai Francisco, que a Umbanda paira muita acima dos julgamentos infelizes dos seus detratores. Pois não deixou ele claro que "espíritos existem que escolheram essa missão, descendo às vezes de outros planos?" Que significam essas palavras? Assim como Pai Francisco, os demais espíritos que formam as falanges benditas da Umbanda, são espíritos grandemente espiritualizados que descem em missão de sacrifício.

É sabido que, quanto mais evoluído o espírito, mais facilidade tem ele de, graduando a sua força e o poder espiritual, sintoniza o seu padrão vibratório com vistas ao campo em que vai atuar como no caso do Caboclo, do Preto Velho, da Criança ou personalidade que mais lhe convenha.

André Luiz, em suas mensagens extraordinárias, através da psicografia extraordinária de Chico Xavier, teve a oportunidade de se referir à necessidade dessa sintonização de padrão vibratório quando, no desempenho de certas tarefas em missão socorrista no espaço, precisou penetrar em certos ambientes.

Assim também, nos terreiros, aqueles que, um dia, na Terra, arruinaram o corpo, a matéria de um Caboclo, de uma Preta Velha, ou de uma Criança, ali se apresentam como tais, fumando charutos e bebendo "marafo".

Nem podia deixar de ser assim, quando se sabe que na luta contra o mal, as entidades que o combatem tem de adotar magias semelhantes e superiores conhecimentos de magia.

Nessa ordem de ideais não podemos deixar de citar aqui o

Preto Velho Pai João de Minas, profundo conhecedor da magia que, com o Caboclo Timbiri da Cobra Coral, constitui o duplo esteio do Cantinho de Thomé. Conhecemos, também, um Preto Velho que, muito antes de Cristo, animou o corpo de um grande filósofo.

Pena é que esse Preto Velho, em sua admirável humildade, que é, aliás, uma das características marcantes desse povo, não consinta a revelação, aqui, do traço de união entre o filósofo de ontem e o Preto Velho de hoje.

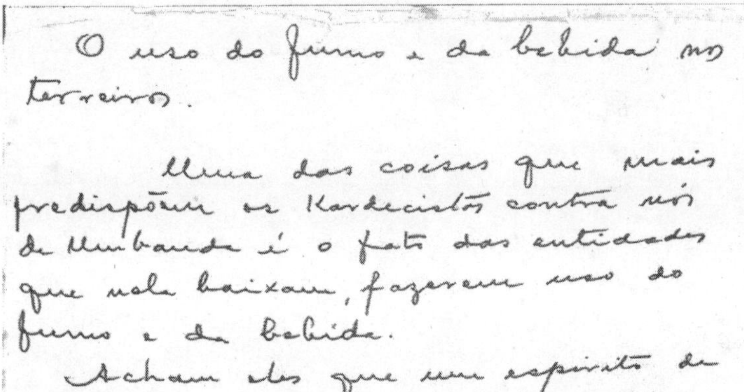
O uso do fumo e da bebida nos terreiros.

Uma das coisas que mais predispõem os Kardecistas contra nós de Umbanda é o fato das entidades que nela baixam, fazerem uso do fumo e da bebida.

Acham eles que um espírito de luz já se encontra, em virtude dessa condição, isento de todos os vícios e hábitos terrenos.

Até aí estão certos e concordamos plenamente com êsse ponto de vista, porque está dentro da linha de evolução de todas as almas.

Entretanto, no que diz respeito à Umbanda, tal não acontece (não se aplica) porque a situação é muito diferente.

Não que o grau de evolução das

Figura 7: Primeira página do manuscrito. Fonte: *http://www.tensp.org*

Os centros de força

Carlos de Azevedo

O Semanário, 27/12/1956, n. 39

Eis o espelho dos ensinamentos internos, dentro do verdadeiro meio umbandista, representado simbolicamente no clichê a seguir. Sim, a maioria das criaturas que frequentam o mesmo ouve falar de Umbanda, pensam ou relacionam esta Grande Lei, este tremendo e crescente movimento religioso, com as ditas "macumbas", candomblés, africanismo, baixo espiritismo etc., por não entenderem a posição existente, entre uma e outras coisa. Sim, quantas interpretações errôneas existem por aí, sobre os chamados espíritos de Caboclos e Pretos Velhos.

No entanto, a Umbanda – esta força mágica e envolvente – somente fez-se positivamente situante, de 40 anos para cá, dentro dos agrupamentos ou Cultos Afro- Aborígenes, por injunção do astral superior e ainda pela necessidade de restaurar antiquíssimas tradições, algumas conservadas nestes cultos, através dos milênios, envoltas pelos véus do símbolo e do mito.

Estas antiquíssimas tradições de certos ensinamentos ocultos e esclarecimentos em que já entrou a humanidade, desde 1936 – a Era de Aquário, da qual a Umbanda é a precursora no Brasil, por intermédio dos citados espíritos dos Caboclos e Pretos Velhos.

Sim, vê-se, portanto, o homem (micro), frente ao Cosmos (macro), em relação com as Forças Setenárias, que demonstram como ele é insignificante, dentro da sua ignorância e, como é grande, dentro do saber ou dos conhecimentos reais, por onde reconhecerá que seu verdadeiro ego é imortal – não nasceu e jamais morrerá... É eterno!

Neste mapa, ele – o homem real – se vê como vivente, pisando o pó do plano Terra, viageiro transitório, através dos séculos, até quando terminar sua última Ronda ou Circuito de provas. Na Umbanda se ensina que sete são as Grandes Rondas, subdividas em 49 pequenas Rondas. Estas se subtendem com imensos períodos de anos – milênios, milhões? Quem sabe?

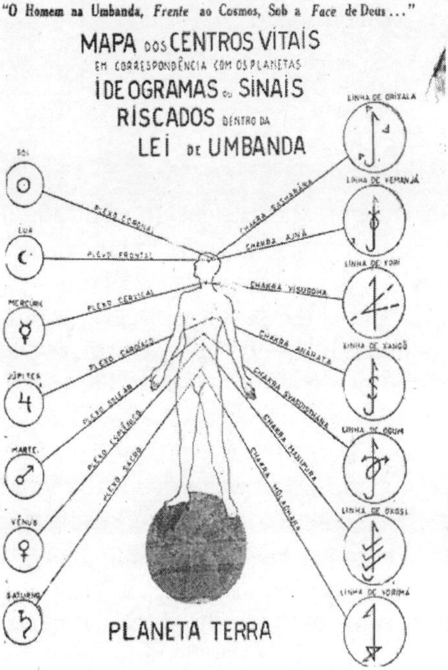

Figura 8: Mapa dos centros vitais. Fonte: *O Semanário*, 27/12/1956, n. 39

Protesto de Umbanda contra as palavras de Dom Jaime no programa A Voz do Pastor

O Semanário, 17/01/1957, n. 42

Os adeptos da Umbanda celebram a entrada do Ano Novo, realizando nas praias do Rio de Janeiro homenagens a Yemanjá, que naquele culto religioso simboliza a Energia Eterna. Fazem-no de longa data. No tempo da ditadura, a fim de evitar as perseguições policiais que se desencadeavam contra eles, procuravam sítios remotos do litoral carioca, para as manifestações de sua fé.

Com o restabelecimento da legalidade democrática e escudados com justa razão no principio constitucional que estabelece e garante, em toda sua plenitude, a liberdade de cultos, passaram a fazê-lo livres e sem constrangimento, nos locais de acesso mais fácil aos fiéis. Assim, de Ramos ao Leblon – como, de outro lado da baía, na faixa litorânea de Niterói – as praias do Rio enxameiam, na noite de 31 de dezembro, de velas acesas pelos umbandistas em honra daquela que para eles simboliza as fontes da própria vida universal. Multidões de adeptos, conforme registramos em nosso número do dia três, afluem às areias do Flamengo. Copacabana, de Ipanema, do Leblon, lançando ao mar oferendas para Yemanjá, geralmente flores. Tudo se processa na mais perfeita ordem, tendo mesmo se constituído o magnificente espetáculo em uma das atrações turísticas da Capital da República.

A alta hierarquia eclesiástica não o vê, entretanto, com bons olhos. A principio, limitou-se fazer procissões desfilarem pelas praias da Zona Sul à mesma hora em que se celebrava o culto da deusa, e a atrair a população católica para missas à meia noite, no Arpoador. Agora, porem, ou porque a festividade umbandista se tenha tornado um centro de interesse maior para o carioca – e para isso, talvez, influa o sincretismo religioso que caracteriza a nossa gente – ou porque os métodos pacíficos de persuasão não tenham obtido resultado, a alta hierarquia eclesiástica passou da guerra fria à guerra *tout court*[1] contra Yemanjá. No programa *A Voz do Pastor*, o Cardeal Dom Jaime Câmara proferiu violenta apostrofe contra a Umbanda, pedindo às autoridades, contra esta, uma ação policial preventiva ou repressiva, que, bem orientada, disse ele, "deve ser aplaudida".

Somos um jornal do povo. Como tal, não temos *parti-pris*[2] religioso. Respeitamos todas as religiões, todos os cultos, mesmo porque sem liberdade de cultos não há, nem pode haver democracia. Fomos contra as perseguições de Hitler aos católicos e judeus da Alemanha, como, hoje somos contra quaisquer perseguições desse caráter, não só as que comumente se verificam nos países por trás da Cortina de Ferro como as que Franco e o Cardeal Segura movem aos protestantes espanhóis.

A tolerância, a nosso ver, é o apanágio de todo sentimento religioso sincero. Onde ela não existe, não pode existir amor verdadeiro do Criador, nem se pode falar, sem hipocrisia, em caridade. Além do mais, afigura-nos extremamente perigoso o incitamento a perseguições policiais que naturalmente provocarão represálias, ateando o incêndio de lutas religiosas sem qualquer sentido neste século, muito menos no Brasil, cujo povo, pela sua índole altruística, repele qualquer espécie de fanatismo. Não comentamos esse erro, que pode ser de funestas consequências. Amemos o Cristo, amando suas criaturas tais como são na sua singeleza, na sua humildade até nos seus pecados. Cada qual tem o direito de adorar a Deus conforme lhe ditem o coração e a consciência.

O *jongleur*[3] de Anatole France expressava o seu amor pela Virgem Maria, fazendo malabarismos diante do seu altar. Era a sua oferenda à Santa, a sua forma de venerá-la. Os que o ridicularizavam ou o acusavam de profanação talvez não possuíssem

1 Simplesmente.
2 Impressão pré-concebida.
3 Malabarista.

uma onça sequer de sua imensa fé.

Não preguemos, pois, guerras santas, que de santas só tem o nome. Saibamos respeitar as crenças alheias.

Dentro desse critério de compreensão, não temos duvida em abrigar em nossas colunas a Carta Aberta[4] que o Senhor José Alvares Pessoa, presidente da Tenda Espírita São Jerônimo, desta capital, – trata-se de um homem de bem a toda prova, conhecidíssimo no Rio de Janeiro por seu espírito caritativo e humanitário e também por sua ilustração – dirigiu ao Cardeal Arcebispo dom Jaime Câmara, em defesa do culto que professa.

4 Vide próximo capitulo.

O cardeal declarou guerra à Iemanjá

O Semanário, 07/02/1957, n. 45

Publicamos na nossa edição de 17 de janeiro a carta aberta que o Senhor José Alvares Pessoa, presidente da Tenda Espírita São Jerônimo, endereçou ao Cardeal Dom Jaime Câmara, em resposta a palavras proferidas pelo Arcebispo do Rio de Janeiro no programa radiofônico *A Voz do Pastor*, sobre a homenagem prestada a Iemanjá pelos umbandistas cariocas, na noite de 31 de dezembro.

Desta capital e outros pontos do país, recebemos numerosos pedidos de remessa de exemplares da referida edição, subscrita por pessoas interessadas na leitura deste documento. Impossibilitados de atendê-los, por se haver esgotado completamente a nossa edição de 17 de janeiro, mas desejamos, ao mesmo tempo, de satisfazer á solicitação dos nossos missivistas, reproduzimos hoje, o texto integral da carta do presidente da Tenda São Jerônimo ao Cardeal Jaime.

Carta aberta do Presidente da Tenda Espírita São Jerônimo ao Cardeal Dom Jaime Câmara

Tenho em minhas mãos o recorte de *O Jornal*, de cinco do corrente, que transcreve alocução do Cardeal Dom Jaime Câmara, no programa *A Voz do Pastor*, na qual este padre da Igreja Católica adverte às autoridades policiais do Rio de Janeiro, a que nós, umbandistas, prestamos nas praias à divina Yemanjá, na noite de 31 de dezembro, que lhe é tradicionalmente consagrada, e incita-as ao desrespeito à Constituição, que garante a liberdade de cultos.

A vista de tão grave acontecimento resolvi dirigir ao Cardeal Câmara algumas palavras de protesto contra a clamorosa injustiça que cometeu contra as nossas autoridades, sempre tão ciosas no cumprimento do seu dever e não "displicentes e inoperantes", como as classificou; contra as falsidades que se contem na informação que lhe prestaram sobre a realização das brilhantíssimas homenagens a Yemanjá; e também de advertência.

Diz o Cardeal Câmara:

> Testemunhas oculares nos afirmaram que o tal "culto" a Yemanjá provocou muita embriaguez. Até meninas de 12 anos tomaram parte em grupos que passavam copos de cachaça de boca em boca, além de, com tão pouca idade, fumarem grandes charutos que as deixavam tontas. Que em tais condições, caíssem em transe... quem admira?

O trecho demonstra: 1º) absoluta ignorância do ritual umbandista nas festas de Yemanjá e, portanto, falsidade do informante; 2º),uma perspicácia de má fé do Cardeal Câmara que taxativamente declarou que *as meninas que tomaram parte nos festejos tinham 12 anos*. Que precisão!

Quanto ao primeiro ponto: no ritual de Umbanda, quando se festeja Yemanjá, que para nós representa a Energia Divina, só se usa água do mar (que ninguém bebe) e champanhe, que se derrama em homenagem à divindade. Não há bebidas, nem comidas, nas festas de Yemanjá, Cardeal Câmara, e o seu informante não tem a mínima capacidade de observação ou é de uma má fé total. Tem olhos e não sabe ver.

Segundo: nas sessões de Umbanda, não é permitida a entrada de menores. Se algumas meninas de 12 anos compareceram às praias na noite de 31 de dezembro, os umbandistas nada tem a ver com isso, sendo responsáveis apenas os pais das referidas menores.

Essas meninas fumavam grandes charutos, ficavam tontas e caiam em transe, diz o Cardeal Câmara, compungido. Esta declaração faz rir qualquer umbandista. Nenhum médium em Umbanda, e entre eles não há menores de 18 anos, fuma antes de cair em transe. Só quando se está em transe é que se fuma em Umbanda, Cardeal Câmara. É um fenômeno admirável – homens e mulheres que no seu natural tem horror ao fumo, em transe fumam vários charutos sem que por eles sejam afetados!

Vejam só quanta informação falsa e tendenciosa...

Reconheço Cardeal Câmara, que há um motivo, que deve ser dolorosíssimo, para tanto despeito. Pela terceira vez, em três anos seguidos, os padres da Igreja de Roma tentaram esmaecer o brilho dos festejos de Yemanjá na noite de 31 de dezembro, procurando, por meio de uma inovação provocatória e desleal, realizar missas e procissões à mesma hora em que realizamos o nosso tradicional ritual. Não é da tradição da Igreja Católica, nem nunca foi e o Cardeal Câmara não poderá provar em contrário, rezar missas e fazer procissões na noite de 31 de dezembro. Para castigo do Cardeal e por milagre de Yemanjá, as missas e as procissões tentadas três vezes, nesses últimos três anos, não tiveram o mínimo êxito, como é de domínio publico.

Agora, vamos à advertência que quero fazer e faço ao Cardeal Câmara:

Diz o Eclesiastes que "aquele que transporta pedras será maltratado por elas" (Ec. X. 9)

Não procure, por qualquer meio, Cardeal Câmara, acender uma luta religiosa no Brasil. O senhor e os seus subordinados só terão a perder com isso. Não é nenhuma novidade que os senhores da Igreja de Roma perdem terreno, dia a dia. E o perdem por inércia, por ganância, por orgulho, por falta de caridade e de sentimento cristão.

O povo de hoje, apesar de ainda ser muito pouco alfabetizado, tem uma rara acuidade, observa tudo e tira conclusões lógicas de muita coisa. Está cansado de ser explorado pela Santa Madre Igreja, que não dá nada e leva o que pode. Os padres da Igreja não realizam um só sacramento de graça. Se o pobre tiver dinheiro, os seus filhos serão batizados, suas filhas casarão na Igreja, os seus defuntos terão a encomendação da alma, etc. Mas se o dinheirinho tão magro que nem dá para o sustento de cada dia, não aparecer, que o menino morra pagão, que a mocinha se amasie e que o defunto... vá para o inferno! É esta a prática diária da igreja.

Cardeal Câmara, enquanto o senhor veste púrpura cardinalícia, que custa milhares de cruzeiros, e celebra o ritual da Igreja com paramento de riquíssimas rendas e brocados de ouro, com os pés bem calçados em sapatos feitos à mão, gastando na pompa ritualística e no seu bem estar pessoal dinheiro que encheria a barriga de milhares de representantes da "gentinha" (como o senhor classifica os brasileiros humildes na sua *A Voz do Pastor*), essa mesma "gentinha" e mais os grã-finos que andam de Cadillac cansados todos de abrir a bolsa para saciar a voracidade dos padres católicos, recorrem sofregamente aos terreiros de Umbanda, onde se pratica a pura e verdadeira caridade cristã, de graça, como nos tempos de Pedro e Paulo. Porque Cardeal Câmara, nas humildes Tendas de Umbanda, todos os que buscam alivio para os seus males espirituais, morais e materiais, são atendidos, *sem pagar um vintém*, por abnegadas criaturas, que vivem do seu trabalho honesto e que, abdicando do direito que tem de descansar, ficam noite a fio trabalhando pela felicidade dos seus semelhantes.

Não pense Cardeal Câmara, que as suas palavras no programa *A Voz do Pastor* poderão desmoralizar a Umbanda. As suas palavras, que não tem mais eco talvez, tivessem tido algum resultado há 40 anos passados. Mas, hoje quando milhares e milhares de pessoas (e entre essas se contam católicos aos milhares) acorrem diariamente às Tendas umbandistas, e ali são recebidas, sem se levar em conta a que religião pertencem, se tem ou não dinheiro, se são ou não "gentinha", se andam ou não de Cadillac, e ali são atendidas uma a uma com a maior paciência e caridade cristã, as suas palavras são como as sementes daquele semeador, de que falava o doce Nazareno, que caíram ao longo do caminho e vieram as aves do Céu e comeram-nas. Não são levadas em conta, porque todos os que conhecem a Umbanda (são centenas de milhares) sabem que não representam a verdade.

O povo, Cardeal Câmara – e por povo quero dizer o grã-fino e a "gentinha" de que o senhor fala – está sofrendo e todo aquele que sofre procura o lugar onde sabe que receberá o alivio e o conforto. A Igreja Católica – que é essencialmente política e de que espiritual só tem a fama – não conforta nem dá alivio a ninguém. É tirânica, ávida de poder temporal, avarenta, acumuladora de tesouros que não reparte com os pobres. Não segue, há muitos séculos, os ensinamentos do Cristo, tão doce, tão humilde, com seus pés descalços e a sua roupa de pano grosseiro. A Igreja perde pé dia a dia e fatalmente sossobrará.

Esta é a advertência que desejei fazer-lhe e que lhe faço, Cardeal Câmara, pedindo ao doce Nazareno, a quem tanto amo, que faça descer a sua paz sobre seu espírito conturbado.

José Alvares Pessoa
Presidente da Tenda Espírita São Jerônimo

A constituição garante a liberdade dos cultos

O Semanário, 14/03/1957, n. 49

A Constituição brasileira, no parágrafo sétimo e de seu artigo 141, declara "inviolável a liberdade de consciência e de crença" e assegura "o livre exercício dos cultos religiosos".

Por isso mesmo, chocou-nos profundamente, além de ferir nossos sentimentos democráticos, o apelo que Dom Jaime Câmara, Cardeal Arcebispo do Rio de Janeiro fez, há pouco tempo, através de uma estação de rádio, ás nossas autoridades policiais, no sentido de reprimirem pela violência as manifestações de fé dos adeptos da Umbanda.

Achamos justa a viva reação que entre estes despertaram as palavras, mal inspiradas sem duvida, daquele alto representante da hierarquia eclesiástica de Roma, daí considerarmos um dever imperativo acolher em nossas colunas, como acolhemos a carta aberta que à Dom Jaime dirigiu, na ocasião, protestando contra a sua irrefletida atitude, o Presidente da Tenda Espírita São Jerônimo, senhor José Alvares Pessoa.

A curiosidade jornalística levou-nos ao mesmo tempo, a indagar das possibilidades da existência ou não, ou, melhor, da garantia da liberdade de cultos em nosso país e a tomar contato com os círculos umbandistas, a fim de verificar ***de visu***,[1] a procedência, ou improcedência, das afirmativas feitas por Dom Jaime sobre a religião por ele tão duramente malsinada.

Quanto ao primeiro ponto, se é verdade que desde o evento do regime constitucional, em 1946, não tem ocorrido, entre

1 Em primeira mão.

nós, perseguições de caráter religioso, também é verdade que no período da ditadura, sendo Chefe de Polícia o então Coronel Alcides Etchegoyen, e, intermitentemente em épocas anteriores, essas perseguições se fizeram sentir sob várias e condenáveis formas, que iam desde a obrigatoriedade de registro na Polícia para os centros espiritualistas e a proibição de menores de 18 anos assistirem à celebração de seus cultos até a invasão e depredação daqueles centros pelas autoridades paradoxalmente incumbidas de manter a ordem e garantir os direitos dos cidadãos e as liberdades publicas e a prisão e processo dos médiuns espíritas.

A Justiça, entretanto, despronunciava sistematicamente os acusados, por falta de elementos probatórios que os fizessem incidir nas sanções penais referentes ao exercício ilegal da medicina, invocada, na hipótese, para condená-los. Umas das primeiras e notáveis sentenças a esse respeito é da lavra do grande jurisconsulto Viveiros de Castro, que a exarou no processo movido em 1898 contra Leopoldo Cirne, Presidente da Federação Espírita Brasileira, e o médium curador Joaquim José Ferraz. Posteriormente, em 1906, no processo instaurado contra Domingos Filgueiras, o juiz, que era Eliezer Tavares, grande magistrado, depois de advertir ser "principio constitucional" que todos os indivíduos podem exercer publica e livremente o seu culto, sendo tão somente condenáveis as práticas que ofendem a moral publica e as leis, não se admitindo, pois, perseguição por motivos de crença ou de função religiosa", declarava, em memorável sentença: "Ainda quando a opinião que atribui aos espíritos a faculdade de curar, e de cujo pensamento é o médium transmissor, não fosse rigorosamente científica, ela constituiria em todo caso, matéria de crença ou de fé religiosa, porque o Espiritismo é também uma religião".

Nunca, portanto, existiu, nem tampouco existe, no Brasil, clima para perseguições religiosas. A índole dócil de seu povo repugna a intolerância. A crueldade não é do seu feitio. Assim, não há por que apelar para a Policia a fim de que reprima este ou aquele culto, tanto mais quanto, sendo leigo, como é, o Estado Brasileiro, todos os cultos são iguais perante a lei, a nenhum podendo ser atribuído, sem violação dos princípios básicos de nossa Carta Magna, o odioso privilégio, abolido pela República, de *religião oficial*".

Mas, dizíamos, a apóstrofe do cardeal despertou em nosso íntimo a curiosidade de saber o que era, de fato, a Umbanda, por ele apresentada como prática da mais baixa feitiçaria e atentoria à moral e aos bons costumes. Nos contatos que tivemos com os meios umbandistas desta capital, o que logo nos surpreendeu foi a qualidade dos adeptos dessa religião: os homens de todas as classes, uns pobres, outros ricos, uns humildes, outros bem situados na vida, todos, porem, honrados chefes de família, trabalhadores e excelentes e uteis cidadãos, vivendo para o exercício desinteressado da caridade cristã e a ela sacrificando, sem outra compensação senão a do dever cumprido, os seus momentos de lazer e mesmo os seus afazeres e interesses pecuniários.

Nas tendas umbandistas, podemos afiançar, não se pede, nem se aceita dinheiro. Também não se pergunta aos que as procuram se são ou não adeptos, nem se tenta catequizar ou convencer ninguém. Nem ninguém é delas expulso ou nelas deixa de ser acolhido por pertencer a outra religião.

O movimento é enorme – podemos verificar – abrangendo não só a "gentinha" a que se referiu Dom Jaime, como pessoas racialmente categorizadas, como oficiais do Exército, da Marinha e da Aeronáutica, médicos, engenheiros, advogados, políticos, jornalistas, comerciantes, industriais, funcionários públicos etc. Igualmente nos surpreendeu o alto grau de intelectualidade da maioridade dos dirigentes umbandistas, alguns dos quais desfilarão nesta série de reportagens – depoimentos que hoje iniciamos, restabelecendo para o grande publico, através de O SEMANÁRIO, a verdade sobre a Umbanda, tão detratada e deturpada por seus contraditores e por seguidores, que levam sobre ela a vantagem de possuírem meios de divulgação que ela ainda não possui, mas que o nosso jornal, o primeiro a fazê-lo, hoje lhe faculta, fiel ao seu principio liberal de que todas as religiões, como todas as ideias generosas, tem pleno e inconteste direito, em nosso país e em nosso regime democrático, ao seu lugar ao sol.

A Teogonia da Umbanda

O Semanário, 14/03/1957, n. 49

Um líder espiritualista desta capital assim resumiu para O SEMANÁRIO a teogonia de Umbanda, bem como os princípios fundamentais de sua doutrina:

O movimento religioso de Umbanda é de tal modo impressionante, o seu desenvolvimento como culto religioso tomou tal surto, a sua propagação por diversos Estados do país já se fez em tão larga escala, que a sua vitória como religião do Brasil, cem por cento brasileira, dentro de pouco tempo, será um fato indiscutível.

Por isso mesmo, impôs-se a emancipação de Umbanda das coisas que lhe são adjudicadas pelos pretos escravos, que a trouxeram do seu país natal, a isso obrigado pela sua servil condição por imposição dos seus senhores, que naturalmente deles exigiram a aceitação da religião católica, àquele tempo oficial no Brasil Colônia.

Era preciso que Umbanda se mostrasse em toda sua pureza, resplendente na maravilhosa contextura da sua doutrina, na originalidade dos seus ritos e de sua liturgia, com sua teogonia e o seu hagiológio completos, digna, como religião pura que é, do mesmo respeito devido às demais religiões.

A doutrina de Umbanda – como a de todas as grandes religiões monoteístas – baseia-se na concepção do Absoluto sem forma, onipotente, onisciente e onipresente, a que damos o nome de Zambi e que não pode ser representado sob qualquer forma.

É a suprema inteligência, da qual emanaram os mundos e

as leis que os regem, que na Umbanda, como nas grandes religiões do planeta, são as leis do carma, isto é, de causa e efeito, da evolução e das reencarnações.

A essa inteligência suprema diretamente uma trindade, que representa os poderes da criação, conservação e destruição e que se antropomorfizam como Yemanjá – a divina Mãe de Umbanda, Oxalá – o Verbo Solar, a Luz do Mundo e Omolu – o executor do carma.

Os poderes que representam dispensam qualquer explicação maior; mesmo não há espaço para desenvolvimento do assunto.

A essa trindade, seguem-se, na ordem hierárquica, os grandes Orixás de Umbanda. O Julgador, o que pesa as almas, aquele a quem devemos conta dos nossos atos bons ou maus na peregrinação que fazemos por essas paragens.

Em seguida vem os três reis da Umbanda, Ogum, Xangô e Oxóssi, entidades planetárias, que dominam os elementos e os manejam a seu talante, para isso servindo-se das incontáveis falanges de seres do astral e dos próprios elementos.

Descendo na escala hierárquica, temos Oxum, o Orixá feminino que preside os elementos das cachoeiras; os Ibejis – os gêmeos de Umbanda – e Doum; Iansã, Orixá feminino, que preside a magia dos desertos; Ogum Megê , a concretização da devoção da raça ariana; Orunmilá, o Orixá negro ou Orixá da noite, que representa a força da devoção da raça africana e os Ibejis negros.

Como Orixás menores, apresentam-se as entidades espirituais que sob as humildes formas de Caboclos, Pretos Velhos e Crianças, trabalham, incorporadas nos seus médiuns.

Ainda há os Exus, o maior mistério de Umbanda, que são maravilhosos representantes dos quatro elementos, auxiliares que emprestam sua força e o seu poder para a realização da grande obra de caridade e de magia dos terreiros de Umbanda, porque Umbanda é magia – a boa magia praticada de um modo *sui generis* por meio de entidades espirituais incorporadas nos seus médiuns.

Esta é, em breves linhas, a teogonia de Umbanda, que foi deturpada pelos pobres pretos escravos, obrigados a identificar os seus Orixás com os santos da igreja Católica, para assim poderem guardar no recesso humilde dos seus corações a religião dos seus maiores, que sobrevive e reinará um dia, vitoriosa, nesta admirável Terra de Santa Cruz.

Até hoje, porém, esses Orixás tem tido a representação ora dos fetiches africanos, que não se coadunam com o grau de evolução que a religião de Umbanda já atingiu, ora dos santos da Igreja Católica, aos quais foram identificados pela sabedoria dos escravos que assim conservaram perfeita e uniforme a estrutura da maravilhosa religião que trouxeram do continente negro.

Não se justifica mais que continuemos a cultuar os nossos Orixás apresentados sob a forma dos santos da Igreja Católica.

Tampouco poderíamos adotar monstrengos do africanismo que são representações de entidades de culto fálico.

Por isso, movidos do mais sincero interesse de dotar Umbanda de figuras que de fato respondessem ao ideal que formamos das grandes entidades que compõem o seu hagiológio, tivemos a intuição, que foi concretizada nas telas de Scorpione, e que foram expostas a 22 de agosto de 1954,[1] aos umbandistas, por iniciativa da União Espiritista de Umbanda, cujos componentes pela sua unanimidade, prestigiaram, com seu apoio, o movimento de emancipação de Umbanda.

1 Infelizmente não encontramos referências quanto a esta exposição,

Umbandistas em congresso vão pedir sagração do Pai Preto

A Noite, 11/07/1961, n. 15777

Quase dois mil congressistas estarão participando, entre os dias 16 e 23 deste mês, no Maracanãzinho, do II Congresso Nacional de Umbanda, o primeiro foi em 1941, ocasião em que todas as variantes da seita africana (Pajelança, Xangô, Candomblé, Umbanda e Batuque ou Pará) estarão presentes, chefiada pelo Caboclo Sete Cachoeiras (Jorge Cordeiro), que apresentará uma tese pedindo a sagração do Monumento ao Pai Preto, erigido em Campo Grande, há quatro anos.[1]

O publico previsto (no Rio, os umbandistas dizem que a seita nas suas diversas variantes chega a ter 70% da população) para as sessões do Congresso é estimado em 10 mil pessoas, devendo chegar do Rio Grande do Sul uma caravana de mais de dois mil umbandistas.

Um motivo

Várias teses de capital importância serão apresentadas no Congresso e, entre elas, figura a da sagração do Monumento ao Pai Preto, erigido em Campo Grande e que lá se encontra

1 Inaugurado em Inhoaiba (Campo Grande, RJ) durante as comemorações dos 70 anos da libertação dos escravos (13 de maio de 1958), o monumento criado por Miguel Pastor foi o primeiro de caráter religioso implantado no espaço público em reconhecimento à simbologia e imponência da religião afro-brasileira. O homenageado foi o Paizinho Quincas, Joaquim Manuel da Silva, um escravo de grande popularidade na região, pela sua autoridade moral e conduta. Nasceu em 1º de janeiro de 1854 e viveu por 109 anos, falecendo em 1963, cinco anos depois da inauguração do monumento.

desde 1958. Esse monumento, criado pelo escultor gaúcho Miguel Pastor, deve-se a uma série de pesquisas sobre a época da escravatura, naquele ano completava 70 anos, com todos os costumes originários da África.

É o próprio escultor, que está completando uma série de três obras diferentes, sob o tema abolição, quem fala do Monumento ao Pai Preto, dizendo ter enveredado por este lado, em razão do folclore e firmado na influencia do negro na cultura brasileira, não só relativo em sua formação como no seu próprio desenvolvimento.

O monumento tem características definitivas de templo, ou abassá, na linguagem de Umbanda, se apresenta com um obelisco de sete metros de altura, um painel de cinco por dois metros e meio, calçamento inspirado em motivos afro-brasileiros, sendo que parte do monumento se encontra dentro de um lago. Em um mural e parte do calçamento, feito em pedra portuguesa preta e branca, são vistos "pontos de Pai Preto" e existe um espaço para "salva" e outro para "terreiro", sobraçando um painel feito em cerâmica, com motivos sobre a libertação do negro, uma alegoria ao negro livre e, no lado posterior, um quadro do negro escravo.

O próprio painel apresenta figuras vistas dentro da estilização com que o africano via o homem e a figura do Pai Preto (tamanho natural) foi modelada de um preto velho do local e figura muito conhecida em Campo Grande, como o "Tio Quincas".

Programa

A ordem máxima do africanismo no Brasil é conhecida por Cruzeiro do Sul e, quando da sagração do Monumento ao Pai Preto, a dois de outubro – era para ser dia oito de julho – serão convidados diversos embaixadores de países amigos que assistirão a todas as solenidades, com inicio previsto para as 18 horas e encerrando-se às seis horas do outro dia.

No mês de outubro serão dedicados quatro sábados a todos ritos, dentro de cada nação africana (Angola, Guiné, Cambinda, Mussurumi, Keto e outras), quando será homenageada a memória dos Oguns.

Para que o leitor faça uma ideia do que representa e representou a Umbanda no Brasil, basta dizer que, quando o tráfego de escravos se tornou mais intenso, o governo no tempo colonial se viu envolvido no grave problema de ter que misturar as diversas nações (que tinham suas pequenas divergências de ordem religiosa) de negros aqui chegados, a fim de que eles não pudessem ser a força que representavam na África, onde a unidade de cada nação é a seita equivalente ao seu poder estatal.

Mandou uns para um lado e outros para outro, surgindo então (a fim de que pudessem entender-se) o Nagô, de Yorubá e o Jêje, de Dahomey, como o "esperanto" deles e que acabou lhes valendo a força que representam nos diversos Estados da Federação, unindo o Batuque (Rio Grande do Sul) ao Candomblé (Bahia), ao Xangô (Nordeste), a Macumba e Umbanda (Rio) e outras variantes.

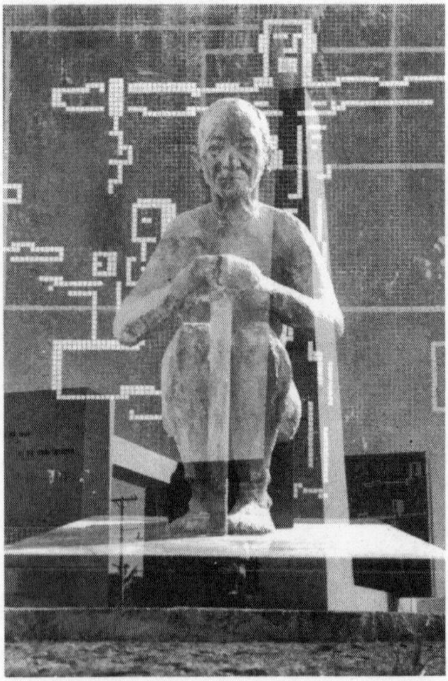

Figura 9: Monumento ao Pai Preto. Fonte: Tereza Branco Mendes. *http://ashistoriasdosmonumentosdorio.blogspot.com.br*

Figura 10: A imagem em 2014. *http://ashistoriasdosmonumentosdorio.blogspot.com.br*

A nova lei de Umbanda

Reportagem de Pedro Lívio

Revista *Manchete*, 06 de agosto de 1961, n. 485

– O faraó Akhenaton, que reinou no ano 3.000 a. C., foi o primeiro umbandista; Moisés e Jesus também o eram...

Uma salva de palmas ecoou no Maracanãzinho, saudando as palavras finais do orador oficial do II Congresso Brasileiro de Umbanda. Cerca de sete mil umbandistas, espectadores e representantes de dez Estados do Brasil, estiveram reunidos no Rio para proclamar, entre outras coisas, que a Umbanda vai revolucionar o país e que se houver perfeita união entre seus adeptos até poderá eleger diversos governadores estaduais.

O Primeiro Congresso Nacional dessa seita religiosa realizou-se em 1941 sem obter, entretanto, resultados palpáveis ou satisfatórios. Mas hoje a mentalidade dos umbandistas mudou muito.

O Deputado Moab Caldas, da Assembleia gaúcha, representante do seu Estado na reunião do Maracanãzinho, disse em alto e bom som:

Figura 11: Defumação dos médiuns durante a gira de encerramento do congresso. Foto de Darcy Trigo

– A Umbanda é a religião natural do Brasil. Não precisamos abaixar a cabeça perante ninguém. No Rio Grande do Sul temos mais de doze mil tendas registradas, além de hospitais, programas de rádio e inúmeras publicações. Elegemos 20 vereadores e eu, com apenas um mês de propaganda, fui o terceiro deputado estadual mais votado. E contei somente com os votos dos umbandistas! A Umbanda vai revolucionar o Brasil! Saravá Umbanda!

Embora ainda não exista um recenseamento, os umbandistas presentes ao conclave do Rio alardeiam já contar com dez milhões de seguidores em todo Brasil. Sua força eleitoral, aos poucos, torna-se uma realidade não só no interior como nos grandes centros. O Deputado Attila Nunes, da Assembleia Legislativa da Guanabara, declara-se oficialmente eleito pela Umbanda e afirma manter ligações com mais de vinte mil terreiros. Ele possui, inclusive, um programa de rádio que irradia todas as noites o seu "ponto cantado": "Suarê-êe, Suarê, Suarê!" Segundo o mesmo deputado, mais de três mil famílias, até em Copacabana, fazem sessão de Umbanda dentro de suas casas, acompanhando os "pontos" do programa radiofônico. Ele diz mais ainda:

– Alguns dos meus colegas da Câmara dos Deputados frequentaram os terreiros de Umbanda durante a campanha eleitoral. Hoje, porem, eles preferem não tocar no assunto.

Mas que misteriosa força terá esta Umbanda, capaz de levar ao Maracanãzinho, no dia do encerramento do seu segundo congresso, até mesmo um bispo da Igreja Católica Brasileira? Que estranho fascínio exercem seus "pontos" sobre frios cientistas? Um conhecido psiquiatra afirma ter salvado a vida de uma das pessoas mais importantes do país graças a um aviso que recebeu do Caboclo Guarani... a própria religião previne os curiosos sobre seus mistérios em um de seus "pontos" mais conhecidos: "Umbanda tem mironga/Umbanda tem dendê/Quem quiser conhecer Umbanda/Tem muito que aprender".

O aprendizado é realmente longo e envolve centenas de nomes de divindades pagãs. Enquanto o Espiritismo conta com uma codificação básica, é difícil encontrar obras de Umbandismo com unidade de pontos de vista. Mesmo porque, em Umbanda, "cada qual é rei na sua banda". Há, a evocação dos espíritos e dos elementos de natureza extraterrestre, as magias por estes praticadas e a ritualística tanto da evocação como da magia.

Estes elementos foram, na sua feição primitiva, trazidos para o Brasil pelos negros africanos iorubas (ou nagôs) e jejês (sudaneses), e pelos povos bantos, da Angola, Congo e Moçambique. Os nagôs acreditavam em um deus supremo, Olorum, "que por ser bom não incomodava ninguém". Olorum não podia comunicar-se diretamente com os homens e, portanto, usava os Orixás, entidades celestiais que presidiam os fenômenos da natureza.

Os deuses da Umbanda nasceram do casamento de Oxalá – o rei da brancura, simbolizado pelo Céu – com Odudua, a Terra. Estes tiveram dois filhos: Aganju e Iemanjá, que também casaram, nascendo-lhes Orungã, o Édipo africano. Um dia, estando o pai ausente, o filho, em uma paixão desenfreada, persegue a mãe para violenta-la. Iemanjá morre durante a perseguição e de seus seios nascem duas correntes de água que vão formar um grande lago. O seu ventre se rompe e dele nascem todos os orixás: Xangô, deus do trovão, Oxóssi, deus dos caçadores, Oxum, deusa do rio Oxum e Oyá, deusa do rio Niger, chamada de Iansã no Brasil. Por ser a mãe de todos os Orixás, Iemanjá é chamada pelos umbandistas de Mãe Divina.

Diz outra lenda que Xangô foi rei de Oió. Incapacitado de liquidar seus adversários desapareceu misteriosamente, levando as suas mulheres favoritas Oxum e Oyá. Nesse momento aconteceram fortes relâmpagos e trovoadas, o que levou o povo aturdido a exclamar: "Xangô é Orixá!"

De acordo com as lendas, Exu é um empregado dos Orixás. Ele leva e traz "demandas". Volúvel e interesseiro pode agir tanto para o bem como para o mal.

O sacerdote nagô denomina-se babalawo, que significa pai de santo. Em Cuba, recebeu o nome de Babalu, popularizado por uma conhecida canção. Os adeptos do sacerdote chamam-se filhos de santo e os ajudantes do oficiante do rito, cambonos e sambas. A eles compete a execução das danças tribais e daí a origem da palavra samba e do seu ritmo.

No culto de Umbanda há uma distinção entre os negros nagôs. Os primeiros invocam as divindades por intermédio do transe do babalaô; os segundos recebem os espíritos familiares, ou seja, os pretos velhos. Os nagôs influenciaram os bantos Passando-lhes o culto dos Orixás. Depois, já no Brasil, as duas correntes receberam influências dos índios. Mas a grande transformação nos ritos religiosos aconteceu com a chegada dos missionários católicos. Os negros, para poderem continuar seus cultos, colocavam em cima do altar (peji) a estátua de São Jerônimo e em baixo, escondido, a imagem de pedra (otá) correspondente ao Orixá Xangô. Desta maneira, Jesus Cristo passou a Oxalá, a Virgem Maria a Iemanjá, São Jorge a Ogum, deus do ferro, Santa Bárbara à Iansã e assim por diante. Cada Orixá assumiu a personalidade de um santo católico. A Umbanda é, pois, o resultado de um sincretismo religioso sudanês-banto--índio-católico-espírita.

Atualmente, na Bahia, as formas de cultos nagôs e bantos conservam maior fidelidade: é o Candomblé. A razão desta originalidade é simples: ali a influência do Espiritismo foi bem menor do que nas outras partes do país. Já a Macumba, sinônimo de terreiro, passou a identificar as sessões de natureza mais primitiva.

Figura 12: Médiuns presentes no Maracanãzinho. Foto de Darcy Trigo

No Rio de Janeiro, foi Zélio de Moraes, com o seu Caboclo das Sete Encruzilhadas que, em São Gonçalo, Niterói, iniciou as primeiras práticas de Umbanda. Conta o Senhor José Pessoa, seu companheiro, que passaram noites na cadeia, sofrendo pressão política e religiosa. Por isto, o mesmo Senhor José Pessoa, presidente da Tenda São Jerônimo, dizia no congresso do Maracanãzinho, interpretando as afirmações políticas proferidas:

– De uma forma ou de outra, a Umbanda, oferecendo a oportunidade de falar com os Caboclos e Pretos Velhos do além e resolvendo pela magia os mais intrincados problemas, vai ganhando adeptos a cada dia que passa.

Figura 13: Os sacerdotes Manoel Floriano da Fonseca, Tata Tancredo e Jerônimo Vanzelotti durante o congresso. Foto de Darcy Trigo

Figura 14: Na mesa de honra: o Bispo Dom José Aires da Cruz, da Igreja Católica Brasileira e o Deputado Attila Nunes. Foto de Darcy Trigo

O batuque na Umbanda

Como vimos no capítulo 42 do primeiro volume desta obra, Tancredo Silva Pinto (Tata Tancredo) formou um grupo que caminhava na direção oposta ao grupo da Linha Branca de Umbanda que sugeria a purificação da Umbanda quanto ao passado africano.

O grupo de Tancredo e as raízes africanas, não aceitaram a aproximação com o Espiritismo.

Leopoldo Bettiol, escritor de renome da Umbanda em terras gaúchas, seguia o mesmo caminho e publicou pela Editora Aurora , em 1963, a importante obra ***O Batuque na Umbanda***. Neste livro o autor faz uma abordagem sobre a etnia negra e a sistematização dos mitos e crenças e evolução do culto no Rio Grande do Sul, abordando as influências banto e yorubá na Umbanda gaúcha. Um rebuscado vocabulário de africanismos Jexá-Jêje-Oyó enriquece a obra mostrando a linguagem ritual dos "batuqueiros" gaúchos. O termo Batuque designa uma Religião Afro-brasileira de culto aos Orixás encontrada principalmente no Estado do Rio Grande do Sul, Brasil, de onde se estendeu para os países vizinhos tais como Uruguai e Argentina, que influenciou os ritos de Umbanda gaúchos. É fruto de religiões dos povos da Costa da Guiné e da Nigéria, com as nações Jêje, Ijexá, Oyó, Cabinda e Nagô.

Este é um livro raro e pode ser encontrado em sebos. Outras obras importantes do autor são: ***A Umbanda Perante a Crítica*** e ***ABC de Umbanda***.

Leopoldo Bettiol teve papel de destaque na organização do Segundo Congresso Nacional da Umbanda, realizado em 1961 no Rio de Janeiro, juntamente com Oswaldo Santos Lima e Dr. Armando Cavalcanti Bandeira.

Figura 15: Capa do livro *O Batuque na Umbanda*

Saravá

Maria Aparecida Palma

Revista *Diário do Povo*, 30 de junho de 1968, n.2

Segundas, quartas e sextas feiras, os atabaques soam, entoam-se os cânticos rituais (pontos), os filhos de santo incorporam em milhares de terreiros, no maior país católico do mundo.

Entretanto, mesmo sem uma pesquisa feita de forma sistemática, cada um de nós sabe que se lançar de chofre esta pergunta: "você frequenta terreiro?", a resposta será não.

Mesmo os que pertencem oficialmente a um grupo: os médiuns, os chefes de terreiro, se indagados por estranho, tentam colocar-se em posição defensiva, afirmando: "o trabalho de nossa casa é limpo", deixando às claras, que nem todos agem da mesma forma.

Gente de posição nega sempre. Se apanhada em flagrante no próprio terreiro, mesmo assim justifica-se, apelando para a "curiosidade", "a beleza do espetáculo", "um levantamento que anda pensando em fazer sobre a influência africana em nossa cultura" e coisas semelhantes.

Gente simples mantém reserva sobre suas crenças se interrogada por pessoas de fora de seu ambiente, mas se está dentro do terreiro então se abre e conta suas razões, quase sempre apoiadas em acontecimento decisivo: uma cura de doença, tida por incurável, melhoria de vida, recuperação de um amor.

De onde vem a preocupação

Os terreiros são registrados e funcionam amparados pela

lei como as outras religiões. Mas nem sempre foi assim. O preto escravo obrigado a adotar a religião do senhor, precisava disfarçar seu Orixá sob o nome e roupagem de um santo católico. Daí a duplicidade de nomes ainda vigente: Ogum é São Jorge, Xangô é São Jerônimo, Oxóssi é São Sebastião e assim por diante.

Ainda hoje quase sempre quem vai ao terreiro, também vai a Igreja e, em recenseamento, documentos ou pesquisas de opinião, ao responder sobre qual a sua religião, declara: católico.

Vai daí, somos estranhamente, o maior país católico do mundo, e possivelmente, aquele com maior número de terreiros do mundo.

Se o terreiro começou na senzala, não é de modo algum uma religião de exclusivamente de pretos ou de seus descendentes. Os brancos também são pai ou mãe de santo e é frequente encontrarmos brancos que incorporam pretos velhos.

A hora da verdade

Ao som da musica propiciatória, com os filhos de santo incorporando, todos os assistentes prontificam-se em confirmar a larga tradição oral (particular a cada terreiro), de curas milagrosas, acertos de vida, vitórias de amor.

As respostas evasivas, usadas lá fora, aqui dentro se transformam em calor de confirmação. O terreiro oferece a proximidade com as "entidades" (espíritos de pretos velhos e caboclos, incorporados pelos médiuns), podem-se fazer consultas sobre o amor, saúde, dinheiro, receber conselhos. Oferece ainda o que ninguém tem em estoque: magia. O ambiente é contagiante. De súbito, uma mulher joga-se no chão e pronuncia palavras sem sentido. Os iniciados traduzem. Os assistentes olham espantados. É mais um caso de mediunidade.

O fim da noite

As entidades se retiram, os cantos se calam, os cantos se calam. As vozes das gentes tornam a ter o som comum de cada dia. Cada um fala de coisas triviais. Terminou o mistério.

Lá fora na noite, as pessoas se dispersam.

Três vezes por semana, em toda parte, o sobrenatural é moeda corrente. Em Campinas, também. O terreiro mais famoso é o de Ogum. Vem gente até de São Paulo assistir as sessões. Seu chefe diz que "conta com setenta colaboradores distintos, nos mais diversos cargos sociais de renome, até nos mais baixos..."

Figura 16: Médium incorporada aplicando passe (Campinas). Revista *Diário do Povo*, 30 de junho de 1968, n. 2

Figura 17: Pai de Santo e Médium incorporada em terreiro de Campinas. Revista *Diário do Povo*, 30 de junho de 1968, n. 2

Tocam os tambores pelos 80 anos de Pai Apolinário

Paulo Viana

Jornal do Comércio, Recife, 28/07/1968

O dia amanheceu festivo no Beco do Quiabo, em Casa Amarela. Muito cedo ainda, foguetes espoucavam no ar, o que significa festa, naqueles sítios. A criançada, saltando das camas, gritava a "boa nova": Pai Apolinário completa, hoje, 80 anos. Vai ter toque no terreiro. As horas passaram-se tranquilas e somente o espocar de um novo foguetão quebrava a monotonia rotineira do Beco do Quiabo, onde a vida continuava com o vai e vem de gente e o passar de veículos.

Lá adiante, no mesmo beco, em uma modesta casinha, um ancião de compleição franzina e de olhar austero chegava, de quando em vez à porta, para atender um visitante que chegava para lhe tomar a benção e fazer entrega do presente de aniversário. É assim, com o repetir das cenas o dia passou.

Tudo é branco

Com o cair da noite quebrou-se a monotonia do Beco do Quiabo. O vai e vem de gente e o passar dos carros tornaram-se trepidantes. Homens e mulheres em grupos álacres chegaram à casa de Pai Apolinário, iluminada por dentro e por fora. Todos trajavam branco, da cabeça aos pés. Lá dentro, folhas de canelas espalhadas no chão exalavam um cheiro forte todas as vezes que eram pisadas.

Não demorou muito e os atabaques começaram a rufar e no salão do terreiro, os filhos da casa começam a se organizar em uma roda. Vai começar o toque de ação de graças a Chaguiã, pelo transcurso do 80º aniversário de nascimento do seu filho Apolinário o mais antigo e respeitado Pai de Santo dos "Xangôs do Recife".[1]

Acomodados

O peji (quarto dos santos), semiaberto, deixa ver a claridade interior das lâmpadas coloridas à luz das velas acesas. No lado externo do salão, os espectadores se acomodam nas dependências que lhes são destinadas enquanto convidados especiais ocupam cadeiras postados junto às paredes.

Vai começar o toque

Os enfeites e adornos que engalanaram o salão são da mesma cor branca das vestes dos filhos de santo. As batidas dos atabaques vão se acelerando. As mulheres, com saias de roda e enfeitadas de rendas, pano amarrado à cabeça e pescoços ornados de colares de contas coloridas, começam a arrastar as sandálias no chão, em um círculo que tem no meio o próprio Pai Apolinário, também vestido de branco (esta é a cor do seu Orixá Patrono) gorro à cabeça, que vai iniciar o toque, iniciando com as louvações a Exu.

Começaram as cantigas. Pai Apolinário tira as toadas e os filhos respondem. São os cantos do "Dono da rua" marcados pelas batidas dos instrumentos de percussão. Cabeças reclinadas, olhares dirigidos para o chão, o pessoal do terreiro permanece imobilizado. Ninguém dança. O ritual de Exu não permite. Ele tem o privilégio de receber tudo na frente, na seita africana. Depois de se agradar Exu é que se canta e dança para as outras divindades negras.

Poucas e boas

O toque de ação de graças prossegue. As toadas, agora em invocação de ogum, são poucas e curtas porque "amanhã é dia

---

1 Culto também conhecido como Xangô de Pernambuco ou Nagô Egbá..

de branco"[2] – esclarece uma mulher ao lado. Já passaram a cantar para Yemanjá – a Rainha do Mar. Verifica-se uma mudança nos cantos, nas batidas e nas danças que agora são marciais, ora ondulantes: Achá / Aché miô / Aché miô / Arô-rô Ba ó miô. São palavras repetidas. Do estribilho da toada dirigida à Yemanjá. De súbito, em meio a cantoria, a mãe pequena se abala dos pés à cabeça e gesticula com os braços em movimentos bruscos a fim de incorporar o seu Orixá. As outras mulheres cantam mais alto e batem com as mãos. A manifestada atira-se aos pés de Pai Apolinário. É o "debalê" respeitoso do Orixá ao Pai de Santo. Depois de saracotear algum tempo no salão, sobretudo em frente aos atabaques, Yemanjá vai "uló" e sua filha volta ao estado normal.

Prenuncio do fim

As batidas dos ilus. Mudaram novamente o ritmo, tornaram-se mais cadenciadas e as filhas da casa se movimentaram pressurosas como se algo de novo fosse acontecer. O toque está chegando ao fim. Diz alguém: amanhã é dia de branco e Pai Apolinário vai viajar para Maceió – retrucou a mulher do lado.

Iniciam-se as louvações de Chaguiã[3] – que no sincretismo religioso é comparado ao Senhor do Bonfim. É uma entidade muito velha, que costuma se apoiar em um bastão e acompanhar suas toadas com o badalar de uma sineta. Todos agora, no salão, se ajoelham, cabeças baixas, mão direita no frontal. As cantigas que se ouvem são de uma languidez profunda enquanto tristes e dolentes são as batidas da marcação.

– Tou com uma vontade de chorar... Diz a mulher do lado, traduzindo a impressão geral do ambiente a essa altura e a essa altura do toque. Felizmente não chorou e a dinâmica da festa vai recuperando com o recomeçar das danças. Chega o momento culminante. Pai Apolinário recebe o seu Orixá que era por todos ansiosamente esperado, e é levado incontinente para o peji. Dali sai com um manto às costas, pano à cabeça sustentado por um arco de metal, cajado e campainha nas mãos.

2 Dia de trabalhar. Expressão vinda da Marinha que significava que no dia seguinte tinha que colocar o uniforme branco para ir para o trabalho.
3 Oxaguiã.

Chaguiã

Todo curvado, encarnando a figura de um ancião bem velhinho e apoiado no seu bastão, que se assemelha ao báculo dos bispos. Chaguiã incorporado em Pai Apolinário, sob o pálio seguro nas quatro pontas por *yabás*, retorna ao centro do salão, onde é sentado em um banquinho. Todo o pessoal, inclusive os visitantes, aproximaram-se para ser abençoado e formular pedidos. Ouvem-se, da boca do velhinho, palavras cabalísticas que parecem traduzir votos de felicidade porque todos respondem: Axé Babá correspondente ao amém assim seja, dos cristãos. O desfilar da gente continua com as cantigas das toadas. Para junto de Chaguiã trazem a seguir, um fogareiro com brasas incandescentes. Sobre o fogo derramam incenso, mirra e benjoim e a fumaça que se desprende envolve tudo e todos. É a purificação com o perfume.

Ekedes e yabás (filhas de santo) passam a cantar com mais entusiasmo: – Iamadê iá / Oi Babá / Iamadê iá / Oi Babá. Nesta toada Chaguiã levanta-se e começa a dançar freneticamente, lado a lado com as demais pessoas da roda, que acompanham com palmas. É a despedida do velho Orixá, uma vez que dentro de mais alguns minutos irá voltar ao estado normal. Os atabaques deixaram de bater e Chaguiã voltou ao peji para "despachar o santo", retirar o manto, o pano de cabeça e o aro de metal.

– Pronto, terminou o toque, exclamou a mulher do lado.

– É, retrucou a vizinha, mas ainda tem bolos e champanhe.

Homenagem

Seguem-se, agora, as homenagens profanas. Mesas são colocadas no centro do salão e sobre elas dois artísticos bolos de aniversário. Mais presentes são entregues nessa oportunidade. Os bolos, cortados solenemente, são distribuídos em partes fracionadas aos presentes. Alguns discursos se fizeram ouvir, inclusive o do fotógrafo Natanael Guedes. Chegara ao fim a festa comemorativa dos 80 anos do Pai Apolinário.

Apolinário Gomes da Mota nasceu na Praia dos Milagres, na cidade de Olinda, no dia 23 de julho de 1888, dois meses após a libertação dos escravos. É essa figura de Chefe de Terreiro dos mais autênticos do Recife, tido e havido, respeitado e temido, que há 35 anos cultua as divindades negras da nação Congo dos seus ancestrais.

Na terça feira que passou foi alvo de vários homenagens da parte dos seus discípulos, filhos de santo, amigos e admiradores, por haver completado naquele dia 80 anos de idade. Conta que há 38 anos se iniciou na seita e já preparou 16 Pais de Santo no Recife e 14 em Maceió.

Figura 18: Pai Apolinário. *Jornal do Comércio*, Recife, 28/07/1968

Attila Nunes desencarnou

Lilia Ribeiro

Diário de Notícias, 06/11/1968, n. 14100

Attila Nunes foi o iniciador desta coluna. Propunha-se a difundir a doutrina umbandista em sua parte filosófica mais elevada e ainda quase desconhecida do publico e não se cansava de externar o seu reconhecimento à direção do jornal, que lhe proporcionou, com tanta liberalidade, o ensejo de falar de Umbanda a uma elite de leitores, como é o DIÁRIO DE NOTÍCIAS.

As suas preces e os seus artigos: "O que é a Umbanda", 'Caboclos e Pretos Velhos", "Umbanda e o Evangelho", Umbanda – ciência – magia – este ultimo que nos deixou, pois enquanto o artigo era impresso nas oficinas do DN, o seu autor agonizava na Casa de Saúde Buarque Lima – demonstram o alto nível em que Attila Nunes situava – e como deve realmente ser situado – o Umbandismo, que é a religião dos humildes, dos pobres, mas que tem a riqueza dos seus símbolos cristãos de amor, de caridade, de fraternidade.

Assumindo a responsabilidade – que dividirei com outros que há mais tempo escrevem sobre a Umbanda – de ocupar, hoje, esta coluna, não me posso furtar à frase que, na semana que ora finda, esteve presente no pensamento e no coração de todo umbandista de fé: **Umbanda perdeu Attila Nunes**. Não apenas o seu líder, o seu representante legal no Legislativo da Guanabara, o jornalista, o radialista que lutou pela sua religião com o entusiasmo e convicção de um sacerdote, mas o amigo, o irmão que a todos dispensava atenção e carinho e que entrava com o mesmo respeito nos grandes templos umbandistas como nas humildes tendas dos subúrbios e das favelas cariocas.

Attila Nunes desencarnou na madrugada de 27 de outubro. Seu coração, esgotado por excesso de emoções e de atividade e por uma luta incessante em favor da religião que ele, ao lado de poucos outros umbandistas convictos, tirou do ostracismo a que era relegada, não lhe permitiu levar a termo a obra de união e de esclarecimento iniciada há quase trinta anos.

Os centros umbandistas, embora praticando o ritual mais puro e mais espiritualizado, eram então invadidos e fechados sumariamente. Hoje são considerados de utilidade publica, pela caridade espiritual e material que distribuem diariamente.

Não direi que somente a obra de Attila Nunes elevou a Umbanda. Muitos outros trabalharam para isso. Realizaram-se congresso, organizaram-se uniões umbandistas, publicaram-se livros, novos programas radiofônicos surgiram, levando as preces e os cânticos de Umbanda aos oitenta mil centros espalhados pelo país e aos ouvintes de todo Brasil. A situação de Attila Nunes, porém, teve uma influência enorme no progresso e no reconhecimento da Umbanda como religião.

O entusiasmo com que falava das coisas de Umbanda, a força espiritual que sabia dar aos cânticos entoados em homenagem aos Orixás – as nossas curimbas – o equilíbrio de sua atitude em situações difíceis, a sua presença de orientador, de amigo e de irmão, isto nos faltará doravante.

Attila Nunes deixou-nos, materialmente, apenas, Porque o seu espirito continuará liderando os caminhos da Umbanda, incentivando os seus humildes trabalhadores, lembrando a todos nós, umbandistas, que Umbanda é Luz. E a Luz é eterna para quem tem fé.

Origem - Formação - Evolução

Lilia Ribeiro

Diário de Notícias, 12/11/1968,n. 14105

A Umbanda que hoje cultuamos como verdadeira religião, formou-se com os mesmos elementos que constituíram o nosso povo: o índio, nativo da nossa terra, o preto, importado como escravo e o colonizador europeu...

Afirmam os estudiosos que as origens do Umbandismo remontam ao Egito Antigo. Entretanto a sua forma atual veio através do escravo africano. Fundiu-se com as praticas religiosas dos nativos e, sob a influencia do Cristianismo, passou a ter o Evangelho de Cristo como sua doutrina básica.

Quando o mundo inteiro se viu surpreendido com os fenômenos espíritas e começaram a surgir, n o Brasil, os primeiros grandes estudiosos da metapsiquica, os cultores da Umbanda – diz José Antonio Barbosa – "verificaram a identidade de princípios que norteavam a sua própria doutrina e a de Kardec. Com efeito, tanto na Umbanda como no Kardecismo, acredita-se na reencarnação, na comunicação com os desencarnados, na gradual evolução rumo à perfeição divina e no principio da justiça e do amor de Deus".

A contribuição africana chegou com os primeiros navios que transportaram escravos para os mercados brasileiros. Os negros dividiam-se em duas grandes categorias: Sudaneses, incluindo os Nagôs ou Yorubás, os Jêjes, os Minas e os Mandes, estes de origem muçulmana e os Bantos, que compreendiam os Congoleses, os Angoleses, os Cabindas e os de Moçambique.

Os escravos, embora forçados a professar a religião oficial

da época, não abandonaram o seu culto e encontraram, nas imagens católicas, similitude com os seus Orixás. Daí nasceu o sincretismo religioso, que assimilou as principais entidades da Umbanda aos Santos Católicos mais populares.

Os africanos, principalmente os Bantos, adotaram prontamente as práticas dos nativos e estes incorporaram aos seus rituais dos elementos negros. Com a contribuição do cristianismo e do Espiritismo, formou-se a Umbanda, religião espiritualista cristã.

Há cerca de meio século, procedeu-se a uma renovação da ritualística umbandista, que conservava ainda aspectos litúrgicos por demais complexos e preservava tradições de épocas remotas, já depreciados através de gerações submetidas à escravidão. Purificaram-se as suas praticas, em parte desvirtuada, isentando-as de todo ritual inútil e, por vezes, pernicioso. Os atos litúrgicos orientaram-se no sentido da simplicidade e do trabalho espiritual em substituição à pratica material; os trajes vistosos deram lugar ao uniforme branco; o estudo e a doutrina reduziram os ritos complicados de preparação mediúnica.

* * *

A Umbanda – dizia Attila Nunes – é a religião que nos conduz aos caminhos da Luz, da Verdade, da Justiça e do Amor. A Umbanda leva-nos a Deus pela simplicidade de sua prática, pela pureza dos seus objetivos e pela humildade dos seus princípios. São incontáveis os benefícios que recebemos através da nossa fé nos Orixás, nos Guias, nas entidades de luz que constituem a base da grande força irradiada pela Umbanda, como religião, ela nos ensina o caminho mais simples do homem conseguir reaproximar-se de Deus – a humildade.

Ritual

Lilia Ribeiro

Diário de Notícias, 17/11/1968, n. 14107

Falar sobre o ritual de Umbanda é abordar um assunto vasto, que se torna complexo face à diversidade de sistemas praticados nas casas umbandistas.

Religião de raízes antiquíssimas, cujas origens, segundo alguns autores, remontam a eras anteriores ao Cristianismo, não pode fugir às práticas com que, na época, o homem procurava obter favores da divindade. Mas assim como a velha religião mosaica "à qual pertenciam os homens que falavam face a face com o próprio Deus" – diz José Alvares Pessoa – "teve de ser expurgada por Jesus Cristo de todo rito impuro, a Umbanda deixou de ser a muito, a seita que os cientistas classificavam de animismo fetichista. O culto que tomou o nome de Umbanda é magia divina em favor da humanidade, é a magia que se pratica nas tendas umbandistas, onde o ritual é gratuito, onde o objetivo único é fazer o bem sem olhar a quem, como manda o Evangelho de Cristo".

O holocausto, ainda aceito por alguns autores, é considerado totalmente alheio à Umbanda, pela maioria dos que, hoje, escrevem sobre a nossa Religião. Assim se expressava J. A. Pessoa, que acima citamos, dirigente por mais de 40 anos da Tenda Espírita São Jerônimo, estudioso de quase todos os ramos do espiritualismo e das ciências ocultas. O Dr. Armando Cavalcanti Bandeira, diz textualmente: "Na Umbanda pura, nenhum sacrifício animal é admitido. E W. W. da Matta e Silva afirma, em "Umbanda de Todos Nós": ...as oferendas não se devem confundir com os chamados "despachos". São elas determinadas pelos guias protetores, porque os Orixás, em suas atuações dentro da Magia, usam outros sistemas de movimentação de forças e ainda que o façam também pelos sinais ou "pontos riscados", estes obedecem a fixações e regras diferentes, que dispensam até mesmo tais oferendas".

Na realidade, um dos sistemas mais eficientes para que o homem se aproxime da divindade é o aprimoramento moral e espiritual do seu ego. Costuma-se dizer que todas as entidades que se manifestam nos terreiros são de igual poder (se bem que exista hierarquia também no plano astral); logo, a sua maior ou menor espiritualidade dependerá da "cabeça do médium", isto é, do preparo e da evolução do aparelho mediúnico que lhe serve. Procurando analisar a si próprio, corrigir na medida do possível os seus defeitos, em lugar de comentar e reparar falhas alheias; proceder corretamente não só dentro do terreiro como na vida profissional e social; ser atencioso com os seus familiares e compreensivo com os subordinados; ter uma palavra de conforto para os desesperados e de orientação para os que erram; tratar bem os animais, que também são criaturas de Deus; favorecer com os meios que estiverem ao seu alcance o progresso material e espiritual dos seus companheiros. O médium, que assim proceder, terá afinidade mais perfeita com o seu guia, mensageiro das entidades de luz, do que o médium que não souber livrar-se do ressentimento e da vaidade, do egoísmo, da inveja, da maledicência, porque, no dizer de Nelson M. Cavalcanti, "na Umbanda só será vitorioso quem apoiar o seu sacerdócio em bases de humildade, de amor e de renuncia".

A mensagem dos terreiros

Lilia Ribeiro

Diário de Notícias, 29/11/1968, n. 14117

A mensagem de Umbanda – mensagem de luz, de esperança, de fraternidade – vem até nós através da linguagem característica e, por vezes, pitoresca dos Pretos Velhos e Caboclos.

Sabemos que o espírito não tem forma, podendo adquirir a que melhor se ajustar à sua missão ou a que lhe for determinada pelas entidades superiores. Sabemos, também, que os trabalhadores de Umbanda formam uma classe espiritual e, ao se apresentarem como Caboclos e Pretos Velhos assumem a forma de uma de suas encarnações ou são espíritos que ingressam nas falanges umbandistas para exercerem a sua missão nos terreiros. Há testemunhos de que esses mesmos guias, que trabalham humildemente em nossas Tendas, preocupando-se com os problemas que afligem as classes mais pobres, procurando minorar o sofrimento ou melhorar o íntimo dos que a eles recorrem em busca de consolo e de orientação, esses guias apresentam-se em outros ambientes de trabalho espiritual sob formas e denominações diferentes.

Compreende-se, pois, que a forma de apresentação do espírito varia de acordo com o local e as necessidades do trabalho. Assim também o seu meio de expressão.

A linguagem estranha usada nos terreiros é interpretada sob vários pontos de vista. Dizia-se, antigamente, que era um meio de combater a vaidade do médium e até mesmo de humilhá-lo, versão pouco viável, se considerarmos que o guia, a não ser em caso de falha grave, não terá motivos para castigar o seu instrumento de trabalho e de comunicação.

Alguns estudiosos atribuem essa linguagem à tradição dos primeiros médiuns da religião africana e indígena primitiva, que conservavam o dialeto dos Pretos remanescentes da escravidão.

Outra versão bem aceitável é a que justifica essa linguagem no sentido da igualdade de transmissão. Embora exista hierarquia litúrgica no Umbandismo, não a encontramos sob o prisma social. Desse modo, as mensagens da espiritualidade chegam até nós ditadas da mesma forma através do médium humilde e pouco letrado como daquele que, fora do terreiro, usa anel de grau.

Como correr do tempo e o consequente aprimoramento do médium, é de crer que a palavra do guia venha a ser transmitida em linguagem correta, se bem que acessível ao mais humilde dos frequentadores dos terreiros. Já se nota, em várias Tendas, a correção da linguagem das curimbas e a simplificação das mensagens, outrora quase incompreensíveis aos leigos – porque tudo evolui, no mundo: o ser humano, as espécies animais transformam-se através dos séculos e a própria natureza, criada por Deus, evoluiu por Sua vontade, apresentando novas formas e aprimorando as já existentes.

Iemanjá

Lilia Ribeiro

Diário de Notícias, 15/02/1968, n. 14131

Iemanjá, a Rainha do Mar, é o símbolo feminino da criação, uma das entidades mais cultuadas e mais poderosas nos trabalhos espirituais em benefício da humanidade.

Embora as lendas antigas descrevam o poder tentador das sereias do mar, hipnotizando os incautos que ao se aventurarem ao largo, atraídos por um canto mavioso, seriam tragados pelas ondas e levados para o fundo dos oceanos, a realidade mostra-nos que Iemanjá corresponde à idealização universal da Mãe e as suas mensageiras vem aos terreiros para a limpeza fluídica dos ambientes, curas psíquicas e passes.

É possível que o homem sem preparo espiritual fique aturdido à vista – se lhe for dada a sorte de ver – da beleza das mensageiras da Senhora dos Mares e, não resistindo ao deslumbramento da visão da Mãe d'Água, nas várias concepções dadas pelos povos, perca o domínio de si mesmo e seja levado pelo mar.

Iemanjá, símbolo da Mãe da humanidade, corresponde a Maria, no Catolicismo, a Mãe Sofia dos teosofistas e a Uiara dos nossos índios. É também assimilada a Juno dos romanos e a Hera dos gregos. Na mitologia africana, era filha de Obatalá, o Céu, e Odudua, a Terra: de sua união com Orungan, o Ar, nasceram os demais Orixás: Xangô, Ogum, Oxum, Oxóssi e outros. Menos conhecidos.

A religião dos negros escravos – uma das bases do Umbandismo, que provem dos cultos do branco, do negro e do índio –

legou-nos outro símbolo de Mãe: Oxum. Representando embora a maternidade – observa o Dr. Leopoldo Bettiol – Oxum não deixa de ser um símbolo de juventude, de alegria e de beleza. É a entidade da água doce, preside aos rios, aos lagos, às cascatas.

É ainda o Dr. Bettiol quem diz: "Andei procurando as Oxuns através da História e encontrei-as: as Nápeas, ninfas dos vales e prados, dos bosques e ribeiros são Oxuns; também o são as Naiades, que habitam os rios e os lagos, as fontes, os juncais, os pântanos e as cascatas. E as próprias Dríades, que estão em todo local de vegetação e umidade. A Íris, mensageira de esperança e de paz, é uma Oxum do ar úmido, o arco-íris, ao qual o negro denominou Oxum-Maré".

Na mitologia germânica, os gênios das águas eram as Ondinas, correspondentes às Nereidas dos romanos, às Ninfas dos gregos. Entre os africanos havia também uma entidade masculina do mar, Olokum, hoje quase totalmente esquecida.

A festa de Iemanjá é um dos raros cultos umbandistas que conservou as características de sua origem. Nina Rodrigues, Edison Carneiro, Artur Ramos e Manuel Querino, deixaram descrições primorosas das "obrigações à Iemanjá" que servem, ainda hoje, de orientação aos estudiosos do assunto: por esses relatos verifica-se que a festa da Rainha do Mar, em nossos dias, é quase idêntica à celebração que se fazia, em seu louvor, trezentos anos atrás.

As datas do culto de Iemanjá variam bastante: uma, porém, tornou-se de âmbito geral (e oficializada pelo Projeto de Lei de Atilla Nunes): é o dia 31 de dezembro, quando a maioria dos Centros de Umbanda se reúnem a beira mar, fugindo às festividades ruidosas da entrada do ano, para render homenagem à Mãe de Umbanda, pedindo-lhe proteção para o ano que se inicia e, através dela, a todos os Orixás e ao Pai Supremo.

O culto de Iemanjá, segundo Edison Carneiro, participa do movimento universal que tem por objetivo a divinização da Mãe por todos os povos do mundo.

Esclarecimento

Lilia Ribeiro

Diário de Notícias, 16/02/1969, n. 14183

Ao criar esta coluna, a direção do DIÁRIO DE NOTÍCIAS proporcionou à Umbanda um novo meio de divulgação entre milhares de leitores de todas as classes sociais. Estabeleceu-se, logo de inicio, como objetivo principal, o esclarecimento do Umbandismo como religião, seu ritual e suas práticas, sua doutrina, sua magia e, também, suas origens e as características que distanciam a nova religião brasileira das seitas que cooperam em sua formação.

Fugindo ao aspecto folclórico ou fetichista de que alguns autores procuram envolver a Umbanda, que há cerca de meio século vem se formando solidamente como uma corrente religiosa brasileira, esta coluna contou, primordialmente, com a colaboração de Attila Nunes, tendo sido para o DN o último trabalho que o líder umbandista escreveu, dias antes do seu desencarne; este artigo, transcrito nos anais da Assembleia Legislativa, foi citado por quase todos os que se referiram à passagem de Attila Nunes, como um dos seus mais belos trabalhos.

A seguir, ocupou esta coluna o General Mauro Porto, orientador do Círculo Iniciático Umbandista e secretário geral da Confederação Nacional Espírita Umbandista; em seus artigos, focalizou Umbanda como religião nova em seu aspecto exotérico, porém, assentada em antiquíssimas tradições ocultistas.

Atualmente, o Dr. Cavalcanti Bandeira, Capitão de Mar e Guerra, médico, jornalista, escritor e estudioso do Espiritismo, está oferecendo aos leitores do DN uma série de artigos em que sintetiza os pontos básicos do Umbandismo, tendo já focalizado as diferenças entre Umbanda e Candomblé, o sincretismo, as origens do termo Umbanda e os itens em que se fundamenta a nossa religião. No próximo domingo, o Dr. Cavalcanti Bandeira voltará a esta coluna com mais um artigo – o VI desta série – sobre a religião de Umbanda.

Os Caboclos

Lilia Ribeiro

Diário de Notícias, 23/02/1969, n. 14187

A denominação "Caboclos" que damos às entidades dos terreiros de Umbanda, refere-se mais propriamente ao grau de evolução do Guia e à classe que integra na hierarquia espiritual, do que à raça a que pertenceu em sua passagem pela Terra. Alguns viveram, realmente nas tribos indígenas, como espíritos adiantados, em missão; outros tiveram, como índios, uma de suas encarnações. Outros, ainda, exerceram na Terra as mais variadas funções e, aperfeiçoando-se e purificando-se, passaram a integrar as legiões dos Caboclos da Umbanda. O termo "Caboclo", explica Gil Nascimento de Oliveira em "A Magia nos Terreiros", é uma "chave", uma senha que indica a ordem a que pertence o espírito.

Os Caboclos de Oxóssi, particularmente, são considerados entes que tiveram vida material como índios; suas falanges predominam atualmente nos terreiros e sua manifestação tomou vulto há cerca de meio século, quando se estabeleceram as bases da nova religião, oriunda dos rituais negros e aborígenes sincretizados com o Cristianismo.

Os espíritos que baixam nos terreiros – dizia José Alvares Pessoa – "não vivem na beatitude excelsa dos céus; permanecem na Aruanda, que é lugar de trabalho, onde estão sempre atentos ao sofrimento deste planeta, para acorrer ao momento propicio e dar-nos forças para que levemos avante as provas a que estamos sujeitos. Umbanda é grande, apesar da humildade com que se manifesta; o seu ritual, a sua liturgia encontram-se a cada passo no Velho e no Novo Testamento, nos templos do Egito e da velha Índia. O movimento de implantação da Umbanda pura tem cerca de meio século; mas a religião trazida pelos escravos era tão velha ou mais do que o continente de onde vinha. Raça das mais antigas, a negra era detentora dos segredos invioláveis que não transpunha os umbrais dos templos. Deturpada pelos seus portadores e sem ambiente para se propagar, demorou a Umbanda a surgir com a sua característica verdadeira, livre dos erros que no seu rito estavam arraigados, até o alcançar esta magnifica realização que hoje estamos vendo.

Emanuel Zespo lembra que os primitivos povos americanos, Maias, Incas, Aztecas e outros possuíam teogonia e conceitos firmados sobre a vida e a morte, a imortalidade da alma etc. Até mesmo uma imensa simbologia foi encontrada no Novo Mundo, inclusive a Cruz, símbolo universal de orientação mística. Mas os conquistadores, em sua sede de domínio, tudo destruíram. E prossegue: O Caboclo que se manifesta no terreiro de Umbanda pode ter sido mesmo um índio na última encarnação e pode também ser um espírito de luz que prefira, como sucede ao Preto Velho, a forma de Caboclo em sua manifestação, porque dentro de tal humildade o filho de fé se sente mais a vontade para fazer os seus pedidos.

Findley, sábio inglês que realizava sessões de voz direta relata, em seu livro "No limiar do etéreo", que estranhava constatar, nessas reuniões de que participavam espíritos da mais alta cultura, a presença de uma entidade que se dizia Caboclo Pena Branca e cujo linguajar, bem como pelas atitudes autoritárias, dava a impressão de ser um espírito atrasado. Consultou, então, um dos mestres e ouviu, com surpresa, que, sem a presença do Caboclo Pena Branca, não se poderiam levar a termo os trabalhos que tanto impressionavam os estudiosos presentes. Era ele o mentor do grupo.

O Caboclo simboliza energia, vitalidade; é o responsável pelo adestramento dos médiuns iniciantes. Seu passe purifica a aura espiritual do homem; é orientador por excelência, procurando encaminhar os desviados, dar animo aos aflitos, minorar os sofrimentos do corpo da alma. No campo vibratório de Oxóssi é considerado o missionário da espiritualidade.

José Alvares Pessoa

Lilia Ribeiro

Diário de Notícias, 22/07/1969, n. 14325

Os umbandistas relembram, neste mês, a figura do grande espiritualista José Alvares Pessoa, desencarnado há um ano, precisamente. Conhecedor profundo de todos os ramos do espiritualismo e das ciências ocultas, o Capitão Pessoa, como o chamavam, os que, como nós, se formaram sob sua orientação, estabeleceu, na Tenda São Jerônimo, que dirigiu por mais de trinta anos, um sistema de trabalho através do qual, sem esquecer a contribuição africana e sem enveredar pela senda do puro orientalismo, procurou atingir o equilíbrio necessário à nossa religião. Sob o título "Umbanda – Religião do Brasil", que era o seu lema, escreveu, para a "Antologia do Movimento Espiritualista" uma série de artigos, entre quais "Umbanda dentro do Mundo", do qual extraímos os trechos seguintes:

"Umbanda é a própria alma do mundo trabalhando em prol da regeneração humana: é Jesus trabalhando; curando enfermos, determinando o cumprimento das leis, preocupando-se com as necessidades materiais dos humanos, como se pode notar em certas passagens dos Evangelhos."

A verdadeira missão dos Guias de Umbanda é a caridade integral e o seu principal objetivo é aliviar o sofrimento humano, onde quer que se apresente e seja qual for a sua modalidade. Os Guias que vem aos terreiros entendem que a caridade primordial consiste em tirar a humanidade das aflições de ordem moral e material em que se debate. Dir-se-ia que se acham tão irmanados com o sofrimento dos homens que puderam chegar à conclusão de que é preciso ter a mente livre do pensamento obsessor da solução de questões materiais para melhor aproveitar os conselhos puramente espirituais.

Umbanda tem a preocupação constante da felicidade do homem dentro do mundo: do seu bem estar material, do perfeito equilíbrio de sua situação moral, condições necessárias à receptividade da palavra transcendente que eleva a alma aos pés de Deus. Quem tem o espírito preocupado com a solução de compromissos inadiáveis e não encontra uma saída, desespera contar com o auxilio dos seus iguais e busca uma ajuda do alto. Não houve quem procurasse Umbanda em uma hora dessas que não fosse amparado.

Nenhuma outra religião dá, no terreno material, ao homem aflito, o consolo de que necessita porque, se a doutrina toca o coração, não resolve, no entanto, a situação angustiosa da vida humana. As religiões de elite não se preocupam com o mundo, não compartilham do sofrimento material dos homens. O hinduismo procura conduzir às maravilhas do êxtase em Samadhu; o budismo leva-nos ao Nirvana; a Teosofia mostra-nos planos e sub-planos de uma vida puramente espiritual; o catolicismo propugna pela ascensão das almas aos céus. Nenhuma dessas religiões, que tem como objetivo levar o homem para o alto se preocupa com a felicidade do ser humano neste plano material.

Umbanda vive dentro do mundo, para os filhos deste mundo, ainda pouco evoluídos, mas por isso mesmo necessitando de auxilio para vencerem as provas que lhes são impostas. Umbanda vive em contato mais íntimo com os sofredores, provando a sua compreensão dos ensinamentos do divino Mestre, que não rejeitou de junto dos que o buscaram, ainda mesmo quando em condições espirituais precárias.

Os Guias de Umbanda abandonam os planos elevados que conquistaram para viverem conosco, dentro deste mundo, compartilhando das nossas aflições, dando-nos a certeza de que jamais ficaremos ao desamparo, de que no momento da aflição e do desespero se estenderá para nós a mão amiga que não nos deixará cair.

Os fundamentos do Umbandismo

Cavalcanti Bandeira

Diário de Notícias, 17/08/1969, n. 14347

Na base das crenças aceitas e rituais praticados na Umbanda há um denominador comum que se vêm sedimentando aceleradamente, aglutinando a multiplicidade de suas apresentações, cristalizando fundamentos pela busca incessante de princípios e explicações modernas do ensinamento transmitido oralmente, como acontecia no passado, porque hoje assim o permite a facilidade dos meios de comunicação e confraternizações entre os praticantes.

O sincretismo originou outras acepções, em meio a crenças e rituais em ebulição em um sentido evolucionista, que faz a Umbanda se distanciar de suas origens, embora haja ligações ponderáveis e efetivas, reconhecíveis em uma análise comparada dos cultos. Desse modo interpreta-se não só com o Catolicismo e Espiritismo, como com o africanismo e orientalismo, em meio ao amerindismo que nos domina.

As bases principais do Umbandismo, os pontos essenciais que constituem a crença geral não se podem sintetizar em poucas palavras, pois cada assunto ou aspecto deve ser desenvolvido, conforme as características próprias que fundamentam a religião de Umbanda.

Essencialmente, a Umbanda fundamenta-se:

1. Na existência de Deus, Único, Onipotente, Irrepresentável, adorado sob vários nomes.
2. Na crença de entidades Espirituais, em Plano Superior de

evolução, ou seja, os Orixás, chefiando falanges.

3. Na crença de Guias Espirituais, mensageiros dos Orixás, ainda em evolução, buscando o aperfeiçoamento.
4. Na existência do Espírito, sobrevivendo ao homem, em caminho de evolução, pois se acham em Planos Intermediários.
5. Na crença da reencarnação e da lei cármica de causa e efeito.
6. Na prática da mediunidade, sob as mais variadas formas.
7. Na afirmação de que as religiões constituem os diversos caminhos de evolução espiritual que conduzem a Deus.
8. Na prática da caridade material e espiritual.
9. Na necessidade do ritual como elemento disciplinador dos trabalhos.
10. Na comunicação dos Espíritos encarnados ou desencarnados em manifestações com os vivos.
11. Que o homem vive em um campo de vibrações tanto para o bem como para o mal.

O Caboclo das Sete Encruzilhadas e a evolução dos ritos afro-brasileiros

Romário Ferraz de Campos

Diário de Notícias, 16/11/1969, n. 14425

Para escrever algo sobre o Caboclo das Sete Encruzilhadas, devo revolver 42 anos da minha vida. Cheguei a esta cidade em 27 de junho de 1927, em uma tarde fria, plúmbea e triste. Tinha eu apenas 18 anos e vinha para ficar. A saudade dos "pagos" queria me repontar para a "querência", mas alguma coisa me prendia ao glorioso chão carioca. Minha primeira ocupação foi na policia, onde fui obrigado a tomar conhecimento gradativo de uma concepção religiosa para mim estranha e até certo ponto desconcertante. Longe estava de supor que seria, um dia, envolvido por ela, como o mosquito pela teia de aranha. Dou graças a Deus por isso.

Até então o ritual dessa religião era denominado "macumba" e o seus praticantes "macumbeiros". Ainda hoje alguns assim chamam, não, porém, com sentido pejorativo, mas até carinhosamente.

Foi nessa época que o Caboclo das Sete Encruzilhadas pronunciou" pela primeira vez, na terra carioca, quiçá, nas Américas, a palavra Umbanda, dando nova concepção ao que os africanos trouxeram e misturaram com o que os aborígenes cultuavam e cultuam ainda, na pureza de suas interpretações místicas. O Exu aceitou a amizade do Saci e ambos começaram a limpeza do terreiro. Há quem diga que os Exus não evoluem, como se não fossem, também, criaturas Deus e, consequentemente, nossos irmãos. Existem seres humanos que são piores do que eles e jamais poderão ser comparados a eles em afeição, conduta, dignidade e até na forma física que usam para as suas manifestações junto a nós. Os Exus são almas ingênuas e só sabem fazer o que os outros mandam, quer seja certo, quer errado.

Não se iludam os que pensam que já estamos no Reino da Radiante Umbanda, ou Luz Divina. O que praticamos está bem, mas tem que ser muito melhor. Ainda vivemos subjugados aos interesses menores, às ilusões e outros defeitos peculiares à nossa condição humana. Quando não mais houver inveja, vaidade, intolerância e ódio, iniciaremos o reinado do amor. É o amor que ensina a prática humilde da caridade, único caminho que leva à verdade. E a verdade é Deus, Zambi ou Tupã. Muitas vezes, praticando a má ação é que vamos aprender o bem. Jesus Cristo, para sentir os problemas pertinentes ao homem, conviveu com eles, tal como Brahma, Buda, Kishna e tantos outros missionários. É no campo espiritual inferior que se opera a evolução das almas. E eles deram-nos os mais puros exemplos de humildade.

A mente é o ponto chave da evolução e um dos corpos que o "ego" usa para conhecer a verdade. Disse Juvenal em uma de suas sátiras: ***mens sana in corpore sano***.[1] É a mente sã que proporciona, ao corpo, os cuidados necessários à sua conservação.

Escrevi acima, que tanto Jesus como outros espíritos superiores vieram – e vêm diariamente, através do Espiritismo, seja em que campo for – para continuarem pregando o amor e a humildade que despertam no homem o sentimento de caridade. Desde tempos imemoriais que Deus nos envia o socorro de sua misericórdia por várias formas que ainda não entendemos.

Foi por esse e outros motivos que determinada entidade tomou o nome profundamente esotérico de Caboclo das Sete Encruzilhadas. Ele sentiu que já tinha condições de demonstrar ao Senhor do carma sua gratidão, empenhando-se em verdadeiro apostolado, em um meio turbulento. Assim trouxe ele a sua grande mensagem. Já se passaram quase 50 anos desde quando ele falou em Umbanda, nome esse repetido milhares de vezes por dia em todo o Brasil, como se fosse uma palavra vulgar e como se ela não nos obrigasse a ter certo receio ao mencioná-la.

1 Mente sã em corpo são.

Precisamos hoje de união, compreensão, tolerância e amor à verdade para encontrarmos a felicidade de fazer algo útil aos nossos semelhantes.

Salve o vermelho Caboclo das Sete Encruzilhadas, que trouxe para nós os ensinamentos filosóficos adquiridos com os Juáregues, nos templos da desaparecida Atlântida.

Orixá - Orixalá - Oxalá

Dr. Cavalcanti Bandeira

Diário de Notícias, 30/11/1969, n. 14436

Surgiram ultimamente algumas controvérsias referentes aos vocábulos Orixá, Orixalá e Oxalá; parecendo escurecer o que está mais claro, fácil de compreender, se não nos afastarmos dos princípios gramaticais das línguas nagô.

Admito que haja dúvida no modo de escrever, por uma razão muito simples: são necessários caracteres tipográficos especiais, que não existem no Brasil, pois, no Yorubá há letras com acento e ponto, ora em cima, ora em baixo. Assim são reproduzidas as palavras em função dos sons fonéticos: Orisha – Orixá, Oshalá, Oxalá, para dar uma aproximação da pronuncia original. Com a adoção da ortografia oficial brasileira, o modo de escrever originou até corruptelas: o termo original é YYAWO, que deve ser escrito Iaô, porém o uso correto é Iaô, fato comum com muitas palavras de origem africana. Mas, não pode haver dúvida quanto ao sentido dado no Brasil, o qual nem sempre corresponde ao da língua original, por ter sofrido um fenômeno de transposição semântica, como é o caso da palavra Kimbanda – Quimbanda, que em Quimbundo significa: sacerdote, ocultista.

Existe, no Brasil, uma publicação excelente da Universidade da Bahia, que é a "Introdução ao estudo gramatical da Língua Yorubá", de autoria do Professor Edison Nunes da Silva, editada em 1938, e as apostilas do Curso de Yorubá, ministrado na mesma Universidade, dado por professores nigerianos.

Façamos uma ligeira análise: A partícula *O*, em Yorubá, é em certos casos, um prefixo que entra na composição das palavras significando "dono de", supondo-se que seja uma forma contrária de OLU (chefe), mas também entra na composição de substantivos, sem esse significado, e modificando um verbo assim, RI é o verbo: ver, acrescido da partícula *O*, passa a ser um substantivo; ORI – cabeça.

Sem pretender complicar, é preciso compreender que a partícula *O* às vezes funciona como pronome, advérbio e até como verbo.

ORI tem, por vezes, o significado de espírito, no Brasil. Na língua de origem, a junção do sufixo SHA, ou XÁ, que provém do Árabe, significa: rei, chefe; originou o termo ORIXÁ.

Orixá significa: divindade, ídolo, sendo nome genérico das divindades intermediárias entre Olorum e os mortais, como é entendido no Brasil, essa alteração. Havendo duas formas do linguajar nagô, uma a chamada completa, e a outra abreviada, ou contrata, a primeira é ORINXALÁ e a outra OXALÁ; parecendo ser um superlativo por ser o título máximo.

Portanto, ORIXALÁ ou ORINXALÁ sempre foram usados como título da divindade OBATALÁ; que na forma abreviada é dita ou pronunciada; OXALÁ; que é o outro nome da mesma divindade, na Bahia. Em seu dicionário de Umbanda, Erlon Dutra grafou: ORIXA-LÁ; sem alterar, porém, o significado: "Jesus, o maior de todos os Orixás." Assim também registra Roger Bastide, em seu livro "O Candomblé da Bahia", editado na Holanda, em 1958 e traduzido em 1961. Sendo o modo de escrever uma adaptação, podemos bem compreender outros modos de grafá-las, como o fez Nina Rodrigues, no século passado, em seu livro "Os Africanos no Brasil", quando referre:

Cânticos especiais – ORIN ORISA'NLA, cânticos de ORICHÁ-LÁ; dizendo que são nagôs, e usados em relação a Obatalá ou Oxalá.

Pensamos que o assunto esteja esclarecido dentro de bases reais, com fontes de consulta disponíveis.

Portanto, o significado é o mesmo, seja para OXALÁ ou ORIXALÁ; são palavras sinônimas.

Vegetarianismo na Umbanda

Lilia Ribeiro

Diário de Notícias, 22/03/1970, n. 14527

O vegetarianismo é um movimento universal, que se difunde a passos largos, estritamente ligados ao esperantismo e ao espiritualismo.

A preferência pela alimentação vegetariana, no Oriente – diz Filon, em "O Vegetarianismo", fundamenta-se na convicção de que, à medida que a alma progride, é necessário que o vestuário da carne se lhe harmonize ao progresso. Mesmo nos reinos inferiores, a nutrição varia de acordo com a sensibilidade das espécies: o verme alimenta-se no subsolo, o beija flor sustenta-se com o néctar das flores.

Ramatís prevê para o terceiro milênio, quando reinará, na Terra, um ambiente de paz, de fraternidade, de amor universal, a exclusão total dos produtos feitos à base do sacrifício de aves e animais. A impressão que hoje nos causa o canibalismo, praticado em eras passadas, será idêntica à reação que o homem do futuro experimentará ao lembrar o hábito carnívoro dos seus avós.

Acompanhando dia a dia o progresso no mundo, no sentido da espiritualidade, é de crer que a Umbanda não tarde a aderir, em massa, ao sistema vegetariano, tanto mais que tem sido largamente comprovada a influência benéfica exercida pelo hábito da alimentação vegetariana na pratica da mediunidade. Poucas são, até agora, as casas de culto umbandista que preconizam esse sistema. Grande, porém, já é o numero das que excluíram totalmente de sua ritualística as antigas obrigações à base do sacrifício de aves e animais, e preparam os seus médiuns espiritualmente, já que é espiritual a atividade a que se destinam, como elementos de comunicação das entidades astrais.

O Evangelho na Umbanda

Lilia Ribeiro

Jornal de Serviço (Coluna *Gira de Umbanda*), 23/03/1970

Sob este título, a Editora Eco acaba de publicar um livro que se destina a ser leitura diária em nossos terreiros.

Os conceitos emitidos pelo autor e confirmados nas maiores obras da literatura espiritualista dos nossos dias referem-se a uma Umbanda de "finalidades elevadas e regeneradoras, onde se recomenda a lei do amor ao próximo, a Umbanda que chama a si todas as doutrinas evolucionistas que proclamam o amor universal, a imortalidade da alma, a vida futura e a reencarnação, consagrando-se como verdadeira religião nacional". São palavras do autor J. Alves de Oliveira, que se considera não mais o resultado de um sincretismo, e sim, um movimento dinâmico, produzindo magnetismo sadio.

O soneto de Casemiro da Cunha, à abertura do livro, sintetiza magnificamente o texto. Reportamo-nos, ainda, a um trecho do prefácio de Clóvis Ramos, lembrando que o autor advoga uma Umbanda sem sacrifícios inúteis de animais, religião respeitável como qualquer outra dentre as religiões florescentes no Brasil.

Escritor kardecista e umbandista, estreitamente ligado à Seara de Umbanda Tupinambá, J. Alves de Oliveira proporciona aos leitores um livro excelente, cujos direitos autorais se destinam à Assistência Social Paulo de Tarso. São quase 200 páginas de leitura instrutiva e atraente, esclarecimentos sobre o ritual de Umbanda e considerações sobre os Mandamentos, na acepção de Moisés, que deu a Terra as bases da Lei, e de Jesus, que nos trouxe a revelação do amor, da bondade e da caridade.

Attila Nunes

Lilian Ribeiro

Diário de Notícias, 11/02/1970, n. 14728

Mais um ano se passou desde que Attila Nunes deixou seus irmãos umbandistas. A sua voz, que tornamos a ouvir, agora, em gravação, nos programas que ele criou, há mais de 20 anos, vinha trazer-nos sempre uma mensagem de paz, de fraternidade e de justiça.

Attila combatia os movimentos que, visando a promoção pessoal ou financeira, viriam prejudicar o verdadeiro sentido do culto umbandista, mas dava todo o apoio e estimulo aos que procurassem beneficiar a religião a que ele dedicava inteiramente o seu pensamento e que nunca abandonou, a despeito das dificuldades que se lhe opuseram no inicio e dos dissabores que, injustamente, obscureceram os últimos dias de sua vida. Ainda assim, Attila Nunes, ao pisar em um terreiro de Umbanda, transfigurava-se. O amor que votava a nossa religião refletia-se na firmeza com que entoava as curimbas, contagiando o ambiente com o calor do seu entusiasmo. "Suará", um dos mais belos cânticos dos nossos Caboclos, tornou-se um símbolo da presença das suas Caravanas da Fé, que não interromperam sua peregrinação amiga pelos terreiros, por mais humildes que sejam, levando a mesma mensagem de fraternidade na voz de Bambina Bucci e Átila Nunes Filho.

A 27 de outubro de 1968, Attila Nunes desencarnou. Ocupava, pela terceira vez, uma cadeira no Legislativo, como representante umbandista do povo da Guanabara. Em seu ultimo artigo para esta coluna do *Diário de Notícias*, escrito dois dias antes de sua passagem, afirmava:

"Incompreendida por alguns, mal interpretada por outros, Umbanda, fonte inexaurível de belezas espirituais, segue vitoriosa nos seus postulados eternos. Apesar de todas as deturpações a que se vê submetida, jamais será subjugada, pois sua grande força repousa na Glória Infinita do Criador. Erram clamorosamente os que, através da Umbanda, tentam penetrar na senda tumultuosa da magia inferior, aproveitando-a para fins suspeitos. Como religião e como ciência, Umbanda é o caminho mais curto para o aprimoramento do espírito. Longe de ser apenas uma seita, é uma escola maravilhosa que segue o seu caminho, silenciosa e austera, expondo em sua filosofia normas para o estudo das dimensões e das formas de um mundo desconhecido".

Evolução

Lilia Ribeiro

Diário de Notícias, 23/03/1970, n. 14532

A nossa religião teve as mesmas origens do nosso povo e do nosso idioma: o branco, o preto e o índio. Assim como a língua que falamos foi enriquecida de vocábulos de procedência africana e indígena, a Umbanda conserva também, a par das denominações dos Orixás africanos, termos provindos de dialetos nativos, que passaram a fazer parte da linguagem ritualística corrente. Mas assim como evoluiu o idioma, através de convenções e reformas ortográficas, evoluiu também o Umbandismo, em sua liturgia, nos pontos cantados, no preparo cultural, moral e mental dos médiuns. Em uma época em que o cérebro eletrônico[1] resolve problemas de difícil solução e a sua memória registra, cronologicamente, perguntas feitas a intervalos de frações de segundo, não seria possível estacionarmos em práticas da Idade Média. Evoluiu a própria liturgia da Igreja Católica, sede de tradições seculares. Para nós, a simplificação do ritual torna-se indispensável, pois o médium, que exerce sua atividade profissional em repartições, indústrias, escritórios, deverá aprimorar o seu poder mental, deixando de parte os aparatos materiais de séculos passados. Obrigações penosas e custosas podem ser substituídas pela simples magia de um copo com água. Basta que estejamos aptos a realizar essa magia.

José Alvares Pessoa, o espiritualista que, após percorrer, em sua mocidade, terreiros de todas as seitas, observando-lhes os trabalhos, registrando as falhas e aproveitando os ensinamentos

1 Computador.

das entidades humildes que ali baixavam, soube elevar a Umbanda a um nível de espiritualidade dos mais belos, na Tenda São Jerônimo (Visconde de Itaboraí, 8) que dirigiu por mais de 30 anos, dizia: "Ao brasileiro, filho de três raças, deveria estar destinada uma religião eclética, cujas características principais fossem a caridade, a humildade, a tolerância para com a imensa ignorância dos homens, e na qual se achassem reunidas a experiência do branco, a tradição do índio e a magia do negro. E é essa a nossa Umbanda, religião dos simples, e que tem sido a tábua de salvação dos desesperados, sem distinção de classe, de credo ou de cor, quando cultuada dentro dos ditames da verdadeira caridade".

Exu, o incompreendido

Lilia Ribeiro

Diário de Notícias, 19/04/1970, n. 14550

Melhor diríamos: o injuriado, porque Exu, agente mágico da Umbanda, sempre a postos de luta contra as forças do mal – fruto do pensamento maldoso do homem, do seu desejo de vingança, da vaidade e da ambição – é incompreendido, desde as casas de comércio que lhe dão uma representação material totalmente alheia à nossa religião até os que, na pratica de culto igualmente alheio à Umbanda, o confundem com o obsessor sem luz, que ainda não encontrou o caminho da evolução, reflexo, por vezes, apenas do subconsciente do ser humano.

Segundo definições autorizadas, Exu é o mensageiro dos Orixás, seu servidor fiel, ainda em escala inicial de evolução, porém, em nosso culto, votado exclusivamente ao bem, e não um gênio do mal, ou espírito das trevas, mesmo porque, no espiritualismo, não existe ser algum a quem não seja facultado o direito de evoluir.

A representação que os africanos davam a Exu (Coleção Artur Ramos), nada tem em comum com as figuras diabólicas que a ignorância idealizou para representar essa entidade. Usando indevidamente o nome de Exu, procuram, alguns, realizar trabalhos de magia dirigida contra irmãos – culpados ou inocentes que sejam – e utilizando, com requintes de maldade, aves e animais, estes seguramente inocentes. Na realidade, o que está agindo é o espírito atrasado, o subconsciente maldoso, o sadismo do próprio ser humano, pois a mediunidade é um dom e só pode ser dirigida para o bem. É justamente contra as influencias maléficas do pensamento doentio desses "feiticeiros improvisados", que entra em ação o verdadeiro Exu, atraindo os obsessores, cegos ainda, e procurando trazê-los para as suas falanges, que trabalham visando a própria evolução.

Vem a propósito a reportagem publicada no número de abril da revista ***Realidade***, sob o título "Magia Negra", mas envolvendo o nome de terreiros umbandistas de São Paulo. À vista do que ali se divulga, apelamos para as entidades associativas dos centros e tendas de Umbanda. a fim de que seja esclarecido que essas praticas não pertencem, nem são acobertadas pela nossa religião.

O vocábulo Umbanda

Lilia Ribeiro

Macaia (boletim da TULEF), 1970

O emprego do termo UMBANDA, pelo Caboclo das Sete Encruzilhadas, pela primeira vez para definir um culto religioso, no Brasil, deu origem a controvérsias, anos após a fundação dos primeiros templos umbandistas. Entretanto, podemos constatar que, embora existente no idioma africano, o vocábulo não era de uso corrente nos candomblés e nas seitas dele derivadas.

No livro que reúne as teses apresentadas ao Primeiro Congresso Brasileiro de Espiritismo de Umbanda, realizado em 1941, o vocábulo UMBANDA é considerado de origem sânscrita: " raiz mais antiga de que há registro acerca de Umbanda encontra-se nos famosos livros da Índia, os "Upanishads".

Refere W. W. da Matta e Silva (*Umbanda de Todos Nós* – edição de 1956):

> Verifica-se que até os anos de 1900, 1904, e 1917, os autores, em pesquisas e apurados estudos, na época em que os candomblés conservavam-se mais puros, não encontraram o vocábulo Umbanda.

Matta e Silva cita o testemunho de Waldemar Bento (*A Magia no Brasil*), Roger Bastide (*Imagens do Nordeste Místico*), Gilberto Freyre (*Estudos Afro-Brasileiros*), Nina Rodrigues (*O Animismo Fetichista dos Negros da Bahia*), João do Rio (*As Religiões do Rio*).

Cavalcanti Bandeira reporta-se aos mestres do idioma

africano, citando o vocábulo Umbanda como "arte de curar", "magia", "faculdade de curar por meio da medicina natural ou sobrenatural", ou ainda, "os sortilégios que, segundo se presume, estabelecem e determinam a ligação entre os espíritos e o mundo físico".

Voltemos novamente a Matta e Silva que diz, à página 35 do livro citado:

> O vocábulo Umbanda só pode ser identificado dentro das qualificadas línguas mortas. Todavia, entre os angoleses, existe o termo Kimbanda, que significa sacerdote, invocador dos espíritos, firmado no radical "MBANDA", conservado através de milênios, legado da tradição oral da raça africana, o qual é uma corruptela do original U-MBANDA ou AUM-BANDHÃ.

Prossegue:

> Toda essa complexa mistura, que o leigo chama de macumba, baixo espiritismo, magia negra, envolvendo praticas fetichistas e barulhentas... era a situação existente, quando surgiu um vigoroso movimento de luz, ordenado pelo astral superior, feito pelos espíritos que se apresentaram como Caboclos, Pretos Velhos e Crianças. Praticas as mais confusas e desordenadas, envolvendo oferendas com sacrifício de animais, sangue etc... E por tudo isso se fez imprescindível um novo movimento, dentro desses cultos ou de sua massa de adeptos, feito pelos espíritos carmicamente afins a essa massa e pelos que, dentro de afinidades mais elevadas, se pautam no amor e na renuncia em prol da evolução dos seus semelhantes, que foi lançado através da mediunidade de uns e outros, pelos Caboclos e Pretos Velhos, com o nome de Umbanda, que eles implantaram no meio, para servir de bandeira a essa poderosa corrente; é um termo litúrgico, sagrado, vibrado, que significa, em um sentido mais profundo, o conjunto das leis de Deus...

Omolu

Dr. Cavalcanti Bandeira

Diário de Notícias, 04/11/1970, n. 14730

O culto em relação aos mortos foi uma dominante nas religiões de origens milenares, seja no sentido da morte ou no sentido de muito tempo, após o falecimento, distinguindo-se, conforme esses aspectos, em várias cultuações.

Na Umbanda, o nome de Omolu, como Orixá, é destinado à chefia da Falange dos Mortos, mas não no sentido distante, de muito tempo (espírito, emi), pois se referre ao tempo próximo à morte (egun), por ser uma divindade ligada a Terra que procede à purificação material dos corpos, através de suas vibrações especiais, como que surdas e melancólicas, que ajudam a despir o envoltório grosseiro do físico sujeito às vicissitudes e à morte.

Corresponde ainda às desinências de Obaluaiê ou Abaluaê; foi sincretizado, ora com São Lázaro, ora com São Roque, sendo-lhe consagrado o dia de segunda feira, predominando nas contas a cor negra, e saudado com a expressão: Atôtô-iê.

É o Orixá que encaminha as almas dos recém-falecidos e delas absorve os fluidos que se evolam da substância material, no terra a terra aderido ao nosso planeta, daí sua ligação aos cemitérios onde se condensam as vibrações desse gênero, como também nos cruzeiros locais, pois partindo daí já se cai no campo dos Exus.

Concorre, assim, para o desprendimento do espírito na sua libertação, Falange dos Mortos, da qual se utiliza o poder fluídico humano, material, visto que, na Terra, o homem ao fazer a sua passagem, o seu corpo entra em decomposição, e Omolu, exaurindo essas vibrações, pode trabalhar na magia que lhe é própria. É um Orixá que protege, não tem o caráter vingativo que lhe pretendem atribuir, é uma porta que se abre nos trabalhos para desfazer magias maléficas, porém exigindo muito conhecimento e segurança dos que trabalham no seu campo vibratório; sem precisar de certas matanças impressionistas, porque já dispõe no seu próprio campo, dos fluidos cadavéricos necessários à Linha em que irá agir.

Procurando a verdade

Romário Ferraz de Campos

Diário de Notícias, 17/01/1971, n. 14792

Fala-se muito em Umbanda: linhas de Umbanda, terreiros de Umbanda, artigos de Umbanda... As "roças" e os "terreiros" típicos de candomblés também já são Umbanda... Isto é um bom sinal. Prova que a mentalidade dos postulantes está melhorando. Todavia, tenho minhas duvidas. Mesmo nos terreiros ditos de Umbanda, onde já foram eliminadas certas cerimônias, há muita coisa que desmente frontalmente o conceito legítimo de Umbanda.

Não é muito fácil ser umbandista. Antes de tudo, é preciso conhecer os fundamentos esotéricos e espiritualistas da Umbanda, cuja lei não é uma casualidade, como a de Quimbanda não é "bruxaria", como muita gente pensa.

A Umbanda de sentido religioso só existe no Brasil de uns 50 anos para cá, o que é fácil de comprovar, pesquisando-se, a partir de 1924 e pouco antes. Até então, falava-se de macumba, como sinônimo de feitiçaria e curandeirismo, e perseguida pela policia como nociva à saúde, aos bons costumes e à boa fé alheia. Sei disso, porque eu era da policia e tomei parte em muitas batidas de repressão. Muitos centros não eram mais do que antros de prostituição e charlatanice. Isso vinha ocorrendo desde 1873. Devo dizer, a bem da verdade, que vi também muita coisa séria, que só mais tarde pude entender. Vários centros impunham-se ao conceito publico e das autoridades. Seu sistema de trabalho tinha algo que infundia respeito. Visitei muitos, considerados de Umbanda (nome novo, então) e diferentes das macumbas. De 1927 para cá, o nome Umbanda tomou conta da cidade. Conheci famílias remanescentes de africanos, que praticavam o culto da sua "nação" Angola, mas ninguém falava em Umbanda; o nome que davam ao sacerdote era Ki-mbanda-Kia-Dihamba, que quer dizer, conhecedor das fórmulas de invocar os espíritos protetores. O alto sentido do vocábulo Umbanda perdeu-se na própria África.

Dizem alguns sinceros praticantes do ritual umbandista que o simbolismo usado pelos Pretos Velhos e Caboclos tem suas raízes na Cabala. Não podemos atribuir tais conhecimentos a todos os guias, porque nem todos atingiram o grau de mestre. Nos trabalhos de preparação do mental do médium, os mestres espirituais executam cerimônias da mais alta expressão da magia divina. É preciso não confundir essas cerimônias com as celebradas nos terreiros de "nação", com matanças, amalás, ajeuns. Embora respeitando os cultos e seus adeptos, creio que não tem mais sentido tais cerimônias. Cuidar da mente é o mais importante. Tudo evolui, principalmente a inteligência do homem. A Divindade impõe-se pelo amor e não pelas fantasias de que a mente humana enche incessantemente a vida.

Seu Sete da lira

José Carlos Marão

Revista Realidade, junho de 1971, n. 63

Um grande número de carros do Rio de Janeiro traz um 7 vermelho colado nos vidros. É o símbolo de Seu 7 Encruzilhadas da Lira, um "milagreiro" famoso e perfeitamente adaptado à sociedade de consumo: fabrica desde chaveiros até camisetas e tem um luminoso de acrílico no portão do terreiro. Seu 7 só faz o bem, mas não gosta que a imprensa veja. José Carlos Marão fez esta reportagem sem ele saber.

Mais de 5000 pessoas, braço dado, cantando. A música é lenta, um samba canção. O povo vai balançando, no ritmo devagar, uniforme. Para quem vê de cima, é como se alguém tivesse hipnotizado toda aquela gente e mandado que ela ondulasse, macio, leve, como se fosse um mar calmo, compacto, de cabeças humanas. Todo mundo, braço entrelaçado, palma da mão para cima, olhar para o chão, concentrado, ondulado, cantando:

Chegou a hora grande da corrente do amor.
Entrelaçamos os braços, irmanados com fervor.
Seu 7 está curando nossos males, nossa dor.

Como Seu 7 Encruzilhadas da Lira, guardião dos caminhos, Exu da caridade, entidade espiritual não levada muito a sério por umbandistas e espiritistas dos mais responsáveis, consegue juntar todo sábado, num sítio da zona rural da Guanabara, de 5000 a 10000 pessoas, e dominar toda essa gente, é um grande mistério. E por que o povo vai lá, buscar ajuda, conseguir um "milagre", é outro mistério, mais fácil de ser explicado.

Seu 7 é a entidade que escolheu o corpo terreno de dona Cacilda, ou mãe Cacilda, como a chamam, para *pagar sua missão*, de fazer o bem e curar pessoas. Missão que, segundo o próprio Seu 7, lhe trará mais luzes para os seus caminhos espirituais e, segundo as línguas mais ferinas, muitas luzes para os caminhos materiais da família de mãe Cacilda.

São de Seu 7 os plásticos vermelhos, com um 7 preto pintado no meio, vendidos a 5 cruzeiros cada um e usados por grande número de carros da cidade do Rio de Janeiro. Também são de Seu 7 as sacolas, colares, amuletos, chaveiros, camisetas com o mesmo número 7 pintado e igualmente vendidos a preços módicos para quem quer se proteger de perseguições sobrenaturais.

A sede do reinado de Seu 7 Encruzilhadas da Lira é o sítio, conforme as pessoas da família de dona Cacilda chamam o lugar. Fica num local chamado Santíssimo, a 42 quilômetros do centro do Rio, em uma estrada feita, quase toda em asfalto de duas pistas. Estrada onde ninguém se perde, que o terreiro de Seu 7 é muito organizado: por todo o caminho, depois que se sai do asfalto, plaquinhas e setas vermelhas, colocadas pela direção do centro, para que todos cheguem certo. Não que eles estejam interessados em atrair muita gente. Apenas, por caridade, para que ninguém, dos que querem receber luzes e favores de Seu 7, se perca nas encruzilhadas.

Depois, mais uma estradinha de terra. Pelo caminho, carrinhos de sanduiche, refrigerantes, caldo de cana, estacionamento a 3 e 5 cruzeiros, que os vizinhos de Dona Cacilda também estão sabendo aproveitar muito bem o movimento. De repente um

portão grande de ferro, com duas liras também em ferro, nas folhas do portão, um imenso luminoso de acrílico, também vermelho, com o número 7 preto lá pintado, em bom estilo comercial.

Entrando pelo portão com o luminoso, uns caminhos de terra, uma descida, e *A Lira* – uma construção de concreto, só coberta mas bem cercada, onde cabem umas trezentas pessoas, entre em pé e sentadas, em volta da mesa, realmente uma mesa, de cimento. Na ponta, outra pequena construção, a capela. À esquerda, dois bares, um deles só de refrigerantes e dos amuletos com o 7 pintado. O outro, com sanduíche, café, sopa.

Essa é a capital do reino de Seu 7, Rei da Lira, Rei da Cana e Rei do Carnaval. E, dessa capital um antigo *cavalo* (aparelho, médium ou filho de santo, como se queira), que recebia um espírito no terreiro, faz quase um ano, junto com outros cavalos, e que abandonou o centro, diz:

– É aquele terreno, aquele sítio, foi comprado com o sacrifício de todo mundo. Muito sacrifício.

O grande movimento do sábado começa cedo. A mesa já está arrumada, duas garrafas de cachaça no chão, na frente de cada cadeira. E chega gente, desde 5 horas da manhã, para pegar as *fichas da mesa*. Como é muita gente para participar da mesa, é necessário uma ficha, reservando o lugar mais adequado para se receber as milagrosas e propaladas curas.

– A gente paga para participar da mesa?

– Não, é de graça.

– Quero duas, uma de homem, outra de mulher.

– Só tem na décima mesa. Depois das 3 da manhã.

– Tá bom. Pode dar a ficha.

– Bom, mas participar da mesa cada pessoa tem de levar uma garrafa de cachaça pro Seu 7. É 5 cruzeiros cada uma, por favor.

São 9 da noite, o terreno duro de gente, que é impossível andar. Quase hora de Seu 7 aparecer. Ernesto, um oficial de barbeiro, reclama:

– Assim num dá. Muita gente. Num se consegue nem ir tomar um café!

– Por que então o senhor vem aqui?

– Ah, foi aqui que eu curei o meu filho.

– De que?

– Ah, num queria estudar, nota baixa. Comecei ver o Seu 7 e a coisa mudou.

– Mas, se já curou, por que o senhor contínua vindo?

Ernesto meio irritado:

– Escuta aqui! Médico não cura ninguém e, se curasse, nem eu nem essa gente aí ia ter dinheiro para pagar. Seu 7 é a esperança desse povo aí, viu?

De repente, o som da batucada, de música. Todo mundo bate palmas, no ritmo, acompanhando. Lá em cima, no pequeno palco, surge uma figura de roupa preta, capa preta, chapeuzinho preto, colete vermelho e camisa branca, um travesti, mulher vestida de homem. Gingando, dando pulos, requebrando. É o primeiro milagre da noite.

A luz, que tinha sido cortada, volta a ser acesa no exato momento da aparição de Seu 7, Rei da Lira. Parece que ele veio do ar, do nada. Recebe um estouro de aplausos:

– Milagre, milagre!

O povo volta a cantar a música de abertura: "Salve Seu Sete Encruza da Umbanda". Lá em cima, Seu 7, provavelmente abusando um pouco do corpo não muito jovem do seu cavalo, dona Cacilda, já "baixou" e está frenético, dançando, jogando pinga, ou a saúde, como dizem, em cima de quem está por perto. Cercando Seu 7 os *cambonos*, roupa vermelha, que Seu 7 é Exu, um espírito divertido, vaidoso, assanhado, que gosta muito de cores vivas.

Seu 7, estranho e moderno espirito, vai até o microfone, cumprimenta o público:

– Boa noite!

E dá uma gargalhada. Mais pinga no próximo. Mais saudações, uma a Santo Antonio e as demais para ele mesmo, Seu 7, Rei da Lira, milagreiro. O povo delira, vibra, alguns esticam canequinhas, em pontas de vara, para recolher um pouco de saúde. Daqui a pouco, vão começar as curas. A música é uma barulheira. É o começo da preparação do espirito do povo para a *hora grande*.

Seu 7, Rei da Lira, inventor do carnaval, guardião dos caminhos (porque todo Exu fica nas encruzilhadas), quando a musica estiver na metade, vai descer a escadinha que liga ao palco com a mesa, para começar as curas. Mas previne:

– Eu adoro a medicina. Mas tem coisa que a medicina não pode fazer. Onde para a medicina, começa o Seu 7 da Lira.

E um Exu é capaz é capaz de curar? Para que tudo fique mais claro, é preciso entender um pouco de Umbanda, uma religião organizada, com doutrina, rituais e hierarquia. A Umbanda, monoteísta começou na África, no grande Império Ioruba, que se desenvolveu entre os anos 100 e 1700 depois de Cristo. Esse império era constituído de cidades-estados, algumas com mais de 250000 habitantes, como na Grécia Antiga.

A arte, a indústria (fundiam ferro, bronze, tinham categorias profissionais) e a construção de estradas desenvolveram-se bastante. Tudo isso segundo o divulgador de arqueologia Herbert Wendt, referindo-se às pesquisas do africanista Leo Frobenius. E, ainda segundo ele, os iorubas ***transmudaram uma primitiva religião africana numa concepção cósmica que nada devia à helênica***.

Os iorubas, já em decadência, foram aliados dos portugueses na caça de escravos. Os portugueses sempre guardaram segredo da existência dessa nação, possivelmente para conservar seu mercado sem concorrentes. E acabaram por destruir a nação Ioruba ou Nagô.

Mas a maioria dos sobreviventes dessa nação escravizada veio parar na Bahia. A sua cultura sobreviveu. E a Umbanda é uma mistura de rituais de várias tribos africanas, onde predomina a cultura ioruba.

Hoje, no Brasil, segundo Byron Torres de Freitas e Tancredo Silva Pinto, da Confederação Espírita Umbandista, a Umbanda crê num deus único, chamado em idioma africano de ***Olorum***. Abaixo dele, uma trindade, ***Obatalá*** (as energias criadoras da natureza), ***Oxalá*** (o aperfeiçoamento, os sacrifícios, os nobres) e ***Ifá*** (que preside vida). Depois, os ***Orixás*** ou santos, numa lista grande: Xangô, Ogum, Oxóssi, Omolu, Oxum entre outros. E, também, os Exus: são os criados dos Orixás, agentes das relações entre os Orixás e os homens, ainda segundo aqueles dois umbandistas. É aí que entra Seu 7 da Lira, Exu da caridade.

Pelos padrões normais da Umbanda, um Exu não faz muitas curas milagrosas. Mas um devoto de Seu 7 diz que estão todos de consciência limpa:

– Então, o que é que os católicos fazem em Aparecida, em Lourdes?

Seu 7, que foi artista, é o protetor dos artistas, lá de cima sacolejando, jogando cachaça, de muita música para trabalhar. Por isso, antes de descer a escadinha e ir até a mesa, a orquestra ataca. O povo acompanha:

Seu 7 da Lira está feita a corrente.
Vamos todos cantar e salvar essa gente.
Seu 7 não bebe. Seu 7 trabalha.
Nas dores da vida Seu 7 não falha.

Seu 7, compositor, é o autor das músicas em seu próprio louvor. Músicas que já deram um LP, vendido lá no terreiro e esgotado, da gravadora Equipe, chamado "Seu Sete Saracura Cura a minha Dor". Como diz Seu Zé Gomes, marido de dona Cacilda:

– O autor é Seu 7. Mas quem aparece sou eu.

Zé Gomes, mistura de português com nordestino, de 46 anos, alto e magro, quando conversa com alguém, lá do centro, se apresenta como dono:

– Pode falar comigo, sou o dono do terreiro.

Dona Cacilda tem três filhos: Edite, Luzia e um rapaz. Luzia é a sua filha caçula, tem 28 anos e é a queridinha da mamãe. A própria mãe Cacilda conta, excitada:

– A Luzia nasceu cega. Fui eu que a curei. Aliás, o Seu 7. Foi a primeira cura do Seu 7. Antes, eu nunca tinha curado ninguém. Foi assim: com uma cruz de lança perfume. Dois jatos, ela enxergou.

Mãe Cacilda, falando de Seu 7, confunde um pouco a primeira e a terceira pessoas. Mas insiste em falar bem de Luzia. Que, aliás, mora junto com ela, no apartamento que compraram recentemente no Rio de Janeiro, mais precisamente, na Avenida Atlântica, 213, 4º andar, de frente para o mar, um por andar. Apartamento que ninguém ainda conhece ou tem o endereço, mas que deu o que falar. Um umbandista jovem, médium em um terreiro (Umbanda ampliada para espiritismo), diz:

– Acreditar? Claro que eu acredito. O Exu esta lá. É Exu mesmo. Mas parece que o cavalo está aproveitando, ficando rico. Isso é errado.

Dona Cacilda, ex-costureira, e a família são da Zona Norte do Rio. Há uns quinze anos mudaram para a Zona Sul, em Copacabana, na Rua Barata Ribeiro, um lugar mais simples. Neste ano, depois do *estouro do terreiro*, por interessante coincidência, é que foram para a Avenida Atlântica.

Seu 7, lá em cima, frenético, dançando, descendo a escadinha num jeito desengonçado, garrafa de pinga na mão, a saúde, agente de seus milagres. Vai começar a correr a mesa, trezentas pessoas, entre pé e sentadas. Pais levando no colo crianças que talvez nunca devessem ter nascido. Doentes, aleijados, gente pobre, gente rica. Um pai, triste, rezando, concentrado, pobre, com uma menina de uns cinco anos no colo que não anda e não fala. Seu 7 passa reto, vai atender aos casos psíquicos, aos curáveis. Passa pelo velho sem mal jogar um pouco de pinga.

E o povo entende:

– Seu 7 sabe quando um caso está condenado.

E a própria Dona Cacilda, muito nervosa como sempre, dessa vez um pouco mais, porque uma revista, em um trabalho honesto, a chamou de cara de cachorro buldogue, também entende:

– O 7 fica triste quando vê um caso que não tem cura. Nem olha.

E, de repente, excitadíssima:

– Onde já se viu chamar uma senhora, uma mãe de família, de cara de cachorro buldogue? Esse cara vai pagar. Ele vai ver que com Seu 7 não se brinca.

E se defende também das acusações de estar enriquecendo.

– Nunca comi um pão com dinheiro do terreiro. É tudo essa obra aí. A nova Lira, que estamos construindo, vai ficar em 90 milhões. E todos esses empregados, eles não ganham salário mínimo? Falam também do bar. Mas como eu poderia deixar essa gente, a noite toda, sem sanduiche? Graças a Deus, eu tenho meu marido, que me dá tudo.

Seu Zé Gomes, o marido, é corretor autônomo de seguros. E, como todo corretor autônomo de seguros, mora em apartamento de frente para o mar e tem um sítio para passar os fins de semana.

Isso tudo foi dito em uma tarde muito agitada, em que Dona Cacilda e a família reclamavam da reportagem. Não era como as reportagens de elogios, que eles conseguiam publicar em jornais e revistas. Luzia, a filha mais nova e espécie de secretária da mãe explica:

– É que depois vão dizer que levamos dinheiro nisso.

Mas, dias antes, quando REALIDADE estava tentando os primeiros contatos, Luzia e seu marido, muito brutalmente, insinuaram que nem alguns canais de televisão, mesmo deixando 20000 cruzeiros ali, conseguiram alguma coisa. E Petisco, o genro autoritário, cara de corrupto, deixou escapar:

– Bom, já que é para estourar, então só pode ser coisa de 500 milhões.

Depois, não se falou mais nisso. E Luzia veio com outra conversa:

– Seu 7 previu que, em 71, ia ser perseguido. Por isso não quer repórter.

E aquele cavalo, que abandonou o terreiro, depois de trabalhar muito tempo lá, e que, por razões de segurança não quer se identificar, diz:

– Bom, quando eu estava lá, quem queria falar com a minha entidade também era obrigado a comprar pinga. Quem queria falar com a entidade dos outros, também. Mas nunca ninguém viu esse dinheiro.

Seu 7 para um pouco de gingar e de dançar, entrega a garrafa de pinga ao cambono. A música diminui. Seu 7 pôs uma criança em pé, manda andar, segurando, amparando. A criança dá um passos. O público estoura:

Milagre! Milagre!

A orquestra entra de novo. O povo acompanha o ritmo, com palmas, já todo mundo bastante tomado, excitado. De vez em quando, um pequeno tumulto no meio daquele povo comprimido. É alguém que entrou em transe. A pessoa é retirada imediatamente pela numerosa e eficiente equipe de segurança, uniformizada em vermelho, como os cambonos. As curas, na mesa, vão preparando aquela gente para a hora grande, à meia noite.

O diretor do centro espírita Caminheiros da Verdade, no Rio:

– O povo se ilude com algumas curas que poderiam ser realizadas por qualquer espirito. Não são milagrosas. O povo, muito fanático, acredita aquilo por causa da propaganda. Porque a finalidade precípua de um Exu é fazer o mal. Só faz bem quando pago com galinha preta, essas coisas.

– Então Seu 7 está errado?

– O objetivo mais do Espiritismo é a reforma moral do homem. Fornecer-lhes meios de recuperar-se moral, social e espiritualmente. Partindo daí, não se pode aceitar qualquer coisa que desnature os ensinamentos cristãos.

– Mas e as curas, seu Carneiro, são reais?

– Bom, um Exu tem força para curar uma ferida, coisas simples. Mas toda aquela gente concentrada, pensando, pode curar mesmo.

Padre Marcos Alija Ramos, diretor da Faculdade de Parapsicologia de São Paulo:

– Não posso falar sobre o que não vi. Mas, em caso assim há algumas hipóteses. A primeira é a de uma montagem, uma farsa. Nesse caso, a mulher é simplesmente uma atriz. A segunda é de uma meia montagem. Só a primeira cura é montada, preparada antes. Essa cura prepara o auditório, vem o fenômeno da sugestão e surge uma cura momentânea. A terceira, muito rara, é ade se encontrar pessoas realmente com faculdades milagrosas.

– Por que cura momentânea?

– A pessoa chega em casa e o mal volta. Ela precisaria de muitas sessões de hipnose para se curar definitivamente. O transe espírita é um estado de auto hipnose, que liberta as qualidades psíquicas.

Entre uma mesa e outra, o Rei da Lira faz apresentações das visitas ilustres: Chacrinha e um padre da Ordem de Santo André desligado da Igreja Católica. Faz o padre falar no microfone, pedir auxilio para o seu orfanato, que foi abandonado.

Cantores profissionais que estão por ali pegam o microfone e vão cantando suas músicas. É a folga que Seu 7 tem para, entre um gole e outro, entre uma gingada e outra, dar suas ordens baixinho para os cambonos, ouvir de Luzia o que está acontecendo pelo terreiro.

De novo, para esclarecer, uma questão ao cavalo que abandonou o terreiro:

– Seu 7, nos 28 anos de Umbanda, sempre exigiu que Dona Cacilda aparecesse assim, travestida de homem?

– Não! Nunca! Isso é coisa de menos de ano para cá. Depois do estouro.

Seu 7, pulando no palco, pega no microfone, joga pinga, dá

um pouco de atenção ao auditório, volta a ouvir o que a produção tem para dizer. Até que o fundo musical muda, passa a ser mais lento, o Rei da Lira volta ao microfone:

– É altura da meia noite. É a hora sagrada, chegou a hora grande!

Silêncio absoluto.

– Consulta o teu coração, o teu pensamento, para ver se você está realmente curado. Pensa naquilo que você deseja vencer.

Seu 7 não faz questão de variar de pessoa gramatical, na mesma frase.

– Nos quatro cantos do mundo, entre o Céu e a Terra, Seu 7 Encruzilhadas da Lira fala pela hora grande. Meia noite em ponto.

É hora da grande corrente, quando os que não tem dinheiro para sentar à mesa também participam das bênçãos.

– Só você sabe o que precisa. Só você pode meditar.

Já está todo mundo de braço dado. A orquestra aumentando um pouco o volume. As pessoas já se balançando no ritmo lento.

– É a hora em que você deve levar seu pensamento à magia de Seu 7 da Lira.

E começa, todo mundo, a cantar, a balançar, seja lá do povo, sejam os grã-finos de Copacabana, seja Chacrinha ou, seja o *General*, cambono de Seu 7, que a toda hora se referre a ele no microfone.

A hora grande termina, Seu 7 Encruzilhadas da Lira anuncia mais músicas, jogando pinga, enquanto o pessoal que está na mesa vai saindo, para dar lugar aos outros da mesa seguinte, que Seu 7 vai atender logo.

O povo, a massa de 15000 pessoas está indo embora, depois da hora grande. Cada um colocou, nas duas urnas, seus pedidos por escrito a Seu 7. Uma urna para a *saúde*, outra para *caminho*. A hora grande encaminhou os pedidos, que possivelmente ninguém lê.

Os que não têm muita certeza do encaminhamento do pedido, ou querem reforça-lo, tem ainda um dinheirinho, passam pela próspera barraca do genro Petisco, encarregado de mandar fabricar e vender os plásticos, as sacolas, colares, discos com música, chaveiros.

É impossível prever ou calcular o faturamento. Há noite, no Seu 7, em que já houve 35 mesas. Uma mesa, de duzentas a trezentas pessoas, a 5 cruzeiros, dá uma média de 1250 cruzeiros por mesa. Se, para estimativa, considerarmos um mínimo de dez mesas por noite, são 12500 cruzeiros brutos. Mais o faturamento bruto dos bares e dos amuletos, o total chega, no mínimo, a 16000 cruzeiros. São quatro sábados por mês, 64000 por mês. Que, entre luz, despesas gerais e folha de pagamento (dez pessoas ganhando salário mínimo segundo deixou escapar Dona Cacilda) gastem 14000, sobram 50000 por mês. O custo da construção da nova Lira, cuja mesa terá capacidade para oitocentas pessoas, é de 90000. Seria pago, então, em dois meses.

E o resto do dinheiro? Um livro de contabilidade, se o terreiro tem, está muito bem guardado.

De qualquer modo, segundo eles, nenhum tostão do terreiro é gasto com eles mesmos. É tudo para o próprio terreiro. Dona Cacilda, inclusive diz:

– Qualquer pobre que chega não paga a mesa. Eu tenho muita pena.

Mas, nas horas um pouco antes do começo da sessão, quem prestar atenção vai ver até câmbio negro de fichas.

Um técnico de comunicações vê a coisa assim:

– Seu 7, escolhendo três coroas, a da lira (música), a da palha de cana (cachaça) e a do carnaval, escolheu exatamente três coisas de que o povo gosta. Além disso oferece um ambiente místico e curas.

– Sim, mas fatura muito.

– Fatura, mas oferece tudo de graça. Alguém muito inteligente ou intuitivo, lá, adaptou completamente o serviço à sociedade de consumo.

Para os padres é diferente:

– Esta simplesmente explorando a fé dos ingênuos e dos simples.

Mas, para o padre Antique, pároco do subúrbio de Santíssimo, onde Seu Sete trabalha, é diferente:

– O que? Seu 7? Ah, acho que já ouvi falar. Vai muita gente lá, é?

O povo está cansado. O pobre corpo velho de Dona Cacilda

também foi muito judiado pelo elétrico Exu Seu 7 Encruzilhadas da Lira. Está amanhecendo, ele termina de atender a última mesa. Ainda ginga, a orquestra continua animada. O povo vai indo embora, cantando.

As pessoas vão saindo devagar. Quem vai só para assistir, observar, sai com todas as dúvidas:

O que é Seu 7?

Pode ser, simplesmente, uma excelente atriz, que ganha dinheiro com isso.

Pode ser uma médium autêntica, mas envolvida pela ganância da família.

Ou, então, um caso mais elementar: uma senhora, de ambições místicas, que aproveita os sábados para libertar uma desconhecida personalidade sua, escondida lá no subconsciente, personalidade que gosta de cachaça e carnaval, e tem suas chances aos sábados. E aproveita para ganhar dinheiro.

Seu Sete faz o milagre: A tv vai mudar

Revista *Intervalo*, 2/9/1971

1971 - Abaixo-assinado contra a Baixaria na TV

As emissoras de televisão já haviam decidido abolir o mundo-cão, quando surgiram os protestos contra a apresentação do famoso "guia" carioca.

A luta por maiores índices de audiência levou Chacrinha e Flávio Cavalcanti a apresentarem, em seus programas, d. Cacilda, que se intitula Seu Sete (um exu de Umbanda), quando está em transe. A essa "entidade espiritual" foram atribuídas curas milagrosas, mas sua presença na TV provocou veementes protestos do público, das autoridades e uma inteligente atitude das próprias emissoras de televisão.

O dia 2 de setembro de 1971 vai ficar como uma data de importância fundamental no livro de ouro da TV brasileira. Aquele "algo de novo" que todo mundo estava esperando dos realizadores das programações está finalmente mais perto do que muitos imaginavam. Ao que parece, Seu Sete da Lira fez um bom milagre: "baixando", na frente das tele câmeras de Flávio Cavalcanti e Chacrinha, no corpo da umbandista Cacilda, provocou tamanha onda de protestos, de polêmicas e de reações, que nem foi necessária a intervenção da censura ou da policia federai para que os responsáveis pelas duas mais importantes redes de TV (Globo e Tupi) encontrassem inspiração para novos caminhos a seguir. A assinatura do protocolo redigido pelos diretores das duas redes, na tarde de quinta-feira, 2 de setembro, revela não somente a necessidade de mudar um estilo, mas também, e principalmente, a vontade de imprimir à nossa televisão um sentido mais responsável e mais positivo. É bastante significativo frisar que, enquanto o documento era redigido e assinado no Rio de Janeiro, a redatora de Intervalo em Brasília, Susana Veríssimo, em entrevista com o Dr. Jeovah Cavalcante, chefe do Departamento de Censura Federal, ficava sabendo que «nada havia de oficial sobre o assunto - eventual intervenção da mesma censura - que tudo não passava de especulações dos jornais». O protocolo assinado pela Globo e pela Tupi não foi redigido, pois, em vista de ameaças ou sanções mais drásticas, mas revelou a espontânea atitude de homens de bom senso vitimas, eles mesmos, de tendências e de modas impostas pelo monstro sagrado do índice de audiência dos programas.

Lendo o texto do protocolo (que publicamos nestas páginas), surge espontânea uma pergunta: Flávio Cavalcanti, Chacrinha, Sílvio Santos, Cidinha Campos, Ayrton Rodrigues e todos os outros animadores de auditório acabaram de vez? Conhecendo a inteligência, a honestidade, a argúcia e a experiência destes profissionais do vídeo, a resposta não somente é negativa. mas das mais animadoras: eles mesmos, finalmente libertados de uma concorrência que os obrigava a lutar com as armas mais arriscadas do sensacionalismo, poderão encontrar um caminho novo na qualidade e na sobriedade, na elegância e no brilho de bons shows. O telespectador, vitima por sua vez desta batalha combatida à força de mórbidos recursos, vai finalmente poder escolher entre o bom e o medíocre, entre o interessante e o inexpressivo: começa, pois, uma nova era em nossa TV, e o Código de Ética de Televisão Brasileira, que está para ser aprovado, vai somente confirmar uma nova filosofia que os mesmos responsáveis pela nossa TV quiseram adotar. Seu Sete da Lira, pois, fez o milagre. Talvez um ou outro dos apresentadores que ofereceram em seu programa o delirante espetáculo da macumbeira de cartola e charuto receba um puxão de orelha, mas depois tudo vai entrar na normalidade. Isto é, tudo entrará nos eixos, e a televisão sairá desta aventura mais adulta e mais vibrante.

O Show e suas consequências

O show oferecido por dona Cacilda de Assis e seu espirito Sete da Lira nos programas de Flávio Cavalcanti e de Chacrinha, no domingo dia 29 de agosto, provocou reações e comentários dos mais vivazes. A noticia de que os dois apresentadores teriam sido suspensos de suas atividades pela Censura Federal correu solta, assim como o boato de que nunca mais seriam produzidos programas de auditório. Horas antes da assinatura de um protocolo entre a Rede Globo e a Rede Tupi sobre a filosofia a seguir no futuro imediato, Abelardo "Chacrinha" Barbosa declarava ao nosso repórter: "Não recebi nenhuma informação oficial, mas se realmente a Censura Federal determinar que foi um erro ter levado o Seu Sete ao programa, estamos aqui para acatar o que ela determinar. Se a suspensão acontecer, eu aceitarei". No mesmo tempo, Flávio Cavalcanti, não chegando a esconder sua perplexidade ante a reação das autoridades religiosas, tentava defender seu ponto de vista afirmando: "Eu achei Seu Sete um assunto jornalístico muito bom, e não entendo toda essa gritaria: logo contra mim, um fiel servidor da Igreja e das Ligas Católicas há mais de dezessete anos." Quando Flávio soube que uma delegação da Liga das Senhoras Católicas do Rio tinha viajado para Brasília tentando encontrar o ministro das Comunicações, Hygino Corsetti para discutir o caso, enviou por sua vez dois telegramas para a Capital Federal - um para o mesmo ministro e outro para o chefe do Departamento de Censura Federal - em que se mostrava, ele mesmo, alarmado com a repercussão do fato, e lembrava que no "script" de seu programa de domingo, dia 29 de agosto, aprovado pela censura e pela direção da Rede Tupi, constava a presença de Seu Sete.

Enquanto as autoridades de Brasília, do Rio e de São Paulo, evidentemente preocupadas com o espetáculo de baixo nível oferecido nos dois shows, estudavam a possibilidade de medidas exemplares, os diretores das duas emissoras envolvidas no clamoroso episódio encontravam um inteligente entendimento para aproveitar o ensejo e enfrentar, de agora em diante, uma nova linha de produção mais responsável e menos sensacionalista. Nos bastidores de outras emissoras nacionais, que não chegaram a assinar o protocolo, a atmosfera era de alívio: "Se este negócio de 'mundo cão' vai acabar para todo mundo, sem perigo de concorrência, vai ser bom para nós também, obrigados fatalmente a entrar nessa corrida para manter nosso Ibope". E comentava-se, na manhã de sexta-feira, com extremo interesse e bastante simpatia, uma notícia que acabava de chegar de Buenos Aires. Aqui, o presidente da Argentina, general Lanusse, havia resolvido – por decreto – proibir a divulgação dos índices de audiência do Ibope local, para evitar uma desenfreada concorrência entre as emissoras daquele pais, a qual estava ameaçando não somente a boa qualidade dos programas, mas também a estabilidade econômica das mesmas emissoras, obrigadas a esforços impossíveis para manter ou ganhar um pontinho a mais no termômetro de uma efêmera popularidade.

Nos meios religiosos, o caso do Seu Sete foi amplamente comentado. Em São Paulo, a Liga das Senhoras Católicas manteve uma atitude de austero silêncio, limitando-se a dizer, por meio de sua vice-presidente, dona Rute Matos Barreto: "Nossa finalidade é filantrópica, não estamos aqui para dar opiniões sobre programas de televisão". Por outro lado, o Vicariato do Rio de Janeiro dedicou em sua reunião semanal boa parte da pauta à aparição de Seu Sete da Lira na TV, afirmando: "A Igreja Católica respeita a fé verdadeira, de qualquer religião, mas condena demonstrações públicas como aquela ridícula do Seu Sete na televisão". Na opinião de D. Ivo Lorscheiter, Secretário Geral da Conferência Nacional dos Bispos do Brasil, a apresentação do "guia" na TV pode até ter sua justificação, quando se pensa em homens simples e sem necessária bagagem cultural que buscam certo conforto em fontes que o mesmo padre não teve medo de qualificar de "pseudo religiosas".

Finalmente, bastante liberal foi a atitude da Federação Espirita do Brasil, que disse através de seu presidente, Armando Oliveira de Assis: "A organização não tem direito de julgar ninguém. Todos são absolutamente livres para fazer o que quiserem".

As próprias emissoras já haviam reagido

Quando os boatos de que seriam proibidos os programas ao vivo ganhava as ruas, as direções das Redes Globo e Associadas já haviam decidido assinar um protocolo de autocensura de suas programações, cujo texto é o seguinte:

As direções da Rede Globo de Televisão e da Rede Associada de Televisão decidiram redigir e assinar o seguinte protocolo, a partir desta data:

> 1 - Fica expressamente proibido: a) Apresentar, em qualquer programa e sob qualquer pretexto, pessoas portadoras de deformações físicas, mentais ou morais; b) Apresentar quadros, fatos ou pessoas que sirvam para explorar a crendice ou incitar a superstição, bem como falsos médicos, curandeiros, ou qualquer tipo de charlatanismo; c) Apresentar, de forma sensacionalista, ou vulgar, temas de ordem cientifica; d) Provocar ou permitir polêmicas, falsas ou verdadeiras, entre profissionais de diferentes emissoras de tevê; e) Promover a apresentação de quadros ou concursos, com ou sem prêmios, nos quais se explore, sob qualquer forma ou pretexto, a miséria, a desgraça, a degradação e a tragédia humanas; f) Promover concursos que tenham por objetivo a escolha e premiação de animais, salvo em números circenses ou quando se refiram à competições legalmente reconhecidas e dentro das condições aceitas pela Sociedade Protetora de Animais; g) Promover a apresentação de números que possam, de qualquer forma, pôr em risco a integridade física do público presente ao espetáculo, bem como promover concursos que exponham a risco a integridade física dos participantes, não profissionais; h) Fazer a promoção de temas, assuntos ou pessoas que não serão realmente apresentados nos programas, ou cuja apresentação, sabidamente, se fará ou terá de ser feita de forma diferente da anunciada; i) Apresentar, explorar, discutir ou comentar de forma sensacionalista, ou depreciativa, problemas, fatos, sucessos, de foro intimo ou da vida particular de qualquer pessoa.
>
> 2 - As duas redes de televisão se comprometem, ainda, a cientificar convidados, participantes eventuais e artistas ou personalidades não contratadas, dos termos das obrigações da emissora face ao Código Brasileiro de Telecomunicações e demais normas legais, fazendo-os responsáveis pelas infrações que venham a cometer.
>
> 3 - O presente protocolo permanecerá em vigor até a assinatura do Código de Ética da Televisão Brasileira.
>
> Rio de Janeiro, 02 de setembro de 1971.

Manifestação do terreiro de Seu Sete da Lira

Após as apresentações de Seu Sete da Lira nas TVs, em agosto de 1971, a mídia, a Igreja Católica e os Órgãos de Cúpula da Umbanda passaram a desferir ataques constantes ao Exu do Povo, que se manteve tempo em silencio. Em 5 de outubro de 1971 a Diretoria do Terreiro manifestou-se pela primeira vez sobre os fatos.[1]

A Diretoria do Terreiro de Seu Sete da Lira, que funciona em Santíssimo, louvando-se na grita contra o espiritismo popular gerada nos setores mais responsáveis e hierárquicos da Igreja, vem a público prestar os seguintes esclarecimentos:

1- Não foi Seu Sete quem procurou os programas de Flávio Cavalcanti e Chacrinha com finalidades irrelevantes de promoção. Pelo contrário, Seu Sete foi sucessivamente procurado pelos dois produtores de televisão que desejavam apresentar um pouco de sua verdade, tendo em conta a imagem deformada de Seu Sete produzida em entrevista contida no Programa Sílvio Santos.
2- Seu Sete aceitou esse oferecimento de reportagem, levando em conta o objetivo mais alto de sua mensagem de amor, caridade e perdão, trinômio nobre do evangelho de Cristo e que envolve todo o contexto da grande obra espiritual e de cura física do terreiro de Santíssimo.
3- Em aparecendo na televisão – como é do conhecimento de milhões de telespectadores de todo o Brasil – Seu Sete manteve o

1 *Jornal do Comércio*, 05 de outubro de 1971, n. 20816.

alto nível de sua mensagem de amor e perfeita convivência humana. Não desrespeitou nenhuma outra religião, nem tampouco a medicina, cujo elogio foi produzido pela grande entidade de luz. Também não se apresentou como um ser milagroso, deixando a prova de sua humildade, principalmente quando afirmou que a cura depende diretamente da fé dos doentes.

4- Resumindo os antecedentes nos tópicos acima, essa diretoria lamenta profundamente que a divulgação de Seu Sete pela televisão brasileira tenha sofrido efeitos desagregativos e polêmicos, servindo de pasto a uma bem estruturada campanha contra a caridade de Seu Sete e já, a esta altura, alcançando toda a área do espiritismo popular de Umbanda, de modo a criar no Brasil, onde a liberdade religiosa é um dos mais belos capítulos da Constituição, a figura odienta da perseguição medieval contra o espiritismo de Caboclos, Pretos Velhos, Crianças e Exus.

5- Não desejando contribuir, de nenhuma maneira, para acender mais ainda o conflito gerado na opinião pública, por conhecidas forças espreitantes e poderosas, essa Diretoria se sente no dever de acrescentar que o espiritismo e mediunismo de Seu Sete – como em geral de toda Umbanda – vem se mantendo fiel às suas metas marcadamente espirituais e de caridade pura, jamais resvalando para o plano político, ou de implicações do Governo, penetrando na problemática temporal, por que Seu Sete e seus seguidores – todas as multidões do espiritismo popular – praticam uma das mais sábias recomendações do Evangelho: dá a Cristo o que é de Cristo, dá a Cesar o que é de César.

6- Deixando ao largo a campanha gráfica e oral contra Seu Sete, que persegue o conflito perigoso de religiões, fato repelido pela consciência cristã e democrática do povo brasileiro – o trabalhador espiritual do nosso terreiro reflui à sua Lira, em Santíssimo, cenário de tantos milagres da fé, pedindo a todos os Orixás e Espíritos de Grande Luz que intercedam para minimizar a desunião pretendida levando o bom senso, a caridade e o amor à mente e aos corações subitamente inflamados pela ânsia de contestação.

(A) ºPela Diretoria: Armando Pinto, Secretário.

Seu Sete e mãe Cacilda de Assis colocam os pingos nos "is"

Após os eventos televisivos no Programa do Chacrinha e Flávio Cavalcanti, em agosto de 1971, a fama de Seu Sete da Lira cresceu assustadoramente. Como diz o velho ditado: "ninguém chuta cachorro morto".

O fato incomodou a imprensa, a igreja, o governo militar e os invejosos de plantão, principalmente os pais de santo e mães de santo. Reportagens sensacionalistas tentaram enxovalhar a obra assistencial praticada por Seu Sete da Lira e sua médium Cacilda de Assis. Disseram, por exemplo, que a Lira do Rei era instrumento de enriquecimento ilícito da sua intermediária no mundo dos encarnados. Diziam que havia sonegado uma quantia grande de impostos etc. Mãe Cacilda de Assis reuniu a diretoria da Tenda Espírita Filhos da Cabocla Jurema, juntou farta documentação e colocou os pingos nos "is" conforme podemos ver na reportagem.

Seu Sete presta contas

Revista *O Cruzeiro*, 20 de outubro de 1971, n. 42

Uma mesa comprida com bolos e doces, bandeirinhas azuis, rosas vermelhas, mil cores. Gente bem vestida. Expectativa. Estamos na Lira do Seu Sete, em Santíssimo, Guanabara. Ainda não eram três horas e, do lado de fora da Tenda Espírita Filhos da Cabocla Jurema, suadas, umas duas mil crianças esperavam, desde o amanhecer, que Mãe Cacilda, cavalo de Seu Sete, iniciasse a distribuição de presentes há vários anos repetida. Era mais um dia 27 de setembro, data de Cosme e Damião.

Enquanto todo mundo esperava que seus filhos saíssem de lá com uma lembrança do dia da festa, Dona Cacilda de Assis, diretora-presidente do terreiro, havia naquele mesmo dia feito uma reunião importante com os outros diretores: Petisco, Luzia, Prieto e José Gomes. Discutiram as condições da Tenda e uma prestação de contas que deveria ser feita à sociedade.

– A imagem do Rei da Lira, o Nosso Pai, foi distorcida por muita gente.

Enquanto falava, ela ia colocando pulseiras nos braços para começar a festa da gurizada. Mãe Cacilda, como é tratada, estava em uma tarde atarefada:

– Depois que eu terminar minha missão com a criançada, vou dizer muita coisa para vocês. Tenho que mostrar aos fiéis que fomos vítimas de injúrias. Eu e Seu Sete.

De repente Dona Cacilda de Assis passou a viver momentos difíceis perante a sociedade, só por ser a Mãe de Santo que recebe o Exu Sete da Lira. Várias vezes ela explicou que "o problema da aceitação do povo não foi por culpa minha. Foi só do Seu Sete, que começou a praticar o bem, e muita gente ficou gostando dele. Agora é que estão dizendo o contrário, mas quem diz assim talvez, quem sabe, já tenha precisado do Nosso Pai".

Ia falando e distribuindo doces entre milhares de mãozinhas frágeis, erguidas em sua direção. Eram bolas, bonecas, carrinhos, roupas feitas pelas mães de santo, sapatos e até medicamentos. Os problemas surgidos não impediram que ela cumprisse a promessa feita aos pais, de que aquela festa de Cosme e Damião ia ser melhor do que a do ano passado, visto que, na nova Lira – que ainda está em obras –, o espaço seria maior e, consequentemente, a distribuição também.

Apesar da movimentação, os membros que compõem a direção da Tenda Espírita Filhos da Cabocla Jurema aguardavam ansiosos que Mãe Cacilda encerrasse tudo, para poder dar atenção aos repórteres e mostrar toda a documentação do terreiro, incluindo cópias autenticadas de comprovantes dos pagamentos das taxas de impostos desde o inicio dos trabalhos de Seu Sete.

Toda a papelada estava em poder de Armando Prieto, secretario da Tenda e devoto fiel do Rei da Lira. Aproximou-se com um Diário Oficial do dia 13 de agosto de 1971 e mostrou:

Tenda Espírita Filhos da Cabocla Jurema... fundada nesta cidade, onde tem sede e foro por tempo indeterminado, com fundo social a constituir-se, tendo por fim: a) praticara, estudar e difundir a religião de umbanda, de acordo com a legislação em vigor no País, e, dentro dos princípios da Fé, Respeito e Compreensão; b) prestar assistência social... etc.

Prieto segura o Diário Oficial entre os dedos e ri para a gente, como quem diz: Estamos certos ou não?

Já era noite, quando Mãe Cacilda se aproximou do pequeno grupo formado no alpendre da sua casa na Rua dos Caquizeiros, 434, explicando:

– Pronto, meus filhos. Terminei minha missão, estou à disposição de vocês para mostrar quantas mentiras andaram espalhando sobre a gente.

Estava empoeirada, o rosto suado. Segurou o grosso envelope com papéis amarelados pelo tempo, para mostrar uma declaração da Loteria Federal do Brasil, datada de 21 de agosto de 1958, pela qual a Empreendedora Civil Limitada declara ter pagado o prêmio de Cr$ 400.060,00, que tocou ao primeiro décimo do bilhete 3.148 da extração número 119 realizada em 20 de agosto de 1958, da Loteria Federal do Brasil, a Evanir Felix de Carvalho. Evanir é filho de Dona Cacilda e emprestou-lhe o dinheiro para comprar o terreno onde hoje se realizam as reuniões do Seu Sete.

– Como vocês estão vendo, eu comprei o terreno com dinheiro do meu filho. O documento prova tudo. Já está desmentido qualquer boato.

De onde vem o dinheiro

Quanto aos carros que se comentava serem do ano e comprados em agencia em Copacabana, ela também preferiu buscar no meio de documentos um recibo de 15 de julho de 1971, que explica o seguinte:

Recebi do Senhor Evanir Felix de Carvalho a importância de Cr$ 1.154,00 (hum mil, cento e cinquenta e quatro cruzeiros), referente à venda de duas viaturas TNE ¼ Ten, Willys, 1942, motor número MB-420.588, registro EB-217313 e TNE ¼ Ten, Willys, 1942, motor número 40-140 registro EB-216023.

Quartel da Vila Militar – GB, 15 de julho de 1971.

Neste recibo, o cavalo de Seu Sete mostra o ano dos veículos e como foram comprados, explicando ainda que andaram comentando ser ela possuidora de quatro automóveis. Para justificar os 285 milhões das obras da nova Lira, Dona Cacilda argumentou que há muitos anos ela vem fazendo uma campanha justamente naquele sentido. "Com a sua ajuda, faça um doente sorrir"; "Vale um tijolo para a construção da nova Lira do Seu Sete", e vários outros tíquetes espalhados entre os fiéis durante as apresentações do Rei da Lira.

– A campanha que durou mais de cinco anos, me rendeu

uma soma que ainda não pude calcular, pois estava incluída nas despesas das cantinas – cafés, sopas, guaranás, doces, refrescos e outras coisas –, das vendas de amuletos, cordões com o 7 para os fiéis colocarem ao pescoço, anéis, chaveiros, bonequinhos vestidos de Exu 7, guardanapos, plásticos etc. De tudo isso saia dinheiro, que era entregue aos diretores (cinco), para, depois de somado, ser aplicado nas obras. Como prova, podem conversar com dirigentes da Construtora ENAL, que está fazendo tudo, que eles não dirão o contrário.

A respeito dos estacionamentos abertos ao lado do terreiro, Dona Cacilda de Assis faz questão de afirmar:

– Esta deve ser a milésima vez que explico não ter nada com a renda dos estacionamentos. Por causa de tudo isso é que todos já estão sendo legalizados no Imposto Sobre Serviços. Os documentos de Dona Cacilda de Assis, proprietária do terreno onde funciona a Tenda Espirita Filhos da Cabocla Jurema, todos reconhecidos em cartórios da Guanabara, estão à disposição de quem por acaso tenha alguma duvida. Ela mesma explica que não pretende esconder nada. Não gosta que fiquem fazendo péssima imagem de Seu Sete, "Exu que só faz o bem, só pensa em ajudar aos necessitados".

"Não devo nem ao meu marido"

Disposta a não deixar nada encoberto, Dona Cacilda aproveitou a presença da reportagem para mostrar uma cópia autenticada de um recibo que prova que nem ao seu ex-marido ela deve.

– O meu ex-marido andou dizendo, ou andaram dizendo no lugar dele, que eu ainda lhe devo dinheiro, que não paguei o que deveria ter pagado. Isto tudo também é mentira dessa gente malvada. Eis o recibo para vocês darem uma olhada.

No recibo está explicado que ela efetuou pagamento de Cr$ 220.000.00 ao Senhor Reynaldo dos Santos Pereira, como parte que lhe coube no inventário por desquite do casal. O próprio advogado, com inscrição 3.869, garante o pagamento.

Também foi exibido um documento do cadastro Geral de Contribuintes da Secretaria da Receita Federal do Ministério da

Fazenda, desmentindo rumores sobre a sonegação de impostos. Dona Cacilda e seu companheiro, o corretor José Gomes, esclarecem nada ter contra ninguém que andou erradamente falando do terreiro. Mas estão fazendo questão de mostrar o lado verdadeiro de tudo. Inclusive ele, como corretor de seguros conhecido na praça do Rio de Janeiro, tem arcado com despesas para a manutenção do terreiro.

– Não conto as vezes em que tive que meter a mão nas minhas finanças para garantir pagamento de empregados da obra. Basta explicar que, para a conclusão de tudo, eu e minha mulher vamos ter de mexer em nossos recursos. Essa história de que tudo é pago no terreiro é conversa. Quando pedimos alguma ajudazinha, é simplesmente para garantir a construção da nova Lira e fazer algumas modificações que só trarão maior comodidade para os fiéis.

A grande preocupação do casal é não deixar que permaneça a falsa imagem construída por noticiários apressados. Também não pretendem continuar cobrando Cr$ 5,00 por uma garrafa de cachaça a quem vai à mesa de cura.

– Após a construção da Lira, quando tudo estiver bem prontinho (já me garantiu a construtora que será para este ano), ninguém mais pagará um centavo de nada. Essas pequenas esmolas também serão evitadas. Quero ver o que dirão os faladores.

Já eram quase 22 horas. Mãe Cacilda tinha desabafado. Fez questão de que os documentos fossem publicados. Espera a compreensão de todos. Olhou para o relógio e falou, antes de entrar:

– Estão vendo como foi a festa de Cosme e Damião. Ninguém contribui com nada. Nós é que estamos fazendo questão de dar tudo isso. Mas Deus é grande e sempre recompensará essa gente com uma bondade.

Chamou as empregadas da cozinha e advertiu que os homens que trabalharam com ela na festa ainda não haviam jantado. A mesa tinha que ser posta. Cumprimentou a todos e foi dormir tranquila. Ela, mais uma vez obedecera ao seu Rei. O Seu Sete da Lira, o homem que afirma: "Só o amor constrói".

Figura 19: Mãe Cacilda de Assis distribuindo presentes no dia da festa de Cosme e Damião. Revista *O Cruzeiro*, 20 de outubro de 1971, n. 42

Figura 20: Mãe Cacilda de Assis em reunião com a diretoria da Tenda Espírita Filhos da Cabocla Jurema. Revista *O Cruzeiro*, 20 de outubro de 1971, n. 42

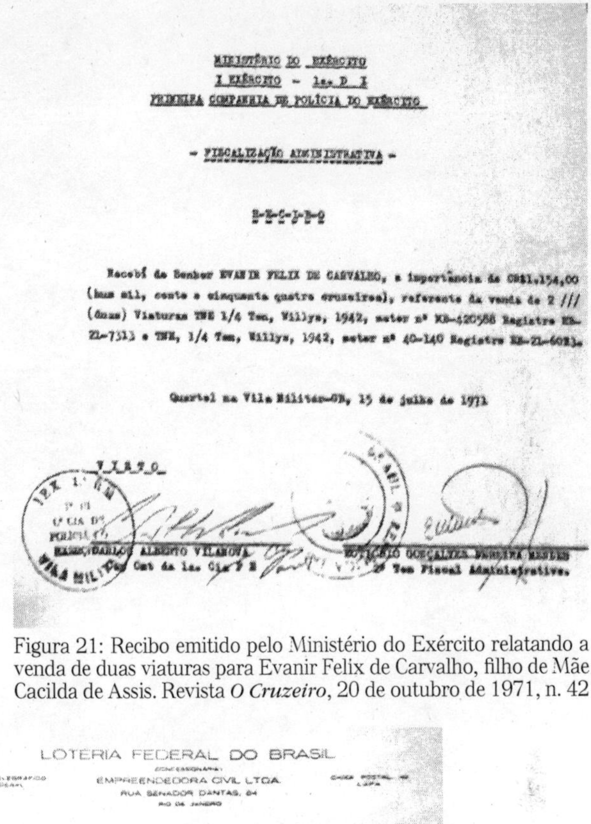

MINISTÉRIO DO EXÉRCITO
I EXÉRCITO - 1a. D I
PRIMEIRA COMPANHIA DE POLÍCIA DO EXÉRCITO

- FISCALIZAÇÃO ADMINISTRATIVA -

R-E-C-I-B-O

Recebí do Senhor EVANIR FELIX DE CARVALHO, a importância de Cr$1.154,00 (hum mil, cento e cinquenta quatro cruzeiros), referente da venda de 2 /// (duas) Viaturas TNE 1/4 Ton, Willys, 1942, motor nº MB-420588 Registro EB-21-7311 e TNE, 1/4 Ton, Willys, 1942, motor nº 40-140 Registro EB-21-6021.

Quartel na Vila Militar-GB, 15 de julho de 1971

VISTO

CARLOS ALBERTO VILANOVA
Cmt da 1a. Cia P E

2º Ten Fiscal Administrativo.

Figura 21: Recibo emitido pelo Ministério do Exército relatando a venda de duas viaturas para Evanir Felix de Carvalho, filho de Mãe Cacilda de Assis. Revista *O Cruzeiro*, 20 de outubro de 1971, n. 42

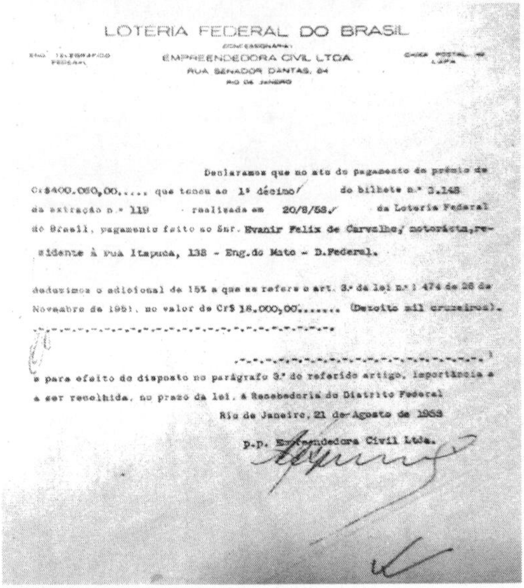

LOTERIA FEDERAL DO BRASIL
CONCESSIONÁRIA
EMPREENDEDORA CIVIL LTDA.
RUA SENADOR DANTAS, 84
RIO DE JANEIRO

Declaramos que no ato do pagamento do prêmio de Cr$400.000,00..... que tocou ao 1º décimo do bilhete n.º 3.148 da extração n.º 119 realizada em 20/8/53. da Loteria Federal do Brasil, pagamento feito ao Snr. Evanir Felix de Carvalho, motorista, residente à Rua Itapuca, 138 - Eng. do Mato - D.Federal.

deduzimos o adicional de 15% a que se refere o art. 3.º da lei n.º 1 474 de 26 de Novembro de 1951, no valor de Cr$ 18.000,00...... (Dezoito mil cruzeiros).

e para efeito do disposto no parágrafo 3.º do referido artigo, importância a ser recolhida, no prazo da lei, à Recebedoria do Distrito Federal

Rio de Janeiro, 21 de Agosto de 1953

P.P. Empreendedora Civil Ltda.

Figura 22: Documento emitido pela Loteria Federal do Brasil onde é declarado o premio recebido por Evanir Felix de Carvalho, filho de Mãe Cacilda de Assis. Revista *O Cruzeiro*, 20 de outubro de 1971, n. 42

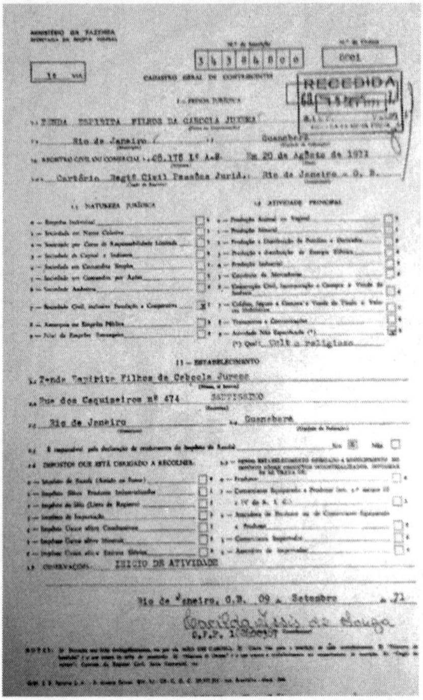

Figura 23: Documento (Cadastro Geral dos Contribuintes) emitido pelo Ministério da Fazenda mostrando o início das atividades da Tenda Espírita Filhos da Cabocla Jurema. Revista *O Cruzeiro*, 20 de outubro de 1971, n. 42

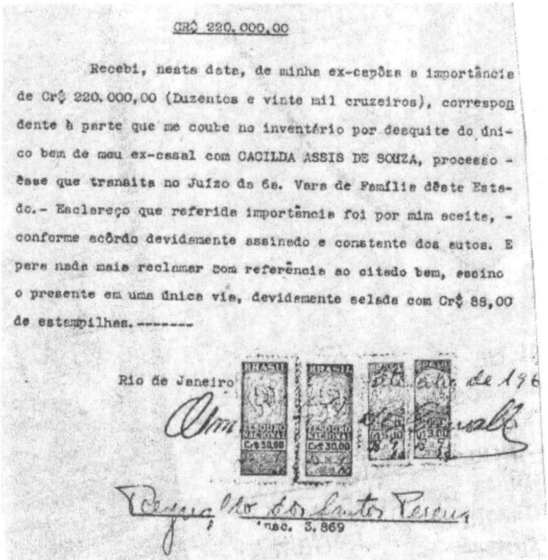

CR$ 220.000,00

Recebi, nesta data, de minha ex-espôsa a importância de Cr$ 220.000,00 (Duzentos e vinte mil cruzeiros), correspondente à parte que me coube no inventário por desquite do único bem de meu ex-casal com CACILDA ASSIS DE SOUZA, processo - êsse que transita no Juízo da 6a. Vara de Família dêste Estado.- Esclareço que referida importância foi por mim aceita, - conforme acôrdo devidamente assinado e constante dos autos. E para nada mais reclamar com referência ao citado bem, assino o presente em uma única via, devidamente selada com Cr$ 88,00 de estampilhas.-------

Rio de Janeiro

Figura 24: Recibo do pagamento de Cr$ 220.000.00 efetuado por Cacilda de Assis ao ex-marido, Senhor Reynaldo dos Santos Pereira, como parte que lhe coube no inventário por desquite do casal. Revista *O Cruzeiro*, 20 de outubro de 1971, n. 42

Sessenta e três anos de Umbanda

Entrevista com Zélio de Moraes e o Caboclo das Sete Encruzilhadas, 15/11/1971

Fala do Caboclo das Sete Encruzilhadas por ocasião do aniversário de 63 anos da Umbanda. Inicialmente, observa-se o comando de Zélio de Moraes na fala, mas com o tempo verifica-se que o Chefe assume o discurso. Na mesma Sessão e que o Chefe professa seu discurso acerca dos 63 anos da Umbanda. Pai Antônio comparece ao Terreiro da Tenda Espírita Nossa Senhora da Piedade. Verifica-se sua fala mansa, amiga, e o linguajar humilde, característico dos Pretos Velhos.

Zélio – Queridos irmãos, ao meu lado está o Caboclo das Sete Encruzilhadas para dizer a vocês que esta umbanda tão querida de todos nós, fez ontem 63 anos, que na federação kardecista do Estado do Rio, presidida por José de Souza, conhecido por Zeca e rodeado de gente velha, homens de cabelos grisalhos. Um enviado de Santo Agostinho chamou meu aparelho, me chamou para sentar a sua cabaceira, trazia uma ordem, fora jesuíta até aquele momento, chamava-se Gabriel Malagrida daquele instante ele ia criar a lei da umbanda, onde o preto e o caboclo poderiam se manifestar porque ele não estava de acordo com a federação kardecista que não recebia pretos nem caboclos, pois se o Brasil, o que existia no Brasil eram caboclos, eram nativos, se no Brasil, quem veio explorar o Brasil, trouxe para trabalhar, para engrandecer este país, eram os pretos da costa da África, como é que uma federação espirita não recebia caboclo nem preto?

Então disse eu, disse o espirito, amanha na casa de meu

aparelho na Rua Floriano Peixoto 30, será inaugurada uma tenda espirita com o nome de Nossa Senhora da Piedade e se chamará tenda de umbanda onde o preto e o caboclo poderão trabalhar.

Houve balburdia embora eles reconhecessem a mediunidade que eu trazia, mas eu era muito moço, pois eu tinha feito 17 anos e por doença fui levado a federação porque os médicos não me davam jeito.

Então este espirito que nós chamamos, Chefe, o Caboclo das Sete Encruzilhadas, implantou na federação, chamando aqueles senhores todos de cabelos grisalhos, senhores de responsabilidade para assistirem a sessão na Rua Floriano Peixoto nº 30, e o presidente da federação perguntou, e o irmão vai acreditar que lá tenha alguém amanhã?

A minha resposta, a resposta do caboclo, "Botarei no cume de cada montanha que circula Neves, uma trombeta tocando anunciando a existência de uma tenda espirita onde o preto e o caboclo pudessem trabalhar"

Foi a 15 de novembro de 1908.

No dia 16 de novembro a nossa casa ficou cheia, e eu posso dizer aos meus irmãos, só fiz levado por este espirito que é o nosso guia porque eu não queria aceitar, eu estava sem saber, achando uma coisa extraordinária, eu ia assumir uma responsabilidade de ter uma tenda espirita, de receber um guia pra fazer que os outros doutores fossem a buscar a cura de seus entes queridos. Pois meu irmão, tudo isto fiz eu, o meu anunciar da tenda foi tomar o meu aparelho e começar a produzir, a curar aqueles que estavam lá, ou fosse por isso, ou fosse por aquilo, mas Deus que é sumamente misericordioso levou um cego como também paralíticos, na Tenda da Piedade, na minha frente, eu disse à vista de todos, se tem fé levanta e caminha, porque quando chegar perto de mim estarás curado.

E assim foi feita a nossa umbanda no Brasil, passaram-se os anos e tudo aquilo que eu disse, apelando para quem está presente de muitos anos que me acompanha, falando, pedindo e trazendo exemplos de Jesus quando passou na terra, quando ia da Palestina pra Galileia, que foram ao seu encalço pedir harmonia para sua casa, a resposta foi esta:

Você feche os olhos para a casa de seus vizinhos, feche a boca para não murmurar com quem quer que seja, não julgues para não ser julgado, pense em Deus que a paz estará na sua casa.

É do evangelho, e tomaram pelo ensinamento as minhas palavras e a tenda começou a seguir o seu ritmo, aquilo que eu desejava, passando alguns anos, já em 20 e poucos em 18 no fim da guerra, eu anunciava que camadas negras baixariam ao planeta terra, e que em 68, 69, estes espíritos já estariam encarnados em outros corpos e iriam trazer perturbações a este planeta. A mulher perderia a honra e a vergonha, e o homem o caráter. Apelo para quem assistiu e está presente, não é verdade.

No entanto, a Igreja, o Vaticano estava descreve, ei sentia que os tempos se aproximavam e o papa não seria respeitado porque os bispos seriam os primeiros a não querer ouvir as ordens emanadas do Vaticano.

Estão vendo o que está se passando, atualmente nós estamos sabendo primeiro o que se passa pelo mundo inteiro.

Já o Papa não tem, não se respeita a palavra do Papa, infelizmente porque a religião seja ela qual for, desde que tenha fundada, acreditar em Deus acredito que seja uma religião boa. Desejar ao seu próximo aquilo que deseja para si, cumprir os mandamentos da Lei de Deus é ser perfeito, e principalmente em qualquer religião, mas principalmente na religião espirita, para que o médium seja um instrumento que possa ser tocado por qualquer professor de musica que venha executar qualquer coisa, uma valsa, qualquer musica enfim.

Por isso meus irmãos, criei sete tendas na Capital da Republica no Distrito Federal, a primeira foi criada e entregue a nossa irmã Gabriela. Mais tarde dois anos ou três anos depois passei para José Meireles, que era um deputado federal, que foi em busca de cura de sua filha, e a resposta do velho Pai Antônio: Vai a tua casa, do ultimo canteiro vai arrancar mexer a terra e encontrar umas raízes, vai cozinhar estas raízes e dar a tua filha que ela estará curada, era batata de angélica, porque não havia naquela ocasião flores, as batatas estavam somente debaixo da terra, foi um esteio, foi um elo, foi um braço direito para me ajudar, para que esta umbanda chegasse ao ponto que está chegando.

Depois, criei a Tenda de Nossa Senhora da Guia, de Oxóssi, criei a Tenda de Oxalá, a Tenda de Ogum. a Tenda de Xangô, a Tenda de Santa Barbara, enfim, criei sete tendas, depois delas funcionarem, depois de tirar os médiuns destas tendas para que os médiuns pudessem trabalhar em outras tendas, formadas estas tendas vamos formar a Federação de Umbanda no Brasil. Chamei Idelfonso Monteiro, Maurício Marcos de Lisboa, Major Alfredo Marinho Ravache, hoje General, era major naquele tempo, enfim, botei 5 pessoas para fazer a Federação de Umbanda no Brasil.

Criou-se a Federação, e ela começou. Então a Federação Kardecista veio embargando porque não podia ser espirita, não podia ter o nome, enfim estas coisas do mundo mas a Federação de Umbanda, foi criada, está criada, está funcionando.

Mais tarde a Tenda da Piedade continuou a trabalhar contando com a assistência destes aparelhos que falo, continuou a produzir, a curar, porque a cura de loucos nestes 63 anos, trabalhando para uma casa de saúde, que os médicos nos procurava, iam a nossa casa, a casa do meu aparelho para pedir, para saber quais os loucos que tinham cura, dando os nomes e apontando, esse, esse, esse e esse tem cura, os outros não, porque esses são atuados por espíritos e nós vamos afastar estes espíritos e a maluquice passa. Veio então mais tarde a formação de um jornal de propaganda para a nossa Umbanda, ai contamos com o secretario da tenda, Luiz Marinho da Cunha, contamos com Leal de Souza e outros que eram fervorosamente espiritas pelas coisas que ele sentia e pelas coisas que ele recebeu, das graças de Deus, transmitidas por nós a sua pessoa. E meus irmãos, a umbanda continua, nasceu em 1908 na Federação Kardecista de Niterói, está lá escrito, presidida por José de Souza que era conhecido por Zeca que era chefe do Toc Toc, José Tavares, José enfim, uma quantidade que esta tudo escrito e a umbanda começou em 1908 na Federação Kardecista de Niterói. Hoje, a Umbanda está em todos os estados porque médiuns daqui saíram para o Rio Grande porque não pude levar o meu aparelho lá, mas levei ao Estado do Rio, levei a São Paulo onde criei 20 tendas , em Minas, enfim, no Espirito Santo também tem, de curas que fez lá e foi necessário se fazer tendas espiritas da nossa umbanda querida nestes estados.

Umbanda tem progredido e vai progredir, é preciso haver sinceridade na Umbanda. Sinceridade, este amor de irmão para irmão porque eu prevenia, sempre prevenia apelando para o General, hoje General e para companheiros que me acompanham há muitos anos, a vil moeda vai atrapalhar a umbanda, médiuns que vão se vender e que serão mais tarde expulsos como Jesus expulsou os vendilhões do templo.

O perigo do médium homem é a consulente mulher, do médium mulher, o consulente homem. É preciso estar sempre de prevenção porque os próprios obsessores, os próprios espíritos que atacam as vossas casas fazem com que toque alguma coisa ao coração da mulher que fala com o pai de terreiro. E é preciso ter muito cuidado, haver moral para que a umbanda progrida e seja uma umbanda de humildade, amor e caridade. É esta a nossa bandeira, e acreditem vocês meus irmãos, acreditem vocês, que neste momento me rodeiam diversos espíritos que vem trabalhando na umbanda do Brasil, porque havia necessidade, não veio por acaso não, eu trouxe uma ordem, uma missão, porque venho há muito tempo dizendo aquilo que ia acontecer, desde o terreiro Matta de Lisboa em 1755 até este momento. É tudo que aquilo que eu dizia que ia acontecer acontecia, pois bem, sejam humildes, tragam amor no coração, mas amor de irmão para irmão porque as vossas mediunidades ficarão muito mais limpas e puras, ... a qualquer espirito superior que possa baixar, que os vossos aparelhos estejam sempre limpos, que os vossos ajudantes sejam sempre afinados com as virtudes que Jesus aplicou na terra para que tenham boas comunicações, boas proteções, para todos aqueles que possam em busca de socorro nas nossas casas de umbanda, nas nossas casas de caridade em todo o Brasil.

Meus irmãos, este aparelho está velho, com 80 anos a fazer, mas começou antes dos 18, se eu disser que eu ajudei para que ele pudesse se casar, para que ele não pudesse andar dando cabeçadas, para que fosse um médium aproveitado como eu disse na federação e está lá escrito, fui procurar as mediunidades que ele tinha para fazer a nossa umbanda no Brasil, e todos estes, a maior parte ou todos estes que trabalham na umbanda se não passaram por esta tenda, passaram por filhos saídos desta tenda e criaram outros terreiros. Das sete tendas criadas por mim no Distrito Federal muitas tendas tem saído para fazer a caridade ao seu semelhante, ao seu próximo. Tenho uma coisa a vos pedir, a lembrança que Jesus veio ao planeta terra na humilde manjedoura não foi por acaso, não, foi porque o pai assim quis, determinou, porque podia ter procurado a casa de um potentado daquela época, Deocleciano e outros, mas não, foi escolhida aquela que seria mãe de Jesus, o espirito que vinha traçar a humanidade em seus passos para ter saúde paz e felicidade.

Aproveitando o nascimento de Jesus a humildade que ele baixou neste planeta, na humilde manjedoura, que os anjos que anunciaram a Maria que ela ia ser mãe sem ser esposa, os anjos, a estrela que iluminou aquele presépio, aquele estabulo que levou os três reis magos a sua presença sirva para vocês, iluminando os vossos espíritos, tirando os escuros de maldade, por pensamentos com praticas e ações que tenham praticado, que Deus perdoe tudo aquilo que vocês tenham feito, que Deus perdoe as maldades que possam ter sido pensadas, para que a paz possa reinar no vossos corações e nos vossos lares. Eu meu irmão, como o menor espirito que baixou nesta terra, mas amigo de todos, numa concentração perfeita de espíritos que me rodeiam neste momento, que eles sintam a necessidade de cada um e ao saírem deste templo de caridade, que vocês encontrem os caminhos abertos os vossos enfermos melhorados e curados e a saúde para sempre nas vossas matérias, com paz saúde e felicidade, com humildade amor e caridade, sou e serei sempre o humilde Caboclo das Sete Encruzilhadas.

Entrevistas com a família Moraes

Senhor Júlio Castro (1971)

Lilia – Senhor Júlio, médium do Caboclo Itapeva, vai nos falar algumas palavras. Vou fazer uma perguntinha para ele. Alguns médiuns dizem que sentem mais vibração quando o terreiro usa o tambor, o atabaque. Lá na tenda do Senhor não tem atabaque; não tem palmas, muitas vezes, e tem uma vibração fabulosa, fora do comum, o pessoal vibra com vontade. O Senhor acha que o tambor dá essa vibração?

Sr. Júlio – Não. Eu acho que o fundamento de uma boa vibração é a intensidade da concentração dos médiuns. Evidentemente que, sendo a curimba uma musica ritmada para, justamente, harmonizar esta vibração necessária ao terreiro de Umbanda, em alguns locais onde haja dificuldade de uma concentração espiritual bastante forte, evidentemente que o atabaque, o agogô, esses instrumentos auxiliam, eles arrastam a concentração dos médiuns àquela vibração. O sistema de trabalho é aquele que se ajusta, naturalmente, ao grau de evolução do espírito responsável pelo terreiro. As falanges vêm, atraídas naturalmente pela lei de afinidade. Onde tem o tambor e o atabaque, atrai espíritos que gostam de trabalhar sob este ritmo. Outros espíritos prescindem deste ritmo mais acentuado, auxiliado pelos instrumentos musicais e se contentam com o ouvir da voz humana, com aquela concentração de amor que deve presidir toda reunião espiritista.

Senhora Maria Isabel Morse de Moraes (1971)

Lilia – Dona Maria Isabel, a esposa do Sr. Zélio de Moraes, médium do Caboclo Roxo. Quantos anos a senhora tem de Umbanda?

Sra. Maria Isabel – Sessenta e um anos. Eu recebi, a primeira incorporação minha foi em uma máquina cozendo.[1] Eu nunca tinha frequentado sessão. Dali saí para trabalhar com Zeca de Souza e meu sogro Joaquim Fernando Costa. Fui trabalhar.

Lilia – Nesses 61 anos de Umbanda que a senhora pratica, continua praticando, a senhora se sente feliz?

Sra. Maria Isabel – Sinto. Muito feliz de fazer a caridade àqueles que necessitam.

Zélio de Moraes – Conselho aos médiuns (1972)

Lilia – Algumas palavras para os médiuns da nossa corrente da TULEF?

Zélio – Sim. Desejando que, todos unidos com um fito só de servir a Deus e preparar para a verdadeira vida que é a vida eterna, trabalhem na caridade, pela caridade, no beneficio de todos aqueles que possam bater naquela porta. Que tenham saúde e paz. Que haja harmonia, do maior ao menor para que o atendimento seja grande, para que os espíritos possam baixar e achar condições, nos seus médiuns, para a pratica da caridade.

Lilia – Sr. Zélio. O senhor tem tanta experiência, de tantos anos. Poderia dizer para o médium, iniciante da nossa casa, o que é preciso para um bom desenvolvimento?

Zélio – Primeiro, ser humilde, ter muita fé, ter certeza da vida eterna, do preparo para a vida eterna. E aqui nós viemos, não por algum acontecimento qualquer, nós viemos por que tínhamos que vir para nos preparar neste planeta, de conflitos, para a vida superior. E, assim, o médium, pensando assim, dentro daquilo que Jesus ensinou, sabendo perdoar, sabendo fazer em redor de si uma luz superior de todos os espíritos bons e superiores que nos cercam para ele possa se conduzir como máquina, para aqueles que lhe rodeiam e que desejam fazer a

1 Costurando.

sua elevação, que são os espíritos de luz, aumentando a sua luz.

Zélia de Moraes – Desenvolvimento de médiuns (1972)

Lilia – Queríamos que a senhora dissesse algumas palavras para a nossa corrente em desenvolvimento. A senhora que consegue manter uma corrente com vibração formidável que já foi contado na nossa corrente na sessão passada, e dissesse como é bom e o beneficio que traz uma corrente vibrando para um melhor desenvolvimento.

Zélia – Eu acho, principalmente, que os médiuns devem, na sessão de desenvolvimento, de boa vontade para que todos vibrem, todos cantem numa corrente uníssona e que os pontos sejam cantados com vibração porque tudo, para nós, e vibração e sim essa vibração e, acho ainda mais além da vibração, todos devem, mais ou menos, balançar os seus corpos. Ninguém deve ficar parado cantando. Esse foi o ensinamento que eu recebi. Eu acho que isso é de grande valia porque nós quando nos balançando sentimos ainda mais a corrente. De modo que eu acho que os médiuns em desenvolvimento numa casa, a coisa principal porque ali são os médiuns que futuramente irão formar a corrente superior, vamos dizer dos médiuns de passe. É preciso que eles se habituem à ordem. O guia tem que baixar e quando ouvir o ponto de subida deve subir porque o guia, mais do que nós, o guia tem de obedecer as ordens do presidente material. Eu acho que quem dirige materialmente a sessão é o presidente material e o guia espiritual vê a parte espiritual. De modo que quando o presidente canta o ponto de subida os guias devem subir. A não ser que haja um caso anormal, um doente, uma pessoa passando mal, aí é outra coisa, mas quando a sessão é normal o guia deve obedecer às ordens e a palavra do presidente material, porque é de muita responsabilidade o ensinamento que o presidente fala.

Deve falar da incorporação: Que não é no primeiro fluido que o médium deve sair manifestado andando pela sala ou falando. Deve fazer com que o guia suba, incorpore outra vez e mais uma vez e mais outra vez e o médium não pode ficar zangado porque assim que nós percebemos que o médium não está bem incorporado pedimos que ele suba. O presidente é o chefe da sessão, dá a mão, procura que o guia incorpore outra vez para que não haja intromissão nenhuma do "eu" do médium. Que seja, de fato, o recado dado pelo guia. De modo que eu acho que a sessão de desenvolvimento é a sessão principal na Tenda de Umbanda porque dali sairão os futuros médiuns. Não serão, como a gente vê por aí, médiuns incorporados e dando lições completamente erradas. Quer dizer o que? Que o médium não está incorporado. Que as vezes é o médium que não tem conhecimento e ele vai falando atabalhoadamente e como se fosse o guia. De modo que acho que na sessão de desenvolvimento o médium tem que ser humilde, tem que ir com o coração limpo, disposto a receber lições.

A sessão de desenvolvimento é uma escola. Na Umbanda nós começamos no "beabá", pela cartilha e vamos então prosseguindo e, quem sabe, os que podem seguir até o nível universitário. Outros não podem. Param porque nem todos tem a mesma mediunidade. Um é melhor médium de incorporação, outros de intuição, mas quando é médium de incorporação nós temos a obrigação de aprimorar esta incorporação.

Lilia - Outra pergunta. Nós temos encontrado médiuns conscientes, em desenvolvimento, com problemas de mediunidade. Ás vezes ficam pensando que não é o guia, é o médium por causa da consciência. Como a senhora pode explicar para eles que médium não deve interferir no guia porque ele é consciente.

Zélia – Eu acho que só a sinceridade do médium dizer que é consciente já tem algum valor. Concentrar-se-á melhor para que o guia chegue porque não há médiuns totalmente inconscientes. É muito difícil. Quando o médium já está trabalhando, em um trabalho muito pesado, ele fica quase que inconsciente, porque é a vibração do trabalho. Mas em uma sessão de desenvolvimento, quando ela se processa perfeitamente, sem nenhuma perturbação, a incorporação geralmente é leve. Agora este médium que tem medo da incorporação, porque está consciente já tem algum valor, porque ele tem medo do seu "eu" falar em vez do guia. Tenham certeza que muitos poucos médiuns são inconscientes.

Caboclo das Sete Encruzilhadas: Ogum ou Oxóssi?

No site da Tenda Nossa Senhora da Piedade encontramos referência a um texto de Leal de Souza:

> Neste texto, Leal de Souza trata do Caboclo das Sete Encruzilhadas, relatando a experiência de conviver com um espírito de grande iluminação, capaz de lidar em profundidade com assuntos díspares como teologia, medicina e economia. Relata também o momento em que, no espaço, quando chorava sem saber qual caminho seguir (estava ele em um local com sete encruzilhadas) o próprio Jesus confere ao Chefe sua missão na Terra. Por fim, vale ressaltar que Leal de Souza indica que o Caboclo pertencia à Linha de Ogum. Porém, a despeito desta informação, podemos ouvir em gravação de áudio realizada no aniversário de 63 anos da Tenda Espírita Nossa Senhora da Piedade, quando o próprio Chefe incorporado em Zélio de Moraes, relata seu vínculo à Linha de Oxóssi.

No entanto, não podemos deixar de relatar as palavras de Leal de Souza no livro "A Magia, o Espiritismo e as Sete Linhas de Umbanda":

Em oito anos de trabalhos e pesquisas, só tive ocasião de ver dois orixás, um de Oxóssi e outro de Ogum, o Orixá Malet.

O Orixá Malet, de Ogum, baixou e permanece em nosso ambiente, em missão junto às tendas criadas e dirigidas pelo Caboclo das Sete Encruzilhadas.

O Caboclo das Sete Encruzilhadas pertence a linha de

Ogum e, sob a irradiação da Virgem Maria, desempenha uma tarefa ordenada por Jesus. O seu ponto emblemático representa uma flecha atravessando um coração de baixo para cima; a flecha significa direção; o coração, sentimento e o conjunto significa orientação dos sentidos para o alto, para Deus. Estava este espírito no espaço, no ponto de interseção de sete caminhos, chorando sem saber o rumo que tomasse, quando lhe apareceu, na sua inefável doçura, Jesus e, mostrando-lhe uma região da Terra, as tragédias da dor e os dramas da paixão humana, indicou-lhe o caminho a seguir, com missionário do consolo e da redenção. E, em lembrança desse incomparável minuto de sua eternidade e, para se colocar ao nível dos trabalhadores mais humildes, o mensageiro do Cristo Jesus tirou o seu nome do número de caminhos que o desorientavam e ficou sendo Caboclo das Sete Encruzilhadas.

O Caminheiro

Órgão Oficial do Centro Espírita Caminheiros da Verdade
Número Especial do 40º Aniversário de Fundação do C. E. C.V.
4 de março de 1972

Este periódico era o órgão de divulgação do histórico Centro Espírita Caminheiro da Verdade, fundado pelo Comendador João Carneiro de Almeida. Apresentamos uma matéria no número especial de aniversário da instituição e a letra do Hino dos Caminheiros.

Caminheiros da Verdade: 40 anos a serviço da caridade

Prof. Afrânio de Oliveira
Diretor de Relações Públicas do CECV
e do Lar Antônio de Pádua

Em 4 de março de 1932, três homens humildes fundaram, à Rua "B", sem número, em Inhaúma, o CENTRO ESPÍRITA CAMINHEIROS DA VERDADE. Foram eles: o carpinteiro Guilherme de Oliveira, o mestre de obras Antonio Louso e o condutor de bondes José Sales. Iniciava-se, assim, uma trajetória luminosa a serviço da caridade. Meses após, pagando um aluguel de Cr$ 0,3, transferiu-se os Caminheiros par a Rua Álvaro Miranda, 387. Em 1936, há precisamente 36 anos, um grande idealista e um grande cristão, assume a direção dos Caminheiros: JOÃO CARNEIRO DE ALMEIDA, com apenas Cr$ 3,50 em caixa, capital com que foi iniciada uma pequena construção na Rua Henrique Scheid, dando inicio a uma nova era de progresso, quer no setor espiritual, quer no setor material.

O fundador espiritual dos Caminheiros foi o Caboclo Guaraná que, por sua vez, determinou que SANTO ANTÔNIO DE PÁDUA fosse o Guia Espiritual da instituição. O nome de CAMINHEIROS DA VERDADE foi dado psicograficamente por um emissário de Jesus, sendo, portanto, o Centro Espírita Caminheiros da Verdade uma organização de inspiração divina. A crescente chama de amor que envolve o coração de João Carneiro de almeida, fez com que esta grandiosa obra de fé, esperança e caridade, alcance, hoje em dia, a liderança mundial no terreno dos trabalhos espirituais.

É a CATEDRAL DO ESPIRITISMO. Com imensa dedicação e carinho, os 2.500 médiuns da equipe do Centro Caminheiros da Verdade, de domingo a domingo atendem, mensalmente, cerca de 12.000 pessoas, sendo que no ano de 1971 o Relatório Geral apresenta um atendimento de 150.000 pessoas. Nos trabalhos de Terreiro, de Mesa, da Fonte de Siloé, da Ordem Espiritualista da Estrela, são realizados sob a proteção de Jesus de Nazaré e Santo Antônio de Pádua verdadeiros milagres em inúmeras pessoas totalmente desenganadas.

Em 1994, João Carneiro de Almeida, com grandes sacrifícios, inicia a construção da sede própria dos Caminheiros, à Rua Atalaia, 133, que foi inaugurada em 1953. Em 31 de janeiro de 1953, o CECV, ainda por inspiração de João Carneiro de almeida, fundou o LAR ANTÔNIO DE PÁDUA – internato para meninas órfãs e necessitadas – que, hoje em dia, sob profícua direção de JULIA COELHO KUAIK, educa e abriga 140 crianças, e é considerado um educandário modelo.

Presentemente está o Lar Antônio de Pádua, empenhado na construção de sua sede própria à Rua Silva Mourão, 107, e o Lar Santa Luzia, para meninos desamparados, prosseguindo na monumental obra caminheira. O DEPARTAMENTO DE ASSISTÊNCIA SOCIAL do CECV, dirigido por MANUEL SEBASTIÃO DA CFUZ FILHO, com 30 anos de trabalho em favor da entidade, através do Gabinete Médico, Dentário e Depósito de Medicamentos, atende aos humildes em tudo aquilo que eles precisam para uma existência tranquila. O CHEFE DO TRREIRO DOS CAMINHEIROS é o CABOCLO GIRA TEIMA, cuja médium é a Senhora MARIA LINA GONÇALVES, figura espontânea de dedicação a todos que nos procuram. Sob a inspiração do Caboclo Tira Teima, foi construída a sede dos Caminheiros, sendo que Maria Lima Gonçalves, há 34 anos se dedica totalmente à obra.

Em seu congá, o Caboclo Tira Teima atende cerca de 150 pessoas diariamente. Com João Carneiro de Almeida, vitorioso após transpor tantos espinhos em seu caminho, e à frente de tantos abnegados a serviço da verdadeira e pura doutrina Espírita, faz-nos lembrar da expressão de Whitman: "eu pergunto: quem foi que seguiu mais para a frente, porque eu quero seguir mais para a frente ainda". O Centro Espírita Caminheiros da Verdade é visitado pelas maiores autoridades federais e estaduais componentes dos Três Poderes, além de pessoas vindas do exterior. Sua obra é respeitada, mesmo por aqueles que não professam a religião Espírita. Nos Caminheiros da Verdade o principio da humildade e do desinteresse pelas coisas vãs da vida, são um apanágio da liderança extraordinária de João Carneiro de Almeida. HUMILDADE!

Na sequencia dos princípios do Divino Mestre Jesus, onde ele repetia amiúde, sob diversas formas, em ocasiões e lugares diferentes, a lição da humildade – pois que a humildade é a fonte de todas as virtudes, de todo o progresso e de toda a elevação moral e intelectual, sendo o orgulho, ao contrário, o vício mais difícil de desarraigar do coração do homem e a causa principal dos vícios que degradam o Espírito, assim como das suas quedas e das perdas que sofre. Avante CAMINHEIROS DA VERDADE, na certeza de que o trabalho de amor que realiza, o ideal que encarna e o espelho luminar de que todos nos devemos mirar, sempre semeando o bem, a paz, a compreensão entre toda a humanidade, "porque é dando que recebemos; perdoando é que somos perdoados e é morrendo na paz do Senhor que nascemos para a vida eterna".

Hino dos Caminheiros

Letra e música: Manoel Sebastião Cruz Filho

Caminheiros do Cristo em verdade
O teu tema é espalhar o amor
Com harmonia, sem vaidade
Secar o pranto de quem sente dor

Para os órfãos tem sempre um abrigo
Para os velhos, afago e doçura
Para os doentes, um médium amigo
Para os loucos, amor e brandura

O CAMINHEIRO
ÓRGÃO OFICIAL DO CENTRO ESPÍRITA CAMINHEIROS DA VERDADE
NÚMERO ESPECIAL DO 40º ANIVERSÁRIO DE FUNDAÇÃO DO C.E.C.V.
4 DE MARÇO DE 1972
Caminheiros da Verdade: 40 anos a serviço da caridade
Prof. AFRÂNIO DE OLIVEIRA
Diretor de Relações Públicas do CECV e do LAR ANTÔNIO DE PÁDUA

Figura 25: Cabeçalho do número especial

Umbanda e suas influências

Cavalcanti Bandeira

Revista *Planeta*, dezembro de 1972, n. 4

Existem no Brasil mais de 100 mil terreiros de Umbanda. Dos cultos de origem africana, este é dos mais populares. Na Umbanda se misturam influências católica, espírita e orientalista. Ela não é magia nega nem rito esotérico. É um culto disseminado entre todas as classes sociais, da mais baixa a mais alta. Neste artigo, um especialista em Umbanda conta a fixação do culto, irradiação, influências, o que são os "guias", os "caboclos" e os "pretos velhos".

A Umbanda se destaca no panorama religioso brasileiro pela sua popularidade, atraindo opiniões favoráveis ou ataques radicais. Devido à importância adquirida, ela vem despertando o interesse de sociólogos, psicólogos e estudiosos de diversos países. Estes, preocupados com a expansão da Umbanda entre outros povos e nações, procuram avaliar a extensão do culto e as razões de seu vertiginoso crescimento anual. Tendo em vista as consequências futuras no cenário internacional, eles procuram analisar as implicações atuais no contexto religioso brasileiro.

Surge desse modo, uma série de perguntas quanto às suas origens, seus ritos e mistérios, suas relações com o catolicismo e o espiritismo; o significado dos caboclos e pretos velhos e quem são os umbandistas. A Umbanda não é um culto definido e padronizado. Para compreendê-la, é preciso situá-la em divisões regionais de cultos, com características próprias, diferentes para cada agrupamento humano. A tentativa de abarcar a Umbanda como um todo deve partir de uma visão histórica de nossa formação social.

O sincretismo religioso no Brasil determinou a formação de diversos cultos populares que tendem, na convergência atual, a conduzir para a Umbanda. Esse sincretismo é a amálgama das concepções, fundamentos e rituais, resultante da miscigenação das raças que formam o complexo humano brasileiro e da maneira pela qual se processou a escravatura nos períodos colonial e imperial.

Tanto o negro quanto o índio eram povos que guardavam as características primitivas dos seus cultos. Estes apresentavam muitas semelhanças em suas manifestações exteriores, como é o caso do uso das máscaras, que são representações dos espíritos de animais ou de seres humanos. Recorrendo aos ritos de invocação, eles expressavam na crença espiritual todos os seus anseios: quando alguém nascia ou morria, quando casava ou adoecia.

Diferenciavam suas atividades através de símbolos, do uso de adereços ou pelo modo de pintar o corpo; tudo em função dos tabus que disciplinaram o homem, como as únicas formas legislativas a serem obedecidas.

Nesse tipo de organização social destacava-se, de maneira evidente, a figura do curandeiro. Possuidor de larga experiência e com conhecimentos necessários para tratar os doentes, o curandeiro – dotado de atributos religiosos – acumulava as funções de médico e sacerdote. O sincretismo acentuou-se devido à iniciação apenas parcial por parte dos escravos. Cada um conhecia seu culto até certo ponto: os poucos que eram mestres e que tinham tido uma iniciação completa, não tinham liberdade de locomoção, nem de ensino ou de preparo dos outros. Para suprir essas deficiências eles se ocultavam nas matas para transmitir e receber conhecimentos. Além de superar o problema da barreira linguística (cada grupo falava um dialeto diferente), tinham que improvisar os objetos de culto que eram, na maioria das vezes, substituídos por apetrechos que usavam nas cozinhas e nas senzalas.

Por outro lado, os escravos conseguiram assimilar muito do que encontraram no índio; especialmente quando fugiam para constituir os quilombos. Assim, a partir das improvisações, notamos o fortalecimento sincrético através de modificações, adaptações e da necessidade de comunicação.

Influências católica, espírita e orientalista

A catequese procurava impor a religião através de imagens e ensinava aos índios e aos escravos que deviam ser pacíficos. Os catequistas faziam da religião – em função da época e do restrito conceito humanista da realeza – a base da conquista desses elementos para o trabalho e para o louvor de Deus, conforme a doutrina daqueles tempos.

Como o negro e o índio não puderam entender imediatamente a religião católica, resultou uma assimilação imperfeita e parcial. O que havia de semelhante na correspondência com as suas divindades tradicionais e milenares, foi fundido na pratica de seus ritos e no culto de suas próprias crenças.

A Igreja, pacientemente, conseguiu uma penetração maior, possibilitando a fusão dos santos com as divindades e até de certos atos litúrgicos com os rituais primitivos. Desse modo, as imagens passaram a integrar os altares dos cultos que foram surgindo nas diversas regiões do Brasil.

A base doutrinária e explicativa que faltava a essa conjunção veio através do espiritismo e do orientalismo. Integrando de maneira complementar os fundamentos tradicionais da Umbanda, essa nova junção teve como resultado modificações profundas no culto original. A partir daí foram firmados os conceitos da lei cármica, da reencarnação e das praticas mediúnicas em todas as suas modalidades.

Com a introdução de alguns aspectos do ocultismo, ocorreu uma nova absorção sincrética que atribui à Umbanda um cunho oriental. Isso viria a fortalecer o sentido de magia branca já existente nos cultos africanistas e indígenas. Como consequência notamos o aparecimento dos banhos de descarrego, trabalhos para diversos fins, bem como o uso de ervas e defumadores.

Consolidação da Umbanda

Enquanto esses fatos davam uma nova roupagem aos cultos, surgiu no Rio de Janeiro uma série de divergências contra a sujeição ao tradicionalismo das iniciações africanistas, que exigiam um período muito longo de aprendizado, ritual severo e complexo.

Por volta de 1910, surgiu o que se chamou "a banda", em vários tipos, modalidades e aspectos, sendo uma base concreta para firmar o culto umbandista, porque os refratários "cantavam o santo", mas não eram "preparados", não cumpriam rigidamente os preceitos africanistas, resultando em uma improvisação transitória para as modificações que se seguiram.

À medida que os diversos cultos eram lentamente englobados pela Umbanda, surgiam ainda novas influências como a dos hinos patrióticos, regionalistas e em língua nacional. Esse fenômeno ocorria principalmente entre os jovens, pois já escasseavam os pretos africanos. O que se pretendia provavelmente era modernizar e abrasileirar o culto, dando à Umbanda um caráter de cisma quando ela é fusão. Essas transformações continuam em andamento especialmente no Rio de Janeiro, Bahia e São Paulo. Apesar do africanismo ainda ser o traço marcante do ritual e da liturgia, notamos uma crescente influencia católica na Umbanda.

Esse complexo de cultos, com suas características regionais, suas diversidades de origem e diferenças de apresentação, encaminha-se para um denominador comum que é a Umbanda. Sua consolidação religiosa está em fase de cristianização, mas acreditamos que ela irá sedimentar características próprias definidas em um futuro próximo.

A Umbanda não é magia negra e nem se confunde com esta. Apesar de muitos quimbandeiros dizerem que estão praticando a Umbanda, essa é uma opinião pessoal, pois difere do que se convencionou chamar de Quimbanda no Brasil, ou seja, modalidade de satanismo. A Umbanda segue, através de vários caminhos, para uma evangelização crescente, seguindo as explicações espíritas, em uma convergência acentuada com o Catolicismo, sendo significativos o crescimento e generalização do culto.

Quem são os umbandistas?

Socialmente falando a Umbanda atinge todas as camadas da população e grupos raciais. Hoje ela é um culto bastante disseminado entre os componentes da classe média, com personalidades de influência social, médicos, advogados, engenheiros, militares, universitários, negociantes e industriais. Quanto ao número de seguidores, basta calcular que, cada centro concentra no mínimo trinta frequentadores, sendo que alguns desses centros possuem milhares de adeptos. Isso permite estimar por volta de milhões, incluindo-se portugueses, italianos, japoneses, israelitas e outros estrangeiros aqui residentes.

Segundo dados aproximados, existem mais de 20 mil terreiros só na Guanabara. Considerando-se que existe outro tanto no Estado do Rio e quase o mesmo número em São Paulo e no Rio Grande do Sul; seguindo-se Bahia, Minas Gerais, Pernambuco, Ceará, Paraíba, Paraná e outros Estados, podemos avaliar para mais de 100 mil o número de centros umbandistas espalhados pelo pais inteiro.

Os guias de Umbanda

A incorporação é uma constante no contingente espírita. Nesta se refletem as manifestações dos Orixás, Espíritos-Guias, Pretos Velhos, Caboclos, Crianças e Exus. Estes surgem com suas falanges respectivas em um complexo mediúnico, dentro da lógica das manifestações, com suas características próprias. Engloba, em suas praticas, todos os tipos de mediunidade, seja a que se expressa no conjunto de fenômenos, seja a que orienta os trabalhos. Abrange também os efeitos físicos ou intelectuais, indo desde pressentimentos até a psicografia; desde a mediunidade motora até a de cura.

Os serviços e as sessões são comandados, em geral, pelos Caboclos e Pretos Velhos que dirigem as giras e são, também, os guias-chefes dos centros.

Os Caboclos são verdadeiros pilares de firmeza. São altivos, agem com desassombro, em uma exuberância de manifestações que curam e sacodem as influências maléficas. Eles também indicam ervas que se ajustam aos casos dos filhos necessitados, dando animo especial para que eles suportem as provas que estão passando.

Muitos guias, com nomes caboclos, discorrem de modo incisivo e filosófico, como se fossem tribunos. Eles usam da magia da palavra que encanta e deserta. São individualidades que assumem um desdobramento espiritual relacionado com uma das suas existências anteriores.

Os Pretos Velhos também se distribuem em vários campos de vibrações: penetram no âmbito da magia. O observador poderá verificar que, em meio ao linguajar arrevesado, eles fazem grandes ensinamentos e, com suas máximas, discorrem sobre temas filosóficos que estão muito além do que poderiam saber os negros africanos ou os escravos sem instrução, pois são escalonamentos de vidas pregressas. Algumas vezes, eles assumem o aspecto paternal e agem como conselheiros espirituais. Nesses casos eles ouvem, pacientemente, as confissões dos crentes, são tolerantes e generosos; consolando e auxiliando com o tratamento pelas ervas.

Pelas suas praticas, a Umbanda é uma nova modalidade de culto, bem brasileira. Em um aspecto de síntese ela é um culto espírita ritualizado pelas cores, imagens e vestimentas, entre centenas de outros aspectos; tudo isso ritmado pelos cantos e pelas palmas.[1]

---

1 Foi médico, tendo pertencido ao Corpo de Saúde da Marinha. Foi Capitão de mar e guerra, jornalista, conferencista e autor de livros importantes para a compreensão da Umbanda: *Umbanda - Evolução Histórico-Religiosa* e *O que é Umbanda*. Foi redator da coluna Ecos espiritualistas, no jornal *A Noite*. Participou da redação do *Vocabulário Afro-brasileiro*. Teve atuação destacada, dentro de sua especialidade, no Instituto Superior Pastoral de Alta Liturgia e na Regional Leste da *Conferência Nacional dos Bispos do Brasil*.

Conselho Nacional Deliberativo da Umbanda

Umbanda sem medo, seus rituais e mistérios

Clauser Baptista

http://www.ceutopetropolis.com.br

A 12 de setembro de 1971, no Rio de Janeiro, foi criado o *Conselho Nacional Deliberativo de Umbanda* (CONDU), estabelecido à rua Sá Viana, 69, no Grajaú, sob a presidência do General Mauro Porto. Seu objetivo era o de agrupar as federações de Umbanda espalhadas pelo Brasil. O núcleo inicial era composto por cinco grupos: *Confederação Nacional Espírita Umbandista dos Cultos Afro-Brasileiros, Congregação Espírita Umbandista do Brasil, União Espiritista de Umbanda do Brasil, Primado de Umbanda* e *Federação Nacional das Sociedades Religiosas de Umbanda*.

Depois outras entidades se agregaram. Chegou a reunir 46 associações. Contudo, no decorrer da década de 1980, por conta da morte de dirigentes e a consequente extinção de várias federações, a entidade perdeu força e encerrou suas atividades. Sua fase de maior êxito ocorreu no decorrer da década de 1970 quando chegaram a integrar seu quadro o pesquisador e escritor José Beniste, a presidente e fundadora da *Tenda de Umbanda Luz, Esperança, Fraternidade* (TULEF), Lília Ribeiro, falecida em abril de 2004, o pai de santo e escritor, Ney Néri dos Santos, conhecido como *Omolubá*, o escritor Celso Rosa (Decelso da *Congregação Religiosa Umbandista Brasileira*), Loris Lugheri, da *Cruzada Federativa de Umbanda de São Paulo*, o presidente da *Congregação Espírita Umbandista do Brasil* (CEUB), Martinho Mendes Ferreira, o campista José Raymundo de Carvalho, o presidente da *Aliança Umbandis-*

ta do Estado do Rio de Janeiro (ALUERJ), Floriano Manoel da Fonseca, Evaldo Pina e ainda membros de fora do Estado do Rio de Janeiro, entre os quais, Carlos Alberto Dias Bellone (*Confederação Umbandista do Paraná*), Abrumolio Vainer (*Círculo Umbandista do Brasil* - SP), Rosalvo da Cunha Leal (*CNEUCAP - RJ*), Asy Sgambato (*Congregação Religiosa Umbandista Brasileira*) (RJ), José Vareda e Silva (SP), Raymundo Viriato Baptista Rodrigues (AM), Guiomar Bussili (SP), Carlos Leal Rodrigues (PB), Marne Franco Rosa (RS), Joaquim Brito de Carvalho (SP), Djalma Rodrigues da Rocha (PI) e Flávio Nicolino (SC). Os arquivos do finado CONDU, que se encontravam em poder de Lília Ribeiro, passaram às mãos de José Beniste, o qual enfim os entregou aos cuidados de Fátima Damas, presidente da Congregação Espírita Umbandista do Brasil

Este órgão reconheceu, em 1977, a Umbanda como religião nacional fundada por Zélio de Moraes e o Caboclo das Sete Encruzilhadas. Em 1982 já se haviam unido ao CONDU 41 federações e confederações do Brasil.

Porque milhões de brasileiros escolheram 15 de novembro como o Dia Nacional da Umbanda

O texto a seguir foi extraído de *A Umbanda Brasileira*,[1] livro de José Fonseca publicado em 1978, depois de passar pelo Jornal "Gira de Umbanda" em 1976. É uma carta de esclarecimento do C.O.N.D.U. sobre a escolha do 15 de Novembro como dia nacional da Umbanda, bem como o seu significado para a religião e o movimento umbandista.

O CONSELHO NACIONAL DELIBERATIVO DA UMBANDA (C.O.N.D.U.), por intermédio de sua representante no Estado do Amazonas, a Cruzada Federativa Espírita de Umbanda, tomou conhecimento do comentário da sessão "Umbanda – Quimbanda" do jornal *A Notícia*, de Manaus, em 11 do corrente mês, sob o título "Escolha Justa", no qual se lê que " a suposta escolha de 15 de novembro para ser considerado o Dia da Umbanda, sugerida num encontro umbandista, no Rio de Janeiro, vinha decepcionando"... e que "a data diz respeito à

1 Vide o capítulo "Umbanda Brasileira".

Proclamação da República, nada tendo a ver com a Umbanda, o que significa que foi sugerida por profanos, por quem desejava apenas homenagear um centro"... "Os umbandistas amazonenses disseram que o 13 de Maio, data da libertação dos escravos é realmente a mais indicada". O C.O.N.D.U. esclarece que:

A data de 15 de Novembro foi proposta pelas entidades federativas do Rio de Janeiro, na I Convenção Anual deste Conselho, da qual participaram 25 federações, representando a maioria absoluta dos Estados; e que não opuseram qualquer objeção à escolha.

Entre as datas sugeridas – 13 de Maio, consagrada aos Pretos Velhos – e 22 de Novembro – dia de Araribóia – venceu por unanimidade 15 de Novembro. Nessa data, em 1908, manifestou-se pela primeira vez, em uma sessão da Federação Espírita, em Niterói, uma entidade que declarou trazer a missão de estabelecer um culto, no qual os espíritos de índios e de escravos poderiam desenvolver seu trabalho espiritual, organizado no plano astral do Brasil. Na época, esses espíritos aproximavam-se das reuniões espíritas, mas as suas mensagens eram recusadas, por serem eles considerados atrasados, tendo em vista a condição de humildade com que se identificavam. A entidade, que se apresentou aos videntes como um mentor espiritual, deu o nome de CABOCLO DAS SETE ENCRUZILHADAS. No dia seguinte, verdadeira multidão compareceu à residência do médium – um jovem de 17 anos, Zélio Fernandino de Moraes, de tradicional família fluminense. A entidade manifestou-se e determinou as normas do novo culto, que teria o nome de UMBANDA, declarando fundado o primeiro templo de Umbanda, cuja prática seria exclusivamente a caridade espiritual, através de passes, desobsessões e curas de enfermos.

O templo, que tomou o nome de Tenda Nossa Senhora da Piedade, funciona ainda hoje, no centro do Rio de Janeiro (Rua D. Gerardo, 51) com uma filial (Cabana de Pai Antônio) em um sítio em Boca do Mato, Cachoeiras de Macacu, completando, em Novembro próximo, 69 anos de atividade.

Prosseguindo a sua missão, o Caboclo das Sete Encruzilhadas fundou mais sete templos, cujos dirigentes foram escolhidos entre os grupos de médiuns preparados nas sessões doutrinárias que a entidade estabelecera, às quintas-feiras à noite, para esclarecimentos sobre a doutrina espírita, o Evangelho e as normas ritualísticas da Umbanda. Estas normas determinavam: médiuns uniformizados de branco, cânticos sem acompanhamento de atabaques nem palmas ritmadas; preceitos baseados apenas em água, amaci de ervas, flores e pemba, atendimento totalmente gratuito, não sendo admitido estabelecer nem aceitar retribuição financeira de espécie alguma.

Os templos, organizados administrativamente, mantinham-se pelas contribuições dos associados. Milhares de templos, em quase todos os Estados, descendem desse grupo inicial, conservando, em sua maioria, a pureza da doutrina e da ritualística. Formou-se assim a religião de Umbanda – denominada, de início, Lei de Umbanda, ou Linha Branca de Umbanda – cujos mentores são os Caboclos e os Pretos-Velhos.

Justifica-se, portanto, a escolha da data de 15 de Novembro, por não se prender apenas a uma das falanges principais da Umbanda e sim a ambas: Caboclos e Pretos Velhos. A referência feita à Proclamação da República deve-se ao fato de ter sido ela determinante da igualdade religiosa estabelecida pela primeira vez na Constituição da República, em 1889, o Estado deixou de ter uma religião oficial, permitindo assim que todos os credos, inclusive a nossa doutrina, se difundissem livremente.

(Jornal *Gira de Umbanda*, 1976)

Sobre o Hino da Umbanda assim se manifestou o CONDU:

O Hino foi apresentado ao Caboclo das Sete Encruzilhadas que gostou tanto do mesmo que resolveu apresentá-lo como Hino da Umbanda no Segundo Congresso Nacional de Umbanda em 1961, sendo oficializado na Primeira Convenção do CONDU - Conselho Nacional Deliberativo de Umbanda em março de 1976.

Segundo Mestre Marne, membro fundador do CONDU, que participou em 1976 da aprovação da obra de J. M. Alves como Hino Oficial da Umbanda, no Rio de Janeiro (Hotel Glória), é de suma importância que o Hino da Umbanda seja cantado com a letra e melodia correta, sem mudança alguma. Porque na hora da oficialização do Hino, foi perguntado ao Sr. Jerônimo Vanzeloti, presidente da Convenção do CONDU, se o compositor J. M. Alves iria cobrar direitos autorais de sua obra. Diante desse questionamento o Sr. Vanzeloti, foi conversar com o autor e o mesmo mandou o seguinte recado a todos os presentes: "Não vou cobrar nenhum tostão de direito autoral, só peço para manterem meu nome como autor", porém proibiu que a letras de sua obra fosse mudada em sequer uma vírgula e que toda vez que forem cantar o Hino da Umbanda, a mão direita deverá ser colocada sobre o coração. Por isso, é importante que todos pratiquem esse ato cívico de Umbanda, como demonstração de fé e respeito, conforme o Sr. José Manuel Alves queria e pediu pra ser.

Assim, não se deve cantar duas vezes a parte final do Hino:

"Levando ao mundo inteiro a bandeira de Oxalá".

Conselho Nacional Deliberativo de Umbanda
Extrato de Estatuto
Diário Oficial do Rio de Janeiro, 06/07/1972

Fica fundada a Sociedade acima à Rua Conselheiro Agostinho, número 52, GB, onde tem sede provisória, e foro Jurídico, é uma Sociedade Civil de caráter religioso, resultante da adesão das Instituições abaixo relacionadas, com personalidade Jurídica distinta, as quais não respondem subsidiariamente pelas obrigações por ele contraídas.

União Espiritista de Umbanda do Brasil.

Confederação Nacional Espírita Umbandista e dos Cultos Afro-Brasileiros.

Primado de Umbanda.

Federação Nacional das Sociedades Religiosas de Umbanda.

Congregação Espírita do Brasil.

Adotará a sigla C.O.N.D.U. Terá duração por tempo indeterminado. É uma instituição filosófica educativa e progressista, agindo perante os problemas religiosos e humanos de maneira própria e independente.

O C.O.N.D.U. tem as seguintes finalidades:

a) Congregar as instituições de caráter federativo que reúnem em seu quadro social templos constituídos juridicamente para realizarem as praticas religiosas umbandistas sob o nome de Tendas, Centros, Cabanas, Terreiros e outros:

a) Coordenar os interesses das instituições que o compõem, estabelecendo normas básicas de uma sistemática comum, interferir na intimidade ou nas particularidades administrativas das mesmas;

b) Constituir-se em órgão representativo perante as autoridades estatais, dos interesses administrativos e religiosos;

c) Difundir os princípios filosóficos e religiosos da Umbanda, objetivamente o aperfeiçoamento moral e cultural da humanidade e o respeito aos seguintes postulados;

A liberdade de crença, a pratica religiosas respeitadas as leis dos poderes legalmente constituídos.

A comunicação do homem tanto com seres de outras linhas de evolução.

A diretoria será dirigida em regime de colegiado pelos presidentes das entidades fundadoras ou seus representantes legais, com titulo de Conselheiros.

A diretoria do C.O.N.D.U. compor-se-á de:

Secretario Geral

Tesoureiro

Três Secretários

Procurador

O Secretario Geral representa legalmente o C.O.N.D.U. ativa e passivamente em suas relações com terceiros, em Juízo ou fora dele, podendo delegar poderes.

A dissolução da Sociedade dar-se-á de acordo com o Art. 30 do Estatuto poderá ser reformado por qualquer motivo desde que a pratica os aconselhe ou a sua reforma se torne necessária por qualquer motivo.

Rio de Janeiro, 19 de junho de 1972.

Jerônimo de Souza – Secretario Geral.

(Número 28.991 – 5/7/1972 – Cr$ 50,00)

CONSELHO NACIONAL DELIBERATIVO
DA UMBANDA — "C.O.N.D.U."

Seção Guanabara - R. Conselheiro Agostinho, 52 - ZC - 16
Rio de Janeiro — GB

União Espiritita de Umbanda do Brasil
Rua Conselheiro Agostinho, 52 - ZC - 16

Confederação Nacional Espirita Umbandista e dos
Cultos Afro-Brasileiros
Rua General Canabarra, 228 Sob. ZC - 29 Tel. 254-3117

Primado de Umbanda - Av. Marechal Rondon, 594 - 3.° and. - ZC 15

Federação Nacional das Sociedades Religiosas de Umbanda
Rua Barão de Ubá 423 - ZC 29

Congregação Espirita Umbandista do Brasil
Rua do Riachuelo, 373 Sala 403

Figura 26: Papel timbrado do CONDU

Palavras de Lilia Ribeiro sobre o Caboclo das Sete Encruzilhadas

Homenagem a Oxum na TULEF (Novembro de 1975)

Antes de nos iniciarmos a nossa homenagem a Oxum, vamos lembrar Zélio de Moraes, o médium do Caboclo das Sete Encruzilhadas, desencarnado no dia três de outubro, em Neves, Rio de Janeiro, na mesma casa onde há 67 anos o Caboclo das Sete Encruzilhadas fundava a Tenda Nossa Senhora da Piedade.

Vamos ler para vocês um resumo de uma entrevista feita pelo Macaia, que esta ausente da nossa casa, e que estará retornando brevemente, feita em 1970 com Zélio de Moraes.

Zélio de Moraes, beirando os 80 anos, conserva uma vibração poderosa, difícil de ser igualada pelos jovens médiuns de hoje. Sua figura miúda, simples, a vivacidade do seu olhar do mundo, a humildade com que verá tampadas as passadas, escusando-se entrar em pormenores de alguém extraordinário presenciado por diversos umbandistas e por estes confirmado, a figura de Zélio, desperta o mais profundo respeito e um carinho imenso por este homem destituído de vaidade, mas senhor de uma inteligência e de uma sensibilidade fora do comum, que abandonou a carreira que se iniciava, a Marinha, e não chegou a conhecer as distrações comuns da juventude do seu tempo, para se dedicar totalmente a missão de caridade, para a qual fora escolhido acompanhado sempre pela esposa Isabel, trabalhando apenas para prover o sustento da família.

Zélio nunca aceitou retribuição nos seus trabalhos de cura e caridade.

Hoje as suas filhas, Zélia e Zilméia, são as continuadoras de sua obra espiritual.

Abrindo os trabalhos da sessão festiva de 16 de novembro na Tenda Nossa Senhora da Piedade, Zélio começou a falar, dizendo que a seu lado estava o Caboclo das Sete Encruzilhadas, para relembrar sua primeira manifestação à mesa da Federação Espírita do Estado do Rio de Janeiro, no dia 15 de novembro de 1908, quando o Caboclo das Sete Encruzilhadas anunciou a fundação de uma Tenda Espírita de Caboclos e Pretos Velhos, que eram recusados nas mesas kardecistas e teriam oportunidade de trabalhar no cumprimento de sua missão espiritual.

Vamos ler apenas um resumo, porque a mensagem do Caboclo das Sete Encruzilhadas foi bastante longa.

Diz o Caboclo das Sete Encruzilhadas, que a partir deste momento tomou conta da voz de Zélio de Moraes:

> O meu anunciado na tenda foi tomar o meu aparelho para produzir a curar aqueles que lá estavam.
> Deus que é sumamente misericordioso, levou a casa do aparelho, um cego e outras pessoas, inclusive paralíticos.
> Eu disse, se tens fé levanta e caminhe, quando chegares perto de mim estarás curado.

Assim foi feita a nossa Umbanda no Brasil.

Faz várias considerações sobre as previsões que ele fez, de tudo que se passou neste meio século e recomenda, qualquer religião é uma boa religião, desde que lhe permita, desejar ao próximo o que se deseja para si mesmo, cumprir os mandamentos da Lei de Deus, e ser perfeito em qualquer religião, mas principalmente na religião Espírita, para que o médium possa ser um instrumento que possa ser utilizado.

A Tenda da Piedade continua a trabalhar, contando com a assistência deste aparelho. Continuou a curar, principalmente a curar loucos nestes 63 anos, trabalhando em conjunto com uma casa de saúde. Os médicos procuravam a Tenda da Piedade para perguntar quais os enfermos poderiam ser curados e o Caboclo apontava os nomes, este, aquele, porque estão acuados por espíritos, nos outros somente a medicina.

A Umbanda, continua o Caboclo da Sete Encruzilhadas, tem progredido e vai progredir, é preciso haver sinceridade na umbanda, este amor de irmão para irmão, porque eu sempre preveni aos companheiros de muitos anos, a vil moeda vai atrapalhar os médiuns de Umbanda, haverá médiuns que vão se vender e que vão ser mais tarde expulsos, como Jesus expulsou os vendilhões do Templo.

O perigo do médium homem é a consulente mulher, e da médium mulher é o consulente homem, é preciso estar sempre de prevenção porque os próprios obsessores que atacam as nossas casas, fazem que toque alguma coisa no coração da mulher que fala para o chefe do terreiro, como faz atacar o coração do homem que fala a mãe de santo do terreiro.

É preciso ter muito cuidado, haver moral, para que a Umbanda progrida e seja sempre uma umbanda de humildade, amor e caridade.

Acreditem meus irmãos, que neste momento me rodeiam espíritos que vem trabalhando na umbanda do Brasil, porque quem vos fala não veio por acaso, não, eu trouxe uma ordem, uma missão e peço, meus irmãos sejam humildes, tragam amor no coração, amor de irmão para irmão, porque as vossas mediunidades ficarão mais limpas e puras, servindo a qualquer entidade superior que possa baixar, que os vossos aparelhos estejam sempre limpos, que os instrumentos sejam afinados com as virtudes que Jesus pregou na terra para que tenhamos boas comunicações, boas proteções para todo aquele que vem em busca de socorro, nas casas de Umbanda, em todas as casas de caridade do nosso Brasil.

Meus irmãos, este aparelho está velho, já com 80 anos a fazer, mas começou antes dos 18, e eu vos digo que o ajudei a se casar para que não estivesse a dar cabeçadas, para que fosse um médium aproveitável.

Como eu disse na Federação e lá está escrito, fui procurar a mediunidade deste aparelho para formar a nossa umbanda no Brasil.

E a maior parte dos que trabalham na Umbanda, se não passaram por esta Tenda, passaram por filhos que saíram desta casa e criaram outros terreiros.

Das sete tendas criadas por mim, muitas têm saído para fazer a caridade aos seus semelhantes, a nos seguir.

A lembrança que Jesus veio ao planeta Terra na humilde manjedoura não foi por acaso, foi porque o Pai assim o quis, determinou, porque podia ter procurado uma casa de um potentado daquela época, foi escolher aquela que seria a mãe de Jesus, o espírito que vinha traçar a humildade, os seus passos, para ter paz, saúde e felicidade.

Aproveitando o nascimento de Jesus, a humildade que ele baixou neste planeta, numa humilde manjedoura, o anjo que anunciou a Maria que ela ia ser mãe sem ser esposa, que aquela estrela que iluminou aquele estábulo, que levou os três Reis Magos a sua presença, vinde até vocês iluminando os vossos espíritos, tirando os escuros de maldade, por pensamentos, por práticas e ações que tenham sido pensadas ou praticadas, que Deus perdoe as maldade que possam ter sido pensadas, para que a paz possa reinar nos vossos corações e nos vossos lares.

Eu meus irmãos, como menor espírito que baixou na terra, mas amigo de todos, em uma concentração perfeita dos espíritos que me rodeiam neste momento, peço que eles sintam a necessidade de cada um de vos e que ao sairdes deste Templo de caridade, que encontreis os caminhos abertos, os vossos doentes melhorados e curados e saúde para sempre nas vossas matérias.

Com paz, saúde e felicidade, com humildade, amor e caridade sou e serei sempre o humilde Caboclo das Sete Encruzilhadas.

Meus irmãos, volto a lembrar que no dia 15 de novembro, completamos 67 anos da primeira incorporação do Caboclo das Sete Encruzilhadas, data considerada Dia da Umbanda. A Aliança Umbandista a que nos pertencemos, fará realizar uma gira de confraternização, comemorando o Dia da Umbanda em memória de Zélio de Moraes. E no dia 22 será nossa celebração de caboclo, a data dos caboclos da nossa casa.

Meus irmãos, na segunda-feira lembramos a data de Oxum, que a nossa casa considera, que a primitiva TULEF foi fundada a sete de outubro de 1954, dia de Nossa Senhora do Rosário, porque era o nome Nossa Senhora do Rosário, a Santa dos negros que a nossa tenda teve de início, porque na época não se podia registrar nenhuma sociedade religiosa com o nome de Tenda de Umbanda. Então nos tivemos também que chamar Tenda Espírita de Nossa Senhora do Rosário.

Há 11 anos a nossa casa tomou o nome de Tenda de Umbanda Luz, Esperança e Fraternidade, é a nossa casa, a nossa Tenda.

Federação comemora dia da Umbanda

Correto da Manhã, 16/11/1972

O Dia da Umbanda foi comemorado ontem, porque há 64 anos, na sede da Federação Espírita do Estado do Rio, incorporou pela primeira vez o Caboclo das Sete Encruzilhadas, tendo como "aparelho" o médium Zélio de Moraes, que hoje está com 80 anos.

Segundo a "mãe de santo" Lilia Ribeiro, dirigente do Templo de Umbanda Luz, Esperança e Fraternidade, sediada na Rua Mariz e Barros, foi o Caboclo das Sete Encruzilhadas quem criou esta modalidade mediúnica que passou a chamar-se Umbanda.

– Naquela ocasião, os videntes presentes à reunião em Niterói viram uma entidade de jesuíta. Perguntaram então o seu nome e o espírito disse ser o Caboclo das Sete Encruzilhadas. A caracterização de jesuíta deve ter ligação com outra encarnação daquele espírito.

Diz ainda a "mãe de santo" Lilia Ribeiro que o primeiro médium umbandista do Brasil é um homem destituído de vaidades, com inteligência e sensibilidade fora do comum, e que não chegou a conhecer as distrações comuns à juventude do seu tampo, para se dedicar inteiramente às tarefas da caridade, sempre trabalhando para prover o sustento da sua família e jamais aceitando qualquer retribuição aos trabalhos de cura e caridade.

Samaritanas

Ainda em comemoração ao Dia da Umbanda, na sede

da União Espiritualista de Umbanda do Brasil, foi instalado o Movimento Ordem Primeira das Samaritanas de Umbanda, comparecendo ao ato, como seu patrono, o Juiz Eliezer Rosa e discursando o Professor Afrânio de Oliveira.

Seu Sete está em todas

Reportagem de Pedrosa Filho
Fotos de Christiano Teixeira
Fatos e Fotos Gente, 15 de setembro de 1975, n. 734

Na esteira do sucesso de Seu da Lira apareceram outros e outras médiuns que diziam incorporar o Exu do Povo. Não compete a este autor fazer julgamentos. Assim, apresentamos a matéria para que o prezado leitor faça a sua interpretação.

Há um momento de êxtase total na Tenda Espírita de Pai Fulá: os atabaques soam mais forte, os gritos de alegria se confundem com as saudações em dialeto nagô, as entidades abrem passagem para Seu Sete das Encruzilhadas – um Exu (agente de ligação entre o homem e o Orixá) que "admira os homens e é gamado[1] pelas mulheres".

Mas muitos duvidam da autenticidade desse Seu Sete que *baixa* no terreiro do bairro de Nova América, em Nova Iguaçu, todos os domingos ao meio dia. Na maioria, são partidários de Dona Cacilda de Assis, que em seu terreiro de Santíssimo se autoproclama único *cavalo* (médium) de Seu Sete da Lira, Rei das Encruzilhadas.

Dona Mercedes Lopes dos Santos – uma funcionária publica de 52 anos, aposentada por dois infartos – é o *cavalo* de Seu Sete das Encruzilhadas, Caboclo Tupi do Oriente, Caboclo Arranca Toco, Pai Fulá e Rosa de Indaiá.

"Não sei se a Cacilda está falando sério ou brincando quando diz uma tolice dessas. Ela, como boa ialorixá (mãe de santo), sabe mais do que ninguém que nenhum médium tem o monopólio da entidade que recebe. Era melhor ela parar de dizer

1 Apaixonado.

bobagens e explicar porque mudou o nome de seu centro, que se chamava Cabocla Jurema, para Sete da Lira, Rei das Encruzilhadas". Dona Mercedes reconhece que Seu Sete tornou-se conhecido graças à campanha publicitária feita através do rádio e da televisão pelos artistas Lilico[2] e Gilberto Alves,[3] frequentadores do terreiro de Santíssimo.

Foram brincar com a verdade

Ela ressalta, porém, que essa divulgação não foi muito boa nem para Lilico nem para outras pessoas do meio artístico. "O que aconteceu com o Lilico e com o Gilberto Alves, que tinham enorme popularidade? E com os apresentadores dos programas de televisão que Seu Sete visitou naquele domingo?"

Dona Mercedes condena a atitude de Dona Cacilda, que recebeu Seu Sete nos programas de Chacrinha e de Flávio Cavalcanti. Para ela, isso só serviu para desmerecer o trabalho sério que alguns centros espíritas desenvolvem junto ao povo. "Recebo Seu Sete desde os 19 anos. Nessa época tive convite para aparecer em um programa de televisão, mas nunca aceitei".

Seu Sete, o que *baixa* no terreiro de Dona Mercedes, tem características bem diferentes da entidade que Dona Cacilda recebe: fuma muitos charutos mas não bebe cachaça (o outro bebe cachaça no gargalo). Quando lhe perguntam do que mais gosta, ele aponta par um cartaz preso na parede: "Seu Sete admira os homens/ Pelas mulheres é gamado/ E fica todo prosa/ Quando por elas é beijado".

Dona Mercedes recebeu as primeiras as primeiras manifestações mediúnicas aos sete anos de idade. Nessa época *baixava* um preto velho (um tipo de entidade). Dona Mercedes permanecia prostrada durante o transe, que se estendia às vezes por vários dias.

Ninguém sabia então explicar aquele fato – considerado sobrenatural do ponto de vista da família, católica.

2 Olívio Henrique da Silva Fortes foi um humorista brasileiro.
3 Cantor.

Esses transes ocorreram por muito tempo, até que eu uma vizinha levou-a a um centro espírita, o de Pai Malaquias, na Praça Onze.

"Sou do tempo em que a macumba era proibida pela policia. Eu ia às escondidas para o centro. Mas a policia nunca chegou a molestar a gente porque Pai Malaquias era uma entidade de muito poder. Os cultos não eram permitidos porque em muitos terreiros havia sacrifícios de animais e em outros utilizava-se (como acontece até hoje) pólvora para as *descargas* (limpeza espiritual).

Alguns utilizavam um punhal para *fazer cabeça* (cerimonia em que o médium é elevado a pai de santo). Naquela época, punha-se fogo em uma pequena quantidade de pólvora e fazia-se uma minúscula incisão com o punhal no corpo da pessoa. Nunca gostei disso. Para mim, o que vale é a pureza, a segurança, a firmeza de um médium. O resto é só encenação para turista ver..."

Aos 15 anos Dona Mercedes casou-se com o seu primeiro namorado, Nélson Coelho dos Santos (também umbandista), com quem vive até hoje. Em seu rosto ainda são visíveis os traços da bela jovem que foi. "Eu era muito bonita. Recebia a Pombagira (exu feminino) Rosa de Indaiá, que atraía muitos homens para o centro onde *baixava.* Pombagira é um exu fêmea que tem muitas faces, muitos nomes. Ela é sempre a manifestação bela e forte da mulher. Por isso é que gosta de carregar nos perfumes e de enfeitar os cabelos com flores. Quando ela baixava e os homens procuravam falar ela, meu marido ficava todo enciumado. Depois fundei meu próprio centro, que passou a ser guardado por Pai Fulá. Mas a maioria das pessoas que trabalham comigo são mulheres."

Dona Mercedes, *cavalo* de Rosa de Indaiá, se rebela contra as imagens de Exu apresentadas pelas lojas especializadas em macumba. "Chega de identificar Exu com o demônio! Exu não tem chifres, nem rabo longo, nem usa tridente. Essas imagens apresentadas pelas casas de Umbanda em que Exu é representado pelo diabo não passam de uma deturpação das mais grosseiras. Exu é como Seu Sete, só pede amor e paz."

O Centro de Pai Fulá, em Nova América, já é pequeno para abrigar seus frequentadores, sobretudo as ***filhas de santo***, que já chegam a mais de cem. Mas Seu Sete não é a única entidade a ***baixar*** no terreiro, outros médiuns também se manifestam, recebendo vários caboclos. Essa é outra diferença do Seu Sete, Rei das Encruzilhadas, recebido por Dona Cacilda, em Santíssimo. Lá ele ***reina*** sozinho nas noites de sábado, só ele ***baixa*** no terreiro.

Uma bota de quinhentos cruzeiros

Aliás, outra característica do centro de Dona Mercedes é que só há sessões aos domingos e assim mesmo durante o dia. É mantido por um quadro social que paga dez cruzeiros por mês. "O que é muito pouco – diz Dona Mercedes. – Atualmente estamos tentando fazer uma pequena obra na casa, mas não temos dinheiro. Por isso Seu Sete permitiu que rifássemos sua bota. Vendidos todos os bilhetes, não vamos apurar quinhentos cruzeiros".

Os problemas não desestimulam Dona Mercedes. "A gente faz o que pode. Mesmo porque Seu Sete prefere um lugar pequeno, humilde, para ***baixar*** e fazer caridade, ao invés de lugares suntuosos, aos quais poucas pessoas tem acesso. Aqui, todo mundo é igual e é irmão na fé."

Neste último domingo, Seu Sete chegou em meio à alegria de seus ***filhos*** (protegidos) vestido com sua calça branca, colete prateado com listas vermelhas e um bonezinho ao estilo de 1920. Depois de prestar caridade e atender aos que os procuraram, trocou a roupa, vestiu sua capa preta toda forrada em seda vermelha e substituiu o bonezinho por uma cartola.

Segundo Dona Mercedes, ele não gosta muito dessa roupa, mas ficou feliz com a faixa que uma de suas ***filhas*** colocou sobre ele. Bem na altura do peito, lia-se: ***Sete das Encruzilhadas***, Rei da Umbanda.

Figura 27: Mercedes Lopes dos Santos incorporada com Seu Sete. Fonte: Revista *Fatos e Fotos Gente*, nº 734, 15 de setembro de 1975.

Antonio De Alva

Reportagem de Maria Helena Farelli
Fotos de Hugo de Goés
Fatos e Fotos Gente, 19 de setembro de 1976, n. 787

Este periódico publicou a matéria sobre Antonio de Alva, considerado por muitos seguidores dos cultos afro-brasileiros da época como o "maior bruxo brasileiro".

Cita a reportagem que, com sua voz cortante, chegou Seu Tiriri, o Exu que comanda as serpentes, Veludo, que se apresenta com a Coroa dos magos da Fenícia e Exu dos Rios:

> Na beira da praia
> Deram um grito de guerra
> Quem é? Quem é?
> É o povo quimbandeiro...

Prossegue Maria Helena, a repórter:

O chão é de tábuas compridas. As escadas do velho casarão na Rua de Santana, no Rio, rangem aos passos dos iniciados na magia. As paredes são pintadas de vermelho, enfeitadas de palha da costa (dedicada ao Orixá Omolu, o da morte e da cura das doenças infecciosas). Entre livros como o de *São Cipriano Feiticeiro* – onde estão impressos caracteres indecifráveis –, retortas, búzios, imagens, Antonio de Alva oficia suas missas fantásticas.

Ele é um homem bom, pai de oito filhos, avô de nove netos, professor e poliglota. Mora em uma casa simples no subúrbio carioca. Não ostenta a riqueza de um dos escritores mais lidos no país. Autor de trinta livros sob o selo Exu Rei, Antonio de

Alva é o maior ***best seller*** no gênero.

"O Caboclo Guaicuru inspirou-me quando escrevi ***Oferendas e Despachos na Umbanda***. Ao sair o livro, o sucesso foi tanto que surpreendeu aos próprios editores. O publico leitor estava acostumado a livros difíceis sobre a magia e Umbanda. Agora, tudo ficou mais simples, direto. O meu amigo ***Belo*** havia afirmado que isto ocorreria".

Entre o céu e as profundezas

Antonio fuma um charuto e, de repente, morde a brasa. O fogo não queima seus lábios.

"Todos que realmente sabem trabalhar na magia tem poder sobre o fogo, sobre o dom de invocar forças vivas da natureza. Mas não aconselho qualquer principiante a fazer este ritual. É perigoso para quem não conhece as mirongas".

A seguir, ele atira um punhal vermelho no centro de um círculo cabalístico. E invoca o Exu Meia Noite:

> Exu da Meia Noite
> Exu da Encruzilhada
> Salve o povo de Aruanda
> Sem Exu não se faz nada

O seu linguajar é estranho, meio indígena. Na verdade, Antonio de Alva é descendente de Caramuru e Catarina Paraguaçu, e ainda conserva hábitos e cultua os mistérios dos bororós.

Estamos sentados frente a frente, quando Antonio de Alva termina sua história, cercados de velas, imagens, patuás, imagens, patuás e punhais vermelhos ("Araruê, Exu, pode chegar" – ele canta).

O feiticeiro risca desenhos significativos no chão. São garfos de três dentes, luas, estrelas, serpentes sibilantes.

A serpente é o emblema dos magos. Aparece nas lendas da tentação de Evsa, tanto na Biblia como no Alcorão e no Avesta. O bastão dos três caminhos é a figuração da tríplice natureza do homem: mente, corpo e espírito. As luas representam. A essência feminina e as estrelas de cinco pontas são os símbolos das divindades.

Mitos antigos retornam, imprecisos, distantes, contagiando o ambiente tenso. Ao lado do mundo civilizado, da máquina, da poluição e do medo, as bruxas novamente estão voando.

Diz que é muito procurado em seu local de trabalho e tem um meio infalível de ler o destino dos seus consulentes pelas linhas da mão esquerda. Cada um desses indícios, os montes de Mercúrio e de Vênus (próximos aos dedos), para ele não tem segredos.

"A melhor maneira de aconselhar os que me procuram é estudando o que vem gravado em suas mãos. A lenda diz que Deus colocou esses sinais nas mãos do homem como uma marca do destino. A linha da vida (traço inicial do *M* que temos estampado na palma da mão) se for muito curta significa morte prematura. A do coração, linha do meio, se por acaso for cortada por muitas cruzes, é sinal de que a pessoa terá muitos amores. Toda a vida é mágica. É fantástica. Entre o mundo real e o sonho ou pesadelo há apenas um passo. Eu vivo clamando aos céus (na figura dos Orixás) e às camadas mais escuras do cosmos (morada dos Exus). E entre o Céu e o abismo é justamente onde mora o homem, tão confuso e espantado quanto o primeiro humanoide que botou os pés na Lua."

Alva também conhece a Umbanda. Seu guia espiritual é o Caboclo Guaicuru. Nas matas da floresta da Tijuca, na serra do Mar, lá nas cachoeiras do Alto da Boa Vista, ele leva seus seguidores para fazer a limpeza da cabeça. Guaicuru é um espírito de um cacique, conhecedor das ervas. Instintivamente, Alva assobia para chamar os deuses das matas, os sacis e guerreiros, gente que povoa o seu mundo sobrenatural. E por isso é tão procurado por fanáticos, curiosos e outros que necessitam de ajuda espiritual. Mães de Santo, pesquisadores, ogãs (cantores consagrados), jovens cabeludos misturando-se aos velhos bruxos formam a plateia de Antonio de Alva.

Figura 28: Antonio de Alva

Setenta anos de Umbanda com Sete Encruzilhadas

Adjá, novembro de 1978, n. 4
Órgão Cultural Afro-Brasileiro

A matéria é discutida, com prós e contras. O professor Fernandes Portugal achou que tal posição não coincide com a verdade. A maioria, em especial, os que vêm na UMBANDA um meio e não um fim, defende a tese de que Sete Encruzilhadas foi um Revelador, trazendo em sua mensagem de fé, a esperança para milhões de criaturas desiludidas com crenças tradicionais e seus tradicionais "sacerdotes", os quais fizeram da religião uma profissão, vendo na mesma um fim em si mesmo e não um meio.

Lamentavelmente os mesmos espíritos pigmeus invadem a nossa sagrada religião e aqui procuram implantar o comercialismo, introduzindo práticas que ferem os postulados doutrinários ensinados por Sete Encruzilhadas.

A manifestação de Sete Encruzilhadas, o Revelador, se deu, através do conhecido e já desencarnado médium Zélio de Moraes no dia 15 de novembro de 1908, oportunidade em que se identificou como o Sete Encruzilhadas.

Nas sessões subsequentes traçou as normas básicas para o novel movimento religioso.

Adjá, a partir deste número, prosseguirá divulgando tudo o que conseguimos recolher sobre o Missionário dos Cárias. Falaremos de sua natureza mística e sua Divina Missão Espiritual.

Aos que desejem contestar, aconselhamos pesquisar e ler tudo o que existe sobre o movimento religioso afro-brasileiro antes da Mensagem de Sete Encruzilhadas e o porquê de nossa afirmativa: 70 ANOS DE UMBANDA COM SETE ENCRUZILHADAS.

Saravá Umbanda

Afrânio de Oliveira

Jornal *O Dia*, 3/9/1978

Foi um belo espetáculo de fé o encerramento da Segunda Convenção do Conselho Nacional Deliberativo de Umbanda – CONDU – realizada no Centro Espírita Caminheiros da Verdade, no último domingo. Os trabalhos, sob a presidência do irmão Carlos Alberto Dias Belone e coordenados pelos irmãos José Beniste e Altino Cunha, transcorreram sob grande entusiasmo das delegações de todos os recantos do Brasil. Presente o Deputado Átila Nunes Filho, cujo trabalho na Assembleia Legislativa como autentico defensor da Umbanda foi exaltado pela maioria dos oradores, sendo lembrada a ação do parlamentar umbandista quando da fundação do CONDU, em período difícil para nossa religião. A opinião geral, era de que os terreiros do Estado do Rio de Janeiro, devem reconduzir Átila Nunes Filho para um terceiro mandato, em 15 de novembro próximo vindouro, onde prosseguirá em sua luta pelos ideais da Umbanda. O CONDU deu mais uma demonstração da verdadeira liderança que ocupa dentro da Umbanda, secretariado pela querida irmã Lilia Ribeiro, que recebeu, também, uma demonstração de carinho por parte dos convencionais.

Na próxima quarta feira, dia seis de setembro, às 20 horas, no Caminheiros da Verdade, gira e atendimento com a falange dos Pretos Velhos, em sua sede, na Rua Comendador João Carneiro de Almeida, 133, no Engenho de Dentro. Continuem escrevendo para esta coluna indagando a respeito de todas as duvidas sobre a prática da nossa querida Umbanda. Há necessidade de um melhor conhecimento a respeito de nossos preceitos e dos Orixás a fim de andarmos firmes e vitoriosos na estrada da vida.

Caboclo das Sete Encruzilhadas

Lilia Ribeiro

Texto escrito para a ALUERJ (aliança Umbandista do Estado do Rio de Janeiro), 15 de novembro de 1978

Setenta anos de incorporação em seu médium: Zélio de Moraes

A 15 de novembro celebra-se o septuagésimo aniversário de incorporação do Caboclo das Sete Encruzilhadas. O seu médium, Zélio de Moraes, contava, 17 anos. Pertence a uma família católica de tradição, composta quase exclusivamente de militares e sacerdotes. O jovem médium surpreendeu a todos, com a manifestação espontânea de uma entidade que, dando o nome de Caboclo das Sete Encruzilhadas – porque não haveria caminhos fechados para sua trajetória – anunciou a sua missão de estabelecer um culto, no qual os Espíritos, que se apresentavam como de índios e pretos escravos, pudessem cumprir a missão que o astral lhes determinara: purificar o culto, originário no Oriente, mas trazido ao Brasil pelos escravos, que se deturpara nas ultimas décadas do século passado, tornando-se instrumento de interesses pessoais.

Aproveitando a magia milenar dos velhos africanos, homens interesseiros usavam esse poder oculto apenas em detrimento de terceiros, semeando malefícios e obsessões e usufruindo o lucro financeiro tanto para causar mal como para libertar as suas vítimas.

UMBANDA – palavra de origem sânscrita, segundo os estudiosos, conhecida entre nós do vocabulário africano, mas que não caracteriza culto religioso – foi a denominação que a entidade deu a esse movimento cristão, que tinha por base a mensagem do Cristo e se difundiu extraordinariamente, transformando-se na verdadeira Religião Nacional, originária, com a nossa raça, do branco, do negro e do índio.

A fundação dos sete templos que deviam formar o alicerce desta religião foi concretizada ao termo de mais de 20 anos de trabalho construtivo, ininterrupto. Provas extraordinárias de um poder superior, milhares de curas de enfermos que a medicina terrena desenganara, esclarecimentos doutrinários em aulas semanais na residência do médium, em Neves, Niterói, através das quais a entidade preparava moral e espiritualmente os seus auxiliares, foram os pontos principais para efetuar a primeira parte da missão do Caboclo das Sete Encruzilhadas. Desses sete templos, que nasceram na casa por ele fundado em 16 de novembro de 1908 – a Tenda Espírita Nossa Senhora da Piedade – (a denominação espírita era devida ao fato de não ser a Umbanda reconhecida como culto religioso, não se permitindo legalizar sociedades com esse nome) – centenas de outras surgiram, visando a disseminação da doutrina de amor e fraternidade que, embora muito conhecida através do Evangelho, raramente era praticada.

Nesse crescimento religioso, que a partir de 1930 tomou vulto extraordinário, nem todos os dirigentes souberam manter a função de missionários da espiritualidade.

A vaidade, a ignorância, as tentações que a "vil moeda", como dizia o Caboclo, exerce sobre o homem, são as principais responsáveis pelo grande número de Centros, Tendas ou Cabanas que usam o nome de Umbanda pela vibratória intensa do termo – sem, contudo, seguirem as normas estabelecidas pela entidade, desvirtuando a verdadeira codificação elaborada em longos meses de estudos e trabalho prático. Nem todos souberam manter o "slogan": "Umbanda é a manifestação do Espírito para a Caridade". E então, o modesto uniforme branco de algodão deu lugar, em algumas casas que se diziam umbandistas, a vestimentas coloridas, luxuosas, onde a renda e o lamê de alto custo deslumbram o assistente, dando-lhe uma impressão de luxo e estabelecendo, indevidamente, a diferença de situação econômica entre os membros de uma comunidade religiosa.

O ritmo seguro dos cânticos teve o complemento dos instrumentos de percussão, atraindo o Guia não mais pela concentração da mente, mas, principalmente, pelo ritmo de música nativa. A presença dos Caboclos, nos Terreiros, deixou de objetivar exclusivamente a prática da caridade, para constituir uma reunião festiva, na qual os médiuns, incorporados ou não, dançam – não a dança sagrada que constituía parte dos cultos da antiguidade, mas a dança profana, sem significação nenhuma de religiosidade.

E, com o correr dos tempos, o conceito "daí de graça o que de graça recebestes", foi esquecido naqueles locais, sendo substituído pelos cartazes que estipulam preço para "consultas" de Pretos-Velhos, de Exu e das "Ciganas".

A magia que o Caboclo das Sete Encruzilhadas e os seus auxiliares praticavam, incorporados em médiuns cônscios de suas responsabilidades, para curar, retirar obsessores, encaminhar os desviados da trilha do amor fraterno e da caridade, deu lugar à magia terra-a-terra, regada de sangue e motivada pela ambição de maior lucro financeiro.

UMBANDA cresceu e difundiu-se. Milhares de Templos cumprem sua missão de caridade e de esclarecimento. Centenas de casas que, sob o nome de Centros Espíritas ou Templos de Umbanda, nada mais são do que locais de comércio ilegal da mediunidade, aos quais, por vezes, falta até mesmo a mediunidade mais elementar; desvirtuaram os objetivos elevados da doutrina, obrigando-nos a dizer que nem tudo o que traz o nome de Umbanda, é realmente, Umbanda.

Neste mês de novembro, quando celebramos 66 anos da primeira manifestação do Caboclo das Sete Encruzilhadas, quando prestamos nossa homenagem, com respeito e gratidão, a Zélio de Moraes, que até os últimos dias de sua vida, com 84 anos, dedicando as horas, quase todas, do seu dia ao cumprimento da missão que lhe foi delegada – julgamos oportuno lembrar a necessidade de congregar todos os templos

umbandistas que seguem, nos conceitos e na prática, o Evangelho de Cristo, a doutrina do Caboclo das Sete Encruzilhadas, para que a Umbanda continue crescendo e se difundindo cada vez mais, sem permitir que sejam deturpados os seus propósitos.

Existem, é justo dizer, numerosos templos que, embora adotando vestimentas coloridas, atabaques e rituais complexos, dirigem os seus trabalhos apenas para o bem, seguindo os conceitos evangélicos, objetivando a melhora íntima dos seus componentes.

Isto nos leva a sugerir o retorno à antiga denominação de Umbanda, "Linha Branca", para as Tendas que seguem o ritual do Caboclo das Sete Encruzilhadas, determinando como "Linha de Nação" os que se enquadram na descrição acima.

Feita, assim, a distinção apenas dos rituais, permanecendo os conceitos do bem, do amor e da fraternidade, seriam mais facilmente afastados da comunidade umbandista os falsos sacerdotes que utilizam o sagrado nome da Umbanda em benefício de suas aspirações pessoais de vaidade e de enriquecimento ilícito.

A TULEF (Tenda de Umbanda Luz, Esperança, Fraternidade), como descendente de um dos sete Templos fundados, nas primeiras décadas deste século, pelo Caboclo das Sete Encruzilhadas, conserva o ritual preconizado pela entidade: uniforme branco, sem adornos, sem os vistosos penachos que nada significam, pois, na realidade, a denominação Caboclo caracteriza apenas uma classe no plano astral – sem atabaques, sem palmas ritmadas, sem sacrifícios de sangue, sem admitir preço para o atendimento espiritual, pois os nossos médiuns não aceitam, nem esperam, retribuição material pelos benefícios prestados, através de sua mediunidade, aos irmãos que vêm a esta Casa em busca de uma palavra de conforto, de um lenitivo para as dificuldades da vida terrena ou de um simples esclarecimento doutrinário.

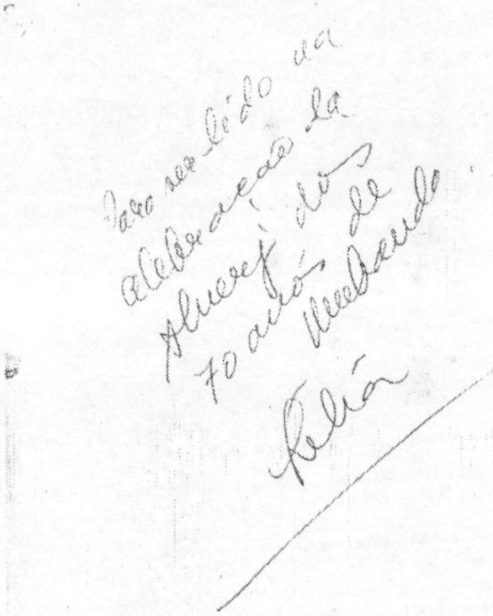

Figura 29: Assinatura de Lilia Ribeiro

Umbanda Brasileira

Esta é uma obra rara da literatura umbandista escrita por José Fonseca, em 1978, e publicada pelo CONDU (Conselho Nacional Deliberativo de Umbanda).

O objetivo do autor foi trazer esclarecimentos sobre os conceitos básicos da religião como: Arcanjos e Orixás; as Sete Linhas de Umbanda; as Entidades de Umbanda; o sincretismo religioso; a mediunidade, as sessões de atendimento; as cerimônias litúrgicas e Quimbanda.

Transcrevemos o prefácio e uma oração de abertura dos trabalhos.

Prefácio

O crescimento da Umbanda tem despertado cada vez mais o desejo de conhecer-se a Doutrina.

Os Centros, Terreiros e Cabanos ontem frequentados apenas pelas classes menos favorecidas o são, nos dias de hoje, por todas as classes sociais, inclusive as abastadas.

Nos atuais Templos de Umbanda encontram-se advogados, médicos, engenheiros, militares de alta patente etc., muitos dos quais em pleno exercício das funções mediúnicas.

O autor, Comandante José Câmara Fonseca é um desses militares, graduado em matemática pela Faculdade Nacional de Filosofia, conheceu a Umbanda aos 15 anos, na Cabana Espirita Nosso Senhor do Bonfim, criança ainda.

Aprimorando o intelecto através do estudo, José Câmara Fonseca não abjurou da crença; ao contrário, persistiu nela porque, naturalmente, logo sentiu necessidade de penetrar nos mistérios da Religião, tida e havida por muitos, ainda hoje, como "religião de analfabetos".

Figura 30: Capa do livro *Umbanda Brasileira*

A prova disso está neste livro, onde ele procura mostrar que a Umbanda é muito mais do que pensam os que apenas a frequentam e "não tem olhos para ver".

Ao escrever A UMBANDA BRASILEIRA, o autor não teve a preocupação de produzir obra literária erudita, mas penetrou, muito sutilmente, em alguns dos mistérios esotéricos vedados, por isso mesmo, aos não iniciados. E o fez com o cuidado de transmitir alguns conhecimentos elementares daqueles mistérios, em linguagem acessível.

Ninguém deverá pretender encontrar nesta obra a verdade absoluta, tão controversa ainda são mesmo para os iniciados, muitos dos temas nela desenvolvidos.

A figura do Exu, por exemplo, já perdeu de há muito e para muitos estudiosos, aquelas características satânicas ou de ambivalência, mesmo porque Satanás não é de nossa crença e a Umbanda, que é caridade, paz e amor não poderá, quando mais não seja por simples questão de bom senso, reverenciar uma entidade voltada para o bem e para o mal a um só tempo. Seria negar-se a Teoria da Evolução que se constitui um dos fundamentos da religião.

No entanto, A UMBANDA BRASILEIRA é uma obra séria porque bem intencionada. É simples na sua linguagem, mas profunda nos seus conceitos. Nela encontramos muitos motivos para reflexão.

Saudemos, pois, a obra e o seu autor.

Rio de Janeiro, 25 de novembro de 1978.

Evaldo Pina

Conselheiro Geral em Exercício.

CONDU – Conselho Nacional Deliberativo da Umbanda

Prece de abertura dos trabalhos de Umbanda

Sob a graça de Zambi, nosso Pai Maior, pedimos que a irradiação do Sol de Oxalá baixe sobre os nossos Guias e nossas cabeças, para termos dirigidos os nossos trabalhos com paz, harmonia e segurança.

Que Iemanjá, Nanã, Oxum e Oxumaré, de poderosas Forças de Purificação, permitam que suas Sagradas Águas venham lavar as impurezas dos nossos corações e ajudem a extrair, do nosso íntimo, o fel dos maus instintos.

Que Ogum, com a sua gloriosa espada nos proteja e nos defenda de qualquer influência perturbadora ou maléfica e, juntamente com Ibeji nos oriente nos trabalhos de magia para o bem.

Que Oxóssi das matas nos envie, conjuntamente com as ervas de Ossaim, a cura e o bálsamo da consolação, tornando as nossas mentes límpidas e esclarecidas, na missão da caridade.

A ti, Omolu, médico dos carentes, que gira para a grande Roda das Encarnações, apoia nossos trabalhos com as Almas, neste Terreiro.

Salve o Arcanjo Miguel, Rei da Umbanda.

Salve o nosso patrono. Salve o Caboclo das Sete Encruzilhadas.

Salve nossos Caboclos, Pretos Velhos, Eres e o Povo da Encruzilhada.

Salve a Umbanda.

Em nome de Zambi, nosso Pai Maior, estão abertos os nossos trabalhos.

Assim seja.

Por que a Umbanda vai à praia no *Reveillion* (e não no Carnaval)

Waldo Luiz

Revista *Fatos & Fotos Gente*, 7 de janeiro de 1980, n. 959

No ultimo dia do ano, à noite, nas praias do Rio, de Santos e de Salvador, reúnem-se os umbandistas, tradicionalmente, na sua homenagem devota à Iemanjá, o Orixá das Águas, a Rainha do Mar. Muitas pessoas, turistas, curiosos e mesmo adeptos de outras religiões acorrem às praias, testemunhando um ritual que não entendem, mas que no íntimo respeitam e, às vezes, temem. Qual de nós, em um *réveillion* do passado, movido por este ou aquele motivo, não jogou flores no mar, esperando a benção de Iemanjá para o ano que começava? Quem não jogou, que atire a primeira pedra...

Já o professor Edmundo Vieira, catedrático de Antropologia, Folclore e Cultura em várias universidades, após incursões nos campos da geografia econômica, sociológica e antropologia cultural, cultural, tornou-se especialista do folclore afro-brasileiro e sabe como ninguém o que significa a Umbanda no quadro cultural do Brasil.

Para ele, os seguidores da Umbanda se reúnem na orla marítima, mas sem correlação alguma com o chamado *réveillion*. Diante do mar, prestam homenagem à uma das forças componentes do planeta Terra, um dos seus campos energéticos, o Orixá Iemanjá. Todo volume de águas salgadas do planeta toma o nome de Iemanjá, na Umbanda. Ocorre que, da mesma forma como a nossa cultura europeia nos fala em potencial hidroelétrico, os africanos simplesmente se referem ao Orixá. Os umbandistas acreditam que a força do mar é maior do que a da humanidade inteira. O Orixá Iemanjá, que é uma entidade feminina, está, portanto, acima do homem e abaixo de Deus, também chamado Olorun.

Sabe-se, contudo, que esta compreensão a respeito do ritual de Umbanda não é generalizada. Muitos ainda se debatem em preconceitos e se recusam a aceitar como racionais os fenômenos que presenciam. O professor Edmundo Vieira, que além de umbandista é também babalaô, esclarece o significado do ritual de fim de ano:

"Como a homenagem é prestada ao elemento liquido, o barquinho normalmente lançado às águas transporta aquelas coisas que os umbandistas ritualisticamente uma oferenda digna de culto ao Orixá feminino Iemanjá. Assim, o barquinho leva pentes, sabonetes, perfumes, leques e caixinhas com fitas do Orixá. São esses os tipos de oferendas comumente usados".

É também verdade que o barquinho leva as esperanças de muitos para o ano que se inicia. Alguns acreditam que se atirando na água para impulsioná-lo, mesmo que não saibam nadar, não morrerão afogados. Durante as oferendas, outros umbandistas permanecem na praia, preparando homenagens e orando ao Orixá.

Cada Orixá – continua o antropólogo – tem um conjunto de orações. As cores, os adereços, as maneiras de se vestir também revelam qual é o Orixá presente. Então, quando olhamos para um médium, sabemos imediatamente a que entidade ele está prestando culto. Por exemplo: branco, azul claro e às vezes rosa – são cores ligadas a Iemanjá; o vermelho a Ogum; o verde a Oxóssi; o amarelo a Oxum; a cor de cobre a Iansã e Xangô etc.

A maneira de dançar de quem recebe a vibração do Orixá Iemanjá também é específica. "Todo Orixá tem o seu jeito próprio e particular de dançar."

Mas o que fica para o olhar atento dos curiosos e céticos é a presença dos descomunais charutos, dos abraços ombro a ombro e de alguns umbandistas rolando pelo chão a receber entidades.

"Quanto ao charuto em si – prossegue Eduardo Vieira – somente a fumaça tem importância. Ela é usada para expurgar as vibrações maléficas do corpo físico. Já o abraço típico do ritual é um gesto de confraternização. Existem vários gestos na Umbanda, sempre de acordo com o Orixá homenageado. Mas se é o rolar no chão de algumas pessoas que impressiona, devo dizer que isto não é intrínseco ou fundamental no ritual de Umbanda. A incorporação umbandista não tem a suavidade da incorporação nos centros espíritas. Quando ela vem violenta, essa agressividade está ligada o grau de evolução da entidade. Se pensarmos em uma incorporação violenta, podemos ainda admitir duas hipóteses: ou o médium não está devidamente treinado ou, em segundo lugar, talvez não seja uma entidade boa que incorpora nele."

Muitos desavisados imaginam que o Orixá se incorpora nos participantes do ritual. Edmundo Vieira discorda e explica:

"O Orixá jamais se incorpora em qualquer médium. Ele apenas poderá vibrar sobre alguns deles. A concepção umbandista de incorporação significa a tomada de parte do cérebro pela entidade que deixou a matéria, o chamado egun. Se porventura o Orixá incorporasse em uma pessoa, esta morreria, por não conseguir abarcar o seu campo energético. Apesar de tudo, um Orixá pode emanar sobre um médium de uma só vez. E isso pode ocorrer em qualquer em qualquer parte do planeta."

Aqueles que temem a Umbanda, não pertencendo ao seu grupo de crentes, acham que não se deve *chutar a macumba* depois de feita. Argumentam que isso traz péssimos agouros.

"Toda forma existencial atrasada e ignorante faz mal – responde nosso catedrático de folclore africano e brasileiro. Assim, a entidade atrasada agride principalmente os que chutam trabalhos de encruzilhada. No caso de Iemanjá, contudo, que é uma força de luz, não acredito que possa haver qualquer efeito maléfico, embora alguns autores afirmem que ela é vingativa. Também não creio que os Orixás se digladiem entre si porque são comandados por Olorum, o deus incompreensível do Candomblé."

E conclui Edmundo Vieira:

"A Umbanda não trabalha para o mal. Já a Quimbanda trabalha exatamente com espíritos não esclarecidos, que não sabem o que fazem. Eles trabalham por dinheiro, por pagamento. A conversa com essas formas existenciais menos desenvolvidos pode estabelecer-se nas frequências mais baixas – a frequência dos Exus – onde os indivíduos podem provocar males em outros indivíduos. É interessante notar que o período de ritual da Quimbanda é o carnaval e não o ***réveillion***. Nesse período, entretanto, a Umbanda fecha as suas portas com medo do que pode acontecer“.

Figura 31: Médium reverenciando Iemanjá em praia carioca. Fonte: Revista ***Fatos e Fotos & Gente***, 07/01/1980, n. 959

Figura 32: Trabalho para Iemanjá na virada do ano. Fonte: Revista *Fatos e Fotos & Gente*, 07/01/1980, n. 959

Figura 33: Oferenda para Obaluaiê. Fonte: Revista *Fatos e Fotos & Gente*, 07/01/1980, n. 959

O colecionador de despachos

Renato Savarese

Revista *Fatos e Fotos Gente*, 07 de janeiro de 1980, n. 959

História fantástica é a do mineiro Antônio Lourenço. Na tentativa de recuperar todo o dinheiro dado aos pais de santo – no tempo em que frequentava macumba, levado pela fé e pela procura de ajuda material e espiritual – ele se apossa agora de despachos encontrados nas encruzilhadas de São Paulo e acredita que, recolhendo esses ***trabalhos***, tenha desfeito muito mal contra pessoas, pois "há pouco tempo, encontrei uma pequena urna funerária com um boneco todo espetado com agulhas. Retirei-as e desfiz o mal".

Esse, entretanto, não foi o único achado de Antônio Lourenço, que já encontrou galinhas com olhos vazados, asas quebradas e profundos cortes indo do pescoço ao peito. Detalhes: as galinhas estavam vivas e, para evitar seu sofrimento, ele as sacrificou. Viu-se, também, diante de pequenos animais domésticos, vivos, com partes do corpo mutiladas. Gatos, cachorros e até coelhos, em muitos casos, os órgãos genitais cortados.

Mas, como todos sabem, os despachos também tem coisas boas. É comum Antônio Lourenço e seu parceiro – que prefere ficar no anonimato – depararem com dinheiro. "Só em moedas, já recolhemos milhares de cruzeiros", diz ele. Além disso, os despachos são fartos em galinhas recheadas, farofa, peru assado e outros pratos bem temperados, que ele costuma saborear, sem o menor constrangimento. Os cabritos encontrados são vendidos a quilo a açougues e frigoríficos.

Champanha e uísques importados misturam-se a cachaças de todas as marcas. Tanto assim que, no depósito da dupla, há mais de quatro mil garrafas de *marafa*, cerca de 1500 de champanha e algumas dezenas de litros de uísque. As garrafas, depois de consumido o conteúdo, são vendidas a depósitos especializados. Ele também estocou uma pomba-gira de mais ou menos um metro de altura, estatuetas de santos, imagens de satanás, velas de várias cores, charutos, cigarros (de marcas até sofisticadas), fitas coloridas e, inclusive tigelas em argila, usadas para colocar os alimentos oferecidos às entidades de magia negra. Todo esse material é comercializado.

Natural de Matipé, norte de Minas, Antônio Lourenço, 36 anos – 10 dos quais passados na capital paulista –, casado, pai de cinco filhos menores, desde muito cedo começou a frequentar terreiros de Umbanda.

"No inicio conta ele – tinha muita fé. Mas vi tanta confusão, tanta besteira, que acabei desacreditando de tudo".

A gota d'água parece ter sido o pai de santo chamado Camarão, que o enganou por muito tempo. A partir daí, ele deixou de ir a centros e pensou em um meio de recuperar todo o dinheiro gasto. Aproveitou, então, a ideia de seu parceiro, a quem visitava constantemente, e foi convidado a participar de uma aventura semelhante. Antônio foi, gostou e continua até hoje.

"Apanhamos *trabalhos* há dois anos e não pensamos em parar. Vou continuar até recuperar todo o meu dinheiro".

Figura 34: Antonio Lourenço: caçador de oferendas em São Paulo. Fonte: Revista ***Fatos e Fotos & Gente***, 07/01/1980, n. 959

Figura 35: Caçando oferendas. Fonte: Revista ***Fatos e Fotos & Gente***, 7/1/1980, n. 959

Conceitos sobre a Umbanda

Extraídos do livreto ***Noções Elementares de Umbanda*** (Conselho Nacional Deliberativo de Umbanda - CONDU), 1980

O nome de Umbanda, que foi dado a um vigoroso movimento de luz, ordenado pelo Astral Superior, através dos Caboclos e Pretos Velhos, é termo litúrgico, sagrado, vibrado, que significa em um sentido mais profundo, o conjunto das leis de Deus.

W.W. da Matta e Silva

A doutrina da Umbanda é um sistema religioso inspirado nas leis divinas. Sua interpretação é feita pelos Guias Espirituais que a transmitem por via das comunicações mediúnicas. A lógica, a justiça e a razão são as bases dos conceitos emitidos pelas Entidades em torno de tudo o que nos rodeia na vida terrena. A doutrina umbandista é uma via de reformação humana, de espiritualização autêntica para transformar em realidade o almejado sonho de fraternidade entre os homens. Não é falsa asserção, pois é notório o resultado obtido com a doutrina ininterruptamente feita pelos espíritos missionários que se apresentam como Pretos Velhos ou Caboclos.

João de Freitas

Não cobrar, não matar, usar o branco, evangelizar e utilizar as forças da natureza. Eis a Umbanda.

Moab Caldas

Os conceitos emitidos através da mediunidade de Zélio de Moraes determinaram uma linha de trabalho que será, mais hoje, mais amanhã, aquela que definirá os rumos verdadeiros da Umbanda.

Floriano Manoel da Fonseca

Estamos vivendo uma religião para o futuro e não para o momento presente; o conteúdo doutrinário e a orientação filosófica devem ser estudados e apreciados de modo seguro e preciso, porque o proselitismo é o meio visado para propagar as ideias e estas devem estar desenvolvidas, permitindo o raciocínio em função da época científica em que vivemos. Umbanda é o ponto de convergência ritual na fusão de raças e crenças, como processo evolutivo em um sentido de espiritualização. É o resultado da evolução do poli sincretismo religioso existente no Brasil, no qual influíram motivações diversas, inclusive de ordem social, originando um novo culto de feição brasileira, em um aspecto de síntese para o futuro. Estratificadas as bases reais e concretas, caminhando para uma definição ritual e litúrgica, será, como qualquer religião, sublime em seus postulados,
edificante em seus princípios, respeitável em seus propósitos, reconfortante para os sofredores, compreensiva com os pecadores e justa em suas leis.

Cavalcanti Bandeira

A Umbanda, esteira de luz a iluminar os filhos de Deus nos caminhos da trevas, chama a si todas as doutrinas evolucionistas que proclamam o Amor Universal, a imortalidade da alma e a vida futura, consagrando-se como verdadeira religião de caráter nacional.

J. Alves de Oliveira

Se a nossa missão é Umbanda, nosso dever primordial é cultuá-la com absoluta convicção, respeitando seus princípios, estudando seus fundamentos a fim de compreender os seus fins. Respeitemos as outras crenças, mas deixemo-las a cargo daqueles que a praticam. Não é certo misturar crenças e rituais. Estudemos a Umbanda, pura, simples, e bela, para que possamos praticá-la conscientemente, elevando-a ao nível que merece. Umbanda é religião e ciência admirável, que apaixona quem a ela se dedica.

Attila Nunes

Religião de raízes antiquíssimas, cujas origens remontam a eras anteriores ao Cristianismo, sua liturgia encontra-se a cada passo do Velho e do Novo Testamento, nos templos do Egito e da Índia e na própria Igreja Católica". Por mais remota que seja uma religião, nela encontraremos os vestígios da Umbanda, ou seja, sob outro ponto de vista, de cada uma delas a Umbanda dos nossos dias colheu uma contribuição para consolidar a sua própria liturgia. Mas assim como a velha religião mosaica, à qual pertenciam os homens que falavam face a face com o próprio Deus, teve de ser expurgada por Jesus de todo rito impuro, a Umbanda deixou para trás a seita que os cientistas classificavam de animismo fetichista e, libertada dos rituais complexos, pesados e, por vezes, contrários às normas de bondade, caridade e perdão, passou a ser o caminho mais simples e acessível para o homem se aproximar do Criador.

José Álvares Pessoa

As origens da Umbanda

Boletim Informativo da Federação Nacional das Sociedades Religiosas, fevereiro, 1982, n. 1
Rua Barão de Ubá, 423

> Os conceitos de Zélio de Moraes são hoje defendidos e propagados pela Aliança Umbandista do Estado do Rio de Janeiro que, desde sua fundação, levantou a bandeira do Caboclo das Sete Encruzilhadas e defende a sua doutrina. Temos certeza que jamais os ideais de Zélio de Moraes serão esquecidos pela ALUERJ e suas filiadas, que se dedicam à Linha do Caboclo das Sete Encruzilhadas, com a disposição de continuarem sempre dentro dessa linha de trabalho que será, mais hoje mais amanhã, a que definirá os rumos verdadeiros da Umbanda.
>
> *Floriano Manoel da Fonseca*

Em fins do século passado existiam, no Rio de Janeiro, várias modalidades de culto que denotavam nitidamente a origem africana, embora já bem distanciadas da crença trazida pelos escravos. A magia dos velhos africanos, transmitida oralmente através de gerações, desvirtuara-se, mesclada com as feitiçarias provindas de Portugal onde, no dizer de Morales de los Rios, existiram sempre feitiços, rezas e superstições.

As "macumbas" – mistura de catolicismo, fetichismo negros e crenças nativas – multiplicavam-se; tomou vulto a atividade remunerada do feiticeiro; o "trabalho feito" passou à ordem do dia, dando motivo a outro, para lhe destruir os efeitos maléficos; generalizaram-se os "despachos", visando obter favores para uns e prejudicar a terceiros; aves e animais eram sacrificados, com as mais diversas finalidades; exigiam-se objetos raros, para homenagear entidades ou satisfazer elementos do baixo astral. Sempre, porém, obedecendo aos objetivos primordiais: aumentar a renda do feiticeiro ou "derrubar" – termo que está muito em voga – os que não se curvassem ante os seus poderes ou pretendessem ante os seus poderes ou pretendessem fazer-lhes concorrência.

Os Mentores do Astral Superior, porém, estavam atentos ao que se passava. Organizava-se um movimento destinado a combater a magia negativa que se propagava assustadoramente; cumpria atingir, de inicio, as classes humildes, mais sujeitas às influencias do clima de superstições que imperava na época.

Formaram-se, então, as falanges de trabalhadores espirituais, que se apresentariam na forma de Caboclos e de Pretos Velhos, para mais facilmente serem compreendidos pelo povo. Nas sessões espíritas, porém, não foram aceitos; identificados sob essas formas, eram considerados espíritos atrasados e suas mensagens não mereciam nem mesmo uma análise. Acercaram-se também dos candomblés e dos cultos então denominados "baixo espiritismo"; as "macumbas". É provável que nestes, como nos Batuques do Rio Grande do Sul, tenham encontrado acolhida, com a finalidade de serem aproveitados nos trabalhos de magia, como elementos novos no velho sistema de feitiçaria.

A situação permanecia inalterada, ao iniciar-se o ano de 1900. As determinações do Plano Astral, porém, deveriam cumprir-se.

Em 15 de novembro de 1908 compareceu a uma sessão da Federação Espírita, em Niterói, então dirigida por José de Souza, um jovem de 17 anos, de tradicional família fluminense. Chamava-se Zélio Fernandino de Moraes. Restabelecera-se, no dia anterior, de moléstia cuja origem os médicos haviam tentado em vão identificar. Sua recuperação inesperada causara surpresa. Nem os doutores que o assistiam nem os tios, sacerdotes católicos, haviam encontrado explicação plausível. A família atendeu, então, à sugestão de um amigo, que se ofereceu para acompanhar o jovem Zélio à Federação.

Zélio foi convidado a participar da mesa. Iniciados os

trabalhos, manifestaram-se espíritos que se diziam de índios e escravos. O dirigente advertiu para que se retirassem. Nesse momento, Zélio sentiu-se dominado por uma força estranha e ouviu sua própria voz indagar por que não eram aceitas as mensagens dos negros e dos índios e se eram eles considerados atrasados apenas pela cor e pela classe social que declinavam. Essa observação suscitou quase um tumulto. Seguiu-se um diálogo acalorado, no qual os dirigentes dos trabalhos procuravam doutrinar o espírito desconhecido que se manifestava e mantinha argumentação segura. Afinal, um dos videntes pediu que a entidade se identificasse, já que lhe aparecia envolta em uma aura de luz.

– Se querem um nome – respondeu Zélio involuntariamente – que seja este: sou o Caboclo das Sete Encruzilhadas, porque, para mim, não haverá caminhos fechados.

E prosseguindo, anunciou a missão que trazia: estabelecer as bases de um culto, no qual os espíritos de índios e escravos viriam cumprir as determinações do Astral. No dia seguinte, declarou ele, estaria na residência do médium, para fundar um templo, simbolizando a verdadeira igualdade que deve existir entre encarnados e desencarnados.

– Levarei daqui uma semente e vou plantá-la nas Neves, onde ela se transformará em árvore frondosa.

No dia seguinte, 16 de novembro de 1908u, na residência da família do jovem médium, na Rua Floriano Peixoto, 30, em Neves, bairro de Niterói, a entidade manifestou-se, pontualmente no horário previsto – 20 horas.

Ali se encontravam quase todos os dirigentes da Federação Espírita, amigos da família, surpresos e incrédulos o grande número de desconhecidos, que ninguém poderia dizer como haviam tomado conhecimento do ocorrido. Alguns aleijados aproximaram-se da entidade, receberam passes e, ao final da reunião, estavam curados. Foi essa uma das primeiras provas da presença de uma força superior.

Nessa reunião, o Caboclo das Sete Encruzilhadas estabeleceu as normas do culto, cuja pratica seria denominada "sessão" e se realizaria à noite, das 20 às 22 horas, para atendimento publico, totalmente gratuito, passes e recuperação de obsedados. O uniforme a ser usado todo branco, de tecido simples. Não se permitiria retribuição financeira pelo atendimento ou pelos trabalhos realizados. Os cânticos não seriam acompanhados de atabaques nem de palmas ritmadas.

A esse novo culto, que se alicerçava nessa noite, a entidade deu o nome de Umbanda e declarou fundado o primeiro templo para a sua pratica, com a denominação de Tenda Nossa Senhora da Piedade, por que:

> Assim como Maria acolhe em seus braços o Filho, a Tenda acolheria os que a ela recorressem, nas horas de aflição.

Através de Zélio manifestou-se, nessa mesma noite, um Preto Velho, Pai Antonio, para completar as curas de enfermos iniciadas pelo Caboclo. E foi ele quem ditou este "ponto", hoje cantado no Brasil inteiro:

> *Chegou, chegou, chegou, com Deus*
> *Chegou, chegou, o Caboclo das Sete Encruzilhadas*

A partir dessa data, a casa da família de Zélio tornou-se a meta de enfermos, crentes, descrentes e curiosos. Os enfermos eram curados; os descrentes assistiam a provas irrefutáveis; os curiosos constatavam a presença de uma força superior; e os crentes aumentavam, dia a dia.

Cinco anos mais tarde, manifestou-se o Orixá Malet, exclusivamente para a cura de obsedados e o combate aos trabalhos de magia negra.

Passados dez anos, o Caboclo das Sete Encruzilhadas anunciou a segunda etapa da sua missão: a fundação de sete templos, que deveriam constituir o núcleo central para a difusão da Umbanda.

Seus dirigentes foram: Durval de Souza, Leal de Souza, João Aguiar, José Meireles, Paulo Lavois, João Severino Ramos e José Alvares Pessoa, respectivamente.

Pouco depois, a Umbanda começou a expandir-se pelos Estados. Em São Paulo fundaram-se, na capital, 23 tendas e 19, em Santos. E a seguir, em Minas, Espírito Santo, Rio Grande do Sul. Em Belém – relata Evaldo Pina – fundou-se a Tenda Mirim de São Benedito, dirigida por Joaquim e Consuelo Bentes. Ele, capitão do Exército, que servia na Capital da Republica, transferiu-se para o Pará, exclusivamente para levar a mensagem do Caboclo das Sete Encruzilhadas.

Confirmava-se a frase pronunciada na Federação Espírita: "Levarei daqui uma semente e vou plantá-la nas Neves, onde ela se transformará em árvore frondosa".

Em 1937, os templos fundados pelo Caboclo das Sete Encruzilhadas reuniram-se, criando a Federação Espírita de Umbanda do Brasil. E, em 1947, surgiu o *Jornal de Umbanda* que, durante mais de vinte anos, foi um órgão doutrinário de grande valor.

Floriano Manoel da Fonseca acompanhou Zélio de Moraes na instalação das federações umbandistas em São Paulo e Minas Gerais.

É comum ouvir-se dizer que a Umbanda foi trazida ao Brasil pelos escravos.

Entretanto, devemos considerar que Umbanda surgiu sobre o amálgama das crenças existentes na época: os cultos negros, os nativos e o cristianismo.

Diz Cavalcanti Bandeira:

> Dos africanos vieram os nomes, ritual e costumes; dos índios, algumas denominações e outros costumes; dos espíritas, a doutrina filosófica moderna; do catolicismo, os santos, os sacramentos e alguma coisa do ritual; dos orientais, todos os fundamentos teológicos.

A crença dos negros desempenhou função relevante na formação da Umbanda, da qual se constituiu um dos principais alicerces, dando-lhe, como contribuição primordial, os Orixás. Em sua prática, a Umbanda aproxima-se mais da origem nativa; na estrutura, porém prevaleceu a influencia africana.

Os conceitos de reencarnação e da comunicação com os desencarnados, já existentes nesses cultos, foram reforçados pelo Espiritismo, através de sua doutrina esclarecedora. O catolicismo deu valiosa contribuição à Umbanda, em grande parte por influencia do negro, ao qual havia sido imposta a assimilação do Orixá ao santo e também através dos primeiros médiuns umbandistas, ainda afeiçoados à religião dominante na época.

Umbanda é o produto de uma evolução religiosa. Suas origens encontram-se nas filosofias orientais – fonte inicial de todos os cultos do mundo civilizado. E a sua implantação, em nossa terra, deu-se com a fusão das práticas, dos conceitos e crenças do negro, do branco e do índio.

O emprego do termo Umbanda, pelo Caboclo das Sete Encruzilhadas, pela primeira vez para definir um culto religioso, no Brasil, deu origem à controvérsias, anos após a fundação dos primeiros templos umbandistas. Entretanto, podemos constatar que, embora existente no idioma africano, o vocábulo não era de uso corrente nos candomblés e nas seitas dele derivadas.

No livro que reúne as teses apresentadas ao I Congresso Brasileiro de Espiritismo de Umbanda, realizado em 1941, o vocábulo Umbanda é considerado de origem sânscrita: "a raiz mais antiga de que há registro acerca de Umbanda encontra-se nos famosos livros da Índia, os ***Upanishads***".

Refere W. W. da Matta e silva (***Umbanda de Todos Nós***, edição de 1956, páginas 12 e 13):

> Verifica-se que até os anos de 1900, 1904, 1916 e 1917, os autores em pesquisas e apurados estudos, na época em que os candomblés conservavam-se mais puros, não encontraram o vocábulo Umbanda.

Matta e Silva cita o testemunho de Waldemar Bento (***A Magia no Brasil***), Roger Bastide (***Imagens do Nordeste Místico***), Gilberto Freyre (***Estudos Afro-Brasileiros***), Nina Rodrigues (***O Animismo Fetichista dos Negros da Bahia***), João do Rio (***As Religiões do Rio***).

Cavalcanti Bandeira reporta-se aos mestres do idioma africano, citando o vocábulo Umbanda como "arte de curar, magia, faculdade de curar por meio da medicina natural ou sobrenatural, ou ainda os sortilégios que, segundo se presume, estabelecem e determinam a ligação entre o espírito e o mundo físico".

Voltemos novamente a Matta e Silva que diz, à página 35 do livro citado:

> O vocábulo Umbanda só pode ser identificado dentro das qualificadas línguas mortas. Todavia, entre os angoleses,

> existe o termo Kimbanda, que significa sacerdote, invocador dos espíritos, firmado no radical MBANDA, conservado através de milênios, legado da tradição oral da raça africana, o qual é uma corruptela do original UMBANDA ou AUM-BANDHÃ...

E prossegue:

> Toda essa complexa mistura, que o leigo chama de macumba, baixo espiritismo, magia negra, envolvendo praticas fetichistas e barulhentas... era a situação existente, quando surgiu um vigoroso movimento de luz, ordenado pelo astral superior, feito pelos espíritos que se apresentaram como Caboclos, Pretos Velhos e Crianças. Praticas as mais confusas e desordenadas, envolvendo oferendas com sacrifícios de animais, sangue etc. E por tudo isso se fez imprescindível um novo movimento, dentro desses cultos ou de sua massa de adeptos, feito pelos espíritos carmicamente afins a essa massa e pelos que, dentro de afinidades mais elevadas, se pautam no amor e na renuncia em prol da evolução dos seus semelhantes, que foi lançado através da mediunidade de uns e outros, pelos Caboclos e Pretos Velhos, com o nome de Umbanda. O termo Umbanda, que eles implantaram no meio, para servir de bandeira a essa poderosa corrente, ensinaram que é um termo litúrgico, sagrado, vibrado, que significa, em um sentido mais profundo, o conjunto das Leis de Deus...

Ramatis, em ***Missão do Espiritismo***, observa:

> Os africanos praticavam a magia indistintamente, como um processo de dinamismo e ação no controle das energias do mundo oculto. Não se distinguiam a magia negra, como atividade maligna, ou magia branca, no sentido benfeitor, mas apenas magia, com os diversos processos de encantamento e feitiçaria. Antes da denominação de Umbanda, os ritos e intercâmbios mediúnicos eram somente conhecidos como Candomblé e macumba, sob o domínio completo do africano versado na magia.

O Marafo

Dr. Adalberto Pernambuco

Na edição 82 (1984) do periódico ***Umbanda em Revista***, editada por Demétrio Domingues, o saudoso Dr. Adalberto Pernambuco[1] escreveu uma interessante matéria sobre o marafo:

Marafo ou Marafa, corruptela de Malafa, é uma palavra de origem Kikongo, oriunda de Malavu, designativa da aguardente pura ou da infusão nesta de ervas maceradas, muito utilizada na Umbanda pelos Pretos Velhos e, principalmente, Exus, quer pela ingestão, quer pela distribuição entre os assistentes.

É um material dotado de grande força no campo da Magia, eis que simboliza a mais perfeita ligação entre os dois elementos essencialmente antagônicos: água e fogo por paradoxal possa isto parecer, e concedendo-lhe, a combustão, uma vitalidade hermética. Daí a propriedade com que os italianos a denominam ***Acqua vita***, ou seja, água viva.

Seu poder magnético decorre exatamente desta conjugação de opostos, incomumente encontrada, o que torna assaz perigoso o seu uso pelos não iniciados. Sua ingestão ritualística deve ser feita de molde a não conduzir a embriaguez, restringindo-se às giras de Exus e aos trabalhos de Pretos Velhos. Nas engiras das demais entidades, seu uso é limitado apenas às descargas e limpezas.

---

1 Nesta época, o Dr. Adalberto Antonio Pernambuco era Presidente da União de Umbanda do Estado do Rio Grande do Sul (atual Conselho Estadual de Umbanda e dos Cultos Afro-Brasileiros do Rio Grande do Sul). Nasceu em 3 de maio de 1928 em Belém do Pará. Foi preparado na Pajelança por Pai Antonio (Índio Paraense). Em Salvador foi confirmado no Candomblé por Mãe Pulquéria, que na época era mãe de Menininha. Em Porto Alegre, 1965, foi apontado na ***Nação***, tendo como seu Pai de Santo, Elizeu de Ogum.

Destarte, um controle rigoroso e efetivo deve ser exercido pelos cambonos no tocante à quantidade de bebida ingerida por um guia, isto se considerarmos que uma grande porção levar-nos-á, incontinentemente a duas conclusões óbvias:

a) Encontra-se ali um quiumba, sedento de álcool ou

b) Um médium alcoólatra mistifica para satisfazer seu vício.

Baseamos nossa assertiva no fato de que, dentro da Magia Prática o álcool é considerado – bem como todos os excitantes – um dos mais preciosos agentes de que o homem dispõe e, sem contraposição, um dos apresenta maior risco, quando impropriamente utilizado.

Seu emprego, sob a forma de aguardente, se caracteriza por uma ação assaz rápida, de pouca profundidade e com duração efêmera. O principal efeito decorrente de sua ingestão é a grande quantidade de força reversa que libera, proporcionando o ativamento do centro intelectual e predispondo o ingestor à recepção de intuições e vibrações que lhe passam pelo cérebro em quantidade e número surpreendentes dada a rapidez com que se extingue sua ação energética. Assim, a eficácia da aguardente se exerce por um lapso de tempo relativamente curto e – isto é o mais importante – nunca se lhe deve recorrer em uma segunda vez no período, exigindo-se repouso de pelo menos duas horas de sono a quem a usou com estes fins específicos, para que as forças despendidas sejam integralmente refeitas.

E este é o maior risco que o álcool proporciona na sua utilização em fins de Magia. Entidades pouco evoluídas, observando ou mesmo conhecedoras de seus efeitos positivos na transmissão das mensagens, mercê da vibração intensa que oferece, induzem o médium a repetir a dose tornando pernicioso o efeito, pois, não atingindo o mesmo elevado grau anteriormente obtido, buscam atingi-lo aumentando a dose e fazendo o aparelho parar, destarte, com longas horas de embrutecimento os poucos minutos de exaltação iniciais.

Ora, evidente se torna que indução desta natureza jamais possa partir de uma entidade de Luz, face aos danos produzidos pelo excesso nos corpos físico e etérico do médium e este é o principal argumento que nos leva a sustentar as duas opções já apontadas: quiumbas e mistificação.

Presidente mistura crença em bruxos com catolicismo

Folha de São Paulo, 1987

Católico fervoroso, leitor assíduo da Bíblia, que costuma ficar sempre à mão tanto no seu quarto quanto no gabinete presidencial, no Palácio do Planalto, o presidente José Sarney costuma cercar-se, no Maranhão, de místicos. Alguns deles, entre os quais seu amigo intimo Moacir Neves, chegaram a prever para o então presidente do PDS a rota do terceiro andar do Planalto.

Seus familiares costumam atribuir o interesse do presidente pelos "bruxos" do Maranhão à curiosidade de escritor. De fato, Sarney relata em contos as lendas místicas de sua terra. Muitos desses "bruxos" frequentam sua casa, jogam búzios, preveem o futuro. Mas, entre amigos, confidencia-se que existe, mais do que o simples interesse do escritor, o do homem religioso.

Em um dos mais famosos terreiros de São Luis, onde se pratica uma variação de Umbanda típica do Maranhão, o Tambor de Mina, há uma foto do presidente, como filho de Xangô. Há também quem diga no Maranhão que o politico Sarney cultuaria os pais de santo por serem eficientes cabos eleitorais.

Ocorre, entretanto, que a residência do presidente na praia do Calhau, é cercada de flores e plantas recomendadas pelos "bruxos" para espantar "maus olhados", entre as quais espada de São Jorge. O presidente não usa roupa marrom que, segundo os místicos, dá azar. E tem sérias restrições a bicho empalhado, outro objeto agourento.

Em uma conversa informal, ele lamentou não ter sido indicado pelo presidente Ernesto Geisel para o governo do Maranhão, como era esperado. Chegou a atribuir o fato a um jacaré empalhado que estava no hall de seu apartamento em Brasília, colocado pelo seu vizinho, o senador Alexandre Costa. Ele sorriu ao contar a história, mas um dos ouvintes comentou depois que Sarney estava falando sério.

Outro hábito de Sarney: jamais entrar por uma porta e sair por outra. O motivo: acredita-se entre os místicos do Maranhão que toda pessoa é acompanhada por um anjo. Quando se entra em algum local, o anjo fica a espera. Caso o dono saia por outro lugar, o anjo ficará perdido e o dono desprotegido.

Em fins de 1985, houve um secreto ritual no Maranhão – na verdade, uma guerra mística. Amigos de Sarney teriam descoberto dezenas de bodes pretos mortos em Codó, cidade a 300 quilômetros de São Luis, um dos principais centros de magia negra no Brasil. Surgiu a suspeita de que se tratava de um "despacho" preparado por inimigos políticos. Houve uma reunião em um dos terreiros para neutralizar os espíritos maus. Durante toda a madrugada dançou-se e tocaram-se tambores pela saúde do presidente.

Supersticioso, Sarney tem mais um ingrediente para se afeiçoar aos misticismos: a constante preocupação com doenças. No final de 1985, seu amigo Moacir Neves previa que, em 1986, Sarney seria acometido de problemas cardíacos graves. Era preciso, segundo ele, fazer uma "corrente". Reuniu amigos, a filha Roseana e a mãe, Kiola.

Todos os dias, às 6 horas e às 18 horas, deveria ser acesa uma vela para a proteção de Sarney. "Ele vai ter problemas cardíacos, mas serão ínfimos. A saúde do presidente está garantida, nós vamos rezar muito por ele", dizia na época, Moacir Neves. Ele via também um destino glorioso para seu amigo: "Ele vai enfrentar turbulências, mas, no final, será glorificado como Juscelino".

As receitas de Moacir para evitar "mau olhado" eram passadas à família Sarney. Uma das fórmulas era colocar sal grosso nos cantos do quarto – um dos cantos, porém, deveria ficar vazio. Mas todos os montes de sal deveriam ser trocados de lugar, sempre deixando um espaço vazio. Antes de tudo, porém, o presidente é um católico. Na noite de Natal tem o hábito de reunir a família e ficar lendo trechos da Bíblia.

Macumba de rico custou trezentos mil

Diário Popular, 20 de dezembro de 1990

Um despacho de 30 metros de extensão movimentou a esquina da Avenida João Paulo I com a Rua Padre Domingos Gava, na Freguesia do Ó, e fez a alegria dos pobres que passaram por ali na manhã de ontem. Montadas por um grupo de pessoas durante a madrugada, as oferendas tinham, além dos tradicionais pertences como charutos, frangos e velas, quilos de cerejas e uvas e muito camarão, a um custo aproximado de Cr$ 300 mil.

Em tempo de vacas magras o jeito é apelar para todos os santos. Se só as rezas não resolvem, a solução pode ser um despacho no cruzamento de uma avenida movimentada. Esta foi, provavelmente, a intenção dos autores de um despacho de aproximadamente 30 metros de extensão, que poderia se candidatar a uma menção no ***Guiness Book***, o livro dos recordes, colocado em frente ao número 1510 da Rua Padre Domingos Grava, esquina com a Avenida João Paulo I, na Freguesia do Ó, Zona Norte da Capital Paulista.

Entre os tradicionais charutos, velas, frangos e pratos de farofa, canjica e acarajé, quilos de frutas da época como mamão, cereja e uva, e muito camarão, havia vários bilhetes agradecendo o bom ano e pedindo saúde e paz para 1991. Dois bilhetes traziam pedidos curiosos. Em um deles o autor, Fred José da Silva, pede para conseguir vender dois carros e ter condições de montar uma loja. Outro, de autoria não identificada, pedia dinheiro para pagar o INPS atrasado.

Segundo os moradores, é comum aparecer trabalhos naquele local. "Mas grande assim é o primeiro", afirmou o funileiro Eugênio Moreira Sobrinho, que contou 20 frangos e dezenas de garrafas de champanhe, vinho e uísque. Mas logo no inicio da manhã muitas pessoas passaram apanhando as frutas e bebidas. "Levaram caixas cheias", disse Eugênio.

Para Eugênio Sobrinho, que se diz médium, o trabalho foi feito por adeptos do Candomblé e seriam, no total, 13 e não apenas um despacho. "Isso não ficou por menos de Cr$ 300 mil", acrescentou. Apenas o comerciante aposentado João Rodrigues, de 71 anos, disse ter visto os autores do trabalho.

Segundo o aposentado, era por volta de 0h 30 de ontem quando quatro carros pararam em frente à sua casa, que fica na Avenida João Paulo I, número 1478. Ele ouviu o barulho dos caros estacionando e desceu para verificar o que se passava. "Eu sai para a porta com um porrete, então eles passaram para outra esquina. Em seguida, passou uma viatura da PM e ouvi-os dizerem: nós já vamos. Quando a policia apareceu, eu entrei e fiquei observando de dentro. Os policiais foram embora e em menos de 20 minutos estava tudo arrumado", afirmou.

João Rodrigues disse não saber quantas pessoas fizeram o trabalho "porque eles andavam muito rápido para arrumar tudo", mas confirma que eram quatro carros e não havia pessoas conhecidas. O funcionário da administração Regional da Freguesia do Ó, Severino Cândido, que esteve no local recolhendo o material, calculado em aproximadamente 300 quilos o total do despacho.

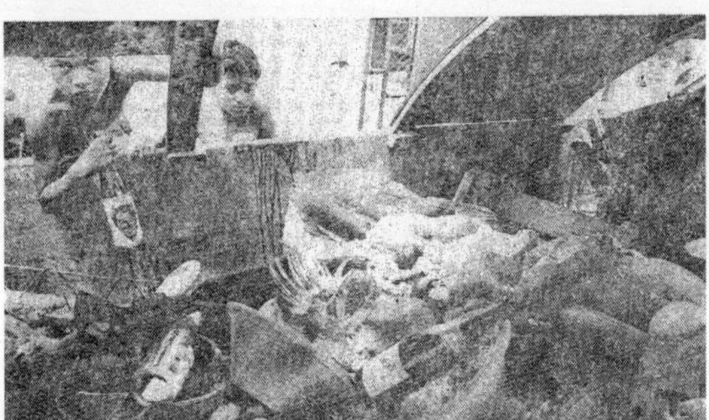

Figura 36: Despacho em São Paulo. Fonte: ***Diário Popular***, 20 de dezembro de 1990

Macumba no Corinthians

Diário Popular, 4/12/1991

Se macumba ajuda a ganhar jogo o Corinthians tem tudo para ser o campeão paulista. Pai Nilson, fanático torcedor corintiano, fez uma oferenda aos Orixás, com 197 velas, 197 rosas, duas vasilhas de pipoca, uma de canjica e um pote de água, e garante que o título ficará no Parque São Jorge. No Morumbi, o ambiente foi dos mais tranquilos. O técnico Telê Santana tirou o dia para contar piadas e o lateral Nelsinho ironizou o futebol moleque de Cilinho, afirmando que o verdadeiro esquema ofensivo é desenvolvido pelo São Paulo. Ronaldo, goleiro corintiano, também deu suas alfinetadas e declarou que a equipe tricolor só sabe dar pontapés.

O Corinthians vai disputar a final do Campeonato Paulista contra o São Paulo em desvantagem no regulamento, mas reforçado pelos Orixás. É o que garante Miranilson de Carvalho, presidente da torcida Trapalhões da Fiel e que é mais conhecido por Pai Nilson. Ontem à tarde, no Parque São Jorge, ele fez uma série de oferendas e logo em seguida, ao jogar os búzios, afirmou que os Orixás aceitaram tudo o que foi oferecido, e vão estar ao lado do Timão na decisão.

O conjunto de oferendas é chamado de ebó. O pai de santo distribuiu o trabalho em frente à estátua de São Jorge. Havia 197 velas coloridas, 197 rosas, duas vasilhas de pipoca, uma de canjica e um pote de água. "As rosas representam força, raça e vida; a canjica significa prosperidade e força coletiva; a pipoca representa os segredos da vida e a água é o símbolo da vida e força positiva", explicou Nilson.

As velas foram acesas pontualmente às 18 horas, uma hora sagrada segundo Pai Nilson. "É uma hora de reflexão e muita energia e o momento em que os Orixás tem mais força para falar com Oxalá", afirmou. O trabalho de Pai Nilson ainda não está completo. Falta o sacrifício de um animal, que será feito em seu barracão. "Não faço em publico porque tem gente que não gosta de ver. Vou sacrificar um carneiro pela paz do estádio, para que não aconteçam brigas e nem acidentes como o do rapaz que pisou em bomba no domingo", afirma.

Figura 37: Pai Nilson faz uma oferenda aos Orixás, joga búzios e garante que dá Corinthians

Pai Nilson disse que no começo do ano previu que o São Paulo seria campeão brasileiro e teria chances também de ganhar o Paulistão, mas a presença do Corinthians na final complica a vida do Tricolor. 'Decidir com o Timão não é fácil, porque a torcida tem representantes de todas as religiões e isso dá muita força ao time", afirmou.

São Paulo campeão

O Campeonato Paulista de Futebol de 1991 teve como campeão o São Paulo, que conquistou o título ao vencer o Corinthians na final, com vitória por 3 a 0 no primeiro jogo e empate sem gols na segunda partida. O artilheiro da competição foi Raí, do próprio São Paulo, com vinte gols marcados.

> Se macumba ganhasse jogo, o Campeonato Baiano acabaria empatado.
>
> João Saldanha[1]

1 Jornalista, comentarista e técnico da Seleção Brasileira.

A nova face da Umbanda

Jornal Zona Sul, 12 de maio de 1989, n. 552

Esta matéria e entrevista com Diamantino Fernandes Trindade foi publicada também nos jornais de bairro: Jornal Bibi Augusta, Jornal Brooklin News, Jornal do Morumbi, Jornal Interior News, Jornal Higienópolis News e Jornal Butantã News, em São Paulo. Estes periódicos tinham a edição de Ronaldo Aun G. Côrtes.

Para falar de Umbanda temos antes de conhecê-la, e para isto procuramos entrevistar Diamantino Fernandes Trindade, um dos maiores pesquisadores da Umbanda no Brasil, juntamente com Ronaldo Antonio Linares. Antes de nos aprofundarmos no assunto, vamos conhecer um pouco deste nosso velho amigo Diamantino.

Diamantino nasceu em Portugal em 1950 vindo para o Brasil em 1954, onde fixou residência com seus pais. Tornou-se um brasileiro autentico, casou-se e é pai de duas lindas meninas: Andréa e Ana Paula. Cursou em nível universitário a Faculdade de Química Oswaldo Cruz, a Universidade Mackenzie onde fez o curso de Estudos Brasileiros. Leciona atualmente, como professor universitário, nas Faculdades Oswaldo Cruz, Faculdades da Zona Leste e Universidade de Guarulhos. Em 1980, Diamantino iniciou sua carreira de escritor, sendo o primeiro livro ***Química Básica Experimental***, que era o primeiro de uma série de 23 livros, nas áreas de Química, Tecnologia e Umbanda, e mais dois no prelo. Dentre os publicados na linha de ciência e tecnologia, destacamos: ***Matemática Industrial***, ***Tecnologia***

Mecânica e *Como Fazer Perfumes* (já em sua sexta edição).

Em 1980, quando Diamantino teve sua veia de escritor despertada, também seu lado místico começou a revela-se. Diamantino, filho de católicos e católico fervoroso praticante ficou receoso com fatos que vinham acontecendo. Foi levado por amigos ao Templo Espiritual de Umbanda Ogum Beira Mar em São Bernardo do Campo e a Federação Umbandista do Grande ABC, em São Caetano do Sul, conhecendo Ronaldo Linares, presidente da mesma. Diamantino relutou, mas deixou que a sua mediunidade florescesse, transformando-se em um médium não apenas de fama respeitabilíssima, mas também em um profundo pesquisador de Umbanda e Cultos Afro-Brasileiros. Após alguns anos de pesquisa passou a escrever alguns livros sobre Umbanda. Os primeiros foram *Iniciação à Umbanda*, em dois volumes, que são considerados pelos maiores conhecedores da literatura umbandista, como o ponto de partida para aqueles que desejam conhecer ou iniciar-se na religião umbandista.

Nada mais lógico do que depois de conhecermos o que é Umbanda, devemos conhecer os Orixás. Para tanto, Diamantino, em parceria com Ronaldo Linares, escreveu a *Coleção Orixás* em cinco volumes. Isto pois, antes de qualquer pessoa se aprofundar na religião, é necessário que conheça seus Orixás.

Diamantino além de professor universitário, escritor, editor-chefe da área de Umbanda e Cultos Afro-Brasileiros da Ícone Editora, é também vice-presidente da Federação Umbandista do Grande ABC, membro do Conselho Consultivo do Superior Órgão de Umbanda do Estado de São Paulo, colunista do Jornal *Noticias Populares*, ministra cursos de formação de sacerdotes na Federação Umbandista do Grande ABC.

Continuando nossa entrevista, procuramos fazer a Diamantino, algumas perguntas sobre Umbanda em geral no Brasil.

Thaís – O que você acha sobre os falsos pais de santo?

Diamantino – São pessoas despreparadas e que se utilizam da religião para explorar comercialmente pessoas necessitadas de caridade.

Thaís – Você poderia citar nomes de pais de santo respeitados?

Diamantino – Podemos citar, dentre os mais respeitáveis,

Ronaldo Linares, sem sombra de dúvida o mais conceituado do Brasil, Demétrio Domingues, Jamil Rachid e Pedro Furlan além de Edison Cardoso de Oliveira, Sima Tchalian, Esmeralda Salvestro Perusso entre outros.

Thaís – O trabalho feito para o mal pode retornar àquele que o fez ou solicitou?

Diamantino – O trabalho feito para o mal fere as Leis de Deus. As Leis Divinas são imutáveis, ocorrendo a Lei do Retorno para estas pessoas. A cada ação corresponde uma reação.

Thaís – É correto invocar espíritos e como se reconhece a mediunidade de uma pessoa?

Diamantino – A invocação de espíritos é correta desde que obedeça as leis espirituais que regem este fenômeno, devendo ocorrer sempre em um recinto apropriado (centro kardecista ou terreiro de Umbanda) devidamente preparado para tal. O reconhecimento da mediunidade em uma pessoa é feito, geralmente, pelas entidades incorporadas nos dirigentes espirituais.

Thaís – Por que os pais de santo muitas vezes não resolvem os seus próprios problemas?

Diamantino – A condição de pai de santo não o torna uma pessoa especial. Ele é humano como todas as pessoas, estando sujeito a todas as vicissitudes do dia a dia. O pai de santo também tem suas dividas cármicas e que ninguém poderá pagar por ele.

Thaís – Caso os leitores queiram adquirir seus livros, onde poderão ser encontrados?

Diamantino – Nas boas livrarias ou na Ícone Editora, Rua Anhanguera 56/66, São Paulo.

Thaís – Qual a mensagem que você deixa para os nossos leitores?

Não importa qual é a sua religião, haja como você queria que os outros agissem com você. Deus está presente em todas e a sua atitude com o seu semelhante é o melhor atestado da sua ligação com Deus. Faça a caridade sem constranger a pessoa necessitada e lembre-se de que amanhã você poderá precisar de ajuda. Que o Grande Arquiteto do Universo possa trazer muita luz a todos vocês.

Saravá, Umbanda!

Reportagem e fotos de Regina Helena Paiva Ramos

Revista *Visão*, 15/11/1989, n. 46

A Umbanda está fazendo anos. E seus dirigentes garantem que ela nasceu do Kardecismo e não do Candomblé. Há um grande e sério movimento para a codificação dos seus ritos.

Os mais de 40 milhões de umbandistas do país estarão no dia 15 de novembro festejando o aniversário de nascimento de sua religião. O número de fiéis é uma estimativa realizada pelos dirigentes umbandistas. De acordo com Diamantino Fernandes Trindade, português, 39 anos, professor de química, babalaô e vice-presidente da Federação Umbandista do Grande ABC, em São Paulo, "por ocasião dos censos raramente as pessoas declinam serem umbandistas. Na maior parte das vezes dizem-se católicas ou espíritas, por hábito". Só na Federação Umbandista do Grande ABC estão filiadas hoje 1500 tendas; na Federação Paulista de Umbanda, 180 (mas sabe-se que há centenas delas espalhados por todo o Estado). Estima-se que os terreiros de Umbanda no Rio de Janeiro sejam cerca de 20 mil. A União de Umbanda do Rio Grande do Sul tem uma casa filiada em Roma (VISÃO, 03/10/1983) e exportou a religião para o Uruguai e a Argentina. E de tal forma a Umbanda se expandiu nesses países que em 1978 a Primeira Convenção Umbandista do Uruguai reuniu aproximadamente 50 mil pessoas no Estádio do Peñarol, em Montevidéu. Diamantino garante também que há terreiros de Umbanda em Lisboa, pela grande influencia de brasileiros que lá vivem; que há pelo menos uma tenda de Umbanda em Israel, fundada por um seu aluno; e que a Umbanda está disseminada também nos Estados Unidos, com várias tendas em Nova Iorque.

Brasileira por quê?

Durante muito tempo afirmou-se que a Umbanda teria sido originária do Candomblé, religião de origem afro. Querendo praticar os seus ritos, e sendo impedidos pelos brancos católicos, os escravos negros acabaram por criar o sincretismo religioso, "batizando" seus Orixás com nomes dos santos católicos. Permaneceram os ritos, as vestimentas, as comidas de santo, as palavras africanas. Nascia assim o Candomblé – uma palavra inexistente nos diversos dialetos africanos.

A Umbanda não seria a versão sulista dos candomblés da Bahia?

Diamantino Trindade, autor de vários livros sobre a Umbanda, incluindo ***Iniciação à Umbanda***, nega isso, veementemente. "A Umbanda é filha do Kardecismo e prima distante do Candomblé",[1] diz. E informa que Ronaldo Linares, pesquisador de Umbanda, tanto investigou que chegou ao nascimento da Umbanda, que teria ocorrido em Niterói, no dia 15 de novembro de 1908.

A história é esta: Zélio de Moraes, que viria a ser o fundador da Umbanda, tinha dezessete anos quando começou a ter o que a família – católica – chamou de "ataques". Foi levado sem sucesso a médicos e a sacerdotes. Até que o levaram a um centro da linha de Allan Kardec. Lá, uma entidade manifestou-se em Zélio de Moraes, identificando-se como índio. Interpelado pelo médium José de Souza, o índio explicou que a finalidade da sua presença era trazer uma religião nova, na qual todos os espíritos poderiam manifestar-se. "Explica-se: as mesas kardecistas estavam muito elitistas e, quando apareciam, espíritos de negros eram convidados a retirar-se", conta Diamantino. O índio que se manifestou naquele dia declarou chamar-se Caboclo das Sete Encruzilhadas, mas contou também que em outra encarnação havia sido o jesuíta Gabriel Malagrida, sacrificado na fogueira pela Inquisição por haver previsto o terremoto que destruíra a cidade de Lisboa em 1755. O caboclo-jesuíta informou aos

1 Hoje a visão do autor é um pouco diferente, como os leitores já puderem ver em outros capítulos da obra, mas não foge muito disto.

presentes que no dia seguinte, na casa onde residia o seu aparelho, seria realizada uma sessão em que qualquer entidade que aparecesse poderia manifestar-se.

Tenda de Umbanda

O dia seguinte seria 1t6 de novembro e o ano, 1908. O caboclo informou ainda que a nova igreja seria chamada de Tenda Nossa Senhora da Piedade, "pois, da mesma forma que Maria ampara nos braços o filho querido, também serão amparados os que se socorrerem da Umbanda".

Tenda por quê? Porque lembra uma casa humilde, justificou o caboclo. Umbanda por quê? As versões, aqui, variam. Pode ter vindo da palavra ***Alabanda***, que significa "Lado de Deus". Pode ter vindo de ***Aum-Bandha***, que significa "O limite do ilimitado" ou "O principio divino". Ou de ***Umbanda***, arte de curar, de ***Kimbanda***, que quer dizer curandeiro na linguagem quimbundo.

"Zélio de Moraes não conhecia os Orixás africanos. Vinha da religião católica, conhecia os santos católicos. Na Umbanda, portanto, ocorre um sincretismo as avessas", diz Diamantino Trindade. A Umbanda nasceu, portanto, no Brasil, filha do Kardecismo. As tendas, a partir da primeira, foram se espalhando, cada qual introduzindo novos elementos: atabaques, velas coloridas, guias. Zélio não tinha condições de controlar todas as tendas e houve também muita mistura com o Candomblé, a ponto de hoje admitir-se que há por aí muitos terreiros de "Umbandomblé".

A pesquisadora Patrícia Birman, no livro ***O que é a Umbanda***, embora não se refira ao episódio de Zélio de Moraes, garante também que a Umbanda é uma religião brasileira, por utilizar-se dos elementos africanos, indígenas e brancos, misturando, como aconteceu na formação do próprio país, as três raças.

A procura da ordem

Os dirigentes da religião brasileira estão, de tempos para cá, procurando ordenar a grande desordem na qual a Umbanda se transformou, com tendas diversas realizando cada qual o seu próprio rito, algumas abusando da crença dos fiéis, utilizando-se de matança de animais e de ritos bárbaros e primitivos.

"É um trabalho de formiga", diz Diamantino Trindade. "Publicamos livros, realizamos cursos, damos orientação. Em 1981, no Congresso Paulista de Umbanda foi aprovada a tese de 'abolição da matança de animais', de autoria de Ronaldo Linares. Estamos tentando codificar a religião, sabemos que isso virá, definitivamente, com o tempo".

Diamantino Trindade, que vai publicar juntamente com o médium Edison Cardoso de Oliveira o livro *A Umbanda na sua vida diária*, mostra algumas diferenças fundamentais entre o Candomblé e a Umbanda: "Na Umbanda pura não existem manifestações de Orixás, e sim de suas entidades. No Candomblé descem os Orixás, na Umbanda a Cabocla de Oxum, o Caboclo de Ogum, o Preto Velho de Obaluaiê. Na Umbanda, temos a divindade Iemanjá – cuja imagem lhe é exclusiva – descrita por uma médica, médium vidente.[2] Há também três entidades principais. Olorum (Deus), Oxalá (Jesus) e Ifá (Espírito Santo), que se invoca no jogo de búzios. Na Umbanda temos um curso de formação de sacerdotes de dois anos, com aulas semanais. O Candomblé conta com dezesseis Orixás; a Umbanda, com dez"

A festa maior

Sobre a maior manifestação religiosa do Brasil – as festas para Iemanjá, que acontecem no dia oito de dezembro – e o culto a Iemanjá na passagem do ano, o babalaô concorda que talvez seja uma das maiores manifestações religiosas de todo o mundo, mas tem criticas: "É uma festa deturpada, a da passagem do ano. Geralmente a maioria das pessoas já comeu carne, já bebeu. É bastante difícil a sintonia entre você e o Orixá nessas condições. De toda forma, trata-se de um culto pelo qual o país todo mostra que está referenciando um Orixá muito brasileiro, e que criou um rito brasileiro".

2 Nessa época o autor ainda conhecia o trabalho da Dra. Dalla Paes Leme.

Na casa de Ogum Beira Mar

É uma sal quase humilde. Limpa. Pequena. Em uma espécie de palco, fechado por uma cortina, fica o altar, com o Coração de Jesus ao centro, cercado por vários santos do catolicismo: São João Batista, São Roque, São Jerônimo, São Lázaro, Santana, Santa Bárbara, São Cosme e São Damião. E Iemanjá, claro.

Antes de a sessão ser iniciada, a cortina está fechada, os médiuns vão chegando, fazendo uma rápida saudação e entrando. O público, quieto, senta-se em bancos rústicos e ouve musicas sacras, entre as quais a *Ave Maria*, de Schubert.

O babalaô Edison Cardoso de Oliveira, que mais tarde estaria recebendo Ogum Beira Mar, ou Pai Guiné, ou ainda Zé Baiano explica como funciona a casa, o Templo Espiritual de Umbanda Ogum Beira Mar.

"Oramos, desfazemos trabalhos de magia, anulamos influencias maléficas. Trabalhamos pela saúde e damos orientação para o dia a dia das pessoas. Não fazemos magias, nem o que se chama de 'amarração'. Não desfazemos casais. A Umbanda deve atuar apenas no amor e na luz de Oxalá".

Edison tem 32 anos e trabalha na Umbanda desde os 14. Cardíaco, desde criança tinha febres reumáticas e apresenta sério problema na válvula mitral e na aórtica. Após a iniciação na Umbanda, melhorou muito, mas deverá ser operado em breve.

Sério, muito respeitado pelos médiuns que frequentam sua casa, ele quer que a Umbanda seja considerada uma religião séria. Aborrece-se muito com as mistificações, com o oportunismo e com as malandragens de outros terreiros, "que só tem contribuído para que a Umbanda ainda seja vista com preconceito".

As sessões na casa de Ogum Beira Mar começam às 20 horas, mas o publico chega a partir das 17 horas. Recebe fichas, para passe e consultas. A sessão tem inicio com cânticos, os médiuns incorporam e passam a trabalhar. O publico mantem-se calado. Aliás, em todas as paredes há placas pedindo silencio e oração. É proibido fumar. E as pessoas que tenham ingerido bebida alcoólica não podem participar.

Figura 38: Babalaô Edison Cardoso de Oliveira comanda obrigação para Oxum. Fonte: Revista *Visão*, 15/11/1989, n. 46

Figura 39: Pretos Velhos atendem consulentes na Casa de Ogum Beira Mar. Fonte: Revista *Visão*, 15/11/1989, n. 46

Figura 40: Diamantino e Edison seguem os rituais iniciados em 1908, pelo fundador da Umbanda, Zélio de Moraes. Na foto os dois aparecem incorporados com Pretos Velhos na Casa de Ogum Beira Mar. Fonte: Revista *Visão*, 15/11/1989, n. 46

Missa no pelourinho marca ritual do Axexé em terreiro

Folha de São Paulo, 13 de agosto de 1993

Cerimônia lembra a morte de Mãe Menininha

Uma missa às 8 horas de hoje na Igreja de Nossa Senhora do Rosário dos Pretos, no Pelourinho (Centro Histórico de Salvador), marca os sete anos da morte de Maria Escolástica da Conceição Nazaré, a Mãe Menininha do Gantois. A missa é uma das últimas etapas do ritual de axexé – cerimônia fúnebre iniciada há uma semana – para lembrar a morte da Mãe de Santo.

O axexé está sendo realizado no terreiro do Gantois e godos os participantes cumprem as obrigações religiosas de branco. Somente os iniciados no Candomblé participam. O ritual começa logo após a morte do pai ou mãe de santo para a escolha do seu sucessor e pode se prolongar por até 21 anos.

O diretor do Centro de Estudos Afro-Orientais da universidade Federal da Bahia (UFBa), Júlio Braga, disse que o axexé é realizado geralmente para homenagear as pessoas que ocuparam importantes cargos na estrutura do Candomblé.

Segundo Júlio Braga, o ritual acontece normalmente entre 19 horas e meia noite. O axexé começa com cânticos. Somente as pessoas mais íntimas do pai ou mãe de santo participam da última etapa do axexé. "As pessoas fazem uma roda com danças individualizadas", disse Júlio Braga.. No centro do terreiro, ficam pratos com alimentos "sagrados" do Candomblé – farofa, quiabo cozido, entre outros.

O axexé de Mãe Menininha do Gantois está sendo realizado pela quarta vez. "Nós aproveitamos este ritual para demonstrar todo o nosso sentimento", disse a sucessora de Mãe Menininha, Cleuza Millet.

Figura 41 Mãe Meninha (na frente à esquerda) aos oito anos de idade. Fonte: Memórias da Bahia, vol.2, 2002. Empresa Baiana de Jornalismo S/A.

REVISTA Umbanda: Origens e Rituais

Em 1995 a Editora Pen, de São Paulo, lançou a revista ***Umbanda: origens e rituais***, redigida por Brasão de Freitas. No seu primeiro número, o periódico trazia como tema Os Sete Orixás e a Criação do Universo, com os seguintes capítulos: Os Caminhos da Umbanda, A Gênese do Universo segundo a Umbanda, A Evolução segundo a Umbanda, As Correntes da Umbanda, A Religião de Umbanda e Os Orixás.

Apesar de bem escrita e de leitura agradável, o projeto não passou do primeiro número.

Figura 42: Capa da Revista ***Umbanda: origens e rituais***

O desencarne de Mãe Zilméia de Moraes

Mãe Zilméia de Moraes Cunha, filha de Zélio de Moraes, desencarnada em 2010, já é conhecida por todos aqueles que se interessam pela história da Umbanda. Diversas páginas da Internet registraram o passamento para o outro lado da vida. Apresentamos três citações:

Adeus à nossa mãezinha querida Zilméia

Na sexta feira outonal de 17 de setembro de 2010, o dia demorou um pouco mais a aparecer e o sol, meio acanhado não pode deixar de clarear o dia. Mas não foi como tem sido desde o final da década de 1970 quando da passagem do fundador da Umbanda no Brasil, ZÉLIO FERNANDINO DE MORAES.

Hoje o dia apareceu mais triste, mais embaçado e cabisbaixo porque perdeu a luz que irradiava de nossa querida mãe espiritual e filha de Zélio, a nossa querida mamãe ZILMÉIA DE MORAES CUNHA.

Mas o céu... Ah! O ceú... Este acordou em festa, muito alegre e mais iluminado, por causa da presença de mamãe Zélia. O céu ficou tão iluminado que o sol não pode ignorar tanta alegria e acabou por ensolarar a terra e a nós, por consequência.

Os Anjos, os Orixás e os Guias puderam recebê-la com carinho e conduzi-la, com muita gentileza, até os braços de seus pais e irmã Zélia, tão queridos e por tanto tempo distantes.

Finalmente a família de Zélio de Moraes se reencontrou e

estão em paz ao lado dos espíritos que tanto amaram.

Mas infelizmente sabemos que para os que ficaram principalmente os familiares, a dor da perda é imensa e demora a passar, por isso, compartilhamos a todos que a família Linares se solidariza com as famílias Moraes/Cunha.

Publicado por Ronaldo Antonio Linares no site *http://www.santuariodaumbanda.com.br* em 17 de setembro de 2010.

Mãe Zilméia foi para o Mundo Maior

A grande família umbandista está de luto pelo desencarne, aos 95 anos, de Mãe Zilméia de Moraes, filha de Zélio de Moraes. Juntamente com Mãe Zélia de Moraes, também já desencarnada, deu prosseguimento ao brilhante trabalho de seu pai, dirigindo a Tenda Nossa Senhora da Piedade e a Cabana de Pai Antonio.

Dedicou sua vida à prática da verdadeira caridade ensinada pelo Caboclo das Sete Encruzilhadas.

Tive o privilégio de conviver, e aprender seus ensinamentos, com essa mãe de amor e bondade extrema e mediunidade impar. Até hoje utilizo a minha guia pessoal confeccionada por ela em 1985 e cruzada por Tiana, a Preta Velha que a tanta gente consolou.

A Cabana de Pai Benguela deixa suas condolências a todos os familiares e irmãos da Tenda Nossa Senhora da Piedade.

Temos certeza que Nosso Pai Oxalá a recebeu com suas preciosas bênçãos de paz e luz.

Publicado por Diamantino Fernandes Trindade no blog *http://mandaladosorixas.blogspot.com* em 17 de setembro de 2010.

Falecimento de Dona Zilméia de Moraes Cunha

Infelizmente, venho informar a vocês que Dona Zilméia de Moraes Cunha, filha de Zélio Fernandino de Moraes, faleceu hoje, dia 16 de setembro de 2010, por volta das 19:30 horas, em Ilha Bela, SP.

O enterro será realizado sábado, dia 18 de setembro de 2010, às 11: 00 horas, na Capela N.S. Conceição, no Cemitério de Maruí, no bairro de Barreto, em Niterói, RJ.

Nós, do blog Registros de Umbanda, prestamos nossas mais sinceras condolências à família e desejamos que o Caboclo Branca Lua, Tiana e Belinha, acompanhados de Zélio, de Dona Manacá, de Zélia, de Pai Antônio, de Orixá Malet e do Caboclo das Sete Encruzilhadas, possam recebê-la de braços abertos em seu retorno para casa.

Publicado por Renato Henrique Guimarães Dias e Pedro Kritski, no blog
http://registrosdeumbanda.wordpress.com em 16 de setembro de 2010.

Em 2006, Mãe Zilméia foi entrevistada por Marques Rebelo (Revista Espiritual de Umbanda) e Ivan Barbosa (Revista Esotera). Apresentamos essas entrevistas nos próximo capítulos e também um depoimento de Mãe Zilméia sobre Vó Tiana.

Figura 43: Mãe Zilméia incorporada com Vó Tiana.

Mãe Zilméia - 88 anos de dedicação e caridade

Reporagem de Marques Rebello

Revista Espiritual de Umbanda, n. 3, 2003

A lucidez, a sabedoria e a humildade sempre acompanharam Mãe Zilméia em seu caminho espiritual. Ela teve a graça de ser filha carnal de Pai Zélio de Moraes e fazer parte da história do marco oficial da Umbanda no Brasil, da qual é fonte de informação nos dias de hoje.

Aos 88 anos, continua à frente de todo o trabalho iniciado por Pai Zélio sob a orientação do Caboclo da Sete Encruzilhadas, dirigindo os trabalhos da Tenda Nossa Senhora da Piedade, que mantém ativa a essência da Umbanda.

Mãe Zilméia nasceu e cresceu dentro da religiosidade da Umbanda, sempre trabalhando por sua evolução. Hoje, apesar da idade avançada, dá exemplo de amor e dedicação a todos que comparecem aos trabalhos da Tenda.

Preocupada com os rumos que a nossa Umbanda vem tomando, quando muitas vezes a essência é esquecida, afirma que a cartilha deixada por seu pai sempre foi e sempre será por ela seguida.

Tocando todos os trabalhos com muito amor e sempre exaltando a importância da caridade, Mãe Zilméia emociona a todos com sua simplicidade.

A senhora nasceu em uma família diferente. Quando percebeu essa diferença e como foi o despertar para a espiritualidade?

Mãe Zilméia – O centro praticamente nasceu na casa onde morávamos, em Neves, e esta lá até hoje. Então, eu estava sempre participando, vendo as sessões e gostando. Pai Antonio vinha com muito carinho e até me apelidou de Carneirinho; todos me chamam assim por lá.

Aos 12 anos, era cambona de Pai Antonio e ogan de canto, puxava todos os pontos. Depois, apareceu o Orixá,[1] que tomou conta das demandas, das feitiçarias, das pessoas que chegavam doentes, mas era doença espiritual.

Recebi uma vez na sessão, sem nunca ter me desenvolvido, o Sete Flechas, que depois veio trabalhar com minha irmã, que foi até chefe de terreiro.

Toda minha vida sempre foi voltada ao espiritismo, à caridade. Às vezes, com sacrifício. Não pensem que ser espírita é ser clemente. Pai Antonio sempre dizia isso. É a humildade que temos com as pessoas, o carinho, o amor que podemos doar. Toda a minha vida pratiquei isso e continuo praticando até hoje.

Durante todo esse período, vocês sofreram algum tipo de discriminação?

Mãe Zilméia – Sim. Quando as sessões começaram lá em Neves, a policia ia para cima. Sempre diziam que a policia viria, mas papai não tinha medo.

Um dia chegou um policial e Pai Antonio disse para mim: "Carneirinho, deixe-o chegar aqui". Ele foi com muita vontade de acabar com a sessão e quando entrou na sala, caiu. Pai Antonio disse: 'Deixa que ele irá acordar". Ele chegou perto, falou com ele, que logo acordou e tornou-se nosso amigo, porque viu que era verdade.

Lá o movimento era enorme, os trabalhos eram realizados de segunda, quarta e sexta, às vezes, era preciso algo especial.

Pai Zélio tomou a iniciativa de registrar a Tenda Nossa Senhora da Piedade. Naquela época havia outras manifestações da Umbanda? Existiam Federações umbandistas?

Mãe Zilméia – Papai, por exemplo, teve uma doença, uma espécie de paralisia, mas tudo isso aconteceu para ele entrar no caminho da caridade.

Havia muitos médicos na família e ninguém curava. Então, ele foi levado até a Cândida, uma rezadeira do Bairro Fonseca

1 Orixá Malet.

para ser rezado, porque minha avó, desesperada, o levou. Dali foi levado para a Federação Espírita do Estado do Rio, em Niterói, que ainda existe. Não havia federações umbandista, só havia curandeiros e rezadores dos quais ouvíamos falar.

E o termo Umbanda? Já era utilizado ou foi a partir do Caboclo Sete Encruzilhadas?

Mãe Zilméia – Foi a partir do Caboclo Sete Encruzilhadas. Lá na Federação, o Senhor José de Souza, que nessa época era presidente, perguntou o nome da entidade e ele deu o nome de Caboclo Sete Encruzilhadas, porque não havia caminho fechado para ele. O termo Umbanda eu não me lembro de ter sido utilizado naquela época.

Naquela época havia o culto de Umbanda com tambores e as outras coisas que foram com o tempo sendo incorporadas ao culto?

Mãe Zilméia – Nada disso era utilizado. Faço o que aprendi com Pai Antonio e o Caboclo Sete Encruzilhadas, porque todos os terreiros que tenho frequentado nem parecem um terreiro do Caboclo Sete Encruzilhadas, fazem coisas esquisitas. Mas, cada cabeça é uma sentença. Vou porque me convidam, agradeço, gosto de ir, mas é bem diferente. Cada um gosta de um jeito.

Vocês não utilizam o atabaque. Como a senhora vê a utilização do atabaque nos cultos, visto que é o toque de um mantra?

Mãe Zilméia – Eu acho que o atabaque traz muito animismo ao culto, digamos que é a empolgação do batuque, porque é um batuque. Então, como o Caboclo Sete Encruzilhadas nunca quis, eu acompanho a cartilha que aprendi com ele.

Muitos templos estão se afastando da questão da caridade, muitas vezes cobrando mensalidades altas do corpo mediúnico e, principalmente, se afastando da comunidade. Como a senhora vê o trabalho junto à comunidade próxima?

Mãe Zilméia – O vil metal está atrapalhando a humanidade. Aqui, nós não cobramos nada.

Papai era de família de classe média, mas não era rico, lutou muito na vida. Muitas vezes precisávamos realizar trabalhos muito sérios na tenda, em que muita gente caía com a magia. Aqui mesmo houve um caso. Meu irmão mais moço achou que papai estava maluco, porque uma moça veio de cadeira de rodas e papai a mandou sair andando. Esse meu irmão, que também já fez a passagem, era um ótimo médium, mas muito rebelde, e disse que papai estava maluco, fazendo curas que nunca viu na vida.

Conte um pouco sobre a sua experiência com a família que teve no plano material.

Mãe Zilméia – Papai tinha uma irmã chamada Zilca, que foi uma médium. Minha mãe trabalhava até com Caboclo Roxo. Éramos quatro irmãos: Zélia, Zélio, Zilméia e Zarci. Zarci trabalhava muito na vida material, trabalhava nas sessões, mas era muito rebelde. Foi jogador de futebol, esteve no Botafogo por 11 anos. Havia um preto, o Pedro Banguela, que fez curas muito bonitas, trabalhava e ajudava quando podia, porque viajava muito. Meu irmão Zelinho foi o que nunca sentiu nada, mas era uma pessoa de muita fé e sempre que podia cambonava a sessão.

A família era essa. Zelinho casou-se e teve uma filha; Zarci e Zélia não tiveram filhos, e eu tive uma filha, a Ligia Maria. Ela agora é a vice-presidente da tenda.

Eu, infelizmente sobrei. Alguma coisa ainda tenho de fazer.

Médium Roberta – Qual a mensagem a senhora deixa aos médiuns mais novos, como o meu caso também, para que possamos levar a Umbanda de forma que as próximas gerações deem continuidade?

Mãe Zilméia – Todos os médiuns devem ser humildes... e virtuosos também. Na vida, precisamos ter moral, isso é muito importante. Não é que alguém seja santo e nem que aqui seja uma casa de soldados, mas acho que devemos ser obedientes àquilo que o Chefe da sessão está nos passando.

A humildade, o amor e a caridade devem estar acima de tudo.

Médium Roberta – Depois da passagem do Pai Zélio, como ficou o contato com o Caboclo das Sete Encruzilhadas? Como é essa comunicação?

Mãe Zilméia – Eu recebo os recados por Tiana, que está muito perto de mim. Às vezes, estou fazendo meu tricô, olho para o lado e vejo que Tiana chegou, então ouço o que ela vai dizer. Mas é ordem superior. Atualmente, Branca Lua é o chefe do terreiro, mas ele trabalha com ordem de cima.

Quando papai faleceu, dois dias antes de fazer a passagem me chamou na sua tenda e disse:

"O Caboclo está me dizendo que daqui a dois dias estarei bom. Mas Pai Antonio mandou botar essa guia no seu pescoço. É a guia de papai". Aquilo me causou um mal. Dois dias depois ele faleceu. Sua cura foi a passagem.

A luz do Caboclo Sete Encruzilhadas é muito bonita, é um relâmpago que passa, não aparece mais como Caboclo, como vejo o Branca Lua e outros caboclos. Graças a Deus, tenho um pouco de vidência, que às vezes até me atrapalha, mas é como um relâmpago, daqueles que vemos no Céu em dias de temporal, uma luz azul muito forte.

Qual o fundamento das oferendas?

Mãe Zilméia – Pedir forças. Sou médium atualmente, presidente da casa, mas sou um médium como outro qualquer, apenas tenho um pouco mais de responsabilidade. Não tenho vaidade e atendo a todos: pobre, rico, preto, branco. A oferenda é uma oferta que fazemos agradecendo os dias ou o ano que se passou. Até hoje faço todas as oferendas nos dias dos Orixás.

Vocês realizam duas grandes festas anuais. Fale sobre essas festas.

Mãe Zilméia – A festa de Ogum, apesar do Chefe ser de Oxóssi, é a maior para nós e a Festa das Fitas, que é um trabalho com fitas das cores dos Orixás. A fita é passada em volta da garrafa, que é despachada. Ali todos estão de rosa, pensando em coisas boas para si e para a família. É uma cerimônia muito bonita. Este ano será nos dias 15 e 16 de novembro. Sempre realizamos aos sábados, próximo ao feriado do dia 15 de novembro.

Explique o que é o culto do Amaci e como o ritual é executado.

Médium da Tenda – É a purificação e a fortificação do médium, uma limpeza mediúnica de fortalecimento para o ano vindouro. É realizado em duas partes. Dia 15 é feito o ritual das fitas, que a Dona Zilméia estava falando. Nesse ritual são enroladas as fitas de todos os Orixás em uma garrafa e no dia seguinte essa garrafa é oferecida no local determinado pelo guia chefe.

No dia seguinte é feita a lavagem da cabeça da seguinte maneira: É feita uma cama com folhas de mangueira. Em uma bacia são colocadas todas as bebidas utilizadas durante o ano, ou seja, água do mar, do rio, para beber, champanhe, guaraná, vinho branco, tinto, enfim, todas as bebidas.

Dona Zilméia estará novamente iniciando o ritual da lavagem das cabeças e cada pessoa leva uma folha colhida na mata; ela faz a abertura, rasga as folhas uma por uma e joga apenas o talo fora. Cada folha, que vem com o pedido de cada um, é jogada na bacia junto com todas as bebidas. Tudo isso é misturado e cada médium deita na cama, começando pelos mais antigos da casa, e lava a cabeça com esse coquetel. Depois disso, imediatamente recebe o seu guia e fica incorporado. Esse ritual dura de duas a quatro horas. Muitos participam, o pessoal da casa e os visitantes de outros terreiros, que vem até aqui nesta data.

Depois de terminada a sessão, vamos lavar a cabeça no rio ou, se não quiser, o médium deve ficar três dias com esse coquetel na cabeça.

Conversando com Mãe Zilméia de Moraes

Ivan Barbosa

Jornal *Esotera*, feveiro de 2006

No dia 18 de janeiro atravessei a Baia da Guanabara, indo para Icaraí, a um dos mais belos encontros que já tive em minha vida. Tratava-se de passar uma tarde maravilhosa, conversando coma doce mulher, chamada Zilméia de Moraes, a filha do nosso querido médium Zélio de Moraes.

Já o caminho por si, foi uma maravilha, atravessando as águas de Iemanjá para passar pela praia de Icaraí, recebendo a brisa do mar naquela tarde quente de verão carioca.

Chegamos ao apartamento onde mora a nossa Mãe Zilméia. Lá encontramos, além da própria, também a Simone Fritz, a Antonia, a Suely, a Estella e o Álvaro, todos médiuns que colaboram há anos na T.E.N.S da Piedade, que muito ajudaram a fazer uma tarde por demais agradável e descontraída. Começamos a conversar com Mãe Ziméia não em formato de entrevista, mas em um papo informal, quando nos foi dito que quando pequena ela era a mais curiosa, sempre acompanhando o pai, o nosso Zélio Fernandino de Moraes nos trabalhos assistenciais e espirituais.

Disse-nos ela que o avô, o pai de Zélio, ficava estranho, porque nunca tinha visto incorporação ou manifestação, e quando isso ocorria, ele não gostava, mas com o tempo e a repetição, acabou aceitando. Disse que Zélio ainda era uma criança, e nunca veio a ter nada na vida, por ter se dedicado desde cedo integralmente à mediunidade. Disse-nos também que Zélio casou-se aos 18 anos, porque o "Chefe" (como chama o Caboclo das Sete

Encruzilhadas) achava que o Zélio precisava casar para ter responsabilidade, porque havia muitas festas na família e naquela idade, ele poderia fugir às suas obrigações. Mãe Zilméia deu como exemplo, um tio de Zélio chamado Epaminondas, médico, que trocou uma casa por um cavalo (isso está na história dos Moraes), para ir a um baile. Vovó Aninha não queria deixar ele ir, e como a Vovó Aninha tinha muito dinheiro e várias casas, ele fez isso.

Mãe Zilméia – Eu nasci em 1914, quando acabou a guerra. São 91 anos.

Esotera – Mãe Zilméia, é verdade o que se fala de seu pai estar doente e ir a Federação Espírita, quando lá falou que faltava uma rosa na mesa, saindo para busca-la?

Mãe Zilméia – É verdade, o presidente era o José de Souza. Papai já estava sob a influencia do Caboclo das Sete Encruzilhadas e foi buscar a rosa no jardim da Federação. Um dos médiuns da mesa viu o Caboclo como um Frei cheio de luz. Era o Frei Malagrida. E falando de vidência papai tinha uma vidência tão impressionante que eu às vezes tinha medo. A vidência de papai eu duvido que alguém tenha igual. Papai chegava para você e dizia quem estava ao lado e tudo o mais. Eu vejo alguma coisa, mas às vezes com medo. Vejo chegar e estar ao lado, mas nunca com a vidência do papai.

Esotera – Isso é um dom que a poucos é dado, realmente.

Mãe Zilméia – A mediunidade, na verdade atrapalhou a vida material de papai. Ele foi um predestinado. Meu irmão Zélio fez o curso de Farmácia e papai montou uma farmácia para ele. Este irmão já é falecido.

Esotera – Pelo que vejo, na sua família não havia muita simpatia pela Umbanda, não é verdade?

Mãe Zilméia – Sim, não eram "carolas" pela Umbanda.

Esotera – As famílias católicas encaram a Umbanda como "seita do mal". Sendo assim, quando a senhora sentiu que devia dar continuidade ao trabalho de seu pai?

Mãe Zilméia – Eu já era médium, sem ter nunca feito o que chamam de "desenvolvimento". Podemos dizer que eu vivia dentro da Umbanda.

Esotera – A senhora acha que haja necessidade desse desenvolvimento mediúnico?

Mãe Zilméia – Às vezes, há porque o Guia não chega por rejeição da pessoa, da família ou de obsessores.

Esotera – Como era o atendimento de Zélio de Moraes?

Mãe Zilméia – Era em casa e eu, curiosa, estava sempre atrás dele. Papai socorria a todos, podendo ser uma, duas ou três horas da manhã. A policia chamava, porque havia lá um desesperado e o delegado queria saber se era maluco ou se era espírito. Se era espírito ele levava lá para casa. Mamãe foi uma abnegada também, não é? Tivemos uma vez três pessoas obsedadas lá em casa. Comida e tudo mais eram por nossa conta. Éramos eu e minha irmã, aí, eu já estava namorando e ajudávamos nos cuidados. Tinha um que queria tomar banho toda hora, outro que não queria nenhuma, e nós, eu e minha irmã, aí, ali cuidando.

Simone Fritz – Mãe, e aquelas pessoas que já chegam "prontas", precisam do desenvolvimento?

Mãe Zilméia – O desenvolvimento é a pessoa aprender a lidar com a sua mediunidade, como até mesmo papai teve que fazer. Na nossa casa, médium que chega de outra tenda não começa trabalhando. Temos que ver se ele está incorporado ou não, ou se está mal incorporado, ou ainda que tipo de espírito está utilizando a sua mediunidade. Nesse ponto sou exigente. Tive escola com papai, não é?

Esotera – Na verdade, com seu pai a senhora frequentou uma Faculdade e não uma Escola.

Mãe Zilméia – Sim, é verdade, e não lamento nada o que fiz. Foi um tempo bom.

Esotera – E a senhora sempre fazendo caridade com a Preta Tiana e Branca Lua.

Mãe Zilméia – Fomos muito perseguidos pela Policia, que perseguia também as cartomantes, mas nós tínhamos o amigo Leal de Souza, que nos defendia muito. Um dia alguém nos avisou que a Policia estava chegando. A porta era aberta, era um portão grande. Pai Antonio incorporado me chamou e disse: "Carneirinho" (era como me chamava), deixa ele entrar. E Pai Antonio continuou a dar passes nos necessitados. Olhe, Ivan, o homem entrou, deu dois passos e caiu. Eu fiquei apavorada e perguntei: "e agora Pai Antonio?". – Ele me respondeu calmamente – "deixa Carneirinho". Deixa que ele irá acordar". Ele chegou perto, falou com ele, que logo acordou e tornou-se nosso amigo, porque viu que era verdade.

Esotera – Muitos centros não conseguem pagar o aluguel e outras despesas e acabam fechando as portas, não podendo continuar a fazer a caridade. Eu acho que Umbanda é caridade espiritual e não caridade material. Hoje os custos são enormes. Não é como antes, que se atendia em casa, em um cômodo ou no quintal. Torna-se necessário hoje, o pagamento de aluguel do centro, água, luz, telefone, impostos, material de limpeza, conservação, cadeiras ou bancos para o povo a ser atendido etc., e a entidade não "desce" com o talão de cheques na mão. Em todos os lugares existe a contribuição dos frequentadores para que a Associação possa continuar a exercer suas funções. Por que só na Umbanda é criticada qualquer contribuição?

Mãe Zilméia – Ivan, você tem toda razão. Não se devem cobrar trabalhos espirituais, mas veja, por exemplo, o caso das guias. Compramos o material no Saara, pagando com nosso pouco dinheiro, trabalhamos na confecção, e quem recebe a guia de proteção não paga. Não falamos em fazer comércio, mas pagar os custos. Até na Igreja Católica os padres fazem correr a "sacolinha" para fazer face às despesas. Porque a Umbanda não pode receber ajuda dos que vão à busca do socorro? Não esqueça que aqueles que colaboram hoje, estão permitindo que outros sejam atendidos amanhã. Não falo em cobrar "trabalhos espirituais", mas que seja feita uma colaboração espontânea pelos frequentadores, para que a Casa possa manter-se fazendo a caridade.

Esotera – Mãe Zilméia eu acho que deveria criar-se o hábito de pedir colaboração voluntária aos frequentadores. Não é uma cobrança, mas um óbulo para ajudar. Não é recebendo uma vela ou charutos que a casa vai manter-se. Poderão dizer que existem os sócios, mas digo que 90% dos que buscam ajuda não são sócios, e tão logo recebem o que foram buscar, não mais voltam.

Volto a dizer que todos quando vão a um bar ou restaurante, depois de servidos sempre deixam, por menor que seja, uma gorjeta para o garçom. Então por que não deixar uma gorjeta após o banquete espiritual que lhe foi servido? Ao fazer isso não estará tornando o médium ou o comandante do centro um homem rico, mas estará permitindo que a casa ofereça condições de atender outros necessitados que virão depois. Vemos cada vez mais, centros fechando as portas por falta de condições para a manutenção. Acho que já está na hora da Umbanda encarar a realidade.

Mãe Zilméia – Ivan, eu concordo plenamente. As despesas são muito grandes, tornando-se na maioria das vezes, insuportáveis. É preciso pensar de forma mais realista.

Esotera – Mãe Zilméia, temos acompanhado uma série de eventos nas praias. O que acha disso?

Mãe Zilméia – Sinceramente, fazer fila na praia para falar com Zé Pelintra? Botar branco para agradecer tudo, mas serviços religiosos não acho muito adequado. Eu quando vou à praia, vou bem cedo, agradeço, acendo minha vela, boto meu barco, mas de uma forma concentrada, religiosa... nada de folguedos, música, risadas...

Esotera – Mãe Zilméia, se eu estiver errado, me corrija, por favor, mas eu penso que para se agradecer ou cultuar uma entidade em qualquer religião, existe um local apropriado, onde é possibilitada a concentração que permite a aproximação desta entidade solicitada. No caso da Umbanda, no centro, no caso do Catolicismo, a Igreja, e assim por diante, mas nunca em meio a fogos de artifício, bebidas, danças e correrias, isso está mais para folclore.

Mãe Zilméia – Verdade. É necessário uma concentração e em festa não se consegue isso. Eu todos os dias, religiosamente acendo uma vela para o Caboclo das Sete Encruzilhadas, e agradeço tudo o que recebi, pedindo ajuda a todos que necessitam. E isso faço longe de todos, só eu, o Chefe e minha devoção. Acendo minha vela na pia, que é o melhor lugar, mais limpo e seguro.

Esotera – Foi ótimo a senhora falar sobre isso. Existe uma corrente bastante grande de espíritas que dizem que as velas devem ser acesas em local alto, acima da cabeça. O que a senhora me diz?

Mãe Zilméia – Digo que isso não existe. Nunca ouvi qualquer determinação do Chefe a respeito. Muito pelo contrário, ele sempre falou que vela deve ser acesa em local seguro. Você acende uma vela em cima da estante alta. Lá pelas tantas, a cera derrete e a vela cai, botando fogo na madeira e na casa. A culpa foi do santo? Se você acender na pia, caso aconteça um acidente, nada de mal acontecerá. O que vale é a devoção, o pensamento, a emanação espiritual, e não o local onde a vela está. Você pode acender até mesmo no chão, se isto te oferece segurança e você pode dormir em paz, sem medo do que possa acontecer.

Mãe Zilméia – Falando em fogo, lembrei-me do incêndio quando ocupávamos um espaço na Rua Borja de Castro. Eu estava sossegada, quando ouvi os gritos me chamando. Era o Senhor. José Quaresma, eu pensei... "o que aconteceu?"

Ele estava gritando dizendo que a casa estava pegando fogo. Eu sai correndo, fui no altar, bati cabeça e peguei o primeiro santo que estava à frente, que era São Benedito. Me atraquei com ele e saí correndo pela rua. Fui no "Cabaça Grande", que era um restaurante famoso pelas suas peixadas, vindo gente de longe para comer lá, vindo até mesmo de São Paulo. A casa estava cheia, eu pedi licença para falar ao telefone. Nem notei que estava vestida de branco como médium de Umbanda, agarrada à uma imagem de São Benedito. Devia estar um quadro bastante engraçado. Nós tínhamos um oficial, que era o vice-presidente da Tenda, e que providenciou os bombeiros. O incêndio foi grande, tanto que os bombeiros levaram dois dias fazendo o rescaldo. Felizmente, todos saíram bem. Depois vimos que o fogo foi provocado por um genro do Senhor. Quaresma, através de uma vela no local errado.

Lembrei-me agora de outro caso, desta vez, de vidência. Um dia, eu corri atrás de um espírito até a porta da cozinha, quando apelei para Pai Antonio. Eu nem vi onde ele sumiu. Vidência não é muito bom, porque você pode ver coisas que não deseja. Vidência tem sua utilidade e seu momento, como no caso de ver quem está obsidiando o consulente e se o médium está mistificando.

Ivan, você me fala de batidas (tambores). O Chefe (Caboclo das Sete Encruzilhadas) não adotava tambores. E enquanto eu viver, também não os usarei. Por vezes, ainda permito palmas, para acompanhar os cânticos, mas nem sempre.

Esotera – Minha Mãe Zilméia, agora, quero beijá-la e agradecer aos nosso amigos do plano superior por tê-la conhecido, e recebido da senhora esta linda guia que me acompanhará junto à guia de Xangô, por onde eu andar. Que bom a senhora existir, com esta doçura e carinho que só pertence aos abençoados por Deus. O jornal *Esotera* subiu hoje à mais alta das montanhas e de lá gritou ao mundo espiritual... "Eu amo a Mãe Zilméia".

Preta Velha Vó Tiana

Jornal *Esotera*, fevereiro de 2006

A primeira entidade que Mãe Zilméia recebeu foi o Caboclo Sete Flechas, repentinamente, em uma sessão comum. Vó Tiana baixou pela primeira vez na casa onde Zélio de Moraes fundou a Tenda Nossa Senhora da Piedade, em Neves, Rio de Janeiro, quando Mãe Zilméia tinha menos de 20 anos.

Hoje, vem à terra realizar curas, trazer seus ensinamentos e transmitir toda sua bondade e simplicidade através de Mãe Zilméia, que há muito trabalha com ela. No depoimento a seguir, Mãe Zilméia nos fala um pouco sobre Vó Tiana.

Sei que ela é muito gorda, pois me conta toda a sua vida. Disse-me que viveu por 98 anos e foi parteira muito conhecida nos arredores onde viveu. Sempre foi criada dos senhores, era uma mucama, não era tratada como escrava, mesmo sendo filha de escravos. Toda sinhazinha que tinha neném era ela quem tomava conta, e era tida como um membro da família.

Sempre praticou a caridade, era muito obediente e meiga com todos. Já realizou curas lindas através de mim, que trabalho há muitos anos com ela.

Em uma ocasião, entrou na tenda uma senhora negra, chamada Damiana, bem humilde, com um pano na cabeça e as duas mãos amarradas. Veio acompanhada pela irmã, que se chamava Clotilde. Eu estava atendendo as pessoas e ela disse para mim que trabalhava em uma casa onde era muito feliz. De repente, houve uma desavença entre ela e a outra empregada. Essa empregada jurou e ela disse: "Mãe Zilméia, conto com você".

Disse também que a moça deveria ter ido em uma macumba muito forte, pois suas mãos estavam podres, impedindo-a de fazer tudo; não podia tomar banho, comer, pentear o cabelo, nem nada.

Naquela mesma noite ela foi atendida por Tiana. Na tenda havia um cambono muito antigo, que era muito apaixonado por Tiana. Ela fez o que tinha que fazer depois da sessão e essa criatura ficou boa. Suas mãos, que estavam podres, que a faziam depender da irmã para tudo, estavam curadas. Foi uma benção que ela recebeu. Depois disso, ela ficou na tenda por muitos anos.

Tiana fez muitas coisas. Uma vez, meu neto, que é médico, o Marcelo, me ligou dizendo que uma moça estava tendo neném e pediu para Tiana ajudá-la, porque ele precisava fazer aquele parto. Já era noite, mas fui. A menina se chamaria Roberta, mas, como ele foi muito feliz no parto, a menina se chama Marcela. Muita gente me pede por Tiana.

Figura 44: Mãe Zilméia incorporada com Vó Tiana

Floriano Manoel da Fonseca

Jornal *Esotera*, 2006

Coluna ***Personalidades de Umbanda***

Roberto Ferreira

Cabana Espírita Caboclo Sucuri

Casa de Ogum Sete Espadas

Seu trabalho junto aos que, com ele se consagraram à Umbanda foi de uma beleza sem igual. Lutou, fez despertar zelos e confiança, dando tudo de si pela causa.

Figura 45: Floriano Manoel da Fonseca. Fonte: Revista ***Esotera***, 2006

Floriano, com seus exemplos de comportamentos ante a vida e principalmente diante do Movimento Umbandista vigente na ocasião, não pode ficar longe do conhecimento dos atuais trabalhadores, daqueles que amam a fé que abraçaram.

Uma vida consagrada exclusivamente à busca da verdade, ao estudo e à meditação, nunca deixando transparecer os aborrecimentos e as inquietações tão comuns em nossas existências. Sua postura serena nos traz a certeza de que é possível travar o bom combate na defesa dos postulados nobres anunciados pelo Caboclo das Sete Encruzilhadas.

Floriano Manoel da Fonseca nasceu de família católica no bairro de São Cristóvão, no antigo Distrito Federal, no Dia de Todos os Santos, em 1 de novembro de 1898.

Interrompeu os estudos muito jovem, pois necessitou trabalhar como marceneiro para ajudar no sustento da família.

Em 1918, a convite de alguns amigos, visitou a Federação Espírita Brasileira, o que lhe trouxe as primeiras lições de espiritualidade; permaneceu na Casa de Ismael por seis meses, porém, sentia que algo lhe faltava, daí a sua transferência para a Instituição Benemérita de Jesus, que tinha como um dos seus Diretores o notável Carlos Imbassy. Nesta casa, no ano de 1924, manifestou-se pela primeira vez o Caboclo Urubatão, entidade que futuramente, ao lado do Preto Velho Rei Congo e do Trabalhado Exu Marabô, iria encaminhá-lo à situação de uma liderança profícua e construtiva. Permaneceu na instituição até que por dificuldades financeiras, ela encerrou suas atividades.

Após um pequeno período, a doença de um cunhado o levou a buscar auxílio em um pequeno Centro de Umbanda, chefiado por Vovó Maria. O rapaz estava desenganado pelos médicos. A Mãe Preta ordenou que Floriano o retirasse do hospital, no que foi atendida. Após a assinatura do termo de responsabilidade, o moço foi levado ao Terreiro, onde através de descargas e passes, logrou conseguir a cura total.

Em agradecimento, Floriano passou a fazer parte da corrente mediúnica do pequeno Templo, vindo a se afastar mais tarde por questões pessoais.

A Cabana Espírita Nosso Senhor do Bonfim foi fundada em 06 de setembro de 1929, em prédio alugado na Rua Dona Tereza e lá Floriano Manoel da Fonseca chegou, sendo registrado sob o número 14. Esta seria sua casa.

Em pouco tempo foi eleito Presidente, logo depois, indicado para substituir o Diretor Espiritual, que se demitira. E como Presidente continuo por mais de 40 anos, não em cargo vitalício, que não aceitou, mas pela vontade unânime dos seus companheiros, através de eleições consecutivas.

Na sua gestão, construiu-se a bela sede da Cabana Espírita Nosso Senhor do Bonfim, localizada à Rua Sales Guimarães, 67, no Engenho de Dentro. Hoje, sob o comando dos nossos irmãos Dinorah e Francisco, que de forma dedicada elevam o nome da instituição dentro da Lei de Umbanda. Não podemos nos esquecer da querida irmã Elza, que com simpatia exemplifica aquilo que a Umbanda é: Amor.

O contato com a religião fez com que Floriano visitasse a

"Meca" da Umbanda, no bairro de Neves em São Gonçalo, para conhecer os trabalhos do Caboclo das Sete Encruzilhadas e o seu médium, Zélio de Moraes.

Floriano absorveu com tal profundidade as palavras sublimes da Entidade, que em uma das oportunidades que teve de transmitir seus belos ensinamentos, afirmou: "Os conceitos emitidos através da mediunidade de Zélio de Moraes, determinaram uma linha de trabalhos que será mais hoje, mais amanhã, aquela que definirá os rumos verdadeiros da Umbanda".

Floriano se orgulhava de ser o único CCT que recebeu em sua coroa as mãos do imortal Zélio de Moraes.

Eleito Presidente da União Espiritualista de Umbanda do Brasil, superou grave crise, reorganizando a federação e chegando a adquirir a sede própria, à Rua Conselheiro Agostinho, 52. Na UEUB, desenvolveu intenso trabalho de difusão dos ideais umbandistas. Era um tempo de muitas lutas, mas também, de muitos guerreiros. Foi reeleito por diversas vezes para comandar a Casa Mater da Umbanda nas Terras de Santa Cruz.

Ao seu lado pontificaram Jayme Madruga, Francisco Queirós, Narciso Cavalcanti, Frederico Groth, Marta Justino, João Carneiro e muitos outros que deixaram luzes por onde passaram.

Em uma das muitas tentativas de unificar as Federações , ele declarou: !O sentimento de unidade deverá prevalecer naturalmente sobre o preconceito e a prepotência. Nada alcançaremos sem a necessária renuncia a princípios ultrapassados e rituais obsoletos".

Floriano tomou parte ativa no preparo e na realização do II congresso Brasileiro de Umbanda, em julho de 1961. Foi um dos fundadores e Presidente da ALUEG (Aliança Umbandista do Estado da Guanabara). Em 12 de setembro de 1971, fundava-se o Conselho Nacional Deliberativo de Umbanda (CONDU). Cumpria preservar a Religião do risco de ser comprometida pelo procedimento de algumas entidades, alheias aos seus princípios evangélicos, mas que vinha gerando interpretações errôneas com referência ao Culto Umbandista.

A União Espiritista de Umbanda do Brasil, a Confederação Nacional Espírita Umbandista e dos Cultos Afro-Brasileiros, a Federação Nacional das sociedades Religiosas de Umbanda, o

Primado de Umbanda e a Congregação Espírita Umbandista do Brasil foram as entidades fundadoras do CONDU, onde Floriano foi conselheiro geral por vários períodos.

O Conselho Nacional Deliberativo de Umbanda iniciou intensa atividade, no sentido de firmar normas administrativas de orientação, e ao mesmo tempo, iniciar estudos para a definitiva unificação de princípios doutrinários e ritualísticos do culto. Em um dos muitos testemunhos que colhemos para a execução deste trabalho, destacamos o da radialista e escritora Lúcia Batista, que ingressou na cabana Espírita Nosso Senhor do Bonfim, ainda criança, levada por sua mãe Dona Maria de Lourdes Flecha e Souza. Lúcia lembra emocionada, que Floriano a chamava de "mascote".

Lúcia, em seu livro "Umbanda – Luz Infinita" revela o seu lado de compositora, oferecendo o seu Canto de Saudação da CENSB:

Trazendo um fraterno abraço
Saudamos nossos irmãos (bis)
Representando o Bonfim
Umbanda é tradição (bis)
Oxalá é nosso Pai
Mamãe Oxum é quem nos guia (bis)
Abençoai a nossa casa
Na fé da virgem Maria (bis)
Abençoai a nossa casa (bis)

No comando da ALUEG, ao lado de Lilia Ribeiro, emitiu uma circular em 1974, na qual recomendava aos Chefes de Terreiro, alguns cuidados ao fazerem oferendas:

"Alguidares, pratos, copos, taças, garrafas, abandonados nos sagrados locais da natureza, dão a estes, um aspecto de depósito de resíduos, que desvaloriza inteiramente a beleza dos preceitos e torna as matas, pedreiras e cachoeiras, ainda acessíveis ao umbandista, em ambientes poluídos, material e espiritualmente, onde se torna impossível depositar uma flor uma mentalizar uma prece. Lembremos: o conceito de uma religião depende do procedimento de seus adeptos. Umbanda é Religião Espiritualista. Seu culto deve ser puro e espiritualizado, ainda mais quando praticado no Templo da Natureza".

Em 14 de junho de 1982 estava terminada a missão terrena de Floriano Manoel da Fonseca, o homem que tinha coragem de ser umbandista.

Deus guarde esse sábio e justo, que foi grande entre os homens.

Feliz Natal e Ano Novo

Mensagem do Caboclo das Sete Encruzilhadas (sem data)

Senhor Deus dos Mundos! Permita que nesta Noite Feliz de Confraternização Universal, todos os teus filhos que ainda estão encarcerados, ao mundo dos desejos impuros, possam ser libertados dos sofrimentos, em qualquer de suas formas, pela espiritualização de suas vidas.

Permita Pai! Que este humilde Caboclo continue na Missão que tu lhe confiaste, nesta árdua, mas gloriosa tarefa. Sempre armado da sublime humildade, que marcou a passagem pela Terra, do teu dileto filho: Jesus, Pai Oxalá.

Que os desejos de paz, saúde e progressos espirituais dos que te servem, através da Umbanda, sejam alcançados, no decorrer do ano.

E que eu, continue sendo, um dos mais humildes soldados do teu valoroso exército de amor, nas terras abençoadas do Brasil.

Senhor! Perdoa-me por pedir-te mais do que já tens me dado, mas se peço-te mais, é porque muito ainda tenho que fazer por estes filhos, que formam a grande cadeia de Humildade, Amor e Caridade, que constitui a Linha Branca de Umbanda.

GLÓRIA A DEUS NAS ALTURAS
PAZ NA TERRA AOS HOMENS DE BOA VONTADE

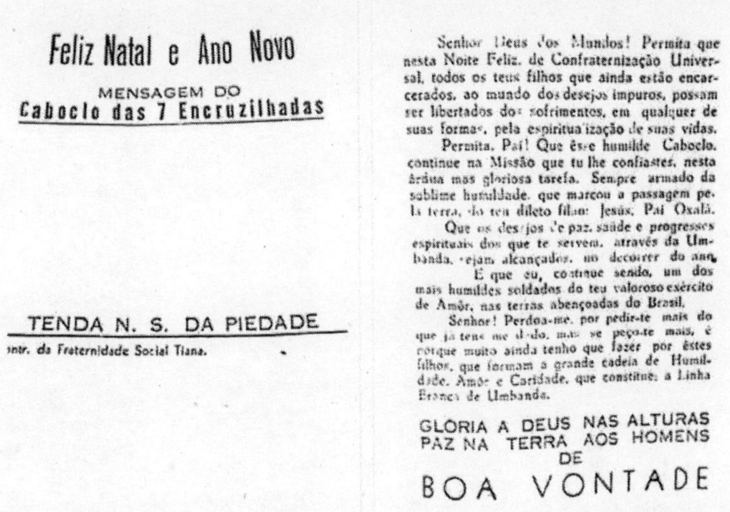

Feliz Natal e Ano Novo

MENSAGEM DO

Caboclo das 7 Encruzilhadas

Senhor Deus dos Mundos! Permita que nesta Noite Feliz, de Confraternização Universal, todos os teus filhos que ainda estão encarcerados, ao mundo dos desejos impuros, possam ser libertados dos sofrimentos, em qualquer de suas formas, pela espiritualização de suas vidas.

Permita, Pai! Que êsse humilde Caboclo, continue na Missão que tu lhe confiastes, nesta árdua mas gloriosa tarefa. Sempre armado da sublime humildade, que marcou a passagem pela terra, do teu dileto filho: Jesús, Pai Oxalá.

Que os desejos de paz, saúde e progressos espirituais dos que te servem, através da Umbanda, sejam alcançados, no decorrer do ano.

E que eu, continue sendo, um dos mais humildes soldados do teu valoroso exército de Amôr, nas terras abençoadas do Brasil.

Senhor! Perdoa-me, por pedir-te mais do que já tens me dado, mas se peço-te mais, é porque muito ainda tenho que fazer por êstes filhos, que formam a grande cadeia de Humildade, Amôr e Caridade, que constitue a Linha Branca de Umbanda.

GLORIA A DEUS NAS ALTURAS
PAZ NA TERRA AOS HOMENS
DE
BOA VONTADE

TENDA N. S. DA PIEDADE

Intr. da Fraternidade Social Tiana.

Figura 46: Postado em 15 de dezembro de 2015, pela página oficial da Tenda Nossa Senhora da Piedade no Facebook

O final da missão de seu Sete da Lira

Nosso querido irmão Adão Lamenza Salama foi cambono de Seu Sete da Lira. Na sua página do facebook ele conta um pouco sobre o final da grandiosa tarefa do Exu do Povo.

O trabalhador de Umbanda

Fiel ao seu Guardião por toda uma vida inteira, Mãe Cacilda de Assis, permanecia firme em sua missão de emprestar seu aparelho ao grande Rei, que seguia obstinado em seu objetivo maior: prestar caridade a todos que o procuravam. A foto a seguir retrata o ano 1994, Cacilda já com 77 anos. Apesar disso Seu Sete, (que se vestia com paramentas complexas pesadíssimas e capas de até sete quilos) prosseguia em seu trabalho normalmente e varando a madrugada até a alvorada de domingo. Já longe da fama, dos holofotes da mídia e já esquecido por muitos, porém rodeado de devotos de muita fé, inclusive este que escreve essas linhas, jamais deixou a força e o axé da Lira perder

Figura 47: Seu Sete das Lira. Fonte: *https://www.facebook.com/seu7dalira*

seu esplendor, ainda mais sob o comando de seu Rei Maior.

Figura 48: Seu Sete da Lira com seu charuto e seu marafo. Fonte: https://www.facebook.com/seu7dalira

A visão deturpada de seu trabalho espiritual carimbada por parte da imprensa, principalmente a sensacionalista, perseguiu Seu Sete da Lira e Mãe Cacilda de Assis até o "fim". Suas respostas às criticas eram sempre através das músicas e sem enfrentamento direto. Cacilda se isolou da imprensa, mas o fato não abalou seu trabalho espiritual que prosseguiu até a derradeira sessão que pôs fim aos sábados animados e cheios de fé na Lira do Rei.

Música: Água bebida – Interpretação de Noite Ilustrada

"Mas não guardo mágoa de ninguém
Meu desejo espontâneo é fazer o bem
Se existe alguém que ainda me culpa
Não é esse o recurso, mas peço desculpa
Se algum dia na volta, puder me encontrar
Vou fazer o possível pra lhe agradar
Vai ser mais um amigo que vou ter na vida
Para não terminar como a água bebida
Que vou fazer, se já estou no fim
Eu ajudei a todos, ninguém ajudou a mim
Que vou fazer, se já estou no fim
Eu ajudei a todos, ninguém ajudou a mim..."

O Terreiro encerrou suas atividades em 2000. Por ordem do próprio Guardião o Terreiro não teve continuidade após o falecimento de Mãe Cacilda de Assis, em 21 de abril de 2009.

O Senhor da Lira

Adão Lamenza Salama

Seu Sete da Lira talvez tenha sido a entidade que mais polêmica tenha despertado em relação à Umbanda nas décadas de 1970 e 1980. Mãe Cacilda de Assis, assistida por seu poderoso Guardião, abriu portas, quebrou paradigmas, derrubou mitos e estancou muito do preconceito que existia até então. O Médico dos Médicos, o Senhor da Lira com toda sua peculiaridade ganhou fama em todo território nacional divulgando sua mensagem de fé, paz e amor no auge dos "anos de chumbo". Amado e respeitado por muitos, mas também perseguido, caluniado e difamado por outros, Seu Sete e seu famoso Terreiro de Santíssimo ficou marcado pelos inúmeros trabalhos espirituais de caridade e de curas. Mas para o Rei da Lira a vaidade jamais atravessou seus caminhos, tanto que suas giras vararam décadas e décadas até que quase ninguém mais se lembrasse Dele. Com a nostalgia como pano de fundo de tudo isso só ficou a lembrança, a saudade e a certeza que o tempo não deixa nada no lugar.

Aclamado pela grande multidão que o cercava todos os sábados, Seu Sete da Lira cumpria rigorosamente seu ritual de prestar caridade através de sua, já conhecida, Mesa de cura. Em sua grande maioria a Mesa era composta por pessoas simples ou desenganadas pela medicina. Paralíticos, cegos, cancerosos, leprosos ou com algum mal da cabeça ou do caminho que através da fé e do merecimento espiritual alcançavam suas graças. O sacrifício era grande, pois naquela época se deslocar ao longínquo bairro de Santíssimo com suas ruas de terra batida não

Figura 49: Seu Sete. Acervo de Adão Lamenza Salama

era tarefa fácil, principalmente em dias chuvosos. Mas para quem via no Guardião a sua última esperança de cura de algum flagelo físico qualquer esforço valeria a pena e muitos tinham a certeza disso e se apressavam em participar de suas correntes com 7, 14 ou 21 "Mesas" ininterruptamente até a dádiva final.

Sobre a Carta Magna e o forum catarinense de Umbanda

Ademir Barbosa Júnior

Sobre as duas versões da Carta Magna

Ademir Barbosa Júnior[1]

O projeto da Carta Magna de Umbanda foi idealizado por Pai Ortiz Belo de Souza, de São Paulo, Capital, e contou com diversos fóruns no Brasil e em Portugal, sendo o documento construído pouco a pouco de forma coletiva e colaborativa. Quando conheci o documento e sua proposta, me identifiquei, em especial por respeitar a diversidade da religião de Umbanda. Participei de alguns fóruns e no dia 25 de junho de 2014 assumi a presidência dos mesmos. Uma de minhas primeiras atitudes foi entrar em contato com o Santuário Nacional de Umbanda (SANU) e marcar um fórum para o dia 7 de setembro daquele ano, além de agendar o Congresso Nacional de Umbanda – Carta Magna de Umbanda para o dia 17 de maio de 2015, o qual, infelizmente, não ocorreu. Nesse meio tempo tivemos o Fórum Internacional de Umbanda, em Leiria, Portugal, no dia 22 de novembro, também presidido por mim.

Na reunião na Capital de São Paulo, em maio de 2014, uma das pautas foi o fórum em Portugal. Dentre outras questões estavam o apoio do Superior Órgão Internacional de Umban-

1 Ademir Barbosa Júnior (Dermes) é sacerdote umbandista, escritor, pesquisador e um dos dirigentes da Tenda de Umbanda Iansã Matamba e Caboclo Jiboia, que tem à frente sua esposa, a escritora e blogueira Mãe Karol Souza Barbosa. Mestre em Literatura Brasileira pela USP, onde também se graduou em Letras, é professor, tradutor, revisor, terapeuta holístico, trabalhando principalmente com Reiki (do qual é Mestre). É presidente da Associação Brasileira de Escritores Afro-religiosos (Abeafro).

da, o SOI, sediado em Lages, SC, e a militância de uma moça, também de Santa Catarina, de apelido Ivi. Independentemente do rumo que o projeto e o documento tomaram ou tomarão, sou grato pelas ideias trocadas com Ivi a respeito dos mesmos e sobre meus livros, bem como pela relação de fraternidade e amizade iniciadas. Mas, tudo isso parecia pouco: por isso nos apaixonamos, nos amamos, nos casamos e abrimos a Tenda de Umbanda Iansã Matamba e Caboclo Jiboia (TUIMCAJ). Ivi era o apelido daquela que se tornaria minha esposa, Karol Souza Barbosa, isto é, Mãe Karol de Iansã.

A versão da Carta Magna de Umbanda tal qual se apresenta a seguir é a que constava de um sítio eletrônico e foi atualizada em 20 de outubro de 2014. Não traz (infelizmente) a tabulação das sugestões e dos comentários feitos em Portugal. Evidentemente, o documento não estava pronto, carecia de uma revisão de conceitos etc., mas não foi redigido sozinho, e sim por milhares de umbandistas, em busca de um retrato inclusivo e que, portanto e ao mesmo tempo, não excluísse nenhuma vertente.

Por diversas razões, em janeiro de 2015, afastei-me da presidência dos fóruns e do Congresso. Mãe Karol e eu nos distanciamos um tanto do projeto, contudo sempre com a intenção de assinar o documento pronto desde que estivesse de acordo com nossas consciências.

O que se seguiu, no ano de 2015, entretanto, foi lamentável.

Por diversas razões, inclusive técnicas, não foi possível acontecer o Congresso Nacional de Umbanda no Santuário Nacional de Umbanda (SANU), no dia 17 de maio de 2015. Além disso, o processo foi interrompido e redigido novo documento sob o mesmo título, assinado, inclusive, por dirigentes espirituais anteriormente totalmente contrários à Carta Magna de Umbanda.

Ao contrário do que se acordou anteriormente, o próprio dia do Congresso seria de votação (e, portanto, alterações) do documento, o qual não estaria pronto, com cópias para serem retiradas no mesmo dia. Tudo foi alterado e o Congresso foi reduzido para uma sessão na Câmara Municipal de São Paulo, no dia 13 de novembro de 2015, em que o documento ficou irreconhecível. Todas as reuniões com Pai Ronaldo Linares e os irmãos do SANU também foram deixadas de lado, assim como os combinados, dentre eles o de convidarmos pessoalmente umbandistas mais velhos (eu havia, juntamente com irmãos de algumas casas de São Paulo, notadamente o Terreiro Y, agendado uma visita à Tenda de Umbanda Nossa Senhora da Piedade, a TENSP, fundada pelo próprio Caboclo das Sete Encruzilhadas).

Segue abaixo o documento tal qual promulgado pelo que chamo, fraternalmente e com bom humor, mas também com tristeza, de "Umbanda Paulistana", um novo "segmento", com fundamentos próprios.

No dia 04 de novembro de 2015, postei o seguinte texto no Facebook:

Motivos para eu não assinar a Carta Magna de Umbanda

Desde o início, em 2012, o projeto da Carta Magna de Umbanda era coletivo e colaborativo. Infelizmente, a partir de janeiro de 2015, houve alterações do texto, na calada da noite, desconsiderando tudo o que foi votado e aprovado nos fóruns no Brasil e em Portugal (novembro de 2014).

Ainda em janeiro de 2015, por discordar do rumo do projeto e por ver a cada dia minhas funções tornarem-se decorativas, afastei-me da presidência do Congresso Nacional de Umbanda que ocorreria em maio de 2015, no Santuário Nacional de Umbanda (SANU), aliás, minha maior alegria desde que assumi tal responsabilidade por tudo o que Pai Ronaldo e o SANU representam para a Umbanda e para mim.

Pelo fato de ter participado de boa parte do processo de elaboração coletiva e colaborativa da Carta Magna de Umbanda, fraternalmente expresso os motivos para eu não assiná-la:

a) Foi reescrita por um grupo de sacerdotes, desconsiderando os fóruns anteriores e até mesmo opondo-se a itens aprovados pelos participantes dos mesmos (sacerdotes, ogãs, cambonos, médiuns com funções diversas, irmãos não umbandistas representantes de outros segmentos sociais e religiosos etc.).
b) Assume caráter personalista à medida que apresenta auto-

res distintos que assinam, em vez de apoiar, como na versão anterior, o documento.

c) Agrega representantes que, de modo nada fraternal, se opunham à versão anterior do documento (votada, modificada e aprovada em fóruns diversos) e até ameaçaram juridicamente a alguns dos participantes por lhes enviarem convites para fóruns e para o Congresso Nacional de Umbanda 2015.
d) Será promulgada tal qual redigida pelos sacerdotes, e não votada em Congresso Nacional, item a item, conforme anteriormente acordado com o SANU, em reunião com representantes diversos, respeitando-se as propostas coletivas e colaborativas.

O documento em questão foi publicado também no quarto volume da obra ***História da Umbanda no Brasil***. (Diamantino F. Trindade).

1 - Umbanda é uma religião espiritualista de doutrina afro-indígena-euro-brasileira.

2 - É uma religião monoteísta, que crê na existência de um Deus único, inteligência suprema, causa primária de todas as coisas, eterno, onipotente, onipresente, soberanamente bom e justo.

3 - A Umbanda crê e cultua de forma própria os Orixás Africanos, sincretizados com os santos Católicos, guias e mentores espirituais que, como ministros de Deus, zelam e o auxiliam na realização de suas obras.

4 - A Umbanda crê na reencarnação e na incorporação das entidades espirituais, em vidas sucessivas, no aprimoramento espiritual e aperfeiçoamento do ser humano para conduzi-lo a Deus.

5 - O espírito denominado Senhor Caboclo das Sete Encruzilhadas, incorporado no médium Zélio Fernandino de Moraes, no dia 15 de novembro de 1908, em São Gonçalo das Neves – RJ, data que reconhecemos como sendo o nascimento da Umbanda, anunciou:

6 - A Umbanda considera a natureza com tudo que ela en-

cerra como obra máxima do Criador, sendo o altar de Deus, o lugar onde se pode com Ele conversar, portanto, preservar a natureza é obrigação de fé de cada umbandista.

7 - A Umbanda é uma religião sincrética fruto da cultura religiosa de três segmentos: Branca do elemento europeu colonizador; Negra escravizada na África para laborar na terra e a Indígena que já ocupava esta terra.

8 - A Umbanda tem liturgia e ritos próprios derivados da diversidade de raças e culturas que a fundamentam. São práticas litúrgicas umbandistas:

8.1 - A preparação e formação mediúnica e sacerdotal;

8.2 - O Batismo;

8.3 - O Casamento;

8.4 - Os Ritos Fúnebres.

9 - Constituem símbolos da Umbanda:

9.1 - O Hino da Umbanda;

9.2 - A bandeira da Umbanda;

9.3 - Juramento Umbandista.

10 - Sendo a Umbanda a manifestação de espirito para a prática da caridade deverá sempre ser exercida sem a remuneração pecuniária, salvaguardada a sustentação financeira da organização religiosa.

11 - Deve o adepto da religião de Umbanda sempre seguir a ética religiosa e a lei dos homens.

12 - Todo irmão umbandista que desejar fazer parte do corpo mediúnico de um templo deverá prestar o "Juramento Umbandista".

13 - A Umbanda defende uma sociedade em que todas as religiões sejam igualmente respeitadas, a promoção da tolerância como princípio republicano e a preservação da educação pública laica.

14 - A Umbanda estará sempre de portas abertas para todos.

A respeito do documento em si, faço algumas ressalvas conforme os itens numerados:

1 – Particularmente, esta definição foi rejeitada no fórum

no SANU, em 7/7/2014, pois não se tratava, então, de definir as matrizes da Umbanda, e sim sua origem (brasileira). Trata-se de exemplo mínimo de como o consenso não foi respeitado.

9 – Diante da diversidade da Umbanda, diversos também são seus símbolos, nem todos sendo reconhecidos pela maioria, como o item 9.3, que fere a e interfere na liturgia de cada templo, como se verá mais adiante no item 12.

11 – Pergunta-se se a "lei dos homens" deve ser respeitada mesmo sendo injusta, autoritária e truculenta?

12 – Deve-se, então, concluir que aquele que não fez o juramento umbandista ipsis litteris proposto, indisponível no próprio documento, mas presente em bibliografia específica, não deve ser reconhecido como médium? De onde vem a obrigatoriedade do juramento, de modo a ferir a maneira como cada templo trabalha o desenvolvimento mediúnico? Trata-se de uma semente para a tão malfadada, antifraterna e desrespeitosa ideia de unificação, em vez de união na diversidade? Ao contrário do que se lê no documento, a fixação de um modelo de juramento fere, sim, a diversidade da ritualística de Umbanda.

13 – Mais do que a tolerância (em seu conceito e de acordo com a etimologia), deve a Umbanda promover o respeito à diversidade (interna e externa) e o diálogo com os diversos segmentos sociais (civis, religiosos e outros).

Por último, comparar qualquer documento como a chamada Carta Magna de Umbanda a livro sagrado é descabido. O Livro Sagrado da Umbanda é a Natureza.

No site do Congresso sobre a Carta Magna podemos ler: "Toda religião, de acordo com as regras sociais em que vivemos deve se posicionar em relação às questões éticas e morais que envolvem a mesma sociedade, de forma que qualquer pessoa, leiga ou não, possa pesquisar sobre a religião, seus fundamentos, suas filosofia e como pensam os umbandistas, assim como existem os livros sagrados dos cristãos (Bíblia), dos hinduístas (Vedas), dos judeus (Torá), islâmicos (Alcorão), budistas (Tripitaka) etc."

Muitas oportunidades são perdidas e até a roda da História dar outra volta leva-se sabe-se lá quanto tempo. A boa fé das pessoas, a mobilização e o entusiasmo coletivo, as propostas e os encaminhamentos são descartados em nome do clientelismo e dos sorrisinhos de *petits comités*. Essa prática política que infesta a vida pública, as empresas, os segmentos religiosos escreve uma história torta, com "h" minúsculo, em que vozes são abafadas por mãos débeis e sonhos são pisados por botas de estátuas de bronze. Mas o Espírito é livre. E sopra onde quer. E sabe soprar. O Tempo é um Orixá. "O Tempo dá, o Tempo tira, o Tempo passa e a folha vira."

Diferenças não precisam ser divergências.

Saravá Umbanda!

Abraço, gratidão e Axé!

Acrescentei fotos de fóruns diversos e banners de apoio ao documento que estava sendo construído (templos, federações, associações diversas, candidatos a cargos públicos 2014). Por sua vez, Mãe Karol de Iansã, além de postar textos diversos sobre o autoritarismo e o disparate da versão do documento apresentada no dia 13 de novembro de 2015, organizou uma página no Facebook:

(*https://www.facebook.com/estacartamagnanaomerepresenta*). Mais uma vez passamos a militar pelo documento que nos aproximou, em nome do bem comum da Umbanda, do respeito à diversidade. Outros irmãos se somaram. Continuaríamos a participar do processo, com empenho, contudo um pouco mais afastados, sempre respeitando o coletivo, o diálogo, a integração.

Fórum Catarinense de Umbanda

Mãe Karol de Iansã confidenciou o desejo de organizar um fórum regional de Umbanda. Perguntei por que não fazer um fórum estadual. Ela topou. Juntos, com dois notebooks e uma linha telefônica, organizamos o Fórum Catarinense de Umbanda, que ocorreu no anfiteatro da biblioteca da Universidade Regional de Blumenau (FURB), no dia 03 de outubro, data dos 40 anos do retorno de Pai Zélio Fernandino de Moraes à pátria espiritual. O fórum contou com a participação de templos (Umbanda, Candomblé e outros), federações e associações diversos, acadêmicos, jornalistas, vereador Jefferson Forest, bem como com o Grupo Capivara de Maracatu. Como parceiros do evento, além da própria FUCA, a TUIMCAJ contou com a rádio Sensorial FM, a Umbanda Mania (roupas, tecidos, acessórios), o jornal Portal Caminhos de Ogum e o Núcleo de Estudos Afro-brasileiros (NEAB) da FURB.

O FOCU, do qual fui o vice-presidente foi presidido por Mãe Karol de Iansã. Dele resultou o documento "A Umbanda em Santa Catarina", alterado e votado por todos coletiva e colaborativamente, em assembleia, na tarde do próprio FOCU (pela manhã, tivemos falas e momentos de integração).

A primeira versão do documento, eu a redigi no dia 1°. de maio de 2015, mas não mostrei à Mãe Karol. Ainda estávamos muito tristes com o afastamento do processo de elaboração da Carta Magna de Umbanda e eu não quis reabrir feridas. Mostrei-o à antropóloga Adriana Pasquinelli, que temeu que o documento soasse como uma agressão à Carta Magna. Com o tempo e especialmente a partir da compreensão do item 6 do documento, citado anteriormente, os temores diminuíram. A primeira versão, que chamo carinhosamente de rascunho, deu espaço a um texto mais completo, por representar a síntese do diálogo e dos debates da assembleia. Todo o processo está registrado em ata, fotos e vídeos.

Os umbandistas e demais adeptos afro religiosos de Santa Catarina reconhecem:

1 - A Umbanda e suas origens através da miscigenação;

2 - A prática da caridade como o cerne da religião de Umbanda, de modo a jamais ferir as Leis Divinas, livre-arbítrio e as leis vigentes no país;

3 - A diversidade de ritos, amálgamas, fundamentos e conceitos teológicos como algumas das maiores riquezas da religião de Umbanda, fundada em 15 de novembro de 1908 pelo Caboclo das Sete Encruzilhadas por meio de seu médium Zélio Fernandino de Moraes;

4 - A importância da bibliografia a respeito da religião de Umbanda como fonte de estudo e conhecimento sem que a mesma substitua a vivência, o desenvolvimento e o serviço mediúnicos no templo. Além disso, não conferem a nenhum dos títulos dessa ampla bibliografia o caráter de livro sagrado;

5 - A importância e a necessidade da união, do respeito e da ética entre os templos e os diversos segmentos umbandistas, não reconhecendo, contudo a ideia de unificação (de ordem litúrgica, organizacional etc.);

6 - A importância e a necessidade do diálogo inter-religioso, entre templos, federações, associações, órgãos regionais e outros, não reconhecendo, porém, toda espécie de administração ou documento de caráter unificador, não colaborativo, não coletivo e, portanto, não colegiado.

No site *www.forumcatarinensede.wix/umbanda* seguem os nomes das instituições que o assinam. Como a atualização é constante, para não ser injusto com ninguém, peço aos leitores que consultem a lista dos signatários no sítio.

Dos espaços de divulgação que o FOCU teve na cidade de Blumenau, destaca-se o uso da tribuna da Câmara dos Vereadores por mim, no dia 15 de setembro, por solicitação do vereador Ivan Naatz.

E seguimos nossa luta, Pai Diamantino, por uma Umbanda pé no chão, caritativa, gratuita. Conseguimos o Dia Municipal da Umbanda e o Dia Municipal de Oxum, dois novos caminhos de respeitabilidade.

Abraço, gratidão e Axé!

Pai Dermes de Xangô.

Carta Magna Internacional da Umbanda

No quarto volume desta obra apresentamos a Carta Magna da Umbanda, oficializada por um grupo de líderes religiosos de São Paulo e que foi lançada no dia 13 de novembro de 2015, na Câmara Municipal de São Paulo.

Como, em minha opinião, um documento deste porte não deve ser algo regional, apresentamos neste volume um documento mais amplo (ainda em construção). Não quero entrar no mérito da questão porque me abstive de participar do Congresso que elaborou a carta de 13 de novembro de 2015, porem, por dever de ofício de historiador, apresento um documento mais amplo (em fase final de construção) idealizado elaborado por Pai Ortiz Belo e diversos colaboradores.

Documento oficial para a religião de Umbanda

Irmãos Religiosos de Umbanda:

Há alguns anos estamos chamando os irmãos para um momento histórico e único em nosso meio. Entendemos que a religião de Umbanda possui uma riqueza ímpar, demonstrada em sua diversidade litúrgica. Porém, o chamado não é para deliberarmos sobre a liturgia das Casas existentes e sim, criarmos uma identidade religiosa que definirá o que somos, respeitando assim, os vários tipos de trabalhos existentes. O pensamento é sempre no coletivo e não apenas em um grupo fechado, fazendo toda diferença neste projeto.

Os temas hoje organizados em formato de documento é a indicação de que não se trata de um apanhado de ideias, e sim, de uma maneira séria de defendermos nossos conceitos.

O intuito de criar o documento está baseado na legitimação e informação em nível organizacional para entendimento social e religioso, fortalecendo a todos os Umbandistas, estabelecendo uma linguagem interpretativa para a sociedade em geral.

O documento intitulado de CARTA MAGNA DE UMBANDA serve como base orientadora para respostas aos estudiosos de teologia, sociologia, filosofia e aos seguidores da religião. É importante frisar que fica disponível a consultas para debates inter-religiosos, onde outros seguimentos poderão entender melhor o que somos; os nossos propósitos e como respondemos assuntos de interesse espiritual, social e humanitário.

O respeito maior deste trabalho está em chamar os irmãos para deliberar sobre a construção deste, que é de benefício a todos, diferente de outras correntes de pensamento que atentaram contra a liberdade de expressão, perdendo oportunidade de criarmos unidade.

Não posso deixar de citar que a versão realizada em novembro de 2015, por algumas federações não é sequer reflexo do documento oficial aqui disposto. Condenamos veementemente qualquer tentativa de monopólio em nosso meio e sempre pediremos respeito às opiniões expressadas nos fóruns já realizados e os que, por ventura, virão.

Este projeto está em pauta desde 2012, com as deliberações por todo o território nacional, contando ainda com encontro internacional realizado em Portugal, na cidade de Leiria, com a participação de líderes da Europa.

Respeitando a diversidade existente em nosso meio, foi determinado que este documento não deverá ser fixo. É necessário que esteja aberto para que sempre seja melhorado, de preferência, a cada dois anos; ficando acertado que todos os temas que foram amplamente discutidos, devem ser respeitados na sua íntegra; sendo criado grupos para as avaliações, caso haja alguma alteração. Mais uma vez chamo a atenção para o pensamento religioso, virtuoso, que levará este projeto para as esferas necessárias, para finalmente termos uma ferramenta de defesa contra o preconceito.

Uma religião que preza a igualdade, respeitando a Declaração Universal dos Direitos Humanos através da Carta da ONU – Organização das Nações Unidas deve ter este documento máximo, a missão de dignificar seus milhares de seguidores, deixando o legado para a posteridade.

Ortiz Belo de Souza

Carta Magna de Umbanda

Preâmbulo

Considerando que a religião de UMBANDA é legitimamente brasileira e foi instituída pelo Caboclo das Sete Encruzilhadas, através da mediunidade de ZÉLIO FERNANDINO DE MORAES, em 15 de novembro de 1908, em Neves/Niterói, no Brasil; anunciando pela primeira vez o termo; "UMBANDA", como designativo de religião.

A UMBANDA reconhece as derivações oriundas de seu cruzamento com outras religiões, ocasionadas pela diversidade religiosa no Brasil, agregando e adaptando práticas das mesmas, se posicionando totalmente contra qualquer forma de intolerância e discriminação religiosa.

A Religião de Umbanda respeita todas as religiões e busca o Estado Laico existente no Brasil, não discriminando nenhum tipo de manifestação religiosa que vise o respeito e a evolução do ser humano. Assegurando que tem de existir um posicionamento único em relação à própria religião e suas percepções sobre as diversas questões sociais, jurídicas, culturais, filosóficas e humanas.

Considerando que alguns que não comungam desta FÉ, acabam por interpretá-la de maneira errônea, dando conotações equivocadas que influenciam a opinião pública e a mídia.

Tem-se como assente que o presente documento visa proteger os conceitos básicos desta religião, dando força a todas as

Casas que professam a FÉ religiosa de UMBANDA. A partir deste instrumento, poder-se-á reivindicar com mais identidade, que respeitem os direitos religiosos e de liberdade de culto elencados na Declaração Universal dos Direitos do Homem (DUDH), nomeadamente, nos seus artigos 2° e 18°, na declaração sobre a eliminação de todas as formas de intolerância e discriminação baseadas na religião ou convicção, bem como, noutros marcos legais de natureza internacional, supranacional e nacional.

Salientando que a UMBANDA é um conjunto de leis que regem a vida e a harmonia do Universo, como religião ou como ciência, na UMBANDA, tanto na prática ritualística material, como na esfera espiritual das comunidades umbandistas, só se conhece uma hierarquia espiritual: a da evolução de cada Espírito nos diversos planos da Criação e a vibratória estabelecida pelo mérito de cada um. A par do conhecimento perfeito da vida, a UMBANDA aproveita o ambiente material fornecido pela vibração humana para abrir o verdadeiro caminho da sabedoria, onde se aprende que a verdade ou a realidade final do Universo é imutável. Dentro da concepção de que o aproveitamento material fornecido pelo homem é força ativa indispensável à realização da UMBANDA, é sobre o médium que repousa integral responsabilidade, somente excedida pelo sua própria compreensão quanto à missão que lhe é, por escolha, concedida.

Reconhecendo que a UMBANDA é uma síntese expressiva de Amor, Sabedoria, Respeito, Tolerância e Renúncia, como nos ensina JESUS e nos apresentam outros tantos Mestres Crísticos em vários momentos da História e em culturas tão diversas; o Umbandista utiliza-se da religião como meio de progresso, amparo e defesa; mas nunca como instrumento de ataque.

Realçando que a UMBANDA está em vários países, levando a PAZ e a Elevação de uma Religião que defende os direitos pela igualdade, respeitando a pluralidade de cada nação. As bases da CARTA MAGNA DE UMBANDA são o registro dos princípios seguidos por religiosos de Umbanda pelo mundo.

Explicando que a UMBANDA como religião CRISTÃ, NATURAL E ECOLÓGICA, têm em seus seguidores os defensores da Natureza; entendemos que os Sagrados Orixás se manifestam magneticamente com mais intensidade nos sítios vibratórios da natureza, aonde os religiosos de Umbanda vão constantemente, promovendo concentrações para refazimento energético, harmonizações e captação de energias sublimes, reequilibrando-os com as forças da Mãe Natureza.

Claramente que, as oferendas realizadas pelos Umbandistas no seio da Natureza, além de simples, são todas efetuadas com materiais biodegradáveis, que rapidamente se incorporam no meio ambiente. A religião de UMBANDA defende a Natureza, preza pelas matas, mares, rios, cachoeiras e nascentes. Preza também pela fauna e flora, contribuindo, assim, com os Tratados Internacionais de Preservação da Natureza, indicando a necessidade de meios de desenvolvimento que não agridem.

Observando que a CARTA MAGNA DE UMBANDA sugere e defende a necessidade de organização jurídica e administrativa no que diz respeito à organização dos Templos e Federações; entendendo que é fundamental órgão que represente interesses do coletivo, baseando-se no referido documento.

É de suma importância informar que a UMBANDA indica inclusão nas matérias de filosofia, história, sociologia, antropologia e outras. O estudo da CARTA MAGNA DE UMBANDA como fonte didática e como ponto de partida para o diálogo inter-religioso crê na afirmação de que as religiões constituem os diversos caminhos de evolução espiritual que conduzem a DEUS. Assim como as demais religiões, a UMBANDA passa a ter um documento que esclarece de forma objetiva, seus postulados, dando à UMBANDA uma referência única, tendo por objetivo final, ser um documento nacional e internacional da religião, por meio do qual poderá se diferenciar de trabalhos que não condizem com a essência da Umbanda.

Admitindo que o trabalho inicial do presente documento fora iniciado em 2012 e apresentado em reunião dia 14 de abril de 2013, na Rua Brigadeiro Jordão, 297 – Ipiranga – São Paulo/SP., com participação de várias lideranças; cada órgão federativo, representado pelos seus diretores, sacerdotes e lideranças se empenharam, ajudando a trazer propostas para o Congresso Nacional de Umbanda. A direção dos trabalhos foi do MPU (Movimento Político Umbandista), com todos os presentes unidos com responsabilidade pela UMBANDA.

Posteriormente, houve necessidade de apresentação do documento em vários estados do Brasil, onde agiram como fonte de ideias e agentes reguladores da CARTA MAGNA DE UMBANDA, lideranças, Templos de Federações que coadunam com a necessidade do documento como organizador das práticas e postulados básicos.

Assumindo que, o Congresso tem por finalidade agregar todas as vertentes: escolas, federações, templos, escritores, pensadores, imprensa, filósofos e outros que estão inseridos na religião de Umbanda, com a finalidade de atingir a opinião pública sobre o que é UMBANDA; sua cultura social, política e religiosa, tendo a responsabilidade de fundamentar um pensamento único, em relação à vários pontos específicos. Esses pontos são aspectos claros existentes em qualquer vertente da Religião de Umbanda, e, passam a ser uma forma de normatizar a base da religião. Porém fica claro aqui não sugerimos que este documento venha, em nenhum momento, ser algum tipo de codificação, deixando livre quem não aceita-lo.

Considerando que, a normatização nada mais é do que uma forma de trazer a unidade, coerente e inteligente para a difusão da religião de Umbanda, respeitando a liturgia e os estudos aplicados em cada vertente. Afinal, a CARTA MAGNA DE UMBANDA propõe a união, não a unificação.

Aponta-se que, após a sua aprovação e instituição como documento referencial para a religião, a cada dois anos, será convocado novo Congresso Nacional e Internacional de Umbanda para reavaliação e aperfeiçoamento da CARTA MAGNA DE UMBANDA, estando previsto o próximo, para o ano de 2018, preferencialmente, no mês de novembro.

Desta forma, fica acordado o seguinte:

Denominamos o documento como CARTA MAGNA DE UMBANDA.

1. A religião de UMBANDA é genuinamente brasileira, com as seguintes características em sua origem:

É MILENAR, porque seus fundamentos são os mesmos que presidiam o reencontro com DEUS, desde o início da raça humana no nosso planeta.

É CÓSMICA, porque seus fundamentos culminaram com a união preconizada pelo Movimento Umbandista dos quatro pilares do conhecimento humano, que são: a FILOSOFIA, a CIÊNCIA, a RELIGIÃO e a ARTE.

É EVOLUTIVA, em suas manifestações, porque a UMBANDA se manifesta em seu dia-a-dia, utilizando todos os recursos positivos existentes no ontem, no hoje e, com certeza, se valerá dos que vierem, no amanhã.

É CRÍSTICA, porque os seus aspectos, princípios, postulados e finalidades estão baseados nos ensinamentos dos Mestres da Luz, principalmente no Mestre Jesus, sendo a manifestação e a vivência do Evangelho Redentor. Aceitando tudo o que é bom, rejeitando o que não eleva e caminha ao crescimento do ser humano.

É BRASILEIRA, em suas origens. Como prática religiosa surgiu e desenvolveu-se no Brasil, instituída pelo Caboclo das Sete Encruzilhadas, através da mediunidade de ZÉLIO FERNANDINO DE MORAES, em 15 de novembro de 1908 e, hoje, também em todo o mundo. E, ainda citamos que existe corrente que defende sua existência como milenar, aceito por conta que manifestações espirituais existiram mesmo antes de ZÉLIO; porém, o registro em Cartório se deu primeiramente com o nome de UMBANDA através dele, entendendo sua existência de firma jurídica.

2. A UMBANDA teve na sua origem contribuições positivas das religiões e ou filosofias Espírita, a Natural Indígena, a Africana, sobretudo, a da cultura Banta e Sudanesa, assim como, do Catolicismo Popular, entre outras. Contudo, a Umbanda é isenta de interferências de todas elas, não se submetendo a nenhum dogma relacionado com as religiões e filosofias citadas.

3. A UMBANDA integrou, reinterpretou e adaptou as visões religiosas e filosóficas aludidas, de acordo com sua própria percepção, dando origem a uma religião de base sincrética e universalista.

4. A UMBANDA é: doação, caridade, compromisso, prosperidade e humildade.

5. A UMBANDA tem Hino próprio desde 1961, de autoria de José Manoel (letra) e Dalmo Trindade Reis (música).

a) DOAÇÃO

A UMBANDA tem no voluntariado, no serviço mediúnico a forma de crescimento natural da religião, onde a participação é fundamental. É por meio da doação que o medianeiro aprende a valorizar o seu Templo e a socializar com os seus irmãos.

b) CARIDADE

A ação caritativa é uma das formas da elevação do espírito. Fora da caridade não existe a compreensão da missão evolutiva do religioso de Umbanda. A caridade é a expressão máxima do aprendizado religioso em sua plenitude pelo médium de Umbanda.

c) COMPROMISSO

A UMBANDA tem no compromisso do médium com o bem, com a verdade, com a lealdade, com a caridade, com a entrega pessoal e com o respeito, a essência do verdadeiro religioso como forma de evolução.

d) PROSPERIDADE

A prosperidade se dá a todos os níveis pelo esforço de crescimento e desenvolvimento diário em todos os sentidos. A prosperidade não se ganha, se conquista através da prática da honestidade, do esforço, do conhecimento e pelo trabalho individual, onde, amparado por sua fé e merecimento, o individuo conquistará seus objetivos.

e) HUMILDADE

O religioso de Umbanda tem como base espiritual a sua humildade; entendendo que ele, médium, não é melhor que ninguém, mas sim tem a responsabilidade maior e compromisso como instrumento da Espiritualidade em transmitir as mensagens de Luz, passadas pelos planos elevados. Na Umbanda, existe uma hierarquia espiritual que orienta os trabalhos, com Dirigentes Espirituais, Médiuns e Auxiliares; porém, todos sabemos que no plano material somos, em todos os momentos, aprendizes e professores e todos nós estamos em constante aprendizado, não sendo ninguém melhor do que o outro, apenas com funções e responsabilidades diferentes. Entendemos que, quem deve ser glorificado é DEUS e a Espiritualidade, nunca o medianeiro !

6. O religioso de Umbanda segue o que foi anunciado pelo

seu fundador, o Caboclo das Sete Encruzilhadas, bem como, os ensinamentos dos inúmeros Espíritos Crísticos e os Mestres do Amor, como via evolutiva para se chegar a uma espiritualidade superior.

7. A UMBANDA trás em si a base religiosa que deve ser respeitada: AMAR, RESPEITAR, NÃO JULGAR, NÃO CALUNIAR, ATUAR SEMPRE COM A VERDADE, NA BASE DO BEM, DA EDUCAÇÃO E DA ELEVAÇÃO. O posicionamento ético em qualquer religião deve se basear em tais predicados, manifestados pelos verdadeiros religiosos.

8. Os médiuns e assistidos, em geral, são vistos como religiosos e devem agir como tal, com FÉ em DEUS, nos ORIXÁS e Guias Espirituais; possuir os atributos da FÉ, AMAR SEU SEMELHANTE, NÃO JULGAR, NÃO CALUNIAR, SER PACIFICADOR, ESTAR AO SERVIÇO DO BEM E JAMAIS UTILIZAR O SEU CONHECIMENTO DE FORMA TORPE.

9. Esses atributos são posicionamentos éticos e morais para todos os que comungam da FÉ UMBANDISTA.

10. A UMBANDA atua na elevação, na educação religiosa e na evolução dos espíritos praticando trabalhos que visam o progresso do ser humano, direcionando a reforma íntima por meio dos postulados de Jesus, da vibração dos Orixás e dos ensinamentos dos Mestres Iluminados de todos os tempos, que são transmitidos pelos Guias Espirituais que se manifestam nos Templos de Umbanda.

11. A UMBANDA é uma religião que crê na existência de um DEUS ÚNICO, INTELIGÊNCIA SUPREMA, CAUSA PRIMÁRIA DE TODAS AS COISAS, ETERNO, IMUTÁVEL, IMATERIAL, ONIPOTENTE, ONIPRESENTE, SOBERANAMENTE JUSTO E BOM, INFINITO EM TODAS AS SUAS PERFEIÇÕES.

12. A UMBANDA crê no Mestre JESUS, sincretizado com OXALÁ, pautando o aspecto doutrinário, baseado nos seus ensinamentos de amor universal.

13. A Umbanda crê na existência de um panteão divino, onde existem divindades, denominadas por nós de ORIXÁS, responsáveis diretos por toda a criação do universo e sustento do planeta Terra e alicerces para direcionarmos nossas condu-

tas na prática do amor, da caridade e da fé. Não são deuses, mas sim, denominações humanas para uma classe de Poderes Reinantes do Divino Criador.

14. A Umbanda reverencia a Mãe Natureza, por ser nela que se encontra a mais pura manifestação Divina, por onde os Sagrados Orixás se manifestam energeticamente com mais intensidade e, também, porque vamos buscar e nos harmonizar com as forças ali reinantes, sustentadoras de toda a forma de vida planetária; atraindo ainda forças do universo para complementar tais vibrações já existentes em nosso Planeta, unindo assim, poderosas forças divinizadas existentes nos planos espirituais.

15. A Umbanda crê na existência da comunicação mediúnica por meio de medianeiros preparados para tal tarefa, em trabalhos caritativos, em atendimentos fraternos dos Guias Espirituais.

16. A UMBANDA prima pela simplicidade de seus rituais, o que permite a dedicação integral do tempo das sessões ao atendimento fraterno dos que a ela recorrem.

17. Nos atendimentos fraternos está o cerne do assistencialismo da UMBANDA, sempre de forma caritativa.

18. UMBANDA é sinônimo de prática religiosa e caritativa, não se coadunando com cobranças abusivas. Não faz parte de seus fundamentos a retribuição financeira pelos atendimentos fraternos ou pelos passes realizados. Contudo, é lícito, quando necessário para sustentação, manutenção e desenvolvimento dos Templos, assim como, para proporcionar conforto e bem-estar a seus frequentadores, o chamamento dos médiuns e das pessoas que frequentam o Templo para contribuírem para esses fins. Todavia, a contribuição far-se-á conforme o critério de cada Templo, mas de uma forma moderada e ajustada às necessidades, sem que haja discriminação ou preconceito para com aqueles que não possam contribuir.

19. No caso específico de sacerdotes/sacerdotisas umbandistas que passaram a dedicar-se integralmente ao Culto, em determinadas situações e regiões, cobrando nomeadamente por suas consultas, as sessões (giras) devem continuar públicas e abertas, onde é facultada a solicitação de contribuições volun-

tárias aos membros e assistidos.

20. A UMBANDA possui sacramentos e ritos próprios, tais como: o batismo, o casamento e o fúnebre.

21. Os principais ritos da UMBANDA são realizados por meio de orações, pontos cantados, que podem ser ritmados através de instrumentos musicais.

22. A UMBANDA realiza sessões e trabalhos de limpeza espiritual e energética denominados de descarrego, assim como o de aconselhamento e tratamento espiritual, que visam o bem-estar e o desenvolvimento espiritual, consciencial, emocional e moral do indivíduo. Nesses trabalhos são utilizados o passe energético, o uso ritualístico do tabaco e dos elementos vegetais, designadamente, em DEFUMAÇÕES, em BANHOS e ou AMACIS. A Umbanda ainda se utiliza de componentes minerais, tais como: pedras, cristais, metais e a PEMBA, que são elementos condensadores de energia, como também, da energia essencial dos quatro elementos básicos da natureza.

23. A UMBANDA recorre às orações, descarregos, desobsessões, ou, se preciso for, às oferendas de flores, bebidas, frutos, sucos, chás, alimentos, incensos e velas. A oferenda, além de operação espiritual/vibracional, é também uma reverência espontânea aos Sagrados Orixás e é recomendada a sua prática aos seus fiéis. Visto que entendemos que esses elementos possuem elevadas vibrações energéticas que podem ser manipuladas espiritualmente em beneficio de algo ou alguém. Entendemos também que um dos objetivos da Umbanda é o de elevar e sublimar o espírito e seus iniciados e assistidos pela ética de Cristo.

PRINCIPIO DE IGUALDADE

24. A UMBANDA defende a todos um tratamento digno e igualitário, pois ninguém pode ser privilegiado, favorecido, prejudicado, discriminado, privado de direitos ou dispensado de deveres em razão de ascendência, descendência, sexo, orientação sexual, cor, etnia, raça, idade, língua, religião, descrença religiosa, grau de instrução, condição econômica e social, território de origem, convicção política, ideológica e filosófica.

DIREITO À VIDA

25. A religião de UMBANDA defende que a vida humana é inviolável.

26. Não é admissível para a UMBANDA a pena de morte.

SUICIDIO / EUTANÁSIA / DISTANASIA / HOMICIDIO

27. A UMBANDA, por valorizar a vida, nos aspectos terreno e espiritual, entende que a passagem deve ser natural, respeitando a Lei do Carma e aprendizados importantes ao espírito.

28. A UMBANDA defende que ninguém tem o direito de abreviar voluntariamente a sua vida pelo suicídio.

29. Só o Criador, através de Sua Onisciência, Onipresença e Onipotência, sabe o momento do desenlace carnal de qualquer individuo.

30. Assim, mesmo no caso em que a morte é inevitável e a pessoa esteja em situação de sofrimento, a Eutanásia ativa praticada por pessoas, mesmo que com motivação altruística é compreendida pela UMBANDA como a falta de resignação e de submissão à vontade do Divino Criador.

31. A DISTANÁSIA que é prolongamento da vida por tratamentos extraordinários e a ORTOTANÁSIA, que é a decisão de não se submeter a tais tratamentos considerados paliativos, do ponto de vista clínico, legal e espiritual, não ferem o conceito religioso de Umbanda porque o paciente é livre para submeter-se ou não a tratamentos e cirurgias consideradas ou não de risco, e se o fizer, virá a falecer de causas naturais da evolução da doença, sem interferências de pessoas no processo do Criador.

32. Práticas que atentam contra a vida humana ou animal, não são aceitas pela Umbanda.

33. Porém, homicídio cometido em legítima defesa própria ou de terceiros, ou por erro não censurável, não acarreta ônus espirituais sobre tais fatos.

ABORTO

34. A UMBANDA é contra a prática do aborto considerado interrupção da gestação.

35. Na UMBANDA entende-se que a partir da concepção da vida pré-embrionária já existe um Espírito que anseia por sua evolução.

36. Os progenitores com ou sem auxílio de terceiras pessoas que provoquem o aborto por qualquer meio, e em todo período da gestação, cometerão uma transgressão à Lei de Deus, porque isso impede o espírito de passar pelas provas necessárias à sua evolução, necessitando do corpo em formação como seu instrumento.

37. Quando o nascimento da criança colocar em perigo a vida da mãe, é preferível, por bom senso e na forma da lei, manter a vida da genitora.

38. O aconselhamento direto com os Guias Espirituais é fundamental para que as ações se baseiem sempre na Espiritualidade e na particularidade de cada situação que envolva a formação e desenvolvimento de vida humana.

39. No caso de ocorrer ou ter ocorrido o aborto por decisão de qualquer natureza, a UMBANDA jamais condenará os envolvidos, ocupando-se, antes, em acolhê-los e prestar-lhes orientação e conforto espiritual.

DIREITO À INTEGRIDADE PESSOAL

40. A religião de UMBANDA defende que a integridade moral e física das pessoas é inviolável.

41. Ninguém pode ser submetido à tortura física ou mental, nem a maus tratos ou penas cruéis, degradantes ou desumanas.

PEDOFILIA / MAUS TRATOS

42. A UMBANDA não aceita qualquer forma ou ato que atente contra a integridade física e moral da criança e do adolescente, em especial os casos de pedofilia praticada por todo e qualquer meio, inclusive por internet, assim como as condutas de maus tratos, defendendo que as leis já estabelecidas devam ser aplicadas, nomeadamente, a Convenção dos Direitos da Criança.

43. Pessoas que possuem desvio de conduta em relação às crianças e adolescentes podem estar obsidiadas e necessitam de orientação espiritual e acompanhamento psicológico, além de se submeterem à aplicação das leis civis e criminais pertinentes.

VIOLÊNCIA DOMÉSTICA

44. A UMBANDA não aceita qualquer forma de violência doméstica, atendendo aos parâmetros da legislação vigente com destaque para os Princípios das Nações Unidas para as Pessoas Idosas, Convenção sobre a eliminação de todas as formas de discriminação contra as mulheres e a Convenção sobre os Direitos das Pessoas com Deficiência e a Carta das Nações Unidas (O.N.U.), segundo os quais os direitos da pessoa humana devem ser preservados. No âmbito doméstico, a prática do respeito, aceitação das diferenças, e convivência de harmonia devem ser cultivados entre os familiares de todas as idades.

As relações sexuais, dentro e fora do casamento ou da união estável devem ser sempre consentidas pelas pessoas envolvidas, sendo que a UMBANDA condena qualquer ato sexual obtido mediante violência ou contra a vontade da pessoa.

PRECONCEITO ÉTNICO

45. A UMBANDA não aceita o preconceito étnico e racial. O preconceito racial é antes de tudo, uma demonstração de atraso espiritual e desconhecimento das Leis Divinas. Aquele que diminui ou persegue o irmão pela cor da pele ou por qualquer outra característica étnica, viola a regra de ouro presente nas mais diversas tradições espirituais e religiosas: "AMAR A DEUS SOBRE TODAS AS COISAS E AO PRÓXIMO COMO A SI MESMO".

ORIENTAÇÃO SEXUAL E IDENTIDADE DE GÊNERO

46. NA UMBANDA todo ser humano é visto como irmão (ã) espiritual, sendo aceita qualquer orientação sexual e identidade de gênero. Assim, a religião entende e acolhe espíritos, e não o gênero ou a sexualidade. Discriminação e preconceito não são ensinados pelos nossos Guias, posto que a Umbanda acolhe a todos. Desta forma, é fundamental respeitarmos a condição de

cada indivíduo: heterossexualidade, homossexualidade, bissexualidade, transexualidade e intersexualidade são questões de foro íntimo e pessoal.

O PAPEL DA MULHER NA SOCIEDADE E NA UMBANDA

47. A UMBANDA defende o direito de igualdade, sendo que a mulher deve ocupar qualquer posição na sociedade e no mercado de trabalho, com o mesmo tratamento, conforme o vertido na Convenção sobre a eliminação de todas as formas de discriminação contra as mulheres.

48. As mulheres na UMBANDA estão em todos os níveis hierárquicos da religião, inclusive na CURIMBA, não apenas no canto, mas também no toque.

CRIANÇAS NA UMBANDA

49. NA UMBANDA todas as decisões que digam respeito às crianças devem ter em conta o seu melhor interesse consideradas suas peculiaridades de pessoa em desenvolvimento, em harmonia com o estipulado na Convenção dos Direitos da Criança.

50. A UMBANDA reconhece que a presença das crianças nas sessões é um processo importante na sua própria formação espiritual, assim como para sua educação e assistência religiosas.

51. A UMBANDA garante às crianças, o direito de conhecer segundo os preceitos da religião, a mensagem universal da JESUS, sincretizado com OXALÁ, com sua magnitude em DEUS e nos ORIXÁS, através do atendimento mediúnico, do batizado, passes e desenvolvimento. Promovendo o respaldo moral, físico e espiritual contra todas as formas de violência.

52. A UMBANDA incentiva a criança para que reconheça desde cedo sua importância, valor e caráter, concedendo-lhe o direito de livre escolha condizente à sua pureza e maturidade às nossas crenças, garantido sempre o seu amparo. É admissível e reconhecido a prática da Evangelização Infantil, a fim de instruir crianças e adolescentes em condutas morais e éticas, além de proporcionar aulas educativas a respeito da umbanda e as culturas afro existentes.

IDOSOS NA UMBANDA

53. A UMBANDA defende que os idosos devem ter acesso aos recursos educativos, culturais, recreativos e espirituais da sociedade.

54. Os idosos devem ser tratados de forma justa, independentemente de sua idade, não podendo ser privados do acolhimento dentro da religião e do desenvolvimento mediúnico.

55. A UMBANDA preconiza o respeito, o amparo e a assistência aos idosos, no âmbito familiar e social, com base no amor, na caridade, no reconhecimento e na legislação em vigor, em especial nos Princípios das Nações Unidas para as Pessoas Idosas.

DEFICIENTES

56. NA UMBANDA, nenhuma pessoa portadora de deficiência congênita ou adquirida, seja de natureza física, sensorial ou intelectual é privada de acolhimento ou desenvolvimento mediúnico.

57. A UMBANDA compreende que as deficiências se restringem à carne e não ao espírito, portanto, as limitações do corpo material se tornam nulas, mediante a nossa fé e o Plano Espiritual. Porquanto, como disseminadores de amor ao próximo, não nos cabe desmerecer ou restringir quaisquer que sejam as condições físicas, mentais ou psicológicas de um irmão, pois somos livres de julgamentos e permitimos que todos aqueles que buscam a doutrina umbandista sejam tratados com igualdade e respeito.

58. Aos dirigentes de Templos de Federações pede-se privilegiar a acessibilidade, conforme a caridade, o bom senso e as leis vigentes, designadamente, a Convenção Sobre os Direitos das Pessoas com Deficiência e o Estatuto da Pessoa com Deficiência. Em âmbito internacional segue a Carta das Nações Unidas, que reconhece a dignidade e valor inerentes e os direitos iguais e inalienáveis.

ÁLCOÓLATRAS E TOXICÔMANOS

59. Todos que recorrem aos Terreiros de Umbanda encontrarão o lado assistencialista. O dependente químico e o alcóolatra devem ser tratados sem preconceito e discriminação, tendo

total assistência por parte da Umbanda.

60. A UMBANDA respeita a vontade e o livre arbítrio do indivíduo de buscar e aceitar o tratamento espiritual. Nos tratamentos devem ser observados e respeitados o lado psicológico, a dependência química e a atenção espiritual deve ser fornecida para o dependente e sua família.

CASAMENTO

61. A UMBANDA defende que o casamento deve dar-se por amor e livre arbítrio, onde o casal é orientado e acolhido também espiritualmente. Independentemente, da orientação sexual, etnia, instrução, condição social e religião.

62. Na visão umbandista é irrelevante a heterossexualidade, a homossexualidade, bissexualidade, a transexualidade e a intersexualidade, ou se um dos consortes não professar a religião umbandista. Reservamos a todos, direitos iguais de matrimônio, respeitando a orientação sexual de cada um.

63. A UMBANDA compreende que o casamento religioso funciona como base espiritual para a família e tanto o corpo mediúnico quanto a assistência, têm o direito a este sacramento.

64. NA UMBANDA, o matrimônio também é assegurado como direito àqueles que já se divorciaram.

DIVÓRCIO

65. Os Conselheiros Espirituais Umbandistas não incentivam o divórcio. Porém, não compactuam com relacionamento aparentemente feliz, mas com espírito abalado pelo ódio, pelo sofrimento, pelo desrespeito, pela falta de amor que, por muitas vezes, pode causar riscos à integridade física, moral e espiritual de um dos cônjuges ou ao casal, e por consequência, traumatizar familiares, filhos e amigos.

66. O casamento indissolúvel é criação humana, por dogmas religiosos e/ou de ordem social e econômica. Na UMBANDA, acredita-se que o carma do casal pode ser breve ou durar uma vida inteira, de acordo com o que sua própria missão espiritual determina, e não se impõe uma convivência de infelicidade ou violência doméstica e sexual.

ADOÇÃO

67. O posicionamento da UMBANDA não é apenas favorável, mas também incentivador à adoção.

68. O acolhimento físico, moral e espiritual do adotado, sempre levando em consideração as condições dos pais, é o de respeito, carinho, amor e proteção para o resgate da criança e do adolescente e sua inserção nos princípios de cidadania, favorecendo-o a ser consciente de suas responsabilidades e voltado para a prática do bem. Esse ser humano, bem como aqueles que serão seus pais, precisam da compreensão de sua condição humana e espiritual, devendo exercer a criação e educação do adotado segundo os preceitos da dignidade humana, paternidade responsável e do planejamento familiar, como determina a Convenção dos Direitos da Criança.

69. Acreditamos no mesmo direito por parte de pais e mães heterossexuais, homossexuais, bissexuais, transexuais e intersexuais, pois a amplitude desse ato não se reserva à condição sexual ou de gênero e, sim, ao resgate cármico em condições tanto materiais quanto emocionais para a educação da criança e do adolescente.

PRESERVATIVOS E MÉTODOS CONTRACEPTIVOS

70. A UMBANDA apoia o uso de preservativos e métodos contraceptivos, como meios de proteção contra DSTs (doenças sexualmente transmissíveis) e prevenção de gravidez indesejada. Cada qual deve saber e escolher o momento de gerar um novo ser, que necessitará de amor, compreensão, educação, orientação e discernimento ao longo de sua vida. Nesse sentido, o uso de métodos contraceptivos é um modo de proteger a vida.

71. O uso de contraceptivo é aceito pela religião da UMBANDA, pois respeita o livre arbítrio, o controle de natalidade e o planejamento familiar.

DOAÇÃO DE ÓRGÃOS

72. A Doutrina UMBANDISTA vê com bons olhos a doação de órgãos, em vida e depois da morte, nos limites da legislação vigente em cada país.

73. A UMBANDA defende mesmo que a separação entre

o espírito e o corpo físico não se tenha completado, como nos casos de morte cerebral, deste modo a Espiritualidade dispõe de recursos para impedir impressões penosas e sofrimentos ao espírito doador.

74. A doação de órgãos não é contrária às leis da Natureza, porque beneficia outras pessoas e o próprio espírito do doador em sua evolução espiritual e, além disso, é uma oportunidade para que se desenvolvam os conhecimentos científicos no plano material, colocando-os à serviço de vários necessitados.

75. O mesmo se dá em relação à doação de sangue, medula e qualquer tecido orgânico que venha proporcionar ajuda ao semelhante. A UMBANDA, assim como qualquer religião, necessita incentivar a prática de doação para amparar milhões de irmãos necessitados pelo mundo.

CREMAÇÃO

76. A UMBANDA não rejeita a cremação.

77. A CREMAÇÃO é legítima para todos aqueles que a desejam, desde que haja um período de, pelo menos, 72 horas de expectação para a ocorrência em qualquer forno crematório, o que poderá verificar-se com o depósito de despojos humanos em ambiente frio. Esse período é necessário, pois existem sempre muitos ecos de sensibilidade entre o Espírito desencarnado e o corpo onde se extinguiu o tônus vital, nas primeiras horas sequentes ao desenlace, em vista os fluídos orgânicos que o Espírito ainda solicita para as sensações da existência material.

78. O sepultamento ou a cremação nada mais representam para o espírito, que a desagregação mais lenta ou mais rápida das estruturas entretecidas em agentes físicos, das quais se libertou.

CANDIDATOS À POLITICA NA UMBANDA

79. A UMBANDA chama a atenção para o pensamento sobre a política pública participativa. É relevante a construção de organização política, pois só assim, conquistaremos o que é de direito de qualquer cidadão que professa sua fé.

80. A participação do religioso deve ser incentivada através da consciência de institucionalizarmos nossos ideais.

81. Os representantes públicos necessitam comprometer-se

com a comunidade religiosa a qual está inserido; deixando seu gabinete aberto para todos os projetos que visam o coletivo religioso.

LIVRE ARBÍTRIO

82. A Umbanda, com sua plenitude, assegura aos indivíduos a sua liberdade e felicidade, não compactuando com a ideologia de "acorrentar" filhos de fé ou adeptos em detrimento da casa.

83. Além disso, não compactua/comunga com o emprego de ameaças e violências psicológicas ou morais para garantir o narrado no tópico anterior.

84. Umbanda preza pela liberdade individual e o direito de "Ir e Vir" dos adeptos, não interferindo no livre arbítrio dos indivíduos, sendo este, uma das leis divinas de nossa religião e da própria espiritualidade. Também não exerce qualquer tipo de violência (moral e psicológica), falseando verdades sobre a liturgia umbandista para restringir o direito de escolha de seus fieis.

85. A Umbanda aceita os estudos teológicos desde que respeite todas as vertentes a ela atribuída, sem ações tendenciosas que crie conflitos sobre a diversidade existente em seus estudos. Do ponto de vista acadêmico de historiadores e antropólogos entende-se que a absorção do documento Carta Magna de Umbanda é de fundamental importância. A Umbanda por sua miscigenação e pluralidade de interpretações não pode estar presa a ideologias que não coadunam com o respeito aos itens 1-2-11-12-13 e 14, onde demonstra uma diversidade interpretativa de sua origem e jamais se fixando em um conceito fechado, mas respeitando a todas as formas de entendimento. Ação ÚNICA desta religião que não se compara a nenhuma outra existente, portanto deve ser classificada por antropólogos por este olhar peculiar da religião de Umbanda que demonstra ser uma grande síntese universal.

Vocabulário

REFORMA ÍNTIMA: é o processo de elevação da consciência e da condição de um ser humano. É um processo de auto melhoramento, tanto em nível pessoal quanto social.

RITUAL RELIGIOSO: que visa a limpeza energética e espiritual de um beneficiário, visto que a Umbanda entende que tal como o nosso corpo físico pode ficar carregado de sujidade, nossa componente espiritual, astral e energética também, necessita de uma ação de higienização.

AMACI: é o principal ritual litúrgico da UMBANDA e possui várias finalidades dentro da mesma que vai de uma simples limpeza no ORI/COROA/CHAKRA CORONÁRIO a estabelecer, energizar ou fixar uma força espiritual sobre o mesmo.

ELEMENTO CALCÁRIO: que possui fundamentos litúrgicos e mágicos dentro da religião.

DESOBSESSÃO: é um tratamento espiritual de pessoas que estejam sofrendo de forma prejudicial interferência de espíritos negativos que são encaminhados à esferas de tratamento.

Moção para a Tenda Estrela do Mar

Nos volumes anteriores fizemos algumas abordagens sobre a Tenda Espírita Estrela do Mar, uma das casas históricas da Umbanda. Apresentamos a seguir uma importante homenagem a Tenda na Câmara dos Vereadores do Rio de Janeiro.

A Tenda Estrela do Mar é uma instituição pública reconhecida e estabelecida legalmente no Estado do Rio de Janeiro. Pratica a religião de Umbanda (Conjunto das Leis de Deus) de forma fundamentada, tendo como base as obras literárias de W. W. da Matta e Silva. Concebe em sua liturgia os sete sagrados Orixás de Umbanda (Oxalá, Yemanjá, Ogum, Oxóssi, Xangô, Yori e Yorimá), manifestados pelas entidades espirituais de Crianças, Caboclos e Pretos Velhos, em uma ordem hierárquica estabelecida pela Lei e Ordem que estão contidas em sua própria denominação (UMBANDA). Estabelece-se com respeito a todas as formas de expressão religiosas, que são vistas como caminhos alternativos de busca da divindade. Respeita todas as concepções ritualísticas, mas, se firma em preceitos que respeitem todas as formas de vida, buscando a preservação da natureza em sua exuberância nos diversos núcleos vibratórios, que constituem santuários naturais. Estabelece-se como instituição que preza a ordem, fraternidade, dignidade e caridade sem qualquer pretexto de favorecimento pessoal ou financeiro.

A Tenda Estrela do Mar recebeu moção da Câmara de Vereadores da Cidade do Rio de Janeiro. São 64 anos de existência ininterrupta em prol da Umbanda e com a bandeira firme da caridade. A atual diretoria, através do presidente Juarez d'Avila esteve presente em uma sessão solene em 29 de agosto de 2016, com o garbo de uma apresentação do Ogan Tião Casemiro notadamente ímpar. Mais uma vez a dignidade com que os trabalhos na Tenda são realizados foi o diapasão que proporcionou tal honraria.

A moção foi concedida por intermédio do Vereador Átila Alexandre, que tem tido conduta intensa em prol da Umbanda e respeito as crenças religiosas com aprovação de Lei neste sentido.

Apresentamos algumas fotos do evento e fotos históricas da década de 1960.

CÂMARA MUNICIPAL DO RIO DE JANEIRO
MOÇÃO
Moção de Louvor, Congratulações e Aplausos a
Tenda Espírita Estrela do Mar
Através de seu dirigente
Sr. Juarez D'Ávila Rocha Bastos

Através de sua atuação e engajamento na propagação dos costumes religiosos umbandistas, conquistou o respeito das demais lideranças religiosas.

Motivo de orgulho de nossa crença, esta importante entidade de representação promove o engrandecimento da Umbanda, unindo seus seguidores, enaltecendo os ritos de matriz africana, a fé e a caridade, buscando ajudar aos irmãos.

Reconhecemos, assim como grande parte da população do Município do Rio de Janeiro, seu comprometimento com os mais elevados valores morais e espirituais, sendo inegável que o mesmo é merecedor desta honraria que ora prestamos.

Plenário Teotônio Villela, 24 de agosto de 2016.
Vereador Átila A. Nunes

Figura 50: Documento da Moção. Fonte: *https://www.facebook.com/TENDA-ESTRELA-DO-MAR-203536489686209*

Figura 51: Vereador Átila Alexandre Nunes discursa durante o evento. Fonte: https://www.facebook.com/TENDA-ESTRELA-DO-MAR-203536489686209

Figura 52: Primeira sede da Tenda ("O barracão") construída em 27 de dezembro 1952. Rua Eugenio Gudin – Irajá, Rio de Janeiro. Fonte: https://www.facebook.com/TENDA-ESTRELA-DO-MAR-203536489686209

Figura 53: Reunião no "O barracão". Fonte: https://www.facebook.com/TENDA-ESTRELA-DO-MAR-203536489686209

Figura 54: Fixação da pedra fundamental, 1961. À direita o Capitão Benedito Lauro do Nascimento. Fonte: https://www.facebook.com/TENDA-ESTRELA-DO-MAR-203536489686209

Figura 55: A primeira corrente mediúnica (ainda no "Barracão") em 1952. Fonte: https://www.facebook.com/TENDA-ESTRELA-DO-MAR-203536489686209

Figura 56: A corrente mediúnica em 1963. Fonte: https://www.facebook.com/TENDA-ESTRELA-DO-MAR-203536489686209

Pai Guarantã

Roberto Barros, mais conhecido como Pai Guarantã (sua entidade de frente era o Caboclo Guarantã), foi um Pai de Santo muito famoso nas décadas de 1960 e 1970. Seu primeiro terreiro foi fundado na Rua Cubatão, em São Paulo, quando tinha 24 anos. Sua corrente chegou a ter mais de 700 médiuns que atendiam cerca de 5000 consulentes por semana. Em 1966 a sede do terreiro mudou para a Avenida Santa Catarina, Jardim Aeroporto. Muitos Pais Espirituais famosos da Umbanda iniciaram sua caminhada espiritual com Pai Guarantã. Realizou muitos trabalhos espirituais para times de futebol. Autor do livro ***Magias no Futebol***, Ícone Editora, 2011.

Figura 57: Pai Guarantã (à direita) com Bruno Borgatta. Acervo da Família Borgatta.

O templo do Caboclo Guaracy do Brasil

O Templo do Caboclo Guaracy é um dos mais importantes do país e é dirigido por Pai Carlos Buby. Apresentamos a seguir textos presentes no site do Templo:

http://www.temploguaracy.org.br

Apresentação
Luiz Pellegrini

O Templo Guaracy do Brasil é uma instituição Espiritualista, Monoteísta, Apolítica, sem fins comerciais, isenta de preconceitos, legalmente constituída em 2 de agosto de 1973. O objetivo e compromisso fundamental do TGB é a preservação e o desenvolvimento pleno da Vida. Em uma dimensão filosófica mais profunda, o TGB reconhece a Vida como sendo a expressão mais essencial da Luz Primordial que em algum momento da Eternidade se fragmentou, dando origem ao mundo das diferentes formas de realidade (Efeito de Dan).

O conceito de individuação – o processo pelo qual uma pessoa torna-se a si mesma, inteira, indivisível e distinta de outras pessoas ou da psicologia coletiva –, associado ao Princípio Holístico do Universo, tem sido a tônica dos estudos e pesquisas desenvolvidas pelo Templo Guaracy do Brasil nas últimas décadas. Os primeiros resultados obtidos indicam que as bases do desenvolvimento espiritual estão fixadas na interação do indivíduo com a Totalidade, e o objetivo desse desenvolvimento é a

Síntese da Luz. Partindo deste Princípio, deduz-se que a Fraternidade seria facilmente alcançada, não fosse toda a complexidade implícita no processo pessoal de reorganização interior. Esse processo é indispensável para que se possa estabelecer com o mundo exterior uma relação de harmonia, e não como acontece com frequência, na forma de uma busca fanática de Deus.

Conceitos deste tipo determinaram, no Templo Guaracy do Brasil, a criação de uma pauta de investigações relacionadas a fenômenos, tais como os Mediúnicos, a Reencarnação, as Forças e Energias da Natureza, os Elementos, os Orixás, a Metafísica da Criação, a Ética Ritualística, etc. Referidos temas são abordados de modo isento e responsável, e quem os busca está inserido naquilo que o Templo Guaracy chama de Caminho de Buscador.

Investigações teóricas e práticas no campo dos fenômenos mediúnicos têm proporcionado resultados surpreendentes. Dedicado a essas investigações, o corpo mediúnico do Templo Guaracy é composto hoje por cerca de 600 médiuns, iniciados e em atividade, atuando, não apenas em sua sede em São Paulo, em Campinas, São Roque, Salvador e no Espaço Cultural Mataganza, mas também em países da Europa e América do Norte. Atualmente, o Templo Guaracy mantém atividades regulares em Genéve (Suíça), Paris, Strasbourg (França), Graz (Áustria), Quebec (Canadá), Washington, Califórnia, New York (EUA) e Sintra (Portugal). Os referidos Templos cumprem com rigor as normas legais previstas na constituição de cada país e respondem diretamente ao TGB, no que diz respeito aos fundamentos filosóficos e ritualísticos convencionados no Brasil.

Administração
Carlos Buby

Os Templos Umbandistas, em sua grande maioria, são administrados em conformidade com as leis que regem as associações sem fins lucrativos. A contabilidade, aparentemente simples, demonstra os fluxos de entradas e saídas de capital mediante recibos e outros documentos legais. O corpo de voluntários, constituído quase sempre por abnegados participantes, isenta a associação de um custo administrativo mais elevado. Outras doações, além daquelas previstas nas assembleias gerais, complementam o orçamento mensal ou financiam construções, reformas, aquisição de móveis, utensílios, etc. Este perfil se aplica também aos serviços assistenciais desenvolvidos por vários Templos. Com o objetivo de captar recursos para manter o equilíbrio econômico, festas beneficentes e campanhas são realizadas pela comunidade ao longo do ano.

Teoricamente, este é um modelo administrativo que dá certo. Entretanto, na prática a realidade não é tão romântica assim. Os "efeitos colaterais" começam a surgir quando alguns projetos, apoiados sobre a inconstância do voluntariado, acabam por perder a continuidade. A instabilidade das doações inviabiliza qualquer planejamento orçamentário. Não são raros os Templos que, dependentes das doações, discriminam as participações e os direitos dos filhos de acordo com os valores doados. Aqueles que doam ou se doam mais acabam por criar situações constrangedoras àqueles que, por qualquer motivo, não têm as mesmas condições. Do ponto de vista administrativo isto não importa. Mas do ponto de vista espiritual isto é, sem dúvida, um bom motivo para o enfraquecimento da comunidade.

O Templo Guaracy não fugiu a essa regra. Na primeira década de sua fundação, o Templo Espírita de Umbanda Caboclo Guaracy, como era denominado, experimentou as mais diversas formas administrativas. Todas esbarravam nas limitações acima citadas. O crescimento vertiginoso, associado à expansão para a América do Norte e Europa, exigiu a criação de métodos eficazes e seguros. As decisões não se limitaram a mudanças técnicas. A reforma teve que ser feita nas bases da filosofia administrativa. A alteração da razão social para Templo Guaracy do Brasil marcou o início da reengenharia administrativa.

Filosofia administrativa do Templo Guaracy do Brasil

Toda assistência espiritual, mediúnica, ritualística e social desenvolvida pelo TGB ou em seu nome é gratuita. O TGB conta com um quadro associativo com valor equilátero. A colaboração associativa é livre e não obrigatória. Ninguém é discriminado por qualquer motivo ou natureza. Os serviços administrativos são, na sua base, exercidos por profissionais. Cada Templo Guaracy, constituído no Brasil ou no exterior, destina os valores arrecadados às suas próprias obras. Nenhum valor monetário é transferido de Templo para Templo ou de país para país. Os voluntários prestam serviços à comunidade em conformidade com as leis que regem o voluntariado. Os eventos realizados pelo TGB focalizam a integração sócio cultural. A manutenção do Templo e dos projetos sociais, entre eles Vida Verde (Crianças) e G3 (Terceira Idade), são apoiados por eventos beneficentes e doações livres. Os membros da diretoria, (Presidente - Vice Presidente – Tesoureiro – Secretário – Diretor Social), não são remunerados.

O Babalorixá

Meu nome é Sebastião Gomes de Souza. Durante os anos setenta e oitenta, alternei meus compromissos entre a enfermagem, a música e o desenvolvimento do Templo Guaracy. No meio artístico, além de bons amigos, herdei também o pseudônimo "Carlos Buby", que me acompanha até hoje. A enfermagem foi para mim uma grande iniciação. Nos agitados plantões, onde a dor e o amor se coincidiam, era fascinante perceber a ternura anteceder a técnica.

Minha história é simples como simples são minhas origens. A infância "nordestina" associada à adolescência "paulista" com certeza influenciou, e muito, na formação do meu perfil psicológico, social e religioso. A tradição religiosa familiar, fundamentada no catolicismo, foi a "janela" pela qual vislumbrei os primeiros e valorosos aspectos doutrinários. Sem esta base inicial, meus conceitos sobre questões como aquelas que envolvem a Vida e a Morte certamente seriam outros.

A fundação do Templo Guaracy em 1973 permitiu-me colocar em prática tudo que estava latente ou limitado ao nível das ideias. Os encontros com a Natureza, as reuniões ritualísticas, os atendimentos espirituais personalizados, a união do grupo, os cantos, as danças, a solidariedade, as pesquisas, os ritos de apoio às curas passaram a fazer parte da minha vida e da vida de muitos Guaracyanos.

Espaço Mataganza

O Templo Guaracy do Brasil dispõe de uma privilegiada área verde, denominada Espaço Mataganza, onde são realizados os ritos iniciáticos e uma série de eventos voltados ao desenvolvimento sócio cultural da comunidade. Localizado no município de Cotia, a cerca de trinta minutos do centro da cidade de São Paulo, o Espaço Mataganza concentra, em seus 120.000 metros quadrados de área conservada, o esplendor da Natureza. O Espaço Mataganza representa objetivamente o compromisso do Templo Guaracy com a preservação e o desenvolvimento pleno da Vida nos diferentes níveis.

Fonte, rio, lagos, cachoeira, essências nativas, animais silvestres e domésticos, minérios, pomar, horta, herbanário, pousada, restaurante, duas piscinas, estacionamentos internos, sala de convenções, wi-fi, palco para shows, trilhas, transporte coletivo, e o clima de montanha, são alguns dos inúmeros fatores que fazem do Espaço Mataganza um lugar ideal para encontros com a Natureza sem a perda das referências urbanas necessárias.

Desde 1991, ano em que o referido Espaço foi integrado ao patrimônio do TGB, a comunidade Guaracyana tem se dedicado à consagração dos valores naturais ali existentes. Rituais são regularmente realizados com a finalidade de Consagrar os espaços estabelecendo, assim, uma Espiritual Consciência Ecológica. Portanto, mais que uma privilegiada área verde, o Espaço Mataganza é um polo de reflexão onde as dimensões material e imaterial se harmonizam para realizar a Grande Síntese. Podemos dizer que Mataganza é uma palavra que denomina um lugar onde o Sagrado e o profano se harmonizam. Ou ainda, uma dimensão espiritual onde não existe conflito entre o bem e o mal, até porque, segundo os conceitos filosóficos do Templo Guaracy, o mal nada mais é do que tudo aquilo que se encontra fora do seu lugar natural.

O Campo Sagrado, com os sete oráculos consagrados aos Orixás básicos do Templo Guaracy, nos remete a uma dimensão "mágica". Dispostos em círculo e tendo ao centro o Fogo Consagrado, nos "retorna" há um tempo primitivo que em algum momento do passado certamente vivenciamos. Pessoas das mais diversas tradições ali se encontram para meditar, cantar ou dançar seus ritmos sagrados. No Espaço Mataganza, aprendemos que a União na Diversidade nos permite perceber o caminho que conduz à Fraternidade.

O Espaço Mataganza é mantido a partir de doações livres e eventos. O Centro de Convenções, localizado na área social, é disponibilizado para locações de segunda a sexta-feira, das 8 h às 17 h. Empresas, Grupos de Estudos, Escolas, Instituições e diversas organizações encontram no Espaço Mataganza o local ideal para a realização de seus eventos.

Templos Guaracy
Carlos Buby

Quando pensamos em um Templo Umbandista no exterior, a primeira coisa que nos vem à mente é como uma tradição culturalmente complexa, como é a cultura afro-ameríndia-brasileira, pode comungar com outros modelos culturais sem perder sua originalidade e sem violar a essência de outros povos. Afora o preconceito, a que este tema nos impele, é no mínimo curioso imaginar um Preto Velho incorporado em um médium Europeu, ou um Baiano em um Médium Norte - Americano, falando português com a "ginga" característica.

Do ponto de vista espiritual, a conexão com a Luz Primordial acontece num nível que transcende qualquer tipo de restrição cultural. Apesar dos rituais serem característicos de uma determinada tradição ou época, suas influências não invalidam os valores culturais pré-existentes. É comum aos povos com cultura milenar, compreenderem e facilmente se inteirarem com ritos milenares. Portanto, cantar e dançar para a Natureza nunca foi um privilégio exclusivo de brasileiros e africanos. As nações indígenas Norte - Americanas há muito cultuam seus antepassados de maneira extraordinariamente digna. Seus rituais Sagrados, profundos e sutis, formataram em nossa Consciência o Amor pela Terra.

Embora a implantação do Templo Guaracy em outros países possa representar uma expansão política da Umbanda, essa, nunca foi a pretensão consciente da diretoria. O fenôme-

Figura 58: Carlos Buby. Fonte: *http://www.batoke.com.br*

no vem ocorrendo naturalmente e dentro das exigências legais e ritualísticas. O Templo Guaracy do Brasil, responsável pela coordenação filosófica, não se furta ao direito de orientar e, se preciso for, coibir qualquer ato contrário aos princípios éticos publicados, em 02 de agosto de 1973, e amplamente difundidos.

O corpo mediúnico de cada Templo é constituído por Médiuns Atendentes, Médiuns Cambonos, Ogãs de Atabaques, Ogãs de sala, Ekédes, Iyabacés e Coordenadores (as), iniciados e ordenados no Brasil. Os atendimentos públicos são realizados em Giras (cerimônia ritualística) semanais. Além das reuniões ritualísticas, os Templos desenvolvem pesquisas nas diferentes áreas do desenvolvimento humano. Os estudos e pesquisas não visam a explicação de fenômenos espirituais, apenas contribuem para o entendimento dos seus efeitos sobre o comportamento psíquico social, individual e coletivo. O grande número de membros, qualificados nas áreas da Psicologia, Sociologia, Antropologia, História, etc., possibilita o aprofundamento das pesquisas elevando os estudos ao nível acadêmico.

Um pouco mais de história por J. A. Oliveira

Jota Alves de Oliveira, já referenciado diversas vezes ao longo desta obra, escreveu o livro *Magias de Umbanda*, 1970, pela Editora Eco. Neste livro ele reserva algumas páginas para destacar a história e o trabalho profícuo de alguns terreiros do Rio de Janeiro que tiveram importância fulcral na consolidação da Umbanda. Alguns já conhecidos nossos como a Tenda Espírita Estrela do Mar e Templo de Oxóssi Rompe Mato. Iniciamos com o tema *Umbanda sem Demanda*, onde o autor ressalta o fato de algumas casas não trabalharem com Exu e referencia o Centro Espiritualista Mãe Joana.

Umbanda sem demanda

Umbanda sem demanda é essa que mais se aproxima do Evangelho de Jesus, por isso teríamos de alertar nossos leitores para estabelecerem a diferença. Umbanda de amor, de paz, de alegria, de felicidade é, exatamente, essa que não se alia às falanges de esquerda – da demanda – pois a demanda está condenada por Jesus, o Pai Oxalá.

Umbanda sem demanda é essa que nos estamos referindo da Tenda Mirim; – é a Umbanda que há 17 anos realiza a Seara de Umbanda Tupinambá; a Tenda de Umbanda São Sebastião, dirigida pelo Caboclo Tira Teima; que realiza a Tenda São Judas Tadeu, na direção do Caboclo Ventania, no subúrbio de Marechal Hermes; Umbanda sem demanda da Tenda de Umbanda

Ogum Rompe Mato, sob a direção de Ogum Rompe Mato, na Rua José dos Reis, 1426, no Engenho de Dentro; do Templo Tupiára, à Rua Luís Bezerra, 116, em Lins de Vasconcelos; do Centro Umbandista "Casa de Jurema", na Rua Porto Alegre, 15, Engenho Novo; do Grupo Umbandista Humildes de Jesus, à Rua Alice Figueiredo, 69, Rocha; do Templo de Oxóssi, na Avenida Suburbana, em Pilares, sob a chefia do Caboclo Pedra Branca. – Umbanda sem demanda, irmão, é o caminho da redenção de todos... A demanda é a guerra, a treva, a desgraça, a infelicidade, – O INFERNO, – enfim!

O Centro Espiritualista Maria Joana

O Centro Espiritualista Maria Joana nasceu em um sobrado da Rua General Caldwell, aos seis de outubro de 1949; está, agora, na exuberância da sua juventude, pois já completou 20 primaveras de alegria, amor, paz e felicidade! Onde é realizada a Umbanda sem demanda! Umbanda sem as interferências de Exu! Com sede própria à Rua Aristides Lobo, 51 – Rio Comprido.

Esterzinha, médium com mais de 30 janeiros de experiência, hoje com mais de meio século a lhe pesar nos ombros, recebe, além de Mãe Maria Joana, entidade com missão de trabalhar no terreiro, mais entidades: Caboclo da Lua, Vovó Redonda e Pai Zaru.

Centro Espiritualista, sim! De espiritualismo sadio, onde é realçado o amor ao próximo, onde se procura realizar a caridade do equilíbrio e do entendimento.

O Centro Espiritualista de Mãe Maria Joana tem especial dedicação pelas crianças, desenvolvendo um magnifico programa espiritual, recreativo-artístico desde a sua fundação. O corpo juvenil, como acontece em outras tendas umbandistas, é tratado com especial carinho, pois é dos elementos juvenis que se poderá esperar algo melhor para o futuro da Umbanda. Algo melhor no sentido de menos fanatismo, menos crendice herdada, ainda, de nossos antepassados. Essa melhoria sé se conseguirá através do estudo de livros doutrinários baseados no Evangelho de Jesus. Menos cegueira, mais luz no Espírito de cada praticante ou adepto.

A idolatria, isto é: o culto às imagens que está condenado desde o tempo de Moisés, (vejam os Dez Mandamentos da Lei) no *Evangelho da Umbanda*, foi, também, substituído daquele tempo, e esclarecido aos trabalhadores e adeptos, que todos devem adorar Deus em espírito e em verdade, como ensinou Jesus. Partindo desse "avanço", de não cultuar as imagens, porque é errado, o Centro ministra aulas doutrinárias sobre reforma, esforço que compete a cada um, pois os espíritos que descem para os atos de caridade não podem carregar o "filho" ao colo. É indispensável que todos se esforcem para entenderem as Verdades Eternas, e não se escravizarem aos paliativos que não atingem as causas dos males que se aninharam no períspirito ou corpo espiritual. Males oriundos do próprio indivíduo, de sua personalidade, de erros cometidos em encarnações passadas.

Destacamos, pois, o Centro Espiritualista Maria Joana, como um templo avançado nas práticas de Umbanda sem demanda!

Destacamos, inclusive, o nome certo dado por sua fundadora, a Esterzinha, ao Cento, em batizando-o de ESPIRITUALISTA e não Espiritista ou Espírita, designações incorretas. Um centro, tenda ou templo de Umbanda, não deverá sustentar, por errado, a designação Espírita ou Espiritista, já que a Umbanda tem a sua designação característica, sem precisar dar-lhe outra que não corresponde à verdade. As práticas de Umbanda são diferentes das práticas de Umbanda são diferentes das práticas espíritas ou de espiritismo. O Espiritualismo, onde são consideradas todas as correntes religiosas, inclusive a não espírita, ou de umbandista, designação correta, por corresponder às práticas de Umbanda; ou templo, tenda, ou cabana de Umbanda, deve ser adotada pelos umbandistas.

O Centro Espiritualista Maria Joana representa uma boa escola de espiritualismo na modalidade de Umbanda.

O Templo de Oxóssi e a cruz da nossa redenção

Estamos na Tenda do Caboclo Pedra Branca!

Olhamos em frente, e deparamos com o símbolo da redenção da humanidade! Naquele Templo Umbandista!

É a cruz!

Majestosa na sua simplicidade de madeira.

Contemplamos absortos.

Olhamos a cruz e fizemos nossa reverência.

Caboclo Pedra Branca, parecendo admirado, olha-nos, e nós, quase paralisados, olhamos o Caboclo. Nossa mente percorre 17 séculos de idolatria, de comércio infamante em torno de estátuas, terços, crucifixos; em pedra, em mármore, gesso, ouro, prata, platina, cimento armado! Não obstante toda essa propaganda, sem a palavra e sem o exemplo daqueles que deveriam exemplificar o evangelho do Cristo, em dois mil anos, é quase letra morta nas Igrejas, nos Templos, nas religiões que se dizem fundada sob sua égide! Pobreza e tristeza estão nos corações dos fiéis... desalento... incredulidade...

Mas, estamos em um Templo de Umbanda! Nada de olhar os erros de dois mil anos provocados pela sabença de muitos representantes de Deus e seus ministros com um ministério bem armado, de homens cheios de poderes e pompas, de roupagens e linguagem inteligível, porque em desuso entre a humana gente.

É o Templo de Oxóssi Rompe Mato, onde o Caboclo da Pedra Branca instalou o seu congá, Ali na Avenida Suburbana, 6172, próximo alo Largo dos Pilares, no subúrbio do Rio.

É o Caboclo Pedra Branca, responsável pela direção geral dos trabalhos da organização, administração espiritual e ritualística, põe em sintonia os métodos traçados pelo Mentor, Oxóssi Rompe Mato que, através da psicografia mecânica, por seu médium Renato José Ferreira, ditou as normas pelas quais seriam geridas as sessões de atendimento público, bem como as de desenvolvimento da mediunidade dos filhos de fé.

Depois, quando a gira já ia a meio, em uma cadência harmônica, com vibrações que pareiam ondas marinhas, em um fluxo e refluxo suave e agradável, perguntamos ao Senhor Pedra Branca: – Estamos curiosos por estas bandeiras com pontos, simbolizando a tribo ou emblema do Caboclo, e, parece, que há outros Templos fazendo parte da organização, não é isso Senhor Pedra Branca?

– sim filho.

É preciso expandir a Umbanda simples e objetiva, sem

muitos rituais, nem complicações, nem coisas demoradas. Oxóssi Rompe Mato, o Patrono, a tudo previu, inclusive, outros Templos com a mesma orientação, isto à medida que os médiuns vão ficando em condições de assumir responsabilidade e dirigir. É um programa que se expande em nossa organização, já com cinco filiais em pleno funcionamento. Porém, filho, digo-lhe que outras organizações aparecerão para desenvolver programas idênticos, à maneira do que foi iniciado pelo Caboclo Mirim, que você conhece. A Umbanda de individualidades, isto é: individual, em que o médium desencarnado a Tenda também desencarna, está prestes a desintegrar-se, para dar lugar cada vez mais amplo a esta Umbanda da coletividade, desta Umbanda coletiva mesmo, onde não existe o médium privilegiado, mais sim, um conjunto de forças que trabalham em harmonia para o bem comum. Aguarde e verá.

Eis aí, com muita propriedade as previsões do Caboclo da Pedra Branca, quanto à Umbanda do futuro.

Eis aqui a ficha do Templo de Oxóssi:

– Fundado em 15 de outubro de 1963, com sede própria à Avenida Suburbana, 6172, Pilares, Rio, realizando sessões regulares às segundas e sextas feiras. Tem as seguintes filiais:

1. Estrada do Ambaí, 1; sob o comando de Ogum Sete Ondas.
2. Rua Capitão João Manoel, 4024, Niterói; Comandante Caboclo Sete Cachoeiras.
3. Rua Seis de Maio, 1175, Caxias; Comandante Caboclo Sete Pedreiras.
4. Rua Oriente, 164, Inhaúma; Comandante Cabocla Jurema.
5. Rua Mero, 9, Caxias; Comandante Caboclo Três Luas.

Preto Velho de cabelos louros e olhos azuis

Os fenômenos de espíritos e as lições elucidativas se repetem a cada passo, não só no Evangelho com em Atos dos apóstolos e nas cartas apostólicas, verdadeiros repositórios de sabedoria para todos os tempos.

Espírito que desceu do Céu, isto é: Espíritos nos, missionários, de responsabilidade. Registramos o fato como um desses que são dignos de serem mencionados, principalmente para o estudo de leigos, já que não se trata de ineditismo dentro dos chamados fenômenos psíquicos, ditos espíritas. O acontecimento foi visto ou verificado na Tenda Espírita Estrela do mar, de confortável sede de dois pisos, situada na Rua Barão de Serro Largo, 27, no subúrbio de Irajá.

Dirige a instituição, de que é fundador, o nosso apreciado irmão e amigo, Benedito Lauro do Nascimento, secundado pelo seu operoso companheiro e vice-presidente, o Cid, ambos oficiais reformados.

O irmão Lauro, homem que estuda e pesquisa, e que na tribuna põe em relevo a sua capacidade de interprete, não só relatando a vida de Santo Agostinho, como deleitando sobre obsessões e obsidiados, ou, ainda, referindo-se às desgraças causadas pela magia negra e o vampirismo; bem assim, quando preside as sessões no preparo do ambiente, transformando-o em vibrações gostosas e sutis, que confortam a alma e nos deixam extasiados entre as ondas magnéticas que a todos envolvem; nas palavras da prece de suplica ao Senhor e aos Mensageiros daquele Templo do amor.

Foi lá, na Tenda Estrela do mar, em uma das sessões habituais, que a médium vidente identificou um espírito de elevada estatura, bem vestido, cabelos louros, olhos azuis. O espírito estava ao lado de um médium, melhor diremos: colado, quando, a certa altura, o vulto se eclipsou e atuando na médium, dá o seu sarava característico de Preto Velho!

A vidente, espantada, pois era a primeira vez que tal acontecia, ficou muito atenta ao trabalho do Preto Velho, que se identificou como Pai Tomé!

– Ué, Pai Tomé?

– Mas será que homem branco, ou espírito de feições finas e, ao demais, louro e de olhos azuis, "vira, assim de repente transformando-se em um Preto Velho?"

– Será possível?

"Pai Tomé vai atendendo os filhos, orientando, receitando, confortando, dando passes, espalhando fumaça de seu cachimbo".

A médium, temendo que Pai Tomé subisse depressa, chega-se ao ouvido do irmão Lauro e lhe relata a sua vidência.

Irmão Lauro ouviu e sorriu.

Mais alguns minutos, e eis que a tarefa de Pai Tomé foi dada por acabada. Irmão Lauro chega-se até ele. Saúda-o, e, humildemente, foi-lhe pedindo por caridade, não deixasse a sua vidente angustiada com o sucedido: pois ele havia identificado um espírito de grande estatura, cabelos louros, olhos azuis, ao envolver a médium; e agora, para espanto dela, o mesmo espírito dava o nome de Pai Tomé.

– Ê ê!

Vosmecê duvida de eu?

Não, absolutamente! E tenho por todos o maior respeito e acatamento, apenas, para não deixar em duvida a médium vidente, gostaria que o senhor nos contasse algo de suas encanações passadas e das razões de se apresentar dento da flange dos Pretos Velhos.

– Ê ê! "Fio' meu!

– Vosmecê sabe **di tudo**, explica **pra fia** vidente e, pronto! **Num** precisa **ficá** demorando **in** terra, pois é hora de ir **oró**!

Mas, o senhor é o espírito descrito pela vidente? Apenas quero sua confirmação, também, para comprovar o fenômeno da vidência positiva.

– Sim, eu mesmo, Pai Tomé aqui entre vosmecês...

Irmão Lauro despede-se com o abraço característico de Pai Tomé; a curimba vibra e o Amigo do Espaço, o Espírito Santo, como afirmavam os apóstolos e o próprio Jesus, por suas vibrações, estremece o médium e sobe para a espiritualidade.

Irmão Lauro, para satisfazer a vidente, promete um estudo em torno daquele fenômeno e das reencarnações sucessivas, e o porquê de muitos espíritos de médicos, professores, magos, enfermeiros, samaritanos etc., estarem incorporados à falange de Pretos Velhos. Estudo que foi realizado na sessão própria, das segundas feiras, especialmente dedicada aos médiuns.

O fenômeno é uma prova evidente que, do lado de lá, todos podem trabalhar em conjunto, tal qual aqui na terra. Há Pretos Velhos, que são de fato, verdadeiros sábios, pacientes, maravilhosos conselheiros, tidos como notáveis curandeiros no bom sentido. Mas há, também, Pretos Velhos aprendizes ou tarefeiros, sem especialidade nenhuma. Tal qual em uma grande oficina que emprega trabalhadores de todas as categorias.

A indumentária do espírito é relativa ao trabalho que vem fazer e à necessidade do meio ambiente. Pois ele mesmo afirmou que ali era "Pai Tomé", para outras bandas talvez o Dr. Simonsen...

Pai Tomé também pode ser louro e de olhos azuis, trabalhando na falange de Preto Velho.

Caboclo Sete Luas em sete reencarnações

Um médium vidente, desconhecido, descreve sete encarnações do Caboclo Sete Luas.

A vidência:

Em uma noite de sessão publica, a Seara recebe a visita de um médium espírita, desconhecido, levado por um associado, nosso irmão Matta. O médium senta-se na primeira fila da frente do terreiro. Após iniciada a sessão, Sete Luas saúda seus filhos e vai dar inicio aos passes, quando o irmão visitante, levantando-se rapidamente, dirige ao Caboclo, pedindo-lhe licença para descrever o que estava vendo em frente ao congá. Sete Luas olha o filho de alto a baixo e pede-lhe um momento, vai até o congá, Faz uma reverência demorada: volta-se para o visitante e diz: tem a palavra o meu filho de fé. E o médium começa a descrever mais ou menos neste diapasão: "Estou vendo vários vultos em sequencia... e foi dizendo os tipos das roupas, a fisionomia, a cor... ao mesmo tempo em que dizia ser semelhante, a figura descrita, de um homem árabe, turco, persa etc.!

A figura do persa foi a que mais nos impressionou e é dela, somente dela que guardamos vaga recordação. Figura nobre e austera, usando um grosso casacão que chegava até os pés. Por fim, diz tratar-se de sete encarnações de um mesmo espírito, perguntando ao Caboclo se se tratava das suas escarnações, ao que o caboclo Sete Luas afirmou sorrindo, que sim.

A médium senhora Eduarda, nos conta alguns sonhos ligeiros, onde aparecem Sete Luas como soldado romano graduado, Sete Luas como Caboclo na selva brasileira, nascido de sete meses, raquítico. Tão raquítico, que seu pai, o Caboclo Lua Grande, não o quer, e manda jogá-lo nalgum lugar...

Velho Inácio recolhe o recém-nascido e cuida dele, criando--o, o qual, logo na primeira juventude apresenta um físico bem proporcionado, desenvolvido e fora do comum. Velho Inácio tão alquebrado tinha a missão de vigiar uma cachoeira que dividia as duas aldeias, uma da tribo do Lua Grande e a outra dos tupinambás. Recorda-se nos sonhos que, quando as tribos entravam em guerra, Velho Inácio tinha a missão de vigiar a cachoeira e não permitir que envenenassem a água, como era costume fazerem.

O Caboclo Sete Luas, na cabeça do seu aparelho, contou--nos, certa feita, que sua estatura era semelhante à de um médium da Seara, jovem forte e alto, tão alto, que foi apelidado de "Zé Grande"! O jovem médium mede 1,88 mais ou menos, com peso aproximado dos 100 quilos. Sete Luas informou-nos, inclusive, que desencarnou com pouco mais de 30 anos.

Como amante do estudo e, particularmente da Doutrina Espírita e os assuntos religiosos, muito nos impressionavam as lições evangélico-doutrinárias dadas pelo Caboclo Sete Luas, durante os 16 anos de vivência regular com essa querida entidade, a qual, por vezes transfigurava totalmente a fisionomia da médium; senhora frágil com pouco mais de 40 quilos e de pequena estatura, menos de 1,60. Pois o Caboclo Sete Luas, como era visto em sonhos pelo seu aparelho, era de elevada estatura e pesado.

As reencarnações descritas pelo médium vidente deram-nos as razões de encontrar na figura do Caboclo sete Luas, aquela linguagem característica de fidalguia, serenidade, simplicidade, e, sobretudo, sabedoria armazenada em árduas experiências.

Prestamos nossa sincera e humilde homenagem ao Caboclo Sete Luas, que durante 16 anos chefiou as sessões da Seara de Umbanda Tupinambá, agora com sede própria à Rua Manoel Machado, 467, no Largo de Vaz Lobo.

A Seara de Umbanda Tupinambá

O Caboclo Sete Luas é um espírito que está ligado à Seara desde a sua fundação, ocorrida em 24 de abril do ano de 1952, motivado a ser o seu médium, senhora Eduarda, esposa do autor do compromisso assumido com o Caboclo Tupinambá, o moço, de fundar uma Casa de Caridade, para realizar os seus trabalhos espirituais, que eram, até a época de conhecer "seu" "filho zé", realizados em residência particulares – com sessões públicas.

Desde o nosso primeiro encontro com o Caboclo Estrela, e logo depois com o próprio Tupinambá, chefe da falange, que passamos a estudar e a observar o fenômeno Umbanda, que se firmou a partir de há 40 anos a esta data, segundo informações colhidas nos livros do conhecido jornalista João do Rio e, também, de Leal de Souza. Dos umbandistas antigos, entre eles o Capitão José Alvares Pessoa, Zélio de Moraes, Benjamim Figueiredo, Tancredo da Silva Pinto e outros, há acentuadas divergências quanto às praticas umbandistas, seus fundamentos, suas variações ritualísticas umbandistas, seus fundamentos, suas variações ritualísticas etc.

Observamos, por exemplo, que o irmão Tancredo, talvez por causa de sua origem africana, finca o pé com o primitivismo provindo de Angola ou do congo, mas na verdade temos de analisar que a Umbanda praticada ente os tribais, ainda hoje, não poderá, de forma alguma, ser assimilada por gente que se diz civilizada e vive em cidades onde o progresso e o conforto deixam distanciados, a milhares de quilômetros, nossos irmãos que vivem nas selvas africanas.

Não exigiremos do irmão Tancredo uma evolução imediata ou de uma capacidade intelectiva capaz de aceitar uma Umbanda progressista, Cristã, deixando de lado petrechos inúteis e o sacrifício de animais (magia negra, segundo a concepção do mago e cientista Elifas Levi, bem como dos espíritos de André Luiz, Emmanuel e Ramatis). Petrechos inúteis, dizemos, para gente civilizada, porém, úteis para nossos irmãos involuídos e que vivem em clima próprio da escala evolutiva que terão de palmilhar. Temos de respeitar as concepções de Tancredo, lógico, mas não vamos regredir à África sofredora e aceitar como boas as praticas inferiores ou cultos onde a magia e o feitiço são a constante daqueles povos em provas evolutivas e regenerativas. A Umbanda brasileira tende para uma formação eminentemente cristã, com Jesus e seu Evangelho.

Como nasceu e porque nasceu a Seara de Umbanda Tupinambá. Trechos da Ata de Fundação: "Aos vinte e três dias do mês de abril de 1952, reuniram-se à Rua Lemos Brito, 648, às 18 horas, o Senhor Alves de Oliveira, dona Eduarda Pires de Oliveira, Dona Mariana Pinto de Sá, Dona Maria da Glória Pires, Dona Carmem Mesquita e o Senhor Armando Borges Pires, para o fim especial de fundarem a SEARA DE UMBANDA TUPINAMBÁ".

Umbanda - Patrimônio imaterial do Rio

A Umbanda passou a ser considerada patrimônio cultural imaterial da cidade do Rio de Janeiro. O decreto número 42.557, de sete de novembro de 2016, foi publicado em oito de novembro de 2016 no Diário Oficial do Rio, assinado pelo prefeito Eduardo Paes.

Após estudos do Instituto Rio Patrimônio da Humanidade (IRPH), o prefeito Eduardo Paes incluiu a Umbanda na lista de patrimônios imateriais junto com 54 bens, como a Bossa Nova, blocos de carnaval e a Procissão de São Sebastião – que é realizada todo início de ano. A ideia da prefeitura é cadastrar todos os terreiros de Umbanda da cidade e promover políticas públicas de salvaguarda desses espaços.

O primeiro terreiro cadastrado pela prefeitura é a tenda Espírita Vovó Maria Conga de Aruanda, que funciona desde a década de 1960 em uma antiga casa no Estácio, na Zona Norte. Conforme o site http://agenciabrasil.ebc.com.br

A partir do registro da umbanda como patrimônio imaterial do Rio de Janeiro, o babalaô Ivanir dos Santos, interlocutor da Comissão de Combate à Intolerância Religiosa, espera apoio financeiro e de infraestrutura para as práticas religiosas do grupo, que fazem parte da vida cultural da cidade.

Maria da Guia, médium do terreiro Tenda Espírita Vovó Maria Conga de Aruanda, a primeira instituição cadastrada no mapa de terreiros de Umbanda da cidade do Rio de Janeiro (Tânia Rêgo/Agência Brasil)

Maria da Guia, médium do terreiro Tenda Espírita Vovó Maria Conga de Aruanda, a primeira instituição cadastrada no mapa de terreiros de umbanda da cidade do Rio de Janeiro Tânia Rêgo/Agência Brasil

"Queremos que o novo prefeito, Marcelo Crivella, pastor licenciado da Igreja Universal, de fato apoie a preservação dessas manifestações", disse. "O primeiro desafio é: vai ter apoio para festa de Iemanjá. Reconhecer a Umbanda é reconhecer a importância que ela tem para ao Rio e para seus moradores."

Outra expectativa dos praticantes de religiões afro no Rio é a reforma do local conhecido como Praça dos Pretos Velhos, em Inhoaíba, na Zona Oeste, que foi alvo de vandalismo.

Um pouco da Umbanda em Portugal

A Cabana de Pai Benguela recebeu, em 11 de novembro de 2016, a visita das irmãs Cristina e Vanessa do Templo de Umbanda Pai Oxalá, da cidade de Braga, Portugal.

A Umbanda tem crescido significativamente nos últimos vinte anos em Portugal. Um dos terreiros de referência no país é o ATUPO, que conta com aproximadamente uma centena de médiuns em sua corrente. O atendimento ocorre aos sábados à tarde. A instituição publica o periódico *Jornal Umbandista Português - Fundamento* que trás importantes matérias elucidativas sobre a nossa religião. No site institucional encontramos o relato de como se formou o terreiro.

Do ontem ao hoje – A caminhada

***O Fundamento*, agosto de 2009, n.4**

Pai Cláudio de Oxalá iniciou sua caminhada na Umbanda com sete anos, acompanhado de sua mãe, que tinha raízes espíritas em Portugal e, que se tornou uma assídua frequentadora de Centros de Umbanda, desde que chegou ao Brasil em 1972.

Pai Cláudio, ainda adolescente, foi iniciado em uma corrente umbandista, localizado em um sítio no interior de São Paulo sob o comando de Nancy de Iansã que, por alguns problemas particulares, não pode dar continuidade aos trabalhos, entregando ao seu Pai João Carlos a aguarda de seus filhos de santo.

Após alguns anos, Pai Cláudio foi iniciado no Candomblé com Azamorumji de Santos, em são Paulo. Em 1991, foi para Portugal a fim de fazer alguns cursos técnicos e retornar ao Brasil. Nesta estadia, deu inicio a um trabalho de assistência, em sua casa na cidade de Braga, onde nasceu o Templo de Umbanda Pai Oxalá (hoje ATUPO). Após estes acontecimentos, tomou a decisão residir definitivamente em Portugal.

Em 1996, foi contatado por um grupo que desenvolvia um trabalho em uma corrente espiritualista, mas, que por terem muito interesse em aprofundar conhecimentos sobre a Umbanda, quiseram conhecer o trabalho por ele desenvolvido. Assim e, por terem como objetivo comum aprofundar conhecimentos, aprender e desenvolver trabalho que tivesse como causa principal a prática de caridade uniu-se a fim de juntos desenvolverem um melhor trabalho.

Com base nesse sentimento comum, nesse mesmo ano, abriram a segunda sede do Templo de Umbanda Pai Oxalá no bairro de Ferreiros, Braga, com atendimento ao público. Após três anos, devido à falta de condições e espaço, para atender o elevado número de pessoas da assistência, O Templo de Umbanda Pai Oxalá mudou a sua sede para um espaço bastante maior, no lugar chamado Sete Fontes, também na cidade Braga.

No dia 19 e 20 de janeiro de 2008 foi inaugurada a sede própria da ATUPO (Associação Templo de Umbanda Pai Oxalá).

Apresentamos a seguir duas matérias publicadas no periódico da ATUPO.

Gira de marinheiros na praia

O sol ainda estava alto, a brisa muito quente e o céu azul, esse foi o cenário que deu cor e serviu de pano de fundo para a festa dos marinheiros, realizada na praia, no passado mês de junho. O brilho dos raios refletidos imaculava o branco dos trajes de todos aqueles que iam chegando, em busca de mais um momento em que pudessem sorrir e chorar, interrogar e descobrir, sentir e almejar, junto do povo do mar.

Zoaram os atabaques, ecoaram as vozes dos filhos e irmãos de fé que uniam os seus pensamentos em um só: o povo da

Calunga Grande. Em um momento único de muita emoção e esperança, abençoado pela irradiação de nossa Mãe Yemanjá, desceram os nossos marinheiros, após arrojada subida dos Oguns, que vieram abrir caminho e deixar o seu axé de força e transformação.

Figura 59: Gira de Marinheiros do ATUPO na praia

Visita de Pai Jamil Rachid a Portugal

Fernanda Moreira

Fundamento, 2009, n. 84

Foram várias iniciativas que se sucederam, coincidindo com a curta visita de Pai Jamil Rachid a Portugal. A visita deste decano da Umbanda, promovida pela TUPOMI, com sede na cidade de Maia, foi pretexto para uma série de iniciativas que se proporcionaram no fim de semana de 09 a 11 de setembro de 2011 e que puderam contar com a sua presença.

Assim, na sexta feira, dia 09 de setembro de 2011, coincidindo com um evento já previsto na agenda de atividades da ATUPO, acompanhado por Ekedi Yara Rachid e Pai Dalmo de Xangô que com ele viajaram do Brasil, assim como por Mãe Elsa de Iansã e Pai Artur de Xangô e diversos filhos de fé da TUPOMI,[1] Pai Jamil compareceu à peça de teatro "Shiré Obá – A Festa do Rei" que o ator brasileiro, Nando Zâmbia, levou à cena nas nossas instalações.

Naquilo que o cartaz de apresentação definiu como "uma noite de celebração e uma homenagem às divindades africanas que compõem a cosmogonia YORUBANA" verificou-se que o ambiente foi, de fato, de festa e de partilha, como convém entre irmãos e adeptos desta novíssima religião.

O dia seguinte, sábado, foi dia de celebração ritualística para as duas casas, tendo Pai Jamil estado presente no culto da TUPOMI.

1 Templo de Umbanda Pai Oxalá e Mãe Iansã. Associação Civil e religiosa, sem fins lucrativos, cuja finalidade é o estudo e a prática de rituais umbandistas independente de preconceitos. Foi fundado a 01 de setembro de 2002, na cidade de Maia, Portugal, sendo filiado a União de Tendas de Umbanda e Candomblé do Brasil.

No domingo, anunciava-se mais uma vez um evento de divulgação de Umbanda, desta vez no Teatro Sá da Bandeira, no Porto.

Na plateia, encontravam-se várias casas de Umbanda e Candomblé, convidadas da TUPOMI, vindas das diversas partes do país em grande expectativa pelo que estava por vir.

O evento anunciava-se como tendo três partes distintas, todas elas de grande interesse. Os filhos de fé da TUPOMI brindaram-nos com uma primeira parte constituída por pontos de Umbanda de homenagem às diversas linhas de trabalho, com quadros de dramatização alusivos às respectivas entidades de trabalho dos quais destacamos, por ternura, o quadro de homenagem aos Erês. Nesse quadro. As crianças da família TUPOMI cantaram pontos de Erês e terminaram a sua atuação "saudando" os espectadores com uma chuva de rebuçados.[2] Assim se prepara a próxima geração de umbandistas...

Na segunda parte, toda a numerosa assistência, teve o prazer de ouvir de viva voz Pai Jamil Rachid, onde foi notória a satisfação, para não falar de alguma perplexidade, de ver em terras lusas um evento como este de celebração e comunhão da Umbanda entre vários terreiros portugueses.

Pai Dalmo e Yara Rachid lembraram as eternas relações e ligações entre Brasil e Portugal e que a Umbanda neste dia veio confirmar mais uma vez essa união. Como cereja no topo do bolo, deu-se inicio a terceira parte deste evento com a apresentação da Banda Filhos do Axé e Ilen Monteiro, com covers de Rita Ribeiro, pontos de Umbanda em ritmo de Techno-rock, entusiasticamente saudados por todos. Apraz-nos registrar que a atuação desta banda foi de uma energia estonteante a que os espectadores corresponderam com um entusiasmo digno de nota, levando o "Sá Bandeira" ao rubro.

A tarde chegou ao fim, com a entrega de uma placa alusiva da passagem de Pai Jamil e acompanhantes por Portugal, entregas de presentes aos dirigentes das casas presentes e as habituais trocas de palavras de agradecimento pelo momento que nos foi proporcionado.

O *Fundamento*, em representação da ATUPO, deseja apre-

2 Balas.

sentar os seus parabéns aos filhos de fé da TUPOMI e aos seus dirigentes, pelo trabalho gigantesco que desenvolveram para organizar este evento. Esperamos encontrar-nos mais vezes na nossa caminhada em prol da divulgação da nossa Umbanda.

Axé Umbanda!

Fundamento

"Marinheiros dão à costa e homenageam Yemanjá!!"

A Fumaça Sagrada - Parte II "Fumaça de Sopro".

Continuação da reportagem iniciada na edição anterior.

Figura 60: Capa do periódico *Fundamento*, agosto de 2009, n.4

Figura 61: Mãe Tarsila e Pai Diamantino receberam as irmãs Vanessa e Cristina da ATUPO na Cabana de Pai Benguela em 11/11/2016

Mãe Sima Tchalian - Guerreira da Umbanda

Diamantino Fernandes Trindade

Figura 62: Mãe Sima Tchalian

Algumas vezes quando o "bicho pegava" eu ia chorar no ombro dela. Quando eu fazia besteiras ela me dava "palmadas" como se faz com crianças mimadas.

Essa é a Mãe Sima Tchalian que retornou à Pátria Espiritual em 26 de abril de 2008. Eu nasci em 01 de abril de 1950. Em 01 de abril de 1980 foi fundado o Templo de Umbanda Nanã, Xangô e Caboclo Sete Léguas que ela dirigiu com tenacidade, nunca se furtando à prática honesta e eficiente da caridade.

As entidades que a assistiam são: Caboclo Sete Léguas, Vó Carmela, Cabocla Janaina, Zé Baiano, Chiquinho, Exu do Lodo e Pombagira Maria Mulambo.

Com certeza o trabalho da Guerreira continua do outro lado da vida.

Saravá Mãe Sima!

A Umbanda agradece pelo seu trabalho grandioso.

Figura 63: Mãe Sima entre seu filho Yanouf Tchalian e Mãe Zélia de Moraes na Cabana de Pai Antonio.

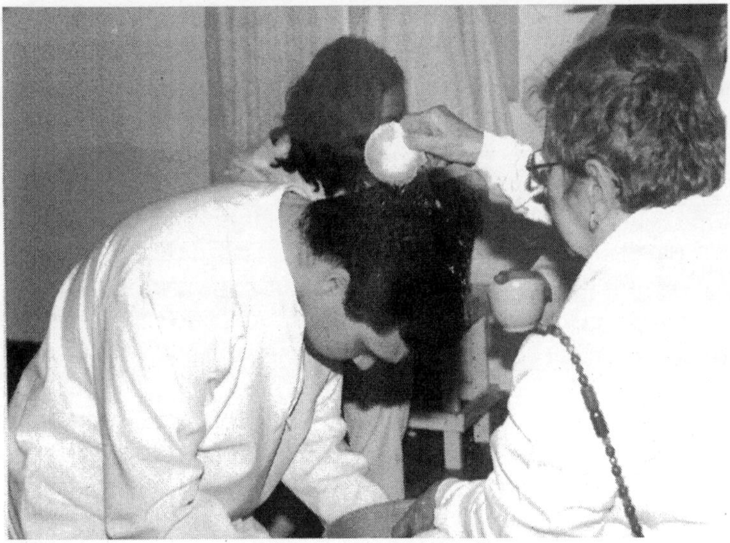

Figura 64: Mãe Sima batizando seu neto Renato Tchalian

Tia Edith e Pai João de Angola

Eu morava em Santana com minha família e desde cedo, mesmo sendo católica, a minha mãe me levava em centros espiritas, terreiros, cartomantes etc. Parece que eu saia do padrão estabelecido pelos ditames da igreja.

Ainda bem jovem conheci uma senhora baixinha e muito simpática: Tia Edith. Era assim que a chamávamos. Fomos criando admiração e amizade com ela. Era uma cartomante com índice "quase zero" de erros. Dava até medo ir lá para uma consulta.

Não gostava de atender homens. Como ia lá desde pequeno eu tinha a porta aberta. E quando a "coisa apertava" eu corria para lá.

Em 1979, misteriosamente, meu pai apareceu com o rosto todo deformado. Começou o "bate perna" nos consultórios médicos e nada era descoberto. La fui eu na Tia Edith. Nessa época eu era um espírita convicto e não queria nem ouvir falar de Umbanda, de terreiros e "dessas coisas". Quando ela começou a consulta, imediatamente falou que meu pai tinha recebido um ponto de morte e que, se eu não fosse a um terreiro, ele morreria em sete dias. Fiquei assustado porque não queria ir a terreiros. Ela me disse que alguém ia me procurar e me levar.

No dia seguinte minha dentista, Dra. Elda, que era espírita, falou de um terreiro em Guarulhos. E lá fomos em uma tarde de terça feira. Um terreiro grande, de terra batida, com um grande canteiro externo repleto de ervas. Mas só tinha a Mãe de Santo.

Não tinha outros médiuns. Segundo a dirigente ela trabalhava sozinha, pois tinha ficado cansada de médiuns sem vergonha.

Incorporou um Preto Velho, Pai João de Angola que disse: Tão querendo ti matá zinfio! "Pediu ao filho da dirigente que pegasse picão preto no canteiro e fervesse. Nesse meio tempo fez descarregos, rezou e benzeu meu pai diversas vezes. Com um galho de arruda foi lavando o rosto de meu pai. No final disse: "Em nove dias ele estará curado". E assim aconteceu. Essa foi a minha porta de entrada para a Umbanda. No ano seguinte eu já girava no terreirinho do Senhor Ernesto Scazzioti.

No dia seguinte ao trabalho de Pai João para curar meu pai ele passou por uma junta de nove médicos no Hospital São Paulo e nenhum conseguiu um diagnóstico para a doença. Um deles, um velhinho simpático, coletou material e foi para o microscópio. Em dez minutos deu o diagnostico: fungo na raiz da barba. O segundo caso em cinquenta anos. Ele estava tomando nove antibióticos. Ficou só com um e em nove dias ficou curado como havia dito Pai João. Duas semanas após voltamos ao terreiro e Pai João disse que havia sido feito um trabalho para matá-lo, conforme havia dito Tia Edith. Nesse dia levei meu compadre Antônio dos Santos, na época com 25 anos e que se locomovia com o auxílio de uma bengala. Um trabalho feito por uma dessas mulheres vampiras que chamam os homens de canalhas e cretinos. Pai João mandou preparar uma papa com fubá e passou nas pernas dele. Alguns dias depois ele se locomovia normalmente.

O tempo passou e, sempre que eu precisava, ia na Tia Edith. Às vezes, no meio da consulta, ela passava mal e pedia para eu incorporar o Caboclo Sete Montanhas. Depois do passe a consulta continuava. Em 1989 um fato surreal ocorreu. Eu estava muito mal e Tia Edith falou: "Vou te levar em lugar muito bom no Jaçanã". Em uma tarde fria fui com ela em um terreiro onde a Mãe de Santo dava consultas particulares. Incorporou a Pombagira, que colocou uma peruca horrível até o meio das costas, e começou a conversar comigo. A essa altura eu já estava duvidando de tudo aquilo. Achava que era um showzinho para me tirar dinheiro. Falei para Tia Edith: "Olha em que buraco você me trouxe". E ela respondeu: "Confia Tino".

A Pombagira disse: "Vai no botequim aí em frente e compra uma sidra e uma cerveja". Comprei a sidra e uma cerveja Antarctica. Quando ela olhou para o material disse: "Isto é cerveja de puta pobre. Vai lá e troca por uma Brahma". Desânimo total. Queria ir embora. Fui trocar a "puta" da cerveja. Ela sorveu deliciosamente o néctar espumante de puta rica e começou o trabalho. Colocou um pano no chão, tirou o arame da tampa da sidra e bateu com força no chão. Tomei um belo banho de sidra. E ela disse: "Agora vai ficar bem".

Naquela noite, e nas seguintes, dormi como um anjo. Era o começo do meu processo contra o preconceito. Em 1996, Tia Edith foi para a Pátria Espiritual. Cumpriu sua tarefa com dignidade.

Saravá mãezinha querida!

No Terreiro de Pai João de Angola ouvi meu primeiro ponto de Umbanda:

Navio negreiro vem de alto mar
Correntes pesadas na areia
A negra escrava se põe a chorar
Saravá Mãe Yemanjá

Uma estrela brilhou aqui no congá
É o Pai João que vem saravá
É meu Pai João que vem trabalhar

Estrela Guia clareia o dia
Saravá o Pai João que vem de Aruanda
Pai João, a Umbanda lhe mandou chamar
Saravá o Pai João no congá de Oxalá

Figura 65: Minha mãe Maria Fernandes Trindade com a mão no ombro de Tia Edith

Pai Ernesto Scaziotti – Umbanda com humildade

Pai Ernesto Antonio Scazzioti

Em 1980, ainda nos meus primeiros anos de magistério, trabalhava no conceituado Colégio XII de Outubro, no Alto da Boa Vista – Santo Amaro. Todos os dias quando eu chegava um inspetor de alunos, com quem eu não tinha intimidade, olhava para mim e abria um sorriso farto.

Depois de alguns meses, com o fato se repetindo, indaguei porque ele ficava rindo para mim quando eu chegava. Ele respondeu: "Não sorriso para você. E sim para o seu Caboclo, o Caboclo Sete Montanhas". Fiquei estupefato, pois o meu único contato com a Umbanda até aquele instante foi no Terreiro de Pai João de Angola, já contado nesta obra.

Disse-me que aquela entidade sempre estava perto quando eu chegava à escola. Falou que tinha um pequeno congá na sua casa e realizava sessões aos sábados à noite na casa de amiga. Convidou-me para conhecer e, em um sábado de fevereiro de 1980 lá cheguei, no Jardim São Luiz, em São Paulo. Conversei com Pai Benedito e foi o começo do meu desenvolvimento mediúnico. Ali fiquei um ano até que conheci o meu grande irmão Edison Cardoso de Oliveira e o Templo de Umbanda Ogum Beira Mar. Ali fiquei por dez anos.

Na mesma semana conheci Pai Ronaldo Linares e, em março de 1981, iniciei o Curso de Formação de Sacerdotes da Federação Umbandista do Grande ABC, Barco 12. Pai Ernesto Antonio Scaziotti, desencarnou em maio de 2016, após uma vida profícua exercendo com maestria e humildade o sacerdócio de Umbanda.

Saravá Pai Ernesto!

A primeira foto deste quinto volume retrata o Pai Ernesto.

O mestre oculto

Luis Thomé

Nossa história com o Mestre Yatyçara, um dos mestres iniciados por W. W. da Matta e Silva, merece um capítulo à parte. Afinal, ela tem inicio em um sonho dele, anos atrás, quando divisou com a figura do Velho Matta ou, talvez, do próprio Pai Guiné, na forma do seu médium, ele afirma, cruzando 47 ponteiros de cabo de osso branco que logo em seguida se transformaram em 47 cruzes brancas, bem organizadas, em filas, na calunga.

A princípio, esse sonho estranho ficou registrado em sua memória, gerando alguma inquietação. Ficou sem entender aquela mensagem, mas, algum tempo depois, passou a ser procurado por alguns umbandistas que o localizaram na capital paulista. Eles desejavam iniciar-se na Umbanda Esotérica ou Iniciática que Mestre Yatyçara prefere chamar simplesmente de Raiz de Guiné. Afinal, esse mestre desprovido de vaidades revela-se por sua dimensão como ser humano. Para ele, a Umbanda se faz com grande simplicidade, humildade e leveza.

Mestre Yatyçara era católico de família e por tradição. Sempre se encantou com as igrejas e seus santos, as tais "Santas Almas Benditas" como ele gosta de falar. As mesmas Santas Almas do Cruzeiro Divino que povoam seu dia a dia como umbandista.

"Fui parar na Umbanda pela dor", ele costuma dizer. Quando jovem, sentia coisas que o incomodavam sobremaneira. Muitas vezes, já noite alta, era tomado por enorme aflição e pânico. Nesses momentos, dirigia-se ao hospital, onde já conhecia enfermeiros e médicos. De repente, do nada, as estranhas sensações acabavam.

Primeiro, buscou ajuda no Espiritismo, até encontrar pessoalmente o Chico Xavier, por acaso. Chico visitava sempre cidade mineira de Poços de Caldas para repouso, quando era recebido por um grupo ligado ao mestre Yatyçara. Naquele momento, ele iniciava sua caminhada pelo Espiritismo. Nesse encontro, o grande médium espírita, respondendo à pergunta da orientadora dos trabalhos, disse que aquele jovem com os seus 17 a 18 anos de idade desenvolveria, sim, trabalhos espiritualistas, mas não seria na "mesa branca". Afirmou, ainda, que onde Yatyçara estivesse, desenvolveria suas atividades mediúnicas de forma positiva. Houve surpresa com aquela afirmação do grande médium Chico, que se despedia de suas férias merecidas na porta do hotel simples que ficava.

Em seguida, e depois de incessantes convites de um grande amigo de juventude, Yatyçara foi parar em um trabalho de Umbanda onde se manifestava o Caboclo Sete Flechas. Nessa primeira sessão, o mestre viu de olhos abertos um círculo de fogo em torno dos pés de uma consulente que era cuidada pelo guia mencionado. Ao fazer a observação do círculo para a entidade, essa confirmou que se tratava de trabalho espiritual que fazia para a consulente.

Puxando pela memória, o mestre esclarece que a partir de reuniões caseiras resolveu visitar outros centros de Umbanda, tanto na sua cidade e na capital mineira, quanto em São Paulo, lugares onde morou enquanto encaminhava sua vida profissional, travando contato com médiuns e entidades fantásticas. Ali começou sua caminhada pela banda e passou por diversos terreiros e reuniões particulares, presenciando e ouvindo histórias maravilhosas no meio, rendendo homenagens e guardando boas recordações dessa época. Caboclo Sete Flechas, Vovó Conga, Exu da Boca Torta, Tia Chiquinha, Caboclo Arapuã, Vó Margarida, Caboclo Três Penas Branca, Vovô Marcos, Exu Lama, Caboclo Rompe Mato, Caboclo Mata Virgem, Caboclo Arranca Toco, Caboclo Girassol, Caboclo Ubirajara, Pai Tomé, Caboclo Iguatimara, Pai Raimundo, Exu Caveirinha, Pai João, Caboclo Pena Azul, Pai Benedito, Exu Rei das Sete Encruzilhadas. Lembra o privilégio de conhecer, em um terreiro em BH, comandado por um General de cabelos brancos, já perto dos 80 anos, um guia do Oriente de fato e de direito, que apenas dava passes, sem ninguém consultar. Ali, quem comandava a espiritualidade era o Caboclo Sete Estrelas.

Conta, matreiramente, ter ficado escondido em uma gira fechada de Exu onde só podiam ficar consulentes indicados depois da meia noite, tocada por um respeitado e famoso médium da sua cidade. Quando a entidade baixou logo o apontou e chamou como que adivinhando que havia dois "penetras" por ali, não convidados para aquele rito. Uma delas era uma moça que, após passar pelo Exu, começou a rodar e tremer. Em seguida, o mesmo Exu, após determinar que o mestre ficasse na frente de uma tábua riscada com pemba vermelha, atirou para o ar alguns punhais que firmaram na madeira, e lhe disse: "Você está começando pelo fim, é filho de Orixá. Procure ajuda e fale com o "homem de pena"[1].

Curiosamente, nosso mestre não desenvolveu ou atuou em seu período de Umbanda Tradicional como médium, apenas observava muito. "Tinha muito respeito por todos aqueles médiuns que muito me ajudaram através dos seus guias, mas não procurava entender nada, já que meu objetivo era melhorar e encontrar paz. Depois, com o tempo, fui camboneando, ajudando em cada terreiro, por vezes tocava um atabaque, cantava pontos, tomava passes e fazia consultas com as entidades".

Viu e ouviu muitas coisas interessantes, conhecendo muitos dos médiuns dessas entidades portentosas por todos terreiros que passou, vivenciando uma época de ouro da Umbanda, e que um dia ainda há de retornar e despontar, sem saudosismo. Constatou fenômenos fantásticos nessa vivencia, testemunhando o que entidades em médiuns com dom e fé são capazes de fazer. Como exemplo, conta que viu uma entidade apagar a luz de uma cidade com um gesto e, com outro, abrir os céus e permitir que se soltasse um balão quando caia uma chuva torrencial.

Presenciou alguns fenômenos e ouviu outros de pessoas íntegras, desprovidas de fanatismo e deslumbre, em uma época de realização de grandes fenômenos sobrenaturais.

Interessado nas questões da Umbanda e através do mesmo amigo que o levou pela primeira vez a uma gira tomou co-

1 Tratamento dispensado por algumas entidades aos chamados caboclos de Umbanda.

nhecimento do famoso livro *Umbanda de Todos Nós*, de seu velho e querido mestre. "Esse livro me agradou muito. Apesar de apenas folhear e devolvê-lo ao amigo, o nome do autor ficou gravado na minha memória por longos dez anos, até o momento em que estava a ponto de desistir da minha empreitada espiritualista. Por acaso, deparei-me em uma livraria com o jornal *O Espiritualista*, quando vi o nome de W.W. da Matta e Silva em uma entrevista. Naquele instante, não vacilei em buscar contato, escrevendo para o Matta, para conhecê-lo. A carta foi sem endereço, só constava a cidade e Estado, mas chegou a suas mãos e ele me convidou para um contato pessoal, na Livraria Freitas Bastos no Rio de Janeiro. Recebi orientações e fui para Itacuruçá. Quando pisei nas areias do congá de Pai Guiné soube imediatamente que era aquele o local que tanto procurara e estava na minha cabeça".

Lá conheceu, além do Velho Matta, grandes médiuns que se tornaram amigos e irmãos de Santé. Mestre Yatyçara relata que suas conversas com o mestre Matta eram de grande simplicidade e proximidade. As viagens para Itacuruçá eram demoradas, cerca de onze horas de carro; chegavam lá muitas vezes tarde da noite. Para não incomodar, dormiam no carro parado na porta da TUO. Às vezes dormiam em beliches em um quartinho que ficava nos fundos da casa.

"O Matta era um homem de grande sabedoria e humildade. Era isso que ele nos passava. Profundo conhecedor da Umbanda e outras religiões afro-brasileiras e da Lei de Pemba, nos orientava com calma, sempre pitando seu cachimbo inseparável. A grande arma do velho era o seu copo de vidência. Sentado no congá, o Velho atendia pacientemente seus consulentes. Não gostava de mistificações desnecessárias e, quando precisava executar um trabalho na encruza ou outro sítio sagrado, fazia-o com rapidez e sem mistificações. Tratava a todos com grande respeito, por vezes era firme e duro em uma ou outra ocasião. Na maioria das vezes, bastante afável, educado."

Mestre Yatyçara conta algumas passagens interessantes com Matta e Silva:

"Lembro-me de uma passagem do Velho Matta. Em certo momento da vida do velho quando começou a se levantar do baque do primeiro livro, passou a atender os pescadores dá região no sentido de fornecer remédios, curativos etc... Conta que descobriram e um militar esteve lá e disse, de forma indelicada, que não poderia estar atendendo daquela forma dando remédios etc. daquela forma. Nesse momento ele teve um momento de clarividência e disse ao militar que ele tinha um filho e que passaria por problemas. Bom, o tempo passou e um belo dia aquele militar voltou em Itacuruçá para pedir desculpas porque aquilo que o velho previu tinha acontecido.

Não existe perfeição entre os encarnados. Ele, o Velho, assim como o Chico Xavier, se diziam muito imperfeitos. O velho às vezes me dizia, contando uma coisa ou outra, que devia ter sido um pirata em outras encarnações. E que não tinha medo de nada, pois já tinha passado por tudo. Só tinha medo da estafa. Sem idolatrar, pois, o Velho era uma pessoa comum, simples e com um carma pesado, o que já indica a missão e impactos que sofreu."

Mestre Yatyçara ganhou respeito de Matta e Silva pela sua mediunidade e diligência. Costumava dizer: "Ah! O Omar... o Omar foi temperado no dendê". Tocava sua Tenda de Umbanda Pai João de Angola, sua entidade de frente. A Tenda ficava no último terreno de uma rua que fazia divisa com um matagal da Prefeitura. "Era muito simples, mas aquele cheiro de mato era delicioso. Depois de muita militância, resolvi encerrar as atividades. Pensei que estava liberto dos compromissos com o Astral. Que nada! Anos depois, o tal sonho com o Matta, a retomada das atividades, as novas iniciações. Não poderia faltar com quem sempre me deu tanto."

Lembra gostosamente da alcunha de Mestre Oculto: "Coisa do passado, nunca dei bola para isso. É que fui convidado para várias reuniões em São Paulo, onde se reuniriam os mestres iniciados pelo Velho. Mas, com as atividades na minha cidade, não tinha como me deslocar nas datas sugeridas. Minhas ausências criaram essa história do Mestre Oculto. Na verdade, sempre fui avesso a reuniões e assim fui me afastando naturalmente do meio, sem nenhum motivo de desavença com ninguém ligado a Raiz, mantendo contato apenas com o Velho Matta. Gosto mesmo de fazer a Raiz de Guiné em silêncio, praticando a caridade, orientado pelos nossos guias e protetores. Pratico a Umbanda como Yapacani me ensinou, sem mais nem menos. Não sei fazer outra coisa. E nem preciso. Meu desejo é passar o conhecimento que tenho para meus filhos. E basta."

Mestre Yatyçara explica que estava afastado das lides da Raiz até 2011, quando foi despertado pelo estranho sonho já relatado e que o direcionou e deu-lhe novas metas, mesmo sem ter um terreiro. "Depois de anos de serviço, achei que tinha executado minha tarefa. Fechei a Tenda onde estava e vim cuidar da vida em São Paulo. Não vivo da Umbanda, mas para ela. Precisava ganhar a vida. Com o sonho onde vi o velho Matta na calunga, imaginei que aquilo seria um chamado. E realmente foi. Iniciei e coroei filhos na Raiz, que hoje tocam suas vidas em várias tendas, dando continuidade ao trabalho de Pai Guiné."

Sempre diz que sua tarefa em São Paulo está no fim. Quer ir para o interior, ter lá sua casinha e um pequeno santuário para, vez ou outra, atender quem precisa e aos seus filhos de Santé. "Quero estar perto da natureza, no mato, nas cachoeiras, enfim nas encruzas dessa vida."

Continua: "As coisas se revelam muito para mim no sono e nas madornas[2]. Vez por outra, deparo-me com um ponto riscado ou cantado, um mantra. Em outros momentos, as entidades se revelam, indicando alguma missão ou tarefa. Sou instrumento deles, sigo o que me orientam."

Lembra sempre que a Umbanda é campo de luta, batalhas árduas. "Quem não as deseja ou quer não deve sequer procurar. Mas é preciso muito amor e dedicação para levar isso tudo adiante."

Por trás do médium fantástico, revela-se antes de tudo, sua grande humanidade e humildade, capaz de se emocionar e chorar com as suas lembranças do passado, nos velhos terreiros de Umbanda Tradicional que muito respeita.

Como diria Guimarães Rosa, "Mestre não é quem sempre ensina, mas quem de repente aprende."

Este é Yatyçara, o Mestre Oculto.

Paz de Oxalá, sempre!

Mestre Taserãna – Discípulo de Mestre Yatyçara

---

2 Estado de sonolência;

Palavras de Mestre Yatyçara
23/08/2015

Umbanda não é:

Um poço de vaidades
Trevas e escuridão
Só depósito de lixo e mazelas
Só doentes da alma
Para causar e impor medo e terror
Só carma, dor e provação
Balcão de negócios e exploração
Meio de fazer politicas sujas
Desarmonia e fofocas
Lugar de sexo
Lugar de bebidas
Uma armadilha
Falsidade
Só demandas inúteis
A realização dos fracassados
Lugar da força ao pobre de espírito
A busca da vingança
Lugar do oportunismo
Um meio de sobressair
A profusão de badulaques
Lugar para fanatismo
Lugar para dominação
Lugar para os donos da verdade
Meio para se impor ideias conforme interesse
Solução de todos os problemas
Um caminho torto e sem fundamentos
Mentira para atrair fiéis
Traição
Projeção interesseira
Vampirização de casos e mais casos
Casa dos milagres

Umbanda é:

Um caminho, lugar de pessoas esclarecidas, conscientes e bem intencionadas, desinteressadas.

Solução com merecimento, luz, mediunismo orientado, fé em Oxalá e nos legítimos Guias e Protetores que não compactuam com nossas mazelas.

É coerência, lógica e razão.

Pode ser milagre como em outras religiões, mente sã, compreensão, missão, alegria, amizade, paz, auxilio, união, orientação, luz no caminho, simplicidade, cheiro de ervas, cheiro de flores, pé no chão.

Em nome do Cristo Jesus deveria ser para os seus filhos evolução; se não for e não tem sido, façamos que seja.

É o conjunto das Leis de Deus.

Cuide da sua vida, trabalhe, sorria, chore, seja feliz, procure os caminhos para vencer a infelicidade e, em paralelo com tudo isso, cumpra a sua missão com sabedoria, lembrando sempre que a oportunidade de viver e aprender são vários e difíceis. Uma de cada vez e que tudo, aqui neste nosso plano, tem começo, meio e fim e partiremos conforme chegamos: sem nada. Só com débitos e créditos que estão gravados a fogo na nossa alma que precisa se equilibrar na balança de São Miguel Arcanjo e o que plantamos no nosso caminho, ou no caminho dos outros, teremos de colher até o ultimo grão, até a última semente. É o único meio de abrir caminhos para a evolução e libertação.

Sobre a vida

Dar tempo ao tempo é uma boa formula para resolver situações que parecem sem solução. Tudo passa, cedo ou tarde. A química do tempo é o melhor remédio, entre outras coisas, para entender o que agora não conseguimos entender. Para ser entendido, o silêncio é uma grande prece e sinal de sabedoria. Quem muito fala muito erra. A meditação é um momento interior onde nós tentamos colocar as coisas das nossas experiências nos seus devidos lugares para relaxar, aceitando e olhando por cima as situações que nos afligem. A paz é tarefa difícil, mas não impossível. A mágoa é doença que faz sofrer. Tente entender em vez de alimentar dentro de si essa fogueira. Cada dia há uma nova experiência consigo mesmo ou com o seu próximo que pede solução. Por isso acalme-se e tenha paciência. Entenda que cada um tem a sua verdade, suas razões e maneira de ser.

A pesquisa na história da Umbanda

Dezenas de sites da internet, artigos, jornais e livros abordam a História da Umbanda utilizando-se da pesquisa secundária e terciária. Poucos utilizam a pesquisa primária, afastando-se assim da realidade histórica. É impossível ao historiador a imparcialidade. Desde a escolha de documentos até a redação do trabalho são feitas escolhas, que não são causais. Qualquer tentativa de escrever sobre um fato ou período histórico envolve seleção, julgamento e pressupostos metodológicos. A História não pode ser nunca puramente descritiva, pois sempre haverá elementos de avaliação em qualquer relato. Sendo assim, o máximo que um historiador pode fazer no seu trabalho é alcançar uma face da verdade, que não é absoluta e sim variável de acordo com as condições que se apresentam no momento da escrita.

Escrevi, utilizando a pesquisa primária, o livro ***Iniciação à Umbanda***, 1986, que trazia a primeira abordagem mais completa, até então, da História da Umbanda no Brasil. A partir daí fiz diversas pesquisas e entrevistas em terreiros e federações de Umbanda e cultos afro-brasileiros. Consegui também diversos documentos sobre o trabalho de W.W. da Matta e Silva, que escreveu nove obras abordando os aspectos esotéricos da Umbanda. Ampliei assim a minha pesquisa primária e, em 1991, publiquei o livro Umbanda e sua História, sendo este o primeiro livro de História da Umbanda no Brasil.

Em agosto de 2008, quando estava terminando de escrever

o livro ***Umbanda Brasileira: um século de história***[1] consegui um raro exemplar da obra ***No Mundo dos Espíritos***, publicado em 1925, de Leal de Souza. Este sim é o primeiro livro que trata da Umbanda.

Pouco se sabia da vida de Leal de Souza até então. Iniciei uma pesquisa, por intermédio da internet, e consegui algumas referências de autores que escreveram sobre ele. Comecei, então, uma busca em "sebos" pelo Brasil afora e consegui 17 preciosos livros, algumas revistas, além de três outras obras de Leal de Souza. Para minha surpresa, um poema seu foi psicografado por Chico Xavier. Com este material escrevi o livro ***Antônio Eliezer Leal de Souza: o primeiro escritor da Umbanda.***[2]

Historiador é aquele que escreve a História segundo a sua ótica em função de documentos originais orais e escritos. História da Umbanda é para quem conhece a Umbanda e não para pesquisadores superficiais.

Pai Juruá assim expressa sobre as pesquisas da História da Umbanda:

> Já lemos relatos de irmãos ainda insistindo que não foi o Caboclo das Sete Encruzilhadas que fundou a Umbanda; outros, dizem que Zélio de Moraes era kardecista e, portanto, montou uma Umbanda kardequizada.
> Tudo pura conjectura. São opiniões calcadas somente em "achismos", pois carece de comprovação documentária, fonográfica, discográfica ou mesmo filmográfica.
> Por isso, primamos pela farta documentação histórica juntando em anexo, documentos escritos, jornalísticos e fonográficos. Contra depoimentos documentais e relatos gravados, não há argumentos.

---

1 Este livro foi lançado em novembro de 2008 pela Ícone Editora.
2 Obra publicada, em 2009, pela **EDITORA DO CONHECIMENTO.**

Relação histórica de terreiros

Importante registro histórico elaborado pelo irmão Renato Henrique Guimarães Dias até a data de 28/03/2013.

https://registrosdeumbanda.wordpress.com/lista-de-terreiros

Terreiros precursores da Umbanda fundados entre 1888 e 1907

1. O terreiro do Senhor Nicanor (Costa Barros, Rio de Janeiro, RJ, 1890)
2. O terreiro do Senhor Olímpio de Melo (Magé, RJ, 1904)
3. O terreiro da Senhora Cândida (Neves, São Gonçalo, RJ, em, ou antes, de 1907)

Terreiros de Umbanda fundados entre 1908 e 1910

1. Tenda Espírita Nossa Senhora da Piedade (Neves, São Gonçalo, RJ, 16/11/1908)

Terreiros de Umbanda fundados entre 1911 e 1920

2. Terreiro de Cobra Coral (Belford Roxo, RJ, 1913 – 1945)
3. Tenda Espírita Nossa Senhora da Conceição (Rio de Janeiro, RJ, 18/01/1918)

Terreiros de Umbanda fundados entre 1921 e 1930

4. Um centro na antiga Rua Dona Júlia (Rio de Janeiro, RJ, antes do início de 1924)
5. Centro Espírita Beneficente Filhos de Maria de Nazareth (Rio de Janeiro, RJ, antes do início de 1924)

6. Canzel de Pai Quintino (Rio de Janeiro, RJ, antes do início de 1924)
7. Centro Espírita Maria da Conceição (Rio de Janeiro, RJ, antes do início de 1924)
8. Centro Espírita Deus, Luz e Amor (Rio de Janeiro, RJ, antes do início de 1924)
9. Um centro na Rua Barão do Bom Retiro (Rio de Janeiro, RJ, antes do início de 1924)
10. Centro Espírita de Caridade Mãe Guiomar (Rio de Janeiro, RJ, antes do início de 1924)
11. Centro Espírita Redentor São Jorge e Santa Catarina (Rio de Janeiro, RJ, antes do início de 1924)
12. Seita Espírita Nossa Senhora da Aparecida (Rio de Janeiro, RJ, antes do início de 1924)
13. Centro Deus, Christo, Caridade (Rio de Janeiro, RJ, antes do início de 1924)
14. Centro Espírita Joanna d'Arc (Rio de Janeiro, RJ, antes do início de 1924)
15. Um centro no Engenho Novo (Rio de Janeiro, RJ, antes do início de 1924)
16. Centro Espírita Santa Rita de Cássia (Rio de Janeiro, RJ, antes do início de 1924)
17. Um centro na antiga Rua Elvira (Rio de Janeiro, RJ, antes do início de 1924)
18. Centro Humildade (Rio de Janeiro, RJ, antes do início de 1924)
19. Um centro na Rua São Luiz Gonzaga (Rio de Janeiro, RJ, antes do início de 1924)
20. Centro Fé, Esperança e Caridade (Rio de Janeiro, RJ, antes do início de 1924)
21. Sociedade Espírita da Divindade de São Sebastião (Rio de Janeiro, RJ, antes do início de 1924)
22. Tenda Espírita Mirim – matriz (Rio de Janeiro, RJ, 13/10/1924)
23. Tenda Espírita São Pedro (Rio de Janeiro, RJ, 05/03/1925 – 2012)
24. Centro Espírita Reino de São Jorge (Rio Grande, RS, 1926)
25. Tenda de Pai Benedito (Vila Mariana, São Paulo, SP, em ou antes de 1927)
26. Tenda Espírita Nossa Senhora da Guia (Rio de Janeiro, RJ, 08/09/1927)
27. Grupo Espírita Humildes de Jesus (Rio de Janeiro, RJ, 12/12/1928)

Terreiros de Umbanda fundados entre 1931 e 1940

28. Centro Espírita Caminheiros da Verdade (Engenho de Dentro, Rio de Janeiro, RJ, 4/3/1932)
29. Centro Espírita Santo Antônio de Pádua (Neves, São Gonçalo, RJ, 13/06/1932)
30. Centro Espírita de Umbanda Tenda de São Jorge (Rio Grande, RS, 20/11/1932)
31. Centro Espírita de Caridade Jesus (Rio de Janeiro, RJ, 1932)
32. Tenda Espírita Santa Bárbara (Rio de Janeiro, RJ, 27/06/1933)
33. Tenda de São Miguel (entre 1933 e 1934)
34. Tenda de Umbanda Nossa Senhora Aparecida (Ponte Pequena, São Paulo, SP, em ou antes de 1934)
35. Centro Espírita São Sebastião (Belo Horizonte, MG, 1934)
36. Tenda Espírita São Jerônimo (Centro, Rio de Janeiro, RJ, 09/01/1935)
37. Tenda Espírita São Jorge (Centro, Rio de Janeiro, RJ, 15/02/1935)
38. Centro Espírita São Benedito (Niterói, RJ, 1935)
39. Abrigo Espírita Francisco de Assis (Porto Alegre, RS, 4/10/1936)
40. Centro Espírita Pai José de Aruanda (São João de Meriti, RJ, 1936)
41. Cabana de Pai Joaquim de Loanda (Méier, Rio de Janeiro, RJ, 28/07/1937)
42. Tenda Espírita Nossa Senhora Aparecida (Rio de Janeiro, RJ, em ou antes de 27/09/1937)
43. Tenda Espírita de São José (Rio de Janeiro, RJ, em ou antes de 5/08/1938)
44. Centro Espírita Trabalhadores Humildes (Ramos, Rio de Janeiro, RJ, 1938)
45. Cabana Espírita Nosso Senhor do Bonfim (Rio de Janeiro, RJ, 6/09/1939)
46. Tenda Espírita Oxalá (Rio de Janeiro, RJ, 11/11/1939)
47. Tenda Espírita Beneficente Santa Luzia (Praça Seca, Rio de Janeiro, RJ, 1939)
48. Tenda de Umbanda Rei dos Reis (Vila Nova York, São Paulo, SP, 1939)
49. Centro Espírita Antonio Francisco Lisboa (Montes Claros, MG, em ou antes de 1939)
50. Centro Espírita Xangô-Agodô – Casa do Caboclo Lírio Branco (Barra Mansa, RJ, 1939)
51. Grupo Espírita São Jerônimo (Rio de Janeiro, RJ, 2/5/1940)

52. Tenda Espírita Senhora da Glória (Rio de Janeiro, RJ, 06/06/1940)
53. Tenda Espírita Pai João do Congo (São Domingos, Americana, SP, 1940)

Terreiros de Umbanda fundados entre 1941 e 1950
54. Cabana Pai Thomé do Senhor do Bonfim (em ou antes de 09/1941)
55. Centro Espírita Religioso São João Baptista (em ou antes de 09/1941)
56. Tenda Espírita Fé e Humildade (em ou antes de 09/1941)
57. Tenda Espírita Humildade e Caridade (em ou antes de 09/1941)
58. Centro Espírita Urubatan (Barra Funda, São Paulo, SP, 02/09/1941)
59. Tenda Espírita Santo Agostinho (Rio de Janeiro, RJ, 23/11/1941)
60. Templo Espiritualista Sol do Oriente (Curitiba, PR, 20/01/1942)
61. Tenda Espírita Fé pela Razão (Rio de Janeiro, RJ, antes de 1944)
62. Tenda Espírita Pedro Pescador (Rio de Janeiro, RJ, em ou antes de 1944)
63. Tenda Espírita Nossa Senhora Auxiliadora (Rio de Janeiro, RJ, em ou antes de 1944)
64. Tenda Espírita Filhos de São Jerônimo (Rio de Janeiro, RJ, em ou antes de 1944)
65. Tenda de Umbanda Oriental (Centro, Rio de Janeiro, RJ, em ou antes de 1945)
66. Centro Espírita Caboclo Tupi (Piedade, Rio de Janeiro, RJ, 1945 – 1972)
67. Centro Espírita São João Batista (Rio de Janeiro, RJ, 1945)
68. Centro Espírita Nossa Senhora do Rosário (Montes Claros, MG, 1945 – 12/11/1976)
69. Centro Espírita Reino de Santa Barbara (Rio Grande, RS, 15/01/1946 – 2000)
70. Fraternidade Eclética Espiritualista Universal – Matriz Nacional (Centro, Rio de Janeiro, RJ, 27/03/1946 – atualmente na Cidade Eclética Fraternidade Universal, Santo Antônio do Descoberto, GO)
71. Centro Espírita de Umbanda Cruzeiro do Sul (Rio Grande, RS, 14/08/1946)
72. Centro Espiritualista Fraternidade Reino de Urubatan (Porto Alegre, RS, 01/01/1947)

73. Tenda Espírita Fraternidade da Luz (Méier, Rio de Janeiro, RJ, 08/04/1948)
74. Centro Espírita Bom Jesus de Guape (Rio Grande, RS, 01/07/1948)
75. Fraternidade Eclética Espiritualista Universal – Regional de Petrópolis (Petrópolis, RJ, 29/08/1948)
76. Centro de Umbanda São Sebastião (Santa Maria, RS, 19/11/1948)
77. Igreja Espiritual Cristã Maior de Presidente Altino (Presidente Altino, Osasco, SP, 09/12/1948)
78. Centro Espírita Caridade Eterna (Rio de Janeiro, RJ, 1948)
79. Abrigo Espírita São Jorge (Azenha, Porto Alegre, RS, entre 1936 e 1950)
80. Abrigo Espírita São Sebastião (Cidade Baixa, Porto Alegre, RS, entre 1936 e 1950)
81. Casa de Oração São Benedito (Petrópolis, Porto Alegre, RS, entre 1936 e 1950)
82. Centro de Umbanda São Silvestre (Pelotas, RS, entre 1936 e 1950)
83. Centro de Umbanda São João e Cabocla Guacira (Montenegro, RS, entre 1936 e 1950)
84. Fraternidade Eclética Espiritualista Universal – Regional de Cordovil (Cordovil, Rio de Janeiro, RJ, 26/05/1950)
85. Tupã Oca do Caboclo Arranca Toco (São Paulo, SP, 1950)
86. Templo Espiritualista e Confraternização de Umbanda São Benedito (Pinheiros, São Paulo, SP, 1950)
87. Tenda Espírita Pai Cambinda (Barra Mansa, RJ, 1950)

Terreiros de Umbanda fundados entre 1951 e 1960

88. Tenda Espírita Mirim – 1ª filial (Queimados, RJ, 30/06/1951)
89. Tenda de Umbanda Índio Pedra Preta (Parque Alvorada, Araraquara, SP, 1951)
90. Centro Espírita Gentil Oriente (Vitória da Conquista, BA, em, ou antes, de 1951)
91. Terreiro de Umbanda Divino Espírito Santo (Montes Claros, MG, 1951)
92. Centro Espírita Casa da Jurema (Rio de Janeiro, RJ, 01/01/1952)
93. Tenda Espírita Estrela do Mar (Rio de Janeiro, RJ, 27/09/1952) 94. Tenda Espírita Perseverantes da Fé (Rocha, Rio de Janeiro, RJ, em, ou antes, de 10/1952 – 1974)
95. Caminheiros Anônimos do Bem (em, ou antes, de 10/1952)

96. Casa de Caridade São Crispim e São Crispiniano (em, ou antes de 10/1952)
97. Centro de Irradiação Antônio de Pádua (em, ou antes, de 10/1952)
98. Centro Espírita Pai Benedito (em, ou antes, de 10/1952)
99. Centro Espírita São Jorge (em, ou antes, de 10/1952)
100. Instituto do Templo dos Pobres de Jesus (em, ou antes, de 10/1952)
101. Palhoça do Preto Velho (em, ou antes, de 10/1952)
102. Tenda de Caridade Filhos de Benedito (em, ou antes, de 10/1952)
103. Tenda Espírita Estrela do Mar (em, ou antes, de 10/1952)
104. Tenda Espírita Maria Madalena (em, ou antes, de 10/1952)
105. Tenda Espírita Ogum Megê (em, ou antes, de 10/1952)
106. Tenda Espírita Santa Bárbara (em, ou antes, de 10/1952)
107. Tenda Espírita São Benedito (em, ou antes, de 10/1952)
108. Tenda Espírita São Jorge (em, ou antes, de 10/1952)
109. Tenda Espírita São Miguel Arcanjo (em, ou antes, de 10/1952)
110. Tenda Espírita Seara de Jesus (em, ou antes, de 10/1952)
111. Tenda Espírita Seara do Senhor (em, ou antes, de 10/1952)
112. Centro Espírita Casa de Samir (São Gonçalo, RJ, 10/1952)
113. Tenda Espírita Deusa Iara (João Paulo, São Luís, MA, 1952 - 1984)
114. Tenda de Umbanda Pai Tomé de Moçambique (Campinas, SP, em, ou antes, de 1953)
115. Tenda Miry Santo Expedito (Belém, PA, 23/07/1953)
116. Tenda de Umbanda Caboclo Ycaraí (São Paulo, SP, 1953)
117. Terreiro Espírita Pai Antônio José de Benguela (Tomás Coelho, Rio de Janeiro, RJ, 20/01/1954)
118. Instituição de Caridade Mãe Catharina (Pedra de Guaratiba, Rio de Janeiro, RJ, 12/06/1954)
119. Roça Estrela Guia (Inhaúma, Rio de Janeiro, RJ, 1954)
120. Tenda Espírita Filhos de São Miguel Arcanjo (Mangaratiba, RJ, 20/01/1955)
121. Legião de Umbanda Caboclo Pedra Preta (Guaratinguetá, SP, 03/04/1955)

122. Templo de Oxóssi e Cabocla Jurema da Mata (Penha, Rio de Janeiro, RJ, 2/7/1955)
123. Tenda de Umbanda Luz, Esperança e Fraternidade (Rio de Janeiro, RJ, 1955)
124. Centro Espírita Oxalá, Esperança e Caridade (Quintino, Rio de Janeiro, RJ, 1955)
125. Sociedade Espírita de Umbanda Nossa Senhora da Glória (Porto Alegre, RS, em ou antes de 1956)
126. Templo Espírita de Umbanda Pai Xangô (Taboão, Diadema, SP, em, ou antes, de 1956)
127. Fraternidade Eclética Espiritualista Universal – Regional de Posse dos Carneiros (Petrópolis, RJ, 18/03/1956)
128. Sociedade Espírita Nossa Senhora dos Navegantes (Porto Alegre, RS, 13/05/1956)
129. Fraternidade Eclética Espiritualista Universal – Matriz Regional do Estado do Rio de Janeiro (Rio de Janeiro, RJ, 01/09/1956)
130. Fraternidade Eclética Espiritualista Universal – Regional de Anápolis (Anápolis, GO, 26/09/1956)
131. Ogum de Ronda Rei dos Astros (Salvador, BA, 1956)
132. Templo Espiritualista Cruz de Caravaca (Inhoaíba, Rio de Janeiro, RJ, antes de 1957)
133. Tenda Espírita de Umbanda Santa Rita de Cássia (Saúde, São Paulo, SP, 23/04/1957)
134. Cabana de Pai Antônio (Boca do Mato, Cachoeiras de Macacu, RJ, 9/11/1957)
135. Centro Espírita de Umbanda Nossa Senhora Santana (Rio Grande, RS, 1957)
136. Tenda Espírita São Jorge Guerreiro (Bacacheri, Curitiba, PR, 1/1/1958)
137. Fraternidade Eclética Espiritualista Universal – Matriz Regional de Paracatu (Paracatu, MG, 21/01/1958)
138. Tenda Espírita de Umbanda Tupinambá (Estiva, Taubaté, SP, 28/03/1958)
139. Sociedade Espírita de Umbanda Cacique Sete Flechas (Porto Alegre, RS 19/08/1958)
140. Terreiro da senhora Neusa (Padre Miguel, Rio de Janeiro, RJ, antes de 1959)
141. Fraternidade Eclética Espiritualista Universal – Regional de Campo Grande (Rio de Janeiro, RJ, 18/01/1959)
142. Irmandade Espiritualista e Beneficente Mirim (São Gonçalo, RJ, 13/04/1959)
143. Tenda Espírita de Umbanda São Cosme e Damião (Jundiaí, SP, 20/05/1959)
144. Abassá de Oxalá Ilê de Oxum (Fortaleza, Ceará, 1959)

145. Terreiro de Umbanda Ogum Beira Mar (João Pessoa, PB, 13/5/1960)
146. Terreiro de Umbanda São Jorge Guerreiro (Salvador, BA, 1960)
147. Casa de Pai Benedito de Aruanda (São Caetano do Sul, SP, 1960)
148. Terreiro Filhos de Pai Gonzaga (Montes Claros, MG, 1960 - 12/11/1976)

Terreiros de Umbanda fundados entre 1961 e 1970
149. Inhasã de Jakutá (João Pessoa, PB, 21/4/1961)
150. Casa de Oxalá (Rio de Janeiro, RJ, 24/6/1962)
151. Templo de Umbanda São Judas Tadeu (Rio de Janeiro, RJ, 4/9/1962)
152. Cabana de Oxum (Praça Seca, Rio de Janeiro, RJ, 10/1962)
153. Centro Espírita Fé Esperança e Caridade (São Gonçalo, RJ, 1962 - 2000 / 2007 -)
154. Centro Espírita Ogum Yara (Rio de Janeiro, RJ, 23/4/1962)
155. Centro de Caboclo Serra Negra da Aldeia de Jequitiriça (Salvador, BA, 1962)
156. O terreiro da senhora Glauce (Campina Grande, PB, em, ou antes, de 1962)
157. Tenda de Umbanda Xangô Kaô (São Paulo, SP, em, ou antes, de 1962)
158. Casa de Caridade do Caboclo Guarantan (São Paulo, SP, em, ou antes, de 1962)
159. Tenda de Umbanda do Caboclo Pedra Branca (São Paulo, SP, em, ou antes de 1962)
160. Templo de Oxóssi Rompe Mato (Rio de Janeiro, RJ, 15/11/1963)
161. Grupo Experimental Renovador Irmã Scheilla (Nova Iguaçu, RJ, 1963)
162. Centro Espírita Pai Congo de Cambinda (Paracambi, RJ, 23/4/1964)
163. Tupã Oca do Caboclo Irajé (Vila Carrão, São Paulo, SP, 23/4/1964)
164. Tenda de Caridade Caboclo Tupinambá e Caboclo Flecheiro (Guaratinguetá, SP, 01/06/1964)
165. Sociedade Espírita Umbandista Mãe Iemanjá e Ogum Beira Mar (Porto Alegre, RS, 12/7/1964)
166. Tenda Espírita Ogum Beira-Mar (Niterói, RJ, 15/8/1964)
167. Centro de Umbanda Ogum de Ronda (Salvador, BA, 1964)

168. Núcleo Espírita e Umbandista Pai Antônio do Bonfim (Uberlândia, MG, 1964)
169. Tenda Espírita Caxana (Magalhães Bastos, Rio de Janeiro, RJ, 10/04/1965)
170. Centro Espírita Afro Brasileiro Oxum Pandá (João Pessoa, PB, 23/06/1965)
171. Terreiro de Umbanda Cabocla Jussara (João Pessoa, PB, 25/08/1965)
172. Centro Espírita Sentinela do Além (Rio de Janeiro, RJ, ?/09/1965)
173. Tenda Espírita Pena Verde (Rio de Janeiro, RJ, 28/11/1965)
174. Tenda de Umbanda Caboclo Ogum Caiçara (São Paulo, SP, 1965 – 2000)
175. Fraternidade Eclética Espiritualista Universal – Regional de Formosa (Formosa, GO, 24/01/1966)
176. Fraternidade Eclética Espiritualista Universal – Filial de Itapaci (Itapaci, GO, 18/04/1966)
177. Fraternidade Eclética Espiritualista Universal – Regional de Duque de Caxias (Duque de Caxias, RJ, 07/08/1966)
178. Templo Umbandista a Caminho da Luz (Rio de Janeiro, RJ, 22/11/1968)
179. Ordem do Círculo Cruzado (Rio de Janeiro, RJ, 1968)
180. Tenda São Agostinho (Picos, PI, 1968)
181. Ordem Iniciática do Cruzeiro Divino (Ipiranga, São Paulo, SP, 1968)
182. Roça Gongobiro Unguzu Moxicongo (Montes Claros, MG, 1969)
183. Tenda de Umbanda Pai Ferreira de Aruanda (Taubaté, SP, 20/01/1970)
184. Sociedade Espírita de Umbanda Rompe Mato e Jurema (Rio Grande, RS, 20/10/1970)
185. Centro de Umbanda Oxóssi Guerreiro (Salvador, BA, 1970)
186. Terreiro de Umbanda Xangô Nini (João Pessoa, PB, 1970)
187. Sociedade Espírita de Umbanda Cavalheiros de Ogum (Bagé, RS, 1970)

Terreiros de Umbanda fundados entre 1971 e 1980
188. Tenda Filhos de Oxoce (Madureira, Rio de Janeiro, RJ, em, ou antes, de 1971)
189. Tenda Oxum Marê (Rio Comprido, Rio de Janeiro, RJ, em, ou antes, de 1971)
190. Ilê de Ogum Megê e Oxóssi de Pedra Preta (Centro,

Mesquita, RJ, em, ou antes, de 1971)
191. Cabana Pena Preta de Oxóssi (Jardim Sulacap, Rio de Janeiro, RJ, em, ou antes, de 1971)
192. Centro Jesus de Nazareno (Duque de Caxias, RJ, em, ou antes, de 1971)
193. Tenda Afro Brasileira Senhor do Bonfim e Oxalá (Tomás Coelho, Rio de Janeiro, RJ, em, ou antes de 1971)
194. Tenda Santa Bárbara (Itaúna, São Gonçalo, RJ, em, ou antes, de 1971)
195. Tenda Pai Manuel das Almas e Nossa Senhora da Conceição (Centro, São João de Meriti, RJ, em, ou antes, de 1971)
196. Tenda Caboclo Sete Encruzilhadas (Brás de Pina, Rio de Janeiro, RJ, em ou antes de 1971)
197. Fraternidade Eclética Espiritualista Universal – Matriz Principal do Paraguai (Assunción, Paraguay, 23/02/1971)
198. Casa de Cláudia (Nova Iguaçu, RJ, 06/10/1971)
199. Grupo Espírita Seguidores da Verdade (Pavuna, Rio de Janeiro, RJ, 08/12/1971)
200. Roça Estrela Guia de Omulu das Almas (Inhaúma, Rio de Janeiro, RJ, 1971)
201. Afoxé de Oxum (Patos, PB, 1971)
202. Templo de Umbanda Yansã de Jacutá (João Pessoa, PB, 1971)
203. Centro Espírita Aganjuê (Guaratinguetá, SP, 06/01/1972)
204. Centro Umbandista Abaçá de Obaluaê (Rio de Janeiro, RJ, 1972)
205. Centro de Umbanda Ogum Toperinã (João Pessoa, PB, antes de 1973)
206. Terreiro Nossa Senhora do Carmo (João Pessoa, PB, 1973)
207. Templo Religioso Nossa Senhora do Carmo (João Pessoa, PB, 27/07/1973)
208. Templo Guaracy (São Paulo, SP, 02/08/1973)
209. Casa Espiritual Vereda da Luz (Brasília, DF, 03/06/1974)
210. Tenda Espírita Tupiaçu e Tapajós (Riachuelo, Rio de Janeiro, RJ, 20/09/1974)
211. Centro Espírita Jesus Maria José (Cidade de Deus, Rio de Janeiro, RJ, 1974)
212. Templo de Umbanda Ogum Beira Mar (São Paulo, SP, em, ou antes, de 1974)
213. Fraternidade Eclética Espiritualista Universal – Matriz Regional do Estado da Paraíba (João Pessoa, PB, 10/03/1975)

214. Tenda de Umbanda Caboclo Sete Flechas (São Paulo, SP, 18/08/1975)
215. Tenda de Umbanda Esotérica Pai Joaquim de Angola (Belo Horizonte, MG, antes de 1976)
216. Templo de Umbanda Pai Xangô (Freguesia do Ó, São Paulo, SP, 02/02/1976)
217. Tenda Espírita Pai Benedito (Barra Mansa, RJ, 13/05/1976)
218. Centro Espírita de Umbanda Seguidores de Cacarandi (Rio Grande, RS, 06/09/1976)
219. Templo de Umbanda Nossa Senhora da Conceição e Caboclo Pisa n'Areia (Penha, São Paulo, SP, 31/10/1977)
220. Casa de Lua Cheia (Salvador, BA, 1977)
221. Templo de Umbanda Sagrada Cacique Ubiratã e Pai Sacomé (Valinhos, SP, 20/02/1978)
222. Casa Branca de Omolu (Praça da Bandeira, Rio de Janeiro, RJ, 11/1978)
223. Centro de Umbanda Caboclo Pena Branca (Salvador, BA, 1978)
224. Fraternidade Eclética Espiritualista Universal – Matriz Principal da Argentina (Partido 3 de Febrero, Buenos Aires, Argentina, 26/08/1979)
225. Centro de Umbanda Juriti (Salvador, BA, 1980)

Terreiros de Umbanda fundados entre 1981 e 1990

226. Tenda de Umbanda Pai Domingos (São Paulo, SP, em, ou antes, de 1981)
227. Associação de Pesquisas Espirituais Ubatuba (São Paulo, SP, 17/01/1981)
228. Centro Mestre Junqueira (João Pessoa, PB, 03/07/1981)
229. Centro de Umbanda Obaluaiê (Salvador, BA, 1981)
230. Tenda Espiritualista Marco Antônio (São Paulo, SP, 1981)
231. Tenda de Umbanda Esotérica Divina Luz (Belo Horizonte, MG, 1981)
232. Tenda Espírita Pai Joaquim do Toco (Mogi das Cruzes, SP, 30/06/1982)
233. Fraternidade Eclética Espiritualista Universal – Matriz Regional do Estado de Pernambuco (Recife, PE, 01/07/1982)
234. Fraternidade Eclética Espiritualista Universal – Matriz Regional do Estado do Paraná (Curitiba, PR, 26/09/1982)
235. Templo de Umbanda Ogum Vence Demanda (São Paulo, SP, 06/11/1982)

236. Tenda Espírita Pai João do Congo (Lins de Vasconcelos, Rio de Janeiro, RJ, 04/12/1982)
237. Terreiro de Umbanda Ogum Rompe Mato (João Pessoa, PB, 22/06/1983)
238. Sociedade Espiritualista Universalista Cantinho de São Francisco de Assis (Porto Alegre, RS, 26/07/1983)
239. Templo de Doutrina Umbandista Caboclo Sete Flechas e Pai Oxalá (Rudge Ramos, São Bernardo do Campo, SP, 1983)
240. Centro de Umbanda de Ogum Megê Sete Espadas (São Paulo, SP, em, ou antes, de 1983)
241. Casa de São Sebastião (Brasília, DF, 1983)
242. Tenda de Umbanda Mamãe Oxum (Rio de Janeiro, RJ, 1984)
243. Tenda Espiritual de Umbanda Oxum Pandá (João Pessoa, PB, 20/05/1984)
244. Templo Espírita Ogum Megê (Rio de Janeiro, RJ, 02/07/1984)
245. Templo Iemanjá Sabá (João Pessoa, PB, 13/08/1984)
246. Centro Espírita Santo Antônio de Pádua (Piedade, Rio de Janeiro, RJ, 20/04/1985)
247. Tenda Espírita de Umbanda Caboclo Sete Flechas (Varginhas, MG, 05/05/1985)
248. Tenda Espírita Filhos de Urundahy (Maracanã, Rio de Janeiro, RJ, 15/08/1985 – 2007)
249. Centro Espírita Ogum Sete Ondas (Rio de Janeiro, RJ, 1985)
250. Recanto de Pai João Velho (Montes Claros, MG, 5/1986)
251. Fraternidade Espiritualista de Umbanda São Jerônimo (Porto Alegre, RS, 30/09/1986)
252. Tenda de Umbanda Ogum Beira Mar e Pai João da Mina (Jardim Hercília, São Paulo, SP, 1986 – 1992)
253. Centro Espírita Zé Boiadeiro (João Pessoa, PB, 27/09/1987)
254. Casa de Catimbó e Umbanda Pai Joaquim Aruanda (Manaus, AM, 20/12/1987)
255. Centro Anselmo do Roseiral (Rio de Janeiro, RJ, 1987)
256. Centro Espírita Ogum Matinata (Rio de Janeiro, RJ, 1987)
257. Ordem Esotérica Olho do Mestre (1988)
258. Centro de Umbanda Caminhos de Luz (Brasília, DF, 1988)
259. Centro de Estudos Pai Joaquim de Aruanda (São Paulo, SP, 07/01/1989)

260. Fraternidade Eclética Espiritualista Universal – Regional de Governador Valadares (Governador Valadares, MG, 10/03/1990)

Terreiros de Umbanda fundados entre 1991 e 2000

261. Centro Espírita Caboclo Tumba Jussara (Salvador, BA, 1991)
262. Centro Espírita de Umbanda Senhor Oxóssi (Juazeiro do Norte, CE, em, ou antes, de 1991)
263. Centro Espírita de Umbanda Urubatan (Juazeiro do Norte, CE, 1991)
264. Casa Cristã de Caridade Irmandade Batuíra e Pai Miguel das Almas (Anchieta, Rio de Janeiro, RJ, 12/04/1992)
265. Casa Branca de Oxalá (Bonança, Santa Luzia, MG, 13/05/1992)
266. Centro de Umbanda Caminhos de Luz (Brasília, DF, 1992)
267. Tenda de Umbanda Jacinto e Vovó Maria Conga (São Vicente, SP, antes de 1993)
268. Cabana de Pai Benguela (São Paulo, SP, 10/1993)
269. Tenda de Umbanda Pai João da Caridade (São Vicente, SP, 1993)
270. Centro de Umbanda Vovó Cambinda (Caminho Novo, Palhoça, SC, 06/02/1994)
271. Centro Espírita e Cultural Recanto de Oxalá (Rio de Janeiro, RJ, 18/06/1994)
272. Grupo Espírita Ogum Beira-Mar (Rio de Janeiro, RJ, 1994)
273. Ordem de Umbanda do Cruzeiro do Sul (Grajaú, Rio de Janeiro, RJ, 31/08/1995)
274. Tenda Espírita Caboclo Flecheiro Cobra Coral (Rio de Janeiro, RJ, 19/09/1995)
275. Centro Espírita Ogum Rompe Mato (Rio de Janeiro, RJ, 1995)
276. Centro Umbandista Paz e Justiça (Salvador, BA, 1995)
277. Casa Grande e Senzala de Pai Felipe (Montes Claros, MG, em, ou antes, de 1995)
278. Sociedade Espiritualista Jesus é o Caminho (Santa Maria, RS, 31/07/1996)
279. Oxum Orumilá (João Pessoa, PB, 08/1996)
280. Grupo Umbandista Fé, Esperança e Caridade (Campinho, Rio de Janeiro, RJ, 15/11/1996)
281. Centro Energético Caboclos de Umbanda Rompe Mato e Sete Flechas (Curitiba, PR, 13/06/1997)
282. Tenda de Umbanda Ogum e Oxalá (Viamão, RS,

09/07/1997)
283. Terreiro Zé do Acais (João Pessoa, PB, 18/10/1997)
284. Centro Casa de Mesa Branca Raio de Sol (Salvador, BA, 1997)
285. Casa Estrela do Mar (São Paulo, SP, 1997)
286. Tenda de Umbanda Ogum Guerreiro do Oriente (Realengo, Rio de Janeiro, RJ, 19/07/1998)
287. Tenda Umbandista Caboclo Jundiara (Jardim Carioca, Rio de Janeiro, RJ, 19/09/1998)
288. Centro Espiritualista Caboclo Pery (Itaipu, Niterói, RJ, 23/09/1998)
289. Ogum de Kariri (Salvador, BA, 1998)
290. Templo de Iansã (Patos, PB, em, ou antes, de 1999)
291. Centro Iemanjá Ogum (Patos, PB, em, ou antes, de 1999)
292. Templo de Umbanda Ogum Iara (Patos, PB, em, ou antes, de 1999)
293. Terreiro de Umbanda de Xangô Agaju (Patos, PB, em, ou antes, de 1999)
294. Centro Ogum Rompe Matas (Patos, PB, em, ou antes, de 1999)
295. União dos Espíritas Gantois de Pai Joaquim d'Angola (Patos, PB, em, ou antes, de 1999)
296. Templo Afro Iemanjá (Sousa, PB, em, ou antes, de 1999)
297. Irmandade Espírita José do Arribamar (Sousa, PB, em, ou antes, de 1999)
298. Terreiro São Benedito (Sousa, PB, em, ou antes, de 1999)
299. Centro de Iemanjá (Sousa, PB, em, ou antes, de 1999)
300. Centro São Jorge Guerreiro (Iguatu, CE, em, ou antes, de 1999)
301. Centro Rei Salomão (Iguatu, CE, em, ou antes, de 1999)
302. Centro Espírita de Umbanda Pai João (Iguatu, CE, em, ou antes, de 1999)
303. Centro São Jorge Guerreiro (Juazeiro do Norte, CE, em, ou antes, de 1999)
304. Centro de Umbanda Semiromba de Assis (Juazeiro do Norte, CE, em, ou antes, de 1999)
305. Centro Espírita de Umbanda Príncipe Jorge Cavaleiro da Paz (Juazeiro do Norte, CE, em, ou antes, de 1999)
306. Centro Espírita de Umbanda Senhor do Bonfim (Juazeiro do Norte, CE, em, ou antes, de 1999)
307. Centro Espírita de Umbanda São Sebastião (Juazeiro

do Norte, CE, em, ou antes, de 1999)
308. Centro Espírita de Umbanda Iemanjá (Juazeiro do Norte, CE, em, ou antes, de 1999)
309. Centro Senhor Oxóssi (Juazeiro do Norte, CE, em, ou antes, de 1999)
310. Tenda São Jerônimo (Picos, PI, em, ou antes, de 1999)
311. Centro Espírita de Umbanda São Francisco das Chagas (Picos, PI, em, ou antes, de 1999)
312. Terreiro de Oxum (Salgueiro, PE, em, ou antes, de 1999)
313. Terreiro de Umbanda Iemanjá (Salgueiro, PE, em, ou antes, de 1999)
314. Centro de Umbanda São Jorge (Salgueiro, PE, em, ou antes, de 1999)
315. Templo de Umbanda Caboclo Pena Branca (Taubaté, SP, 24/03/1999)
316. Terreiro de Umbanda Mestre Juremeiro (João Pessoa, PB, 24/10/1999)
317. Templo de Umbanda Branca Seara de Jesus (São Paulo, SP, 16/12/1999)
318. Casa de Umbanda Giro de Caboclo (Salvador, BA, 1999)
319. Centro Espírita Casa do Perdão (Rio de Janeiro, RJ, 1999)
320. Templo de Umbanda Caridade é Amor (São Paulo, SP, 04/2000)
321. Tenda de Umbanda Mestre Quebra Pedra e Zé Pelintra (Taubaté, SP, 05/02/2000)
322. Templo de Umbanda Oxum Mitalodê (João Pessoa, PB, 12/05/2000)
323. Oca do Caboclo Ubirajara (Guaratinguetá, SP, 26/09/2000)

Terreiros de Umbanda fundados entre 2001 e 2010
324. Templo à Caminho da Paz – Cantinho de Pai Cipriano (Rio de Janeiro, RJ, 20/01/2001)
325. Tenda de Umbanda Oriental Terra da Luz Divina (São Paulo, SP, 12/02/2001)
326. Templo e Escola de Umbanda Luz da Aruanda (São Paulo, SP, 03/2001)
327. Templo Espiritual Caboclo Pantera Negra (São Paulo, SP, 02/08/2001)
328. Tenda de Umbanda Pai Joaquim d´Angola e Exu Tiriri (Limeira, SP, 20/10/2001)
329. Tenda de Umbanda Caboclo Sete Lírios (em ou antes

de 2001)
330. Fraternidade de Umbanda Esotérica Confraria da Luz – Templo do Caboclo Sete Flechas (Mogi das Cruzes, SP, 30/10/2001)
331. Casa de Caridade Luz de Oxalá (São Paulo, SP, 01/2002)
332. Casa de Umbanda Pai Joaquim d'Angola (Santa Rosa, Niterói, RJ, 15/08/2002)
333. Templo de Umbanda Sagrada Sete Luzes Divinas (São Paulo, SP, 03/2003)
334. Cabana de Pai Pescador das Almas (Rio de Janeiro, RJ, 17/05/2003)
335. Templo de Umbanda Yemanjá Dodê (João Pessoa, PB, 29/07/2003)
336. Centro Cigana Maguidala (Salvador, BA, 2003)
337. Templo Caboclo Pena Branca (Guarulhos, SP, 22/01/2004)
338. Centro Espírita Luz Força e Caridade (Itaboraí, RJ, 23/04/2004)
339. Tenda de Umbanda Senhor Oxósse e Caboclo das Sete Encruzilhadas (Guarulhos, SP, 27/09/2004)
340. Centro Cultural e Social de Umbanda Carismática Luz de Oxalá Força de Oxum (São Paulo, SP, 12/10/2004)
341. Casa de Caridade Legião de Oxóssi e Ogum (São Paulo, SP, 28/11/2004)
342. Terreiro de Obaluaiê (Salvador, BA, 2004)
343. Tenda Espírita Santo Antônio (Ahú, Curitiba, PR, 20/01/2005)
344. Núcleo Umbandista e de Magia Caboclo Flecha Certeira e Pai Manuel de Arruda (São Paulo, SP, 04/02/2005)
345. Choupana do Caboclo Pery (Porto Alegre, RS, 13/05/2005)
346. Centro de Umbanda Caminhos de Aruanda (Rio de Janeiro, RJ, 22/05/2005)
347. Terreiro de Umbanda Luz, Amor e Paz – Cabana do Pai Tobias de Guiné (Bigorrilho, Curitiba, PR, 21/07/2005)
348. Casa Vitória de Nagô (São Paulo, SP, 20/10/2005)
349. Fraternidade Umbandista Luz de Aruanda (Barra Mansa, RJ, 15/11/2005)
350. Centro Espírita de Umbanda Reino de Nanã Buruquê (Porto Alegre, RS, 15/11/2005)
351. Centro de Umbanda Ogum Yara e Mãe Iansã (Viamão, RS, 25/11/2005)
352. Associação Beneficente Mata Virgem (Belford Roxo, RJ, 26/01/2006)

353. Templo Universalista Pena Branca (Campos dos Goytacazes, RJ, 09/02/2006)
354. Templo de Umbanda Vozes de Aruanda (Erechim, RS, 01/03/2006)
355. Templo e Escola Umbandista Mata Virgem (Salvador, BA, 02/09/2006)
356. Centro Espírita Ogum Iara Caminho da Luz (Pilares, Rio de Janeiro, RJ, 10/2006)
357. Templo Espiritualista de Luz e Fraternidade Tupyara (Ilha do Governador, Rio de Janeiro, RJ, 29/12/2006)
358. Seara Espiritualista Falangeiros de Aruanda (Rio de Janeiro, RJ, 14/04/2007)
359. Templo Estrela do Oriente (Barra da Tijuca, Rio de Janeiro, RJ, 22/04/2007)
360. Tenda de Umbanda Lírio de Aruanda (São Paulo, SP, 05/05/2007)
361. The Umbanda Temple (Londres, Reino Unido, 16/05/2007)
362. Centro Espiritualista Luz de Aruanda (Recife, PE, 16/08/2007)
363. Fraternidade Espiritualista Caboclo Ubirajara (Rio de Janeiro, RJ, 27/09/2007)
364. Terreiro de Umbanda Cruzeiro das Almas (Curitiba, PR, 27/09/2007)
365. Casa de Caridade Caminheiros de Jesus (Saquarema, RJ, 19/11/2007)
366. Centro Espírita Ogum Marinho (Rio de Janeiro, RJ, 2007)
367. Tenda de Umbanda Pai Jerônimo (Americana, SP, 2007)
368. Centro Espiritualista de Umbanda Guerreiros da Luz (Passo Fundo, RS, 08/08/2008)
369. Centro Espírita José de Aroeira (João Pessoa, PB, 20/11/2008)
370. Cabana de Pai José Seareiros de Ogum (Rio de Janeiro, RJ, 2008)
371. Templo Universalista e Espiritualista Solar (Belo Horizonte, MG, 2008)
372. Tenda de Umbanda Nossa Senhora das Graças (Brasília, DF, 10/01/2009)
373. Templo Inhansã Gigã (João Pessoa, PB, 28/12/2009)
374. Lar Umbandista Mensageiros da Esperança (Salvador, BA, 05/12/2010)
375. Casa da Vó Maria Rosa e Povo do Oriente (São Paulo, SP, 2010)

Terreiros de Umbanda fundados a partir de 2011

376. Terreiro de Umbanda Nosso Chão (São Paulo, SP, 11/07/2011)
377. Terreiro de Umbanda do Pai Tomás (Curitiba, PR, 03/12/2011)
378. Tenda de Caridade Caboclo Flecha Verde (Guaratinguetá, SP, 11/12/2011)
379. Terreiro de Umbanda Casa do Zé (Quatro Barras, PR, 06/08/2012)
380. Fraternidade Espiritualista Casa de São Pedro (Rio de Janeiro, RJ, 2012)

Homenagem à Leal de Souza
A história continua...

Várias vezes ao longo desta obra escrevemos sobre o vanguardeiro Leal de Souza. Após a publicação, pela **EDITORA DO CONHECIMENTO**, do meu livro *Antônio Eliezer Leal de Souza: o primeiro escritor da Umbanda* continuei as pesquisas sobre o querido poeta e jornalista. Durante um ano estudei e analisei diversos documentos, para elaborar o livro, e fui interagindo e fazendo parte da vida dele, passando a amá-lo como se fosse meu pai ou meu filho. Enquanto tiver fôlego, vou prosseguir no resgate de sua memória, que também é parte da memória da Umbanda e da literatura brasileira. Apesar de este material versar sobre uma fase da sua vida antes de sua caminhada espiritual no Espiritismo e na Umbanda penso que é justa esta homenagem há quem muito contribuiu para a divulgação da nossa religião.

Leal de Souza viveu em uma época atribulada da política brasileira e, como jornalista, envolveu-se em confrontos com muitos políticos e personalidades. Talvez por isso as suas memórias foram relegadas a um plano inferior na história dos escritores brasileiros. Isto dificulta a pesquisa sobre a sua profícua vida. O meu compromisso de continuar a pesquisar sobre ele levou-me a descoberta de novos dados que agora apresento.

Nos discursos de José Antônio Flores da Cunha (1909 – 1930), publicados pela Assembleia Legislativa do Rio Grande do Sul, encontramos algumas citações sobre Naurelino Pereira de Souza, pai de Leal de Souza.

Na página 133 encontramos uma série de artigos intitulada "Perfídias de um Bandido" publicados pelo Dr. José Antônio Flores da Cunha, no Correio do Povo, de Porto Alegre, em outubro de 1910, contestando declarações feitas pelo Coronel João Francisco Pereira de Souza, em uma entrevista concedida a jornalistas platinos, a propósito dos sucessos de 29 de setembro, ocorridos em Santana do Livramento. Na página 138 encontramos:

> Logo que aquartelou no Cati, lugarejo dantes tão afortunado e a que está agora ligada a mais negra e triste memória, foi fornecedor de seu regimento o Sr. Naurelino de Souza, pessoa humilde e de reconhecida probidade. Pois bem, ao pedir contas ao Coronel João Francisco, viu-se forçado a fugir e emigrar para a República Oriental do Uruguai, onde, até pouco, esteve residindo. O brilhante poeta rio-grandense Eliezer Leal de Souza, filho daquele cidadão, por esse motivo, de quando em quando, dirige da *Careta*, de que é secretário, boas sátiras ao famigerado Coronel.

Na obra ***Escritores do Rio Grande do Sul***, Ari Martins faz as seguintes citações:

> SOUZA, (Antonio Eliezer) Leal de – Santana do Livramento, RS, 24 set. 1880, Rio de Janeiro, RJ, 1 nov. 1948. Filiação: Naurelino Pereira de Souza e Emiliana Leal de Souza – Estudou no Colégio 15 de Novembro, Livramento; na Escola de Guerra, Porto Alegre, 1898; na de Rio Pardo, 1899 e na Faculdade de Direito do Rio de Janeiro, curso não concluído. Redigiu quando estudante militar, ***O Boêmio***, ***Rio Pardo***. Fez, como alferes, a ***Campanha de Canudos***, dando baixa a seguir. Jornalista, foi repórter de ***A Tribuna***, Rio de Janeiro, 1901; redator-secretário de ***A Noite*** e ***Diário de Notícias***, Rio de Janeiro; e diretor, ainda ali, de ***A Nota*** e ***Careta***. Em Porto Alegre, redigiu ***A Federação***. Poeta, crítico literário e conferencista. Usou os pseudônimos de Careta e Voltaire. Membro da ABI.[1]

Bibliografia: ***O Álbum de Alzira***, versos, Porto alegre, 1906; ***Bosque Sagrado***, versos, Rio de Janeiro, Editora Leite Ribeiro & Maurílio, 1917; ***A Mulher na Poesia Brasileira***, conferência,

1 Associação Brasileira de Imprensa.

Rio de Janeiro, 1918; ***A Romaria da Saudade***, conferência, Rio de Janeiro, Tipografia do Jornal do Comércio, 1919; ***Canções Revolucionárias***, versos, Rio de Janeiro, 1923 (duas edições no mesmo ano); ***No Mundo dos Espíritos***, doutrina, Rio de Janeiro, 1925; ***Getúlio Vargas***, biografia, Rio de Janeiro, Gráfica Olímpica, 1940; ***O Charuto***, comédia, estreada no Teatro Municipal, Rio de Janeiro. Inéditas: ***O Romance da Vida***, memórias; ***Catinga de Mulata***, romance; ***A Rosa Encarnada***, romance.

Destaco aqui a obra ***A Romaria da Saudade***, onde o poeta faz um apanhado de sua viagem ao Rio Grande do Sul, dezoito anos após sua partida para o Rio de Janeiro, e as conferências por ele realizadas nesse Estado. No segundo capítulo, ***Recordações da vida literária***, conferência proferida em Porto Alegre, na noite de 17 de janeiro de 1918, Leal de Souza falou sobre a vida militar. Transcrevo alguns trechos que considero importantes:

> Na Escola Militar, em 1898. Dezoito alunos, obtendo a necessária licença requerida ao ministro, fomos guerrear a Canudos.[2]
> Implicado na curta guerra dos ratos brancos[3] – sanguinoso conflito entre alunos e policias – fui, com sessenta companheiros, excluído da Escola, e, achando-me preso, travei prazeroso conhecimento com os poemas de Caldas Junior.
>
> Em São Gabriel, servíamos Armando Faria Correia, Ernes-

2 Movimento liderado por Antonio Conselheiro no final do século passado (1893-1897) nos sertões baianos. A fama do movimento se deve a muitas razões, entre elas o fato de haver mobilizado grande contingente militar para sua repressão, transformando um conflito local e regional na maior guerra civil ocorrida no Brasil naquele final de século. A história de Canudos começou em 1893, quando foi fundado o Arraial de Canudos numa antiga fazenda de gado às margens do Rio Vaza-Barris, nos sertões da Bahia. Sob a liderança do beato Antonio Conselheiro, a população do Arraial chegou a atingir 8.000 sertanejos, integrados sob a forma de congregação religiosa.

3 Em 1893 foi deflagrada uma guerra civil no Rio Grande do Sul. Os federalistas - adeptos do sistema parlamentarista - levantam-se contra Júlio de Castilhos, governador autoritário e centralizador, apoiado pelo Marechal Floriano. Como decorrência da guerra civil, foi fechada a então "Escola Militar de Porto Alegre", ressurgindo, pouco depois, sob a forma de uma Escola Preparatória e Tática. Mas já em 1898, esse estabelecimento seria transferido para Rio Pardo. Talvez como consequência de atos de indisciplina em que se envolveram os alunos: a 06/06/1898, no desenvolvimento de um conflito com os "ratos brancos" da Polícia Municipal, os alunos atacaram o Posto Policial da Azenha.

tino Catão Mazza e eu, quando, a propagar uma revista porto-alegrense, Marcello Gama por lá apareceu. Armando, ousado, publicava; Ernestino, discreto, murmurava, e eu, desconfiado, escondia versos. Os meus, clandestinamente perpetrados,[4] jaziam debaixo da cama, dentro de uma lata coberta por uma tábua encimada por uma pedra. Certa ocasião, estando nós no quartel e Marcello em nossa casa, a sua impertinente bisbilhotice esgaravatadora devassou o enlatado tesouro poético e ao abrir, no domingo, uma folha local, eu, tremendo de espanto e vergonha, deparei com todo o meu nome espetaculosamente espichado sob o escândalo de quatorze dos meus ocultos versículos, impressos em perfilado tipo garrafal. Assim, empurrado e surpreendido, penetrei o Parnaso.

Cansado de sofrer prisões por combater o governo de Borges de Medeiros,[5] desligou-se do quartel. Emocionado, fala da sua partida para o Rio de Janeiro:

... Ano de 1900... Um navio amarado no Guaíba... Novembro... Macias, ficando... viridentes,[6] fugindo... ondulosas, desaparecendo... as doces terras sul rio-grandenses... desaparecendo... desaparecendo e na fulva[7] apoteose vesperal de Dezembro, diante da afável Guanabara acolhedora, o deslumbrado canto de um bárbaro:

Cidade dos nostálgicos crepúsculos,
Floresça o Amor e frutifique o Ideal,
Sob a fronde[8] oscilante das palmeiras!

Em um sarau, fui apresentado, por Afonso de Aquino, a Olavo Bilac, e no momento, a então senhorita Ferreira Vianna, aludindo benevolamente as minhas rimas obscuras, acordou-lhe o desejo de conhecê-las. Recitei-as. A magnanimidade do mestre explodiu, surpreendendo a mim, e a todos. Por solicitação e intermédio de Guimarães Passos, mandei-lhe, destinada à sua coleção de autógrafos, uma das

4 Perpetrar, praticar, cometer (qualquer ação condenável).
5 Antônio Augusto Borges de Medeiros (Caçapava do Sul, 19 de novembro de 1863 – Porto Alegre, 25 de abril de 1961) foi um advogado e político brasileiro, tendo sido presidente do Estado do Rio Grande do Sul por 25 anos, durante o período conhecido como República Velha. Borges de Medeiros foi representante da primeira geração republicana.
6 Florescentes.
7 Ruiva, alourada.
8 Ramagem de árvores, ramo.

produções recitadas, e indescritível foi o meu espanto ao vê-la transcrita na Noticia, entre animadores gabos[9] vazados na harmônica prosa bilaqueana. Não é a vaidade, é a gratidão quem recorda essa fina carícia da luz gloriosa à quieta sombra afundada do vale.

No capítulo ***Saudades do Rio Pardo***, conferência proferida em Rio Pardo, na noite de 31 de janeiro de 1918, Leal de Souza mais uma vez fala sobre a vida militar:

> Por esse ano de 1899, cheguei à vossa cidade e, sob a farda de aluno da Escola Preparatória e de Tática, vivi entre vós acima da terra, dentro da nuvem azul e ouro do sonho puro...
>
> Éramos, na Escola, uns trezentos rapazes ligados por laços recíprocos de afetos à população civil, orçada em treze mil habitantes. Com as nossas pardas blusas de canhões azulados, passeando ao declínio das tardes, vagando na treva das noites, cobríamos a extensão das ruas e praças, extravasando-nos, solitários ou em grupos, pelos pontos adjacentes. Moços e crentes, esperando realizar ambições esplendidamente ingênuas, tínhamos na face o esplendor da alegria.
>
> O moroso estudo facultativo, a frequência regular às aulas, os estéreis exercícios irregulares, as engraçadas brincadeiras concebidas e executadas com endiabrado chiste irreverente, não bastavam á nossa extenuante energia irrequieta. Caiam, alguns, em prostradora neurastenia,[10] e buscavam, outros, aproveitando-os onde achávamos, motivos e meios vários de ação.
>
> Por isso, intervindo como demônios em coisas alheias ao nosso oficio, nos atiramos na agressiva confusão da política a nossa tumultuosa inexperiência militante.
>
> Na Escola, provocando a raivosa reação dos cadetes contrários à nossas ideias; nas praças, acendendo a cólera no peito dos cidadãos hostis aos nossos princípios, na própria casa do comandante, militares unidos a paisanos apregoávamos, rugindo discursos formidáveis, a excelsitude de nossos vermelhos credos. Eu, simples soldado sem direitos políticos, fui, em muitos atos solenes, o inflamado orador oficial do partido inimigo do meu comandante! Multiplicavam-se, agravados de dia para dia, os perigosos atritos causados

9 Louvores exagerados.
10 Neurose com enfraquecimento da força nervosa, perturbações mentais do tipo tristeza e apatia.

pelo crescente furor da politicalha, e, bondosos, acatados professores da consciência estelar de Olavo Barreto Vianna ou da superior tolerância de Francisco Sergio de Oliveira, compreendendo as circunstâncias do meio e os vivos ímpetos do sangue jovem, apaziguavam com seus apelos, e os seus conselhos, a irritação incontida dos chefes e o zombeteiro desdém dos comandados.

Talvez todo esse louco frenesi partidário fosse um resultado imprevisto, e só hoje observado, da nossa explosiva efervescência literária.

Discutindo a nossa prolixa[11] oratória, comentando as nossas estiradas[12] crônicas, aplaudindo os nossos fogosos cantos, a culta gente rio-pardense animava, magnânima, as nossas doidas audácias, e nós, entusiasmados por tantos generosos estímulos, tamanho barulho levantamos que fomos ouvidos em centros mais populosos, incitando-os, com o nosso exemplo, ao ativo trabalho intelectual.

Entrou-se de falar então, nas folhas porto-alegrenses e nas de todo o Estado, no movimento literário do Rio Pardo, dando-se lhe a importância de uma nova escola caracterizada por traços próprios. Dessa transitória agitação de letrados, restam somente três livros – os ***Primévos***, os ***Jaspes*** e o ***Álbum de Alzira***, além das infinitas poesias esparsas. Nestas como naqueles, persistem, documentadas em significativas semelhanças, as linhas comuns do nosso poetar: – ausência inocente de processos e dogmas artísticos, sacrílega incredulidade religiosa, e, titulando uma nobre aristocracia feminina, delirante febre amorosa.

Quando um homem sofre por certas mulheres, esse cruel sofrimento é uma rutila[13] glória. Foi meu primeiro livro o espelho da fascinação. A fascinadora ingênua era menina e moça... Arvorecia, e em seu florir mostrava:

Entreaberto o botão, entrefechada a rosa,
Um pouco de menina, um pouco de mulher.

Com o seu flexível garbo[14] ondulante dava a impressão de ser alta; longos, os seus fartos cabelos densos, por serem tão negros, pareciam brilhantes e molhados; na harmoniosa escuridão de seu claro olhar dilatado para o espanto do mun-

11 Excessivamente longa, palavrosa.
12 Esticadas.
13 Cintilante.
14 Elegância.

do, no impoluto[15] negror dos seus travessos olhos rasgados para as surpresas da vida, relembrava um sombrio incêndio de treva; ensanguentava-se no bipartido frueto cândido de sua boca a sonoridade luminosa do sorriso; era tímida, sendo altiva; com seu lento andar cadenciado imprimia sereno ritmo à luz, ao ar, à sombra, às ideias, aos sentimentos e fulgurava suntuosamente aureolada por um halo virginal de pureza absoluta...
Eu lhe falava com arrojo e unção:

Curvado e triste, humildemente eu venho
Depor aos vossos pés, em reverente
Culto, de sacra comoção tremente,
Das ilusões e pálido desenho.

Mandava-lhe através das noites, ou no úmido frescor das madrugadas róseas, beijos – da carne rubra versos palpitantes, e versos – beijos da lira; contemplava-lhe o donairoso[16] vulto emoldurado pelo fulgor sidéreo das manhãs no quadro sul de sua janela; proclamava-a entre todas as belas a mais bela; seguia-lhe os passos nas salas por onde a laureada aristocrata passeava:

A mística inocência da serrana
Ostentando nas formas de sultana
O salero[17] gentil de uma espanhola

Fascinados,

Os meus olhos em taças se transformam
Para beber os mórbidos falernos[18]
De teus olhos tristíssimos e ternos.

Quando ela, gloriosa, passa – heróica de beleza – revestida de pompas verdejantes, refulge a natureza, e o mar, ao vê-la, beija-lhe os pés, em convulsões desfeito, de perolas e algas.
À sua passagem, o poeta canta e o selvagem chora.
Surpreende-a minha imaginação no mistério subtil[19] da alcova,[20] e a soberana Condessa, corada de pudor, os seus pomposos adornos.

15 Imaculado.
16 Gracioso.
17 Requebro.
18 Vinho bom.
19 Penetrante.
20 Pequena câmara interior para dormir.

Ao rutilar da lâmpada de prata,
As madeixas nigérrimas desata.

Esconde-se no cálice purpúreo de uma flor a leveza de uma borboleta e,

Depois... Silencio... Trevas no aposento.
E as estrelas no azul do firmamento,
Alvas, brilhando cristalinamente.

Isolado no repouso noturno das coisas, enquanto a formosa adormece

Na tepidez do leito rendilhado,
Eu procuro no espaço constelado
O santelmo[21] argentino[22] da Esperança.

Árduos deveres determinaram inevitável mudança de palco à minha contingente situação de secundário ator mais ou menos invisível no drama universal da existência. Forçado a deixar a terra encantada dos meus amores, o meu alarmado coração lateja nos éstos[23] de uma dor precondita, e pulsando entre frias nevoas comparáveis às neblinas da noite de seis meses, clama:

Eu parto. Irei passar a rude vida
Na solitária e plácida guarida
Que tem por teto o teto da amplidão;
Desprezarei essas cidades vastas,
Irei viver nas serranias castas
E tu habitarás meu coração.

Só na mágoa do ultimo verso reside a verdade... Continuando, o meu romântico desespero bradava:

O mar...

Ao baloiçar do litoral a areia,
Há de levar-me, em turbilhões de espuma,
As linhas de teu corpo, uma por uma,

21 Fosforescência que em certas latitudes e principalmente em tempo de trovoada se nota no alto dos mastros dos navios.
22 Prateado.
23 Calor; ardor; efervescência, entusiasmo; fervor; ímpeto.

E os aromas silvestres desta aldeia...
Anunciava, estremecendo

Com as notas dispersas da cantiga
Nas duras rochas que a floresta abriga
A voz do echo, ao fenecer, consome,
Assim se apagarão nessa memória,
De nosso amor a çelebrada historia
E as simbólicas letras do meu nome.

Teimoso, brandindo o plectro,[24] jurava, ou prometia: - voltarei

A este flóreo berço de poesia
Para cantar-te a formosura rara.

Voltei, como vedes, e, obediente aos compromissos da juventude, cumpro, perante vós, as promessas da mocidade! Há cerca de dezoito anos, num fim de baile, nesta cidade, o meu peito jovem recitava:

Tenho uma chaga d'alma em cada poro,
Derramo o pranto, quando o riso imploro
E peço a vida desejando a morte.

Assim, glorificando uma rosa de carne petalada em gelo, dava-lhe um suspiroso adeus!

... até um dia, adeus!

Esse dia, que nunca chegará, chegou, e embora só eu a veja,

Ela passa por mim resplandecente
Como o riso de amor da inspiração,

mas, das minhas ilusões antigas, apenas, restam, por esferas dolorosas,

Uma série de rimas lacrimosas,
Um punhado de lágrimas rimadas!

Saudade! Saudade! Porque, sendo tão doce, és tão amarga!

---

24 Poesia.

Apresento a seguir, alguns memoráveis poemas do livro *Bosque Sagrado*:

Balada de Alzira

Por minha fé, por meu ideal,
Em selva bruta e em saxeo monte,
Eu pelejara firme e leal.
Do lar senti saudade insonte,[25]
E, sem que os próprios feitos conte,
Voltei da guerra do sertão,
Trazendo sob a ereta fronte,
Ferido o forte coração.

Perto do berço do meu natal,
Da mesma terra no horizonte,
Eu vi surgir teu vulto real,
E derrubei a estreita ponte
Do antigo afeto, pois defronte
Da tua nobre perfeição,
Pulsou, do amor bebendo à fonte,
Ferido o forte coração.

Num cemitério de arraial,
Antes que o doce luar desponte,
Quebrando o assalto de um rival,
Provei que ousado brutamonte
Que a minha altiva dama afronte,
Derrama o sangue de vilão,
Embora eu mostre, a quem m'o aponte,
Ferido o forte coração.

Oferenda:

Formosa, ainda hoje, em meu remonte,
Pensando em ti, sem ilusão,
Sinto, debaixo do perponte,[26]
Ferido o forte coração!

Eu a sagrei Condessa..."Se um povo, sagrando-a rainha, lhe desse um trono, premiara a excelsa beleza virtuosa, pois nunca, em face tão bela, resplandeceu virtude mais pura..."

25 Inocente.
26 Espécie de casaco curto que se veste sem colete.

A renuncia

... a sombra do Esclarecido era uma irradiação que
se confundia com o luar e fulgia na sombra...

Rolando em fluida névoa, a fosforear, flutua
No monótono Céu, na planície uniforme,
Ao langue[27] odor da flora a láctea luz da Lua,
E entre os jardins, na paz da noite, o paço[28] dorme.

Ora incerto e apressado, ora seguro e lento
O andar, braços ao peito, olhos em fogo, e abstrato,
Só, na escura nudez do seu largo aposento,
Sonha e pensa, indo e vindo, o príncipe Sidartho.[29]

De sacrossanto rei é o sacro herdeiro; a sorte
A voz de seu capricho é diligente ancila;[30]
Ama, sabe-se amado; é moço, é belo, é forte,
E luzindo na treva o seu traje cintila.

Mas, de pronto estacando, em tom que silva, agudo,
A doença alquebra a força e à juventude brada,
O tempo abate; a morte a todos vence, e a tudo;
A vida é transitória e nada somos, nada!

Ilhas de farto luxo e opulento conforto
Onde amável aroma ondeia em fumea espira,
Orlados de frescor de amplos jardins, absorto,
Os esplendores reais dos seus palácios mira.

Segue para um salão de altos muros erguidos
De iriada[31] pedraria em rebrilhos acesa,
E entre ricos metais e custosos tecidos,
Com tranquilo desdém renuncia a riqueza.

Na augusta sala régia o seu passo ressoa.
Dos prestígios de casta ali desvenda o ariano,
E, ante o Cetro glorioso e a sublime Coroa,
Renuncia o direito ao poder soberano.

Da alcova conjugal transpondo a entrada, fita

27 Sensual.
28 Palácio.
29 Sidarta Gautama.
30 Serva.
31 Colorida.

– Esparsa a coma, arfante o seio, a fronte pura –
Yashodara[32] a dormir voluptuosa e bonita,
E do amor renuncia a perfeita ventura.

Recua e foge... A paz da noite encanta e assombra...
Do paço, que abandona, à porta as vestes muda...
Vai... Redonda, à feição de uma aureola, na sombra
Dos caminhos, ao luar, treme a sombra de Buda.

Escrava

Bela grega em país de bárbaros, por dolo[33]
Dos Deuses reduzida à condição de serva
De zeloso senhor que a retinha e conserva,
Conheci, resignada às leis de estranho solo.

Seu olhar, ao pausado ondeio do seu colo,
Reflete a placidez interior de Minerva,
E é puro como o orvalho estrelando a verde erva
Ao rolante clarão da quadriga[34] de Apolo.

Amo-a. Ao rebelde Amor impondo a disciplina
Da arte, em pedra copio esse rosto, exaltado
Ante a forma que indica uma estirpe divina.

E à sombra, ao borbulhar das águas, festonado[35]
De hera,[36] mirto[37] e loureiro, o seu busto domina
O recanto pagão deste Bosque Sagrado.

A um busto da Republica
(A bordo do Contratorpedeiro "Rio Grande do Norte" durante uma prisão política)

No teu olhar sem luz há sugestões de nave,
Tua fronte do sonho a aureola ideal conserva,
E o teu calmo perfil tranquilamente grave,
Tem a serenidade austera de Minerva.[38]

32 Esposa de Sidarta.
33 Fraude.
34 Carro puxado por quatro cavalos.
35 Ornado por grinaldas.
36 Planta trepadeira.
37 Planta arbustiva com muitos ramos, de folha persistente.
38 Equivalente romana da deusa grega Atena, deusa da sabedoria, Minerva era

Frígio,[39] no teu cabelo, o gorro dos libertos
Ostentando, ao clamor das turbas que abençoas,
– Sob amplo azul dos céus em novos céus abertos,
Ofuscas o esplendor augusto das coroas.

A virtude escrevendo em gloriosas divisas,
De Temis[40] a balança o gládio[41] atas de Marte,[42]
E o terrível poder do povo simbolizas
Na cabeça de leão que tens no talabarte.[43]

O mal castigas sempre, e os bons jamais abates,
E para destronar injustiças e vícios,
Exiges, ao rumor e ao fogo dos combates,
Como as deusas de outrora, humanos sacrifícios.

Quando rompendo as leis, doida, a força desvaira,
E sob os teus pendões a guerra o sangue espalha,
– Com afagos de sol, o teu encanto paira
Sobre os que vão morrer nos campos de batalha...

Na prisão
(No Quartel da Harmonia, durante uma prisão por motivos políticos)[44]

É estreita e escura esta prisão,
Mas é amplo o espaço estreito,
Quando respira o peito,
E a voar na tua própria vastidão,
As asas brandes, alma,
E em nossa fronte, a calma
Deixa pousar teu lábio irreal, – meditação.

Por ter insciente[45] malfeitor
Os erros condenado,
Vejo-me encarcerado,

filha de Júpiter.
39 Barrete vermelho, adotado durante a Revolução Francesa como símbolo da Liberdade, e semelhante ao que usavam os Frígios. A Frígia foi um reino da antiguidade situado na parte central oeste da Anatólia (atual Turquia).
40 Deusa grega guardiã dos juramentos dos homens e da lei.
41 Espada curta, de dois gumes, utilizada pelas legiões romanas.
42 Deus romano da guerra.
43 Cinturão de couro.
44 Leal de Souza foi preso diversas vezes, quando servia o Exército, por combater o governo do Presidente do Estado do Rio Grande do Sul, Borges de Medeiros.
45 Ignorante.

Mas não me turva o espírito o rancor;
Tendo a consciência justa,
Nada me assusta
E o meu pensar emana em veio azul de amor.

Num calabouço de quartel,
Meu ser estudo, e vivo,
Com um santo cativo,
Das ferozes paixões surdo ao tropel;
Neste lar da arrogância,
Evoco a tolerância,
E, vendo as coisas do alto, eu as vejo sem fel.

Passa, em monótono ir e vir,
O guarda, à minha porta,
E o sonho me transporta
Às regiões onde o mal não tem vizir;[46]
Mudo o cárcere em templo,
E, extasiado de almos[47] céus as manhãs do porvir.

Cavaleiro andante

De cavaleiro andante a espada fina,
Manejo com bravura sem ardor;
É-me preciso, em calma, na oficina,
A lira reencordoar de trovador.

Paro num cimo verde de colina,
De árvores que plantei respiro o odor,
E uma vasta tristeza me domina,
Envolve-me um silencio esmagador.

O peito em sangue, os olhos não enxutos,
Fatigado, vencido o coração,
Atinjo o termo de ilusões e lutos.

E ao fim da minha longa iniciação,
Reconheço a amargura dos teus frutos,
Bosque Sagrado da meditação!

46 Era um ministro e conselheiro de um sultão ou rei da antiga Pérsia e, posteriormente, de um país islâmico. O termo significa "ajudante".
47 Benéficos.

A obra *A mulher na poesia brasileira* é um conjunto de três conferências:

- *O ideal feminino das poetas*, realizada no salão nobre do *Jornal do Commercio do Rio de Janeiro*, em 4 de outubro de 1913.
- *Poetisas brasileiras*, realizada no salão nobre do *Jornal do Commercio do Rio de Janeiro*, em 20 de agosto de 1914.
- *Musa contemporânea*, realizada sob os auspícios da Sociedade Brasileira de Homens de Letras, no salão nobre do *Jornal do Commercio do Rio de Janeiro*, em 4 de setembro de 1915.

A primeira edição foi publicada em 1918 pela Livraria Editora Leite Ribeiro & Maurillo, situada na Rua Santo Antonio, 3, na cidade do Rio de Janeiro.

Quando escreveu este livro, o Espiritismo já fazia parte da vida de Leal de Souza. Na conferência Poetisas brasileira, fez uma importante citação à Auta de Souza. Antes, de transcrevermos as suas palavras sobre ela, vejamos um pouco da sua biografia.

Filha de Eloy Castriciano de Souza e Henriqueta Leopoldina de Souza nasceu em Macaíba (RN), em 12 de setembro de 1876. Antes dos 12 anos, ingressou no Colégio São Vicente de Paulo, no bairro da Estância, onde recebeu primorosa educação por parte das religiosas francesas. Aprendeu Literatura, Inglês, Música, Desenho e Francês. Aos 14 anos, ainda no Colégio São Vicente de Paulo, em 1890, manifestaram-se os primeiros sintomas da tuberculose, obrigando-a a abandonar os estudos.

Em 1900 publicou seu único livro de poemas sob o título de *Horto*, prefaciado por Olavo Bilac, que obteve significativa repercussão da crítica nacional. Antes de serem reunidos em *O Horto*, alguns de seus poemas foram publicados em jornais como *A Gazetinha*, de Recife, *O Paiz*, do Rio de Janeiro, e *A República*, *A Tribuna*, o *Oito de Setembro*, de Natal, e nas revistas *Oásis* e *Revista do Rio Grande do Norte*. Faleceu em 7 de fevereiro de 1901 em Natal. Foi através de Chico Xavier, que ela, pela primeira vez revelou sua identidade, transmitindo suas poesias enfeixadas em 1932, na primeira edição da obra *Parnaso de Além Túmulo*, lançado pela Federação Espírita Brasileira.

Leal de Souza escreveu:

> Educado na doçura monacal,[48] sob o estro[49] de ideais contrários aos modernos, o estro seráfico[50] de AUTA DE SOUZA desconhecia os eficazes requintes da técnica, mas traduziu com espontânea singeleza comovedora a esplendorosa santidade de uma cândida alma açucenalmente embebida nas volúpias cristãs da beatitude.
>
> O sangue não tinge de dor as lágrimas vertidas no seu Horto. No isolamento desse jardim em que o sol amortece ungido pelo incenso evolado[51] das fulcras rosas místicas e o cetineo luar, atenuando as trevas, esboça fugidias ermidas sidéreas, um som imaterial de harpas ilusórias, acariciando os sentidos, envolve-os em uma flutuante tristeza sem amargura.
>
> O piedoso carinho da poetisa decanta a graça irrequieta das crianças e deplora a morte das aves, ajoelha a sua constante saudade no bendito solo fechado sobre o sono funéreo de seus pais; aviva, na lembrança dos que ficaram, a memória dos queridos entes que se foram; e pousando o olhar magoado e enfermo na saúde risonha e na alegria vivaz das amigas felizes, entoa versos...
>
> Santamente, AUTA sob morrer como vivera e, ao pé do túmulo,[52] cerrando os olhos para a luz do mundo, abriu sobre ele, à feição de um palio, as asas de sua benção:
>
> Eis o descanso eterno, o doce abrigo
> Das almas tristes, e despedaçadas
> Eis o repouso enfim; e o sono amigo
> Já vem cerrar-me as pálpebras cansadas.
>
> Amarguras da terra! eu me desligo
> Para sempre de vós... Almas amadas
> Que soluçais por mim, eu vos bendigo,
> Ó almas de minh'alma abençoadas.

Ao longo do livro *Antônio Eliezer Leal de Souza: o primei-*

48 Relativo a monge ou a monja.
49 Inspiração poética.
50 Místico.
51 Exalado.
52 Em 1951, foi feita uma lápide, tendo como epitáfio versos extraídos de seu poema Ao Pé do Túmulo.

ro escritor da Umbanda, publicado pela **EDITORA DO CONHECIMENTO**, citei diversos escritores que escreveram sobre poeta e que relato a seguir:

- Jorge Rizzini
- Fernando Góes
- Klaus Becker
- Fernando Jorge
- Luis da Câmara Cascudo
- Chico Xavier
- Emilio de Menezes
- Humberto de Campos
- Oscar Quevedo
- Mário Matos
- Alcides Maya
- Brito Broca
- Roger Bastide
- João de Freitas
- Raimundo Menezes
- Marlene Medaglia Almeida
- Carlos Drummond de Andrade
- D. L. de Macedo
- W. W. da Matta e Silva
- Horácio Cartier
- Fernando Py
- Gustavo Barroso
- Antonio Dimas
- Maria de Lourdes Eleutério
- Carvalho Netto
- Afrânio Coutinho
- João Fontoura
- João Pinto da Silva
- Anísio Rocha

Outros escritores podem também ser citados, como Gonzaga Duque em um artigo no *Diário do Comércio*, em 1909, ao se referir aos poetas emergentes do Rio de Janeiro:

> Leal de Souza, original e intransigente, trazendo sob o manto régio de prosador da lira doiro do Verso Puro...

Manuel Bandeira, na obra ***Itinerário de Pasárgada***, ao comentar sobre a publicação do seu primeiro livro,[53] escreve:

> Não fiz grande distribuição do folheto, senão entre parentes e amigos. E um dos motivos foi que, tendo mandado um exemplar a Bilac, não recebi nenhuma resposta. Como na ocasião tivesse conhecido em Petrópolis a Flecha Ribeiro e Leal de Souza, ofereci-lhes o volume. Foram eles muito amáveis comigo. O primeiro dedicou-me todo um rodapé na ***Notícia***, onde colaborava semanalmente; e o segundo meia página da ***Careta***.

Agrippino Grieco, no livro ***Viagem em Torno a Machado de Assis***, ao comentar os pseudônimos utilizados por diversos autores, escreve: ***Da máscara de Voltaire utilizava-se na Careta o gaúcho Leal de Souza.***

Lima Barreto, no livro ***Um longo sonho do futuro***, em uma carta dirigida a Antonio Noronha dos Santos (15/05/1909), escreve:

> O Paulo encontrou-me na rua e falou-me cheio de blandícias.[54] Que f.. da p.! Logo ao chegar, foi ao J. Barreto,[55] a modos de quem se desculpa. Sabes bem que não o tratei nem melhor nem pior. Aqui já se resmunga. O Elói,[56] essa sardinha literária, veio me falar, e por aí penso que a Garnier já tem noticias. O Paulo[57] veio sabendo do assunto mais [em] evidência no livro, e que não é o principal – o jornal, e isso apavorou-o um tanto, segundo me disse João. O Leal,[58] troçado aí por um jornaleco, engalfinhou-se com o diretor do mesmo, um tal Vasconcelos. Está de um ridículo sem nome, passeando com um enorme bengalão e atitudes de mata-mouros.[59]

---

53 A Cinza das Horas.
54 Carícias.
55 João Pereira Barreto.
56 Elói Pontes.
57 João do Rio.
58 Leal de Souza.
59 Valentão.

O processo revolucionário brasileiro de 1930 teve alguns antecedentes. Júlio Prestes foi eleito deputado estadual em 1909, federal em 1924 e presidente[60] do Estado de São Paulo em 1927.

Nesta época, estava em vigor no país a chamada política do café-com-leite, onde paulistas e mineiros se alternavam na Presidência da República. No governo de Washington Luiz (1926-1930), porém, a alternância entre os Estados foi quebrada pelo presidente que, ao invés de indicar um mineiro, apoiou Júlio Prestes de Albuquerque.

O PRM [61] aliou-se ao PRR [62] para fazer oposição ao governo de Washington Luiz, criando a Aliança Liberal, que tinha como candidato Getúlio Vargas. O candidato do governo era Júlio Prestes pelo PRP, [63] que foi eleito supostamente por fraude, já que a maior parte dos votos era da Aliança Liberal.

O assassinato de João Pessoa, que era vice de Getúlio Vargas, deflagrou o movimento denominado Revolução de 30, que por meio de um golpe militar gestado na Capital Federal, depôs Washington Luiz. Instalou-se no poder uma junta militar que, no dia 3 de novembro de 1930, entregou o poder a Getúlio Vargas, líder das forças revolucionárias. Nessa época Leal de Souza era secretário do jornal *A Noite*, de propriedade de Geraldo Rocha.

No livro *Viriato Corrêa*, G. Hercules Pinto relata a posição do biografado como parlamentar e jornalista frente ao processo revolucionário:

> Washington Luiz representava a lei, o poder constituído e estava no dever de defendê-los. E procurou manter esse poder e defender a Constituição bravamente até o fim. Mas, sua resistência não durou três semanas. Parecia que em todo Brasil a revolução era o pensamento dominante.
>
> O presidente reuniu o que dispunha para manter intactas as instituições. Mas, tudo já estava minado pela ideia de que qualquer coisa de novo deveria ser feito.
>
> Acuado, o "braço forte" apelou para Viriato, que era deputado federal governista. Amigo do Presidente foi chamado a

60 Cargo equivalente ao atual de governador.
61 Partido Republicano de Minas Gerais.
62 Partido Republicano Rio-grandense.
63 Partido Republicano Paulista.

Palácio. E teve a incumbência de falar pelo Rádio no sentido de alertar o povo contra aquilo que, para o governo, era loucura, esclarecer, mostrar a todos que Washington estava senhor da situação e, portanto, era maluquice aquele movimento.

E todas as noites, Viriato, pela Rádio Sociedade, a única existente no Rio, graças à operosidade brilhante de Roquette Pinto,[64] profligava[65] o movimento rebelde, apoiado em centenas de telegramas que o Presidente lhe fornecera, vindos do pais inteiro, onde se dizia que a calma reinava em toda parte.

Porém a revolução ganhava corpo dia após dia. Quando a revolução eclodiu no Sul do país, Geraldo Rocha era assediado por muita gente que queria sua adesão ao movimento, considerado justo por uma considerável parte da população. No entanto, o proprietário do jornal *A Noite*, mantinha-se "no muro", procurando uma neutralidade. Parecia esperar, de forma ardilosa, que as coisas acontecessem para aderir aos que tivessem mais chances de se tornarem vitoriosos.

G. Hercules Pinto continua sua explanação:

Trabalhávamos no Suplemento Ilustrado de *A Noite*, revista fundada por Viriato e Armando Gonzaga e muitas coisas estranhas assistimos.

Um dos que vinham sempre saber o que Geraldo tencionava fazer com referência ao movimento que empolgava o Brasil era Belmiro Valverde, médico ilustre. Belmiro insistia para Geraldo tomar uma posição e este parecia repetir as palavras do manifesto que o presidente Washington Luiz divulgou em 10 de outubro, onde dizia, logo de inicio:

Tal movimento não se justifica. Não o inspiram ideais ou princípios. Que querem os seus promotores? Não o dizem, não o anunciam. Emudecem sob o peso do crime cometido. Quem são eles? Escondem-se no anônimato. Só se sabe que querem derramar o sangue brasileiro"...

A indecisão de Geraldo Rocha intrigava a todos. Por que não se resolver logo a favor de Washington Luiz ou dos revolucionários? Eventualmente atacava um ato do presidente, porém sem entusiasmo, só para despistar.

---

64 Em 1923, Roquete Pinto e Henrique Morize fundam a primeira emissora brasileira: Rádio Sociedade do Rio de Janeiro.

65 Procurava diminuir.

G. Hercules Pinto continua:

> E todas as noites, Viriato estava na Rádio Sociedade com sua inteira boa-fé e sua lealdade corajosa. Viriato, munido dos telegramas que Washington lhe fornecia diariamente e, fiado nas informações que lhe dava o Ministro da Guerra, falava, falava. Quem diria a verdade? Viriato? Os revolucionários?
>
> As coisas seguiam tumultuariamente quando, uma tarde, fui procurado pelo secretário do jornal, que nos disse se achar profundamente aborrecido.
>
> –"O que é que há"? Perguntamos.
>
> Essa era a frase que mais se ouvia. Era o grito que Oswaldo Aranha dera pelo rádio, como sinal da revolução que se iniciava.
>
> E Eliezer Leal de Souza explicou que Geraldo não estava gostando do uso que Viriato fazia do nome de ***A Noite*** em suas pregações pelo rádio. Queria que ele o avisasse disso. Mas, não se via com coragem para tal missão por ser amigo do deputado e porque achava o aviso meio estranho. Afinal, ele era realmente redator do jornal e Geraldo proclamava-se amigo do Presidente. Por que não o dizer?
>
> Espantamo-nos com essa atitude correta de Leal, porque sabíamos que fazia tudo que o chefe queria. Mas, continuamos calados à espera do desfecho da história. Terminou pedindo para que fossemos o portador do recado que ele recusava transmitir. Não aceitamos a incumbência por julgar aquilo uma covardia e porque, estando do lado de lá, como se dizia, esse aviso levado por nós, poderia parecer a Viriato uma impertinência ou uma intrujice de nossa parte.
>
> E o deputado continuou a atacar violentamente os chefes revolucionários.
>
> E a revolução já era uma avalanche.
>
> Dias depois novo aviso, agora mais peremptório.[66] Geraldo, que ninguém via, proibia seu velho amigo de usar o nome de ***A Noite***. Novo convite de Leal para que fossemos o portador da ordem e nova recusa nossa.
>
> Em pouco tempo o Presidente Washington Luiz foi deposto e preso. A Noite, que até o fim, não soube se devia atacar ou defender o Presidente, não descobrindo, portanto, o rumo certo a tomar devido à indecisão de Geraldo Rocha, foi queimada e depredada. Os jornais ***O Paiz***, ***A Noticia*** e o ***Jornal do Brasil*** foram incendiados. A Noite fechou suas portas,

66 Decisivo.

porém o Exército e a Marinha, empenhados em consolidar a vitória da revolução, procuravam continuar na execução plena do esquema militar organizado. A propriedade particular ficou, a mercê de uma turba sedenta de saque e destruição. A massa ignara ensandecida incendiou e destruiu as oficinas do jornal. Aos depredadores associaram-se os salteadores profissionais que roubaram uma grande parte do material da redação e impressão.

Continua a explanação de G. Hercules Pinto:

Como não era possível funcionar em meio dos escombros – aonde, por um triz, íamos perdendo a vida presos no elevador privativo da redação – o jornal foi instalado provisoriamente e às escondidas num sobrado do centro da cidade. Esse diário que até 23 de outubro tinha como redator-chefe Eliezer Leal de Souza e gerente Ismael Maia, a quatro de novembro apresentava como diretor o poeta Augusto de Lima, membro da Academia Brasileira de Letras.
Na primeira página desse primeiro número post-revolução, o poeta se apresentou ao público dizendo de suas intenções, afirmando que as colunas do jornal estavam abertas a todos etc. Isso, no canto, ao alto. No restante da página, com o titulo "As atitudes da *A NOITE*" – Leal de Souza explicou, entre outras coisas, "O procedimento dos seus redatores em face do estado de sítio e da revolução" e a conduta política do Dr. Geraldo Rocha.
Procurou explicar tudo, mas a coisa saiu muito canhestramente, como se o jornalista tivesse medo de ser apanhado em flagrante ao longo daquela história mal contada.
Quanto à Viriato, Leal, como que fazendo uma censura, como insinuando que *A NOITE* não estaria naquela situação desastrosa se não fosse a atitude do deputado, escreveu:

"O caso do Sr. Viriato Corrêa:

A NOITE sempre respeitou a opinião dos seus redatores, mas considerando que o Sr. Viriato Corrêa, deputado pelo Maranhão, assumia, nos seus discursos pelo Rádio, uma atitude que contrastava violentamente com a orientação da folha, foi forçada a dispensar a sua colaboração, substituindo-o na seção MICROLANDIA pelo Sr. Armando Gonzaga. Observando, porém, que o povo não notava a substituição, e não querendo magoar o Sr. Viriato Corrêa com uma declaração que as circunstâncias atuais justificam, suprimiu aquela seção.

Outro dos nossos redatores falou no Rádio em favor do governo, mas, antes de fazê-lo, deixou espontaneamente o posto que ocupava em nossa redação."

Mais adiante, Geraldo Rocha convidou Viriato Corrêa para dirigir a revista ***Mundo Ilustrado***, porém este recusou e nunca mais se viram. Em setembro de 1931, Leal de Souza deixou ***A Noite*** e transferiu-se para o jornal ***Diário de Notícias***.

Paul Frischner na obra Presidente Vargas, descreve alguns momentos que antecederam o processo revolucionário e cita nas páginas 245 e 246:

Um pequeno grupo de homens acompanhara Getúlio até a tribuna: eram os propagandistas de suas ideias. No dia 2 de janeiro de 1930, os cem mil homens e mulheres que aclamaram Getúlio Vargas, transformaram-se em tantos outros propagandistas do programa da "Aliança Liberal", em propugnadores de um Brasil grande e unido, que não fosse mais, conforme a expressão do historiador Leal de Souza, "a democracia do estado de sítio, a democracia das leis sem execução, dos códigos interpretados pela chicana, da formalística mentirosa, disfarçando o abuso sob aparências legais".

Apresentamos algumas considerações de Walter Spalding na sua obra ***A Invasão Paraguaia do Brasil***. Na parte final, onde cita diversos documentos importantes, sendo um deles um despacho do Ministro da Guerra dirigido a Ângelo Moniz da Silva Ferras, Barão de Porto Alegre:

Porto Alegre – Gabinete do Ministro da Guerra em 26 de julho de 1865.

Ilm. E Exm. Sr. – Nas circunstâncias atuais, quando guardas nacionais solteiros e casados, empregados de diferentes categorias, indivíduos por diversos títulos isentos do serviço militar, correm pressurosos[67] de todos os ângulos do Império para vindicar, com as armas na mão, a dignidade nacional ...

Conheço a briosa população da Província do Rio Grande do Sul; sei, por experiência, que em dedicação e patriotismo a ninguém cede a dianteira. Quando não bastassem glorio-

67 Apressados, impacientes.

sas condições para vigorar este juízo, ai estava mais uma brilhante prova no comportamento da população da campanha, que em massa abandona domicilio, família, cômodos e fortunas para acudir ao grito da Pátria.[68]
Grande foi o número de voluntários que se apresentaram, e entre eles pessoas notáveis e de destaque na sociedade. Entre estes figura, e vale a pena evoca-lo aqui, - para o que damos a palavra ao insigne poeta e jornalista Leal de Souza, - o valente "cabo Vargas", - hoje General Manuel Nascimento Vargas, pai do Excelentíssimo Presidente da República - :

Era um mocito baixo, de peito largo, olhos calmos em rosto moreno. Chamava-se Manuel do Nascimento Vargas e nascera em Passo Fundo. Era criador, e ia alistar-se como voluntário, em frente ao inimigo, que inundava, com seus batalhões, as margens argentinas do Rio Uruguai, ameaçando São Borja, onde, nesse dia, 1o de fevereiro de 1865, apressava-se a organização do 28o Corpo de Cavalaria da Guarda Nacional. O moço de Cima da Serra foi incluído, com o n. 45, da Primeira Companhia, e à tarde recebia as divisas de cabo...

Depois de algum tempo trabalhando no jornal ***Diário de Notícias***, Leal transferiu-se para o periódico ***A Nota***, de propriedade de Geraldo Rocha. As suas ligações com o Presidente ficam patentes em Getúlio Vargas: Diário. No dia 9 de dezembro de 1938, Vargas escreveu:

> Despacho com a Viação, regresso ao Guanabara, despacho do expediente.
>
> Jantaram conosco o interventor de São Paulo e esposa. Após a retirada deste, recebi o jornalista Leal de Souza, que me procurava com muita ansiedade. Narrou-me seu rompimento com Geraldo Rocha e as causas deste rompimento, pela orientação dada por Geraldo ao A Nota, no sentido de uma ditadura militar. Que desde agosto Geraldo vinha trabalhando o ministro da Guerra nesse sentido, estando também comprometido o coronel Costa Neto, comandante da 1a Região.
> Depois de ouvi-lo chamei o chefe de Polícia. Este me chamou a atenção para os artigos de *A Nota* desse dia, de exal-

68 Nesta nota de rodapé, Walter Spalding cita na íntegra o capítulo O Campeador do livro ***Getúlio Vargas***, de Leal de Souza.

tação das forças armadas e do General Dutra, a propósito do segundo aniversário de sua administração como ministro da Guerra, que o censor tentara modificar alguns tópicos e não conseguira, porque Geraldo levava as provas ao general Benício e ao ministro da Guerra, e a censura tivera de ceder. Disse-me ainda que um dos maiores responsáveis por esse estado de coisas era o general Benício, recentemente nomeado para secretário-geral do Ministério da Guerra.

E a história continua...

Referências bibliográficas e sitográficas

AUTA DE SOUZA. Disponível em: bc<http://www.espirito.org.br/portal/biografias/auta-de-souza.html> Acesso em 11/07/2009.

BANDEIRA, Manuel. *Itinerário para Pasárgada*. 5 ed. Rio de Janeiro: Nova Fronteira, 1984.

BARRETO, Lima. *Um longo sonho do futuro: diários, cartas, entrevistas e confissões dispersas.* Rio de Janeiro: Graphia, 1993.

DUQUE, Gonzaga. *Até que um dia!* In: HOUAISS, Antonio e NEGREIROS, Carmem Lucia. *O triste fim de Policarpo Quaresma*: edição crítica. Universidad da Costa Rica, 1997.

FRISCHAUER, Paul. *Presidente Vargas*. São Paulo: Companhia Editora Nacional, 1943.

GRIECO, Agrippino. *Viagem em Torno a Machado de Assis*. São Paulo: Martins, 1969.

MARTINS, Ari. *Escritores do Rio Grande do* Sul. Porto Alegre: Universidade do Rio Grande do Sul, 1978.

PEIXOTO, Celina Vargas do Amaral (apresentação). *Getúlio Vargas: Diário*, volume II (1937-1942). São Paulo: Siciliano/FGV, 1995.

PINTO, G. Hércules. *Viriato Corrêa:A modo de biografia*. Rio de Janeiro: Alba, 1966.

SOUZA, Leal. *A Romaria da Saudade*. Rio de Janeiro: Jornal do Commércio, 1919.

_______. *A mulher na poesia brasileira*. Rio de Janeiro: Leite Ribeiro & Maurillo, 1918.

_______. *Bosque Sagrado*. Rio de Janeiro: Leite Ribeiro & Maurillo, 1917.

SPALDING, Walter. *A Invasão Paraguaia no Brasil*. Coleção Brasiliana. Vol. 185. São Paulo: Companhia Editora Nacional, 1940.

TRINDADE, Diamantino Fernandes. *Antônio Eliezer Leal de Souza*: *o primeiro escritor da Umbanda*. Limeira: EDITORA DO CONHECIMENTO, 2009.

Coaching Astral

Diamantino Fernandes Trindade

Como se dizia antigamente no Brasil, em relação aos norte-americanos: "Somos macaquinhos de imitação".

A moda atual é "Coaching". Tudo é Coaching.

Então, a partir de agora não sou mais Pai Espiritual, Pai de Santé etc.

Agora sou "Coaching de Santé". Rssss.

José Roberto Marques, Master Coaching Trainer, explica que Coaching significa tirar um indivíduo de seu estado atual e levá-lo ao estado desejado de forma rápida e satisfatória.[1]

Agora entendo porque estão "formando" pais de santo, sacerdotes, "magos", ou seja, lá o que for, de forma tão rápida. É o "Coaching Astral". Como se fosse possível formar sacerdotes. Como se o sacerdote já não trouxesse a marca do sacerdócio impressa no seu campo astral. Como se já não trouxesse, ao encarnar, suas ordens e direitos do plano espiritual.

Não sou contra esses "cursinhos" a toque de caixa, pois sempre trazem algumas informações e subsídios para os que vão exercer, de fato e de direito, Agora pensar que esses cursos vão formar sacerdotes etc., é muito para minha cabeça.

Fico à vontade para falar, pois ministrei alguns desses cursos (dois anos de duração). Só que sempre deixei claro que aquele curso não formava sacerdotes, tampouco Babalawos. Na Umbanda não existem Babalawos, que fique claro. Se alguém assim se intitula, dentro das tradições da Umbanda, é um problema de cada um.

---

1 http://www.ibccoaching.com.br/portal/coaching/o-que-e-coaching

A propósito, no idioma Yorubá", Babá" significa Pai e não Mãe. Certo Babás?

Alguns poderiam dizer: mas você é um Babalawo! Sim. Sou. (Babalawo Ifasoya Ifadaisi Agbole Obemo), de fato e direito, mas não dentro da Tradição de Umbanda. Sou Babalawo na Tradição yorubá de Orunmilá-Ifá, pois Ifá me mostrou o meu caminho nessa tradição e fui iniciado e consagrado por, ninguém mais, ninguém menos, que Otumba Adekunlé Aderonmu (Babá Jimy).

Ah! Zélio de Moraes! Ah! Matta e Silva! Ah! Benjamim Figueiredo!

Como seria bom se vocês estivessem encarnados, empunhando a espada da Lei e o chicote de Jesus que vergastou o lombo dos vendilhões do templo. Os vendilhões da Umbanda precisam sentir o corte das vossas lâminas e o vergastar do chicote.

Ao mesmo tempo me sinto egoísta querendo que vocês estivessem encarnados, pois tenho certeza que a vossa tarefa nessa dimensão em que se encontram é muito mias importante do que cuidar, de forma encarnada, das mazelas, do exibicionismo e do comércio sem vergonha da maioria dos dirigentes umbandistas.

Humildemente peço a benção a vocês três. Os três maiores médiuns e pilares que implantaram a Umbanda, religião milenar, no solo sagrado da Terra do Cruzeiro do Sul.

Do outro lado da vida

Diamantino Fernandes Trindade
Publicado no ***Facebook*** em
15 de novembro de 2016, às 20:45 h

É trabalhando para a caridade que se faz congá.

Exu Sete da Lira

Daqui a pouco, às 21 horas, a Umbanda entra no ano 109.

O Espiritismo elitista prevalecia nas sessões do Rio de Janeiro no final do século XIX e início do século XX. Além disso, os trabalhos de baixa magia e exploração dos incautos estavam em alta.

O Astral Superior decidiu intervir nesse processo doentio. Formaram-se desse modo as falanges de Caboclos e Pretos Velhos. De inicio, aproximaram-se das sessões espíritas. Identificando-se sob essa forma, eram tidos como espíritos atrasados e suas mensagens não mereciam nem mesmo uma análise. Acercaram-se também dos candomblés e dos cultos, então denominados baixo espiritismo, macumba. É provável que nestas, como nos batuques do Rio Grande do Sul, tenham encontrado acolhida, mas para serem envolvidos nos trabalhos de magia negativa, como elementos novos no velho sistema de feitiçaria.

Em 15 de novembro de 1908, às 21 horas, o Caboclo das Sete Encruzilhadas anunciou a Umbanda como a religião da humildade e da caridade, sem adereços inúteis. No dia seguinte Pai Antonio mostrou sua humildade dizendo que a única coisa material que tinha saudade era sua "cachimba".

Na década de 1950 W.W. da Matta e Silva junto com Pai Guiné vieram trazer conhecimentos ainda desconhecidos pelos umbandistas. Zélio de Moraes e Matta e Silva não tiveram Pai de Santo. Foram eles que firmaram os pilares da Umbanda. Os dois usavam apenas uma guia.

Por que será que hoje usamos tantas guias?

O outro lado da vida está mais perto do que imaginamos. Pode ser daqui a cinco minutos, uma semana, um mês, alguns anos....

De que vale o monte de guias no pescoço, a vaidade, a inveja, a politicagem, o ego inflado e o orgulho do outro lado da vida?

Do outro lado da vida teremos juízes implacáveis: nós mesmos. Quanta caridade, feita humildemente, vamos levar para o outro lado da vida? A única atenuante para as nossas mazelas terrenas.

Que Deus tenha piedade de nós e os Orixás, Guias e Protetores nos iluminem para podermos chegar do outro lado melhores do que chegamos à terra.

Saravа!

A luz é eterna para quem tem fé!

Lilia Ribeiro

Sacerdotes de religiões de matriz africana recebem homenagem na assembleia

Diário Oficial - Poder Legislativo (SP), 18 de agosto de 2016

Evento reuniu personalidades
que combatem a intolerância religiosa

Realizou-se no dia 11 de agosto na Assembleia Legislativa, reunião de sacerdotes e seguidores de religiões de matriz africana, iniciativa da deputada Clélia Gomes (PHS), a audiência serviu também para homenagear pessoas ilustres que se notabilizaram pelo combate à intolerância religiosa.

A homenagem teve parceria do SOS Racismo, Portal do Candomblé e Fórum das Comunidades de Terreiro e de Tradições de Matriz Afro-Brasileira do Estado de São Paulo (Foesp). A mesa foi composta pelo senador Paim (PT-RS), o professor Édio Silva Junior e o secretário municipal de Igualdade Racial, Maurício Pestana.

Combate à discriminação

Primeiro a falar, o senador Paulo Paim destacou sua atuação na construção de uma política de igualdade e de combate à discriminação de uma maneira geral. "No Congresso, eu tenho orgulho de dizer, não tem uma lei que tratou dos grandes temas que envolvessem a comunidade negra que eu não tenha participado!" Paim ainda defendeu o aumento do número de senadores, deputados, vereadores, prefeitos e governadores negros.

Também fizeram uso da palavra os demais componentes da mesa para expressar seu repúdio à intolerância religiosa. Em particular, o professor Édio Silva Junior comemorou vitória em uma ação movida contra a Rede Record, por intolerância religiosa, que obriga a emissora a apresentar programas, com uma hora de duração, gravados no seu próprio estúdio, durante 16 dias, para que a "macumba" possa usar seu direito de defesa. Essa ação não é nossa. É do Pai Aguirre, da Mãe Luizinha, do Calá, é do povo brasileiro contra o ódio, contra o racismo, contra o preconceito.

Depois que esses programas forem ao ar, eles vão pensar bem antes de falar mal da nossa religião.

Édio pediu especial atenção dos presentes aos projetos que estão sendo discutidos no Congresso, e apontou como perigoso o "princípio da insignificância", que está sendo incluído no projeto de código penal, porque "se um juiz entender que um determinado crime não tem significância, o autor não será punido. Portanto é uma porta que se abre para determinados crimes".

Édio citou também o projeto Escola sem Partido, "que pretende subordinar a educação escolar a certos valores religiosos familiares. Educação escolar não se confunde com educação familiar. Criticou ainda o projeto que pretende legalizar a intolerância religiosa, uma vez que a equiparará a função de sacerdote à de professor, para poderem opinar à vontade sem serem punidos por crime de racismo".

Respeito

Última a se pronunciar, Clélia Gomes falou da dificuldade que encontra na Assembleia para exercer seu compromisso com a sua religião e com seu povo. "Tem uma bancada (evangélica) que me esmaga e não pensa duas vezes em passar por cima de mim. E dizem: "Olha, deputada, a senhora não vai conseguir". Mas eu sou de Oyá, como o vento. Pensam que eu estou aqui, já estou lá, resolvendo".

E alertou os presentes: "tudo que nós queremos conquistar acontece através de nossa participação na política nas assembleias e nas câmaras". E finalizou exaltando a representatividade que o voto dá um mandato: "Eu não quero ser tolerada. Eu quero ser respeitada".

Figura 66: Detalhe geral do evento. Foto: Vera Massaro e Alexandre Bruno

Palavras Finais

No dia de hoje a Umbanda comera 108 anos de fundação. Pouco mais de um século e muita história para contar. Costumo cumprir as tarefas determinadas pelo Astral Superior. A tarefa de resgate da memória da nossa religião começou há 25 anos com a publicação do livro ***Umbanda e sua história*** e culmina aqui com o quinto volume desta obra. Tudo ganhou corpo quando aceitei o convite da **EDITORA DO CONHECIMENTO** para publicar estas obras. ***A Construção histórica da literatura umbandista*** e ***Antonio Eliezer Leal de Souza: o primeiro escritor da Umbanda*** foram os primeiros livros da série, seguidos pelos cinco volumes de ***História da Umbanda no Brasil.***

Aguardo agora, neste lado ou no outro lado da vida, que alguém retome o meu encargo e faça a análise crítica histórica e social destas obras. Enquanto estiver encarnado estou predisposto a novas tarefas se assim o Plano Espiritual desejar.

Deixo registrados meus sinceros agradecimentos a **EDITORA DO CONHECIMENTO** e a todos os irmãos e irmãs que deram suas preciosas colaborações para a elaboração destes verdadeiros documentos históricos.

Encerramos com a imagem do sinal agostiniano utilizado pelo Caboclo das Sete Encruzilhadas. Como se diz na Igreja Católica: "Corações ao alto". A elevação dos sentimentos.

São Paulo, 15 de novembro de 2016

EU SOU O QUE SOU!
Diamantino Fernandes Trindade!
Hanamatan Ramayane!
“O Pena Inquieta”!

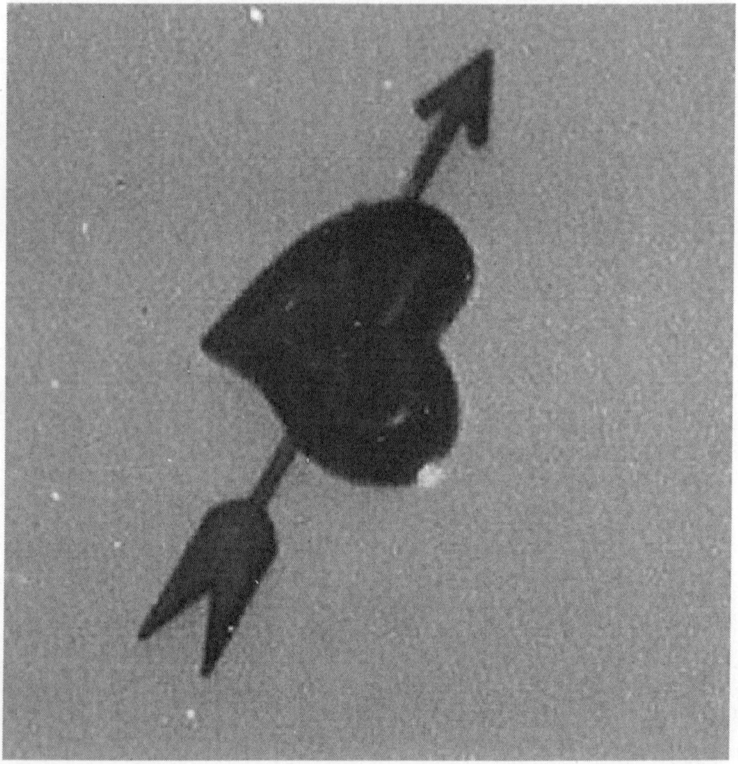

Figura 67: Símbolo do Caboclo das Sete Encruzilhadas presente no alto do congá da Tenda Espírita Nossa Senhora da Piedade

Figura 68: Seu Sete da Lira no Carnaval de 1972. Acervo de Adão Lamenza

Figura 69: Bloco Carnavalesco do Seu Sete da Lira (1972). Acervo de Adão Lamenza

Figura 70: Mãe Simplicia, dirigente da Casa de Òsùmàrè, serve comida típica ao Presidente da República, Getúlio Vargas, na inauguração do Grande Hotel Caldas do Cipó, no sertão da Bahia (1952). Fonte: https://inarravel.wordpress.com/2012/04/03/mediunidade

Figura 71: Mãe Simplicia, dirigente da Casa de Òsùmàrè, serve comida típica ao Vice-Presidente da República, Café Filho, na inauguração do Grande Hotel Caldas do Cipó, no sertão da Bahia (1952). Fonte: *https://inarravel.wordpress.com/2012/04/03/mediunidade*

Figura: 72: Pombagira Audara Maria incorporada em Mãe Cacilda de Assis. Acervo de Adão Lamenza

Figura 73: Zélio de Moraes e corrente mediúnica na Tenda Espírita Nossa Senhora da Piedade. Fonte: http://ahistoriadaumbanda.blogspot.com.br

Figura 74: Sandra Santos, Presidente da Associação Umbandista e Espiritualista do Estado de São Paulo, entrega menção honrosa a Diamantino Fernandes Trindade na Assembleia Legislativa do Estado de São Paulo (maio de 2016)

Figura 75: Aos 101 anos de idade, a mais velha yalorixá da Bahia, Dona Maria Alta conhecida por Maria de Xangô, está triste e sozinha. Ela é zeladora do terreiro Obajé Caujé Olorum, da nação Ketu, e suas filhas de santo sumiram. O terreiro está tão abandonado que não pode festejar Oxum, Nossa Senhora da Conceição, no dia que coincide com seu aniversário. Fonte: Revista *Fatos e Fotos & Gente*, 07/01/1980, n. 959

OFERTA DO DEFUMADOR

INDIANO

Prece de Caritas

Deus, nosso Pai, que sois todo Poder e Bondade, dai fôrça aquêles que passam pela provação, dai a luz aquêle que procura a verdade, ponde no coração do homem a compaixão e a caridade.

Deus! Dai ao viajor a estrêla guia, ao aflito a consolação, ao doente o repouso.

Pai! Dai ao culpado o arrependimento, ao Espírito a verdade, à criança o guia, ao orfão o pai.

Senhor! Que a vossa bondade se extenda sôbre tudo que creastes.

Piedade, Senhor, para aquêles que vos não conhecem, esperança para aquêles que sofrem.

Que a vossa bondade permita aos Espíritos consoladores derramarem por tôda parte a paz, a esperança e a fé.

Deus! um raio, uma faisca de vosso amor pode abrasar a Terra; deixai-nos beber nas fontes dessa bondade fecunda e infinita, e tôdas as lágrimas secarão, tôdas as dôres se calmarão.

Um só coração, um só pensamento subirá até Vós como um grito de reconhecimento e de amor.

Como Moisés sôbre a montanha, nós vos esperamos com os braços abertos. Ó! Bondade! Ó! Beleza! Ó! Perfeição! Queremos de alguma sorte merecer a vossa misericórdia.

Deus! Dai-nos a fôrça de ajudar o progresso a fim de subirmos até Vós. Dai-nos a caridade pura, a fé e a razão. Dai-nos a simplicidade que fará das nossas almas o espelho onde se refletirá a Vossa Imagem.

OFERTA GRATUITA

O DEFUMADOR INDIANO É UM PRODUTO DA FÁBRICA DE JOSÉ STEFANINI

Rua Estácio de Sá, 71 — Rio

Figura 76: Dentro das caixinhas do famoso Defumador Indiano eram encontrados brindes como este (1954).

Figura 77: Capa da Revista *Horóscopo Espírita* (1992)

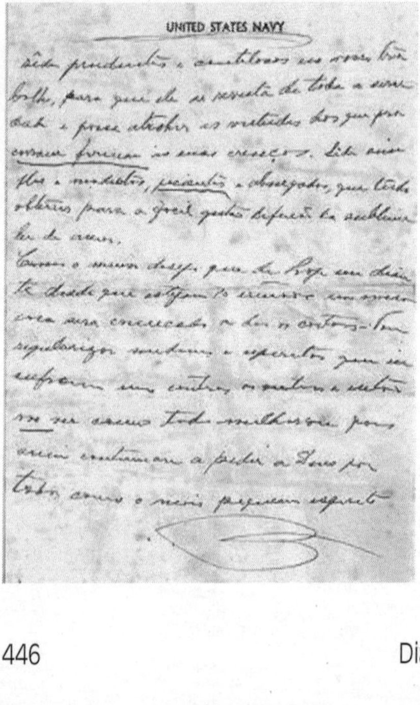

UNITED STATES NAVY

Figura 78: Trecho de psicografia recebida por Zélio de Moraes, ditada pelo "Chefe" (Caboclo das Sete Encruzilhadas)

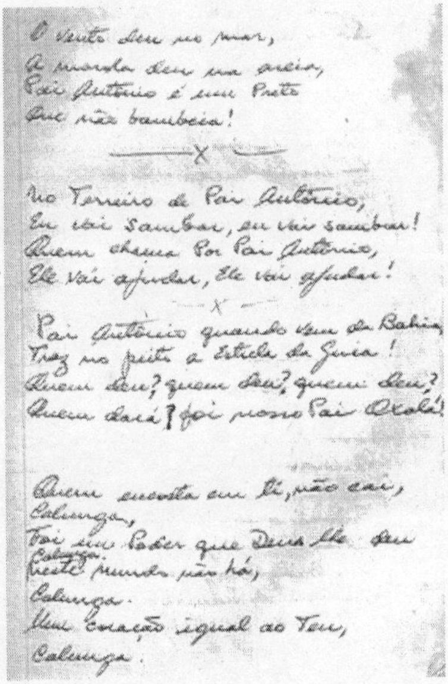

O vento deu no mar,
A marola deu na areia,
Pai Antonio é um Preto
Que não bambeia!
— X —
No Terreiro de Pai Antonio,
Eu vai sambar, eu vai sambar!
Quem chama Por Pai Antonio,
Ele vai ajudar, Ele vai ajudar!
— X —
Pai Antonio quando vem da Bahia
Traz no peito a Estrela da Guia!
Quem deu? quem deu? quem deu?
Quem dará? foi nosso Pai Oxalá!

Quem encosta em ti, não cai,
Calunga,
Foi um Poder que Deus lhe deu
Calunga
Neste mundo não há,
Calunga.
Um coração igual ao Teu,
Calunga.

Figura 79: Página do caderno de pontos da Tenda Nossa Senhora da Piedade (década de 1960)

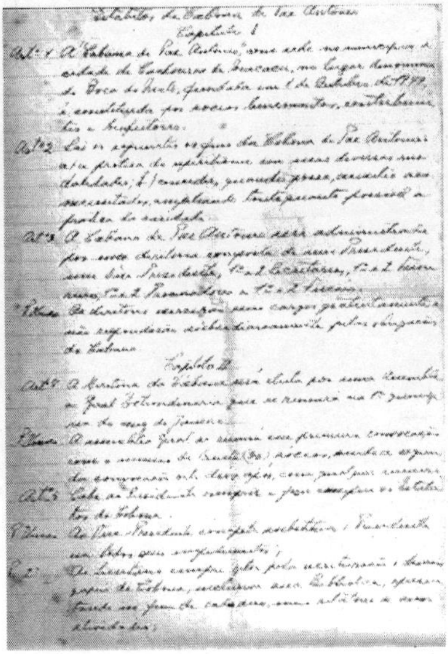

Estatutos da Cabana de Pai Antonio
Capítulo I

Figura 80: Manuscrito da primeira página do Estatuto da Cabana de Pai Antonio. Década de 1950

Figura 81: Mãe de Santo em seu trono. Fonte: O Globo, 1961

Figura 82: Ogan e seu atabaque. Fonte: Revista *O Cruzeiro*, 1961

Figura 83: Mãe de Santo em frente ao seu congá. Fonte: Revista *O Cruzeiro*, 1961

Figura 84: Jovem Babalaô e seus filhos de santo em oração. Fonte: O Globo, 1961

Figura 85: Manifestação dos Oguns. Fonte: *O Globo*, 1961

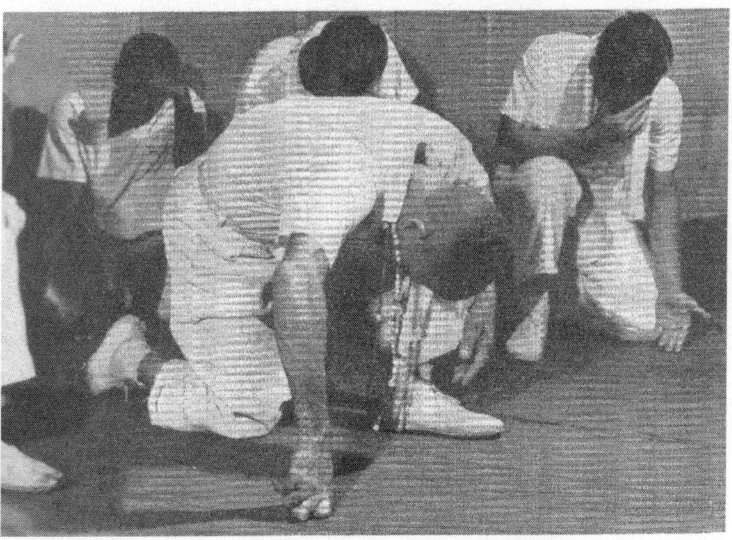

Figura 86: Médiuns em oração. Fonte: Revista *O Cruzeiro*, 1961

Figura 87: Batismo de criança. Fonte: Revista *O Cruzeiro*, 1961

Figura 88: Oferenda para Yemanjá. Fonte: Revista *O Cruzeiro*, 1961

Figura 89: Médiuns saudando Yemanjá. Fonte: Revista *O Cruzeiro*, 1961

Figura 90: Culto individual de um umbandista. Fonte: Revista *O Cruzeiro*, 1961

Figura 91: Festa de 35º aniversário da Tenda Espírita Mirim no Ginásio Gilberto Cardoso. Fonte: *O Semanário*, 24/10/1965

Figura 92: Mestre Itaoman. Discípulo de W. W. da Matta e Silva e autor da obra "Pemba – A Grafia Sagrada dos Orixás"

Figura 93: Tambores

Figura 94: Pai Pedro Miranda (Tenda São Jorge)

Figura 95: O Guardião. Acervo do autor

Figura 96: Demétrio Domingues

Figura 97: Capa do convite de formatura de sacerdotes dos Barcos 11 e 12 da Federação Umbandista do Grande ABC.

PROGRAMA

Data: 14 de Agôsto de 1982

19:30 — Colação de grau e festividades

LOCAL: TEATRO PAULO MACHADO DE CARVALHO

ALAMEDA CONDE DE PORTO ALEGRE, 860
CIDADE DA CRIANÇA
SÃO CAETANO DO SUL

Figura 98: Programa da solenidade. Orador – Diamantino Fernandes Trindade. Juramentistas – Renato B. Rossini e Irene Delgado

Figura 99: Médium dançando. Fonte: Revista ***Planeta***, n. 4, 1972.

Figura 100: Propaganda do defumador "Quebra Azar". Jornal *Notícias Populares,* 16/6/1986.

Figura 101: O artista Benê faz uma pajelança no Viaduto do Chá, em São Paulo. Jornal *Notícias Populares,* 16 de junho de 1986

Figura 102: Antigo sacerdote de Xangô Oyó (Nigéria) – 1930. Fonte: *https://br.pinterest.com*.

Figura 103: Capa do CD Deixa a Gira Girar. As gravações pioneiras da música de terreiro. Ayom Records – Produção de William de Ayrá, 2000

Figura 104: Visita dos congressistas do Primeiro Congresso do Espiritismo da Umbanda (1941) às obras da construção da sede própria da Tenda Espírita Mirim, à Rua Ceará, 57 (atual Avenida Marechal Rondon no bairro de São Francisco Xavier). Fonte: http://fraternidadeumbandistaluzdearuanda.blogspot.com.br

Figura 105: Coquetel durante a visita dos congressistas do Primeiro Congresso do Espiritismo da Umbanda (1941) às obras da construção da sede própria da Tenda Espírita Mirim, à Rua Ceará, 57 (atual Avenida Marechal Rondon no Bairro de São Francisco Xavier). Fonte: http://fraternidadeumbandistaluzdearuanda.blogspot.com.br

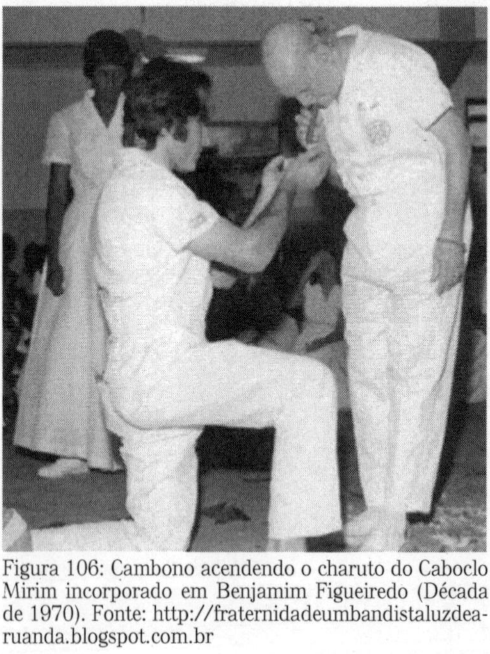

Figura 106: Cambono acendendo o charuto do Caboclo Mirim incorporado em Benjamim Figueiredo (Década de 1970). Fonte: http://fraternidadeumbandistaluzdearuanda.blogspot.com.br

Figura 107: Caboclo Mirim atendendo uma criança (Década de 1970). Fonte: *http://fraternidadeumbandistaluzdearuanda.blogspot.com.br*

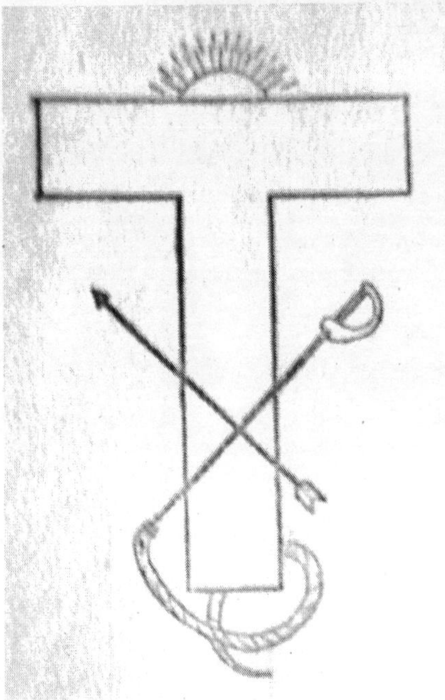

Figura 108: Antigo símbolo umbandista e que significa:
É com fé, luz e força de vontade que o homem se purifica, dominando a serpente, e o seu espírito alcança luz. Fonte: ***Umbanda e Ocultismo*** – Oliveira Magno, 1952

Figura 109: Mãe Ziulia com suas gêmeas recém-nascidas diante do congá de seu Templo de Umbanda Ogum de Ronda e Rosa Cigana. Fonte: ***Entre a cruz e a encruzilhada*** – Lísias Nogueira Negrão – Edusp, 1998

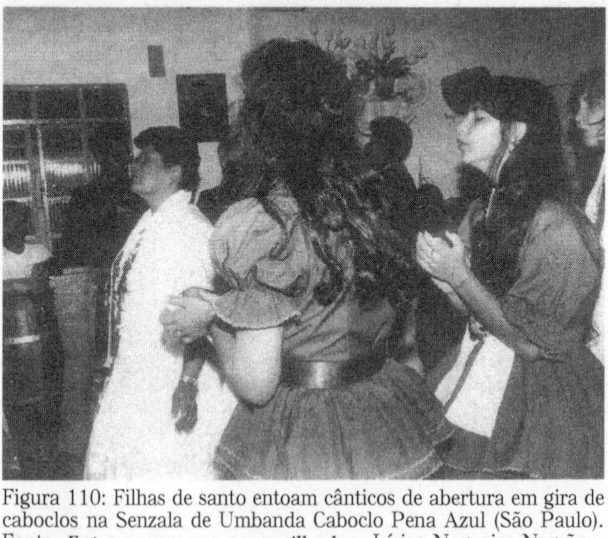

Figura 110: Filhas de santo entoam cânticos de abertura em gira de caboclos na Senzala de Umbanda Caboclo Pena Azul (São Paulo). Fonte: ***Entre a cruz e a encruzilhada*** – Lísias Nogueira Negrão – Edusp, 1998.

Figura 111: Baiana à caráter dança em gira no Templo de Umbanda Ilé Babá Ogum Axé Marinheiro dos Sete Mares (São Paulo). Fonte: ***Entre a cruz e a encruzilhada*** – Lísias Nogueira Negrão – Edusp, 1998

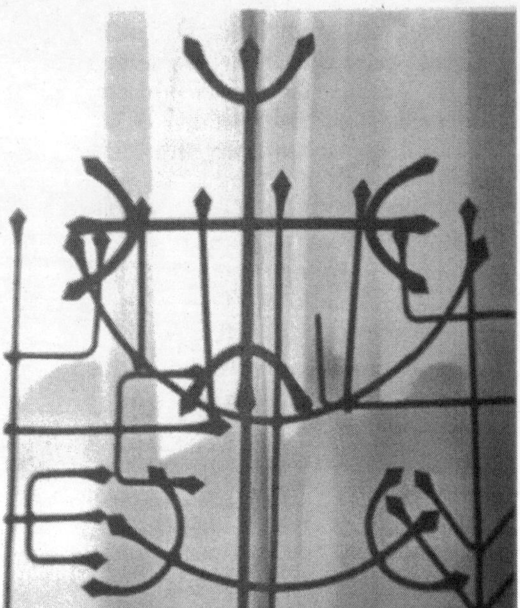

Figura 112: Ferramentas de Exu. Fonte: Revista ***Planeta***, número 1, 1972.

Figura 113: Mãe Cacilda de Assis. Acervo de Adão Lamenza

Figura 114: Tocadoras de tambor (década de 1940). https://raiz-culturablog.wordpress.com

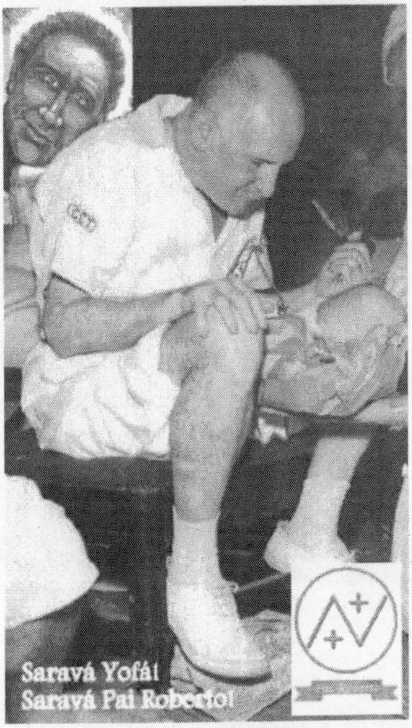

Figura 115: Benjamim Figueiredo incorporado com Pai Roberto. Fonte: *http:// fraternidadeumbandistaluzdearuanda.blogspot.com.br*

Figura 116: ATUPO

Figura 117: Pai Benguela

Figura 118: Caboclo Mirim incorporado no médium Benjamim Figueiredo. Fonte: *http://fraternidadeumbandistaluzdearuanda.blogspot.com.br*

Figura 119: Outra imagem de Caboclo Mirim incorporado no médium Benjamim Figueiredo. Fonte: *http://fraternidadeumbandistaluzdearuanda.blogspot.com.br*

Figura 120: Gira da Tenda Mirim. Fonte: *http://fraternidadeumbandistaluzdearuanda.blogspot.com.br*

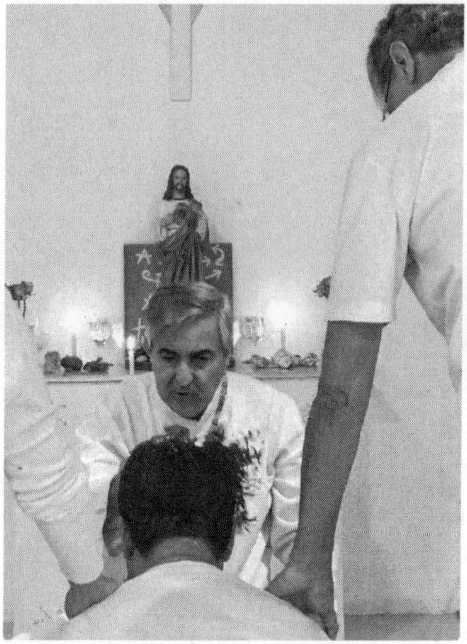

Figura 121: Diamantino Fernandes Trindade batizando um médium na Cabana de Pai Benguela

Figura 122: Congá atual da Tenda Espírita Nossa Senhora da Piedade. Fonte: ***https://www.facebook.com/Tendaespiritanspiedade***

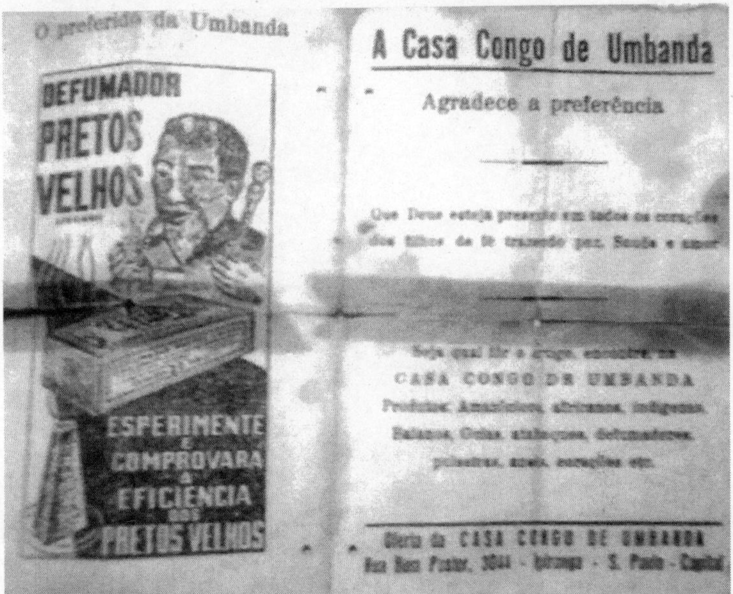

Figura 123: Propaganda religiosa da década de 1970

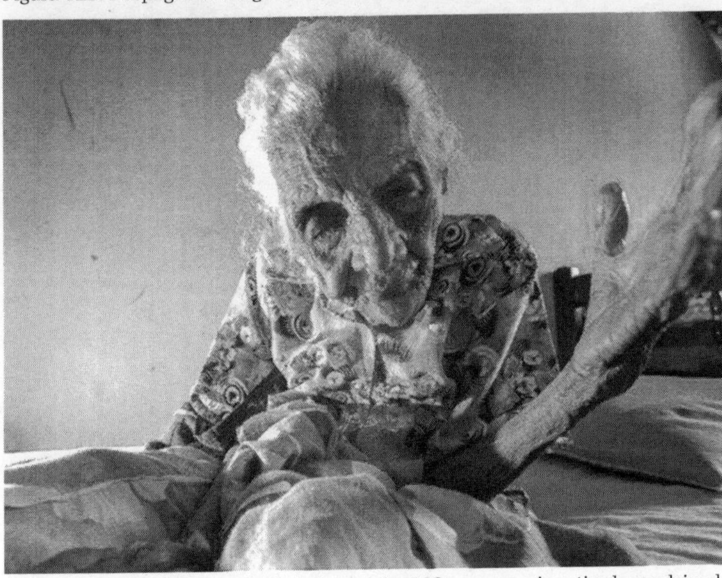

Figura 124: Mestra Anézia Maria da Conceição, 112 anos, a mais antiga benzedeira de Alagoas e Patrimônio Vivo do Estado, falecida em 29/10/2014, no município de Santa Luzia do Norte, área metropolitana de Maceió. Fonte: Tiago Sampaio/Agência Alagoas *http://alagoasboreal.com.br*

Figura 125: Pintura retratando o Exu Cruzeiro. Arte de Thaís Santos.

Figura 126: Mãe Menininha (em destaque) com suas filhas de santo em frente ao Terreiro de Gantois. Foto: Anacostia Museum, Smithsonian Institution, Washington, USA. Registro de Lorenzo Turner em 1940

CÂMARA MUNICIPAL DE
SÃO PAULO
COMISSÃO DA VERDADE DO MUNICÍPIO DE SÃO PAULO

REUNIÃO ORDINÁRIA

14/05/13 – 11:00 - terça-feira
Sala A "Sérgio Vieira de Mello" - 1º subsolo

PAUTA

1. Aprovação de novos requerimentos e outras deliberações;

2. Tomada de depoimentos do Professor Diamantino Fernandes Trindade, da Federação Umbandista do Grande ABC; Ortiz Belo de Souza, Presidente do MPU – Movimento Político Umbandista; e Antonio Basílio Filho, Diretor Jurídico do Superior Órgão de Umbanda do Estado de São Paulo;

3. Exposição de Paulo Baccarín, Procurador da Camara Municipal de São Paulo, sobre o grupo de trabalho criado em dezembro de 2012 para dar continuidade a ações da Comissão da Verdade Vladimir Herzog.

Palácio Anchieta Viaduto Jacareí, 100 São Paulo - SP CEP 01319-900 fone (11) 3396-4205
verdade-secretaria@camara.sp.gov.br

Figura 128: Firmeza do Exu Cruzeiro no Templo do Caboclo Sete Lanças (1997).

Figura 127: Pauta da Reunião Ordinária da Câmara Municipal de São Paulo em 14/05/2013.

Figura 129: Sentado, no meio, Geraldo do Bongô, ogan de Orlandino Cobra Coral. A esquerda dele Bira Lopes, bisneto de Orlandino.

Figura 130: Alvinho da Pedra Preta, também conhecido como Alvinho da Pedra Preta, discípulo de Joãozinho da Goméia. A direita Doralice, segunda esposa de Orlandino Cobra Coral.

Figura 131: Preta Velha pitando o cachimbo

Figura 132: Festa de Iemanjá – 1919. Praia do Rio Vermelho – Salvador. *Fonte: https://br.pinterest.com*

Sobre o autor

- Professor do curso de pós-graduação em História e Cultura Afro--Brasileira do Centro Universitário Salesiano (UNISAL).
- Professor (aposentado) do Instituto Federal de Educação Tecnológica de São Paulo (IFSP) onde lecionou as disciplinas: Química, Fundamentos da Educação, Psicologia da Educação, História da Ciência e Epistemologia do Ensino.
- Lecionou como professor emérito na Universidade Cidade de São Paulo e professor adjunto nas Faculdades Oswaldo Cruz, Universidade de Santo Amaro e Universidade de Guarulhos.
- Pesquisador CNPq.
- Pesquisador do Grupo de Estudos e Pesquisa em Interdisciplinaridade (GEPI) da PUC-SP.
- Mestre em Educação pela Universidade Cidade de São Paulo.
- Master Science in Education Science by City University Los Angeles.
- Doutor em Educação pela PUC-SP.
- Pós-Doutor em Educação pelo GEPI-PUCSP.
- Autor de livros sobre Educação e Ciências: *A História da História da Ciência*, *Temas Especiais de Educação e Ciências*, *O Ponto de Mutação no Ensino das Ciências*, *Os Caminhos da Educação e da Ciência no Brasil*, *Leituras Especiais sobre Ciências e Educação*, *O olhar de Hórus: uma perspectiva interdisciplinar do ensino da História da Ciência*, *Química Básica Teórica*, *Química Básica Experimental*, *Médicos e Heróis: os caminhos da Medicina brasileira desde a chegada da Família Real até as primeiras décadas da República* e *Personagens da Ciência Brasileira*.

- Autor de livros sobre Umbanda: *Umbanda e sua história, Umbanda Brasileira: um século de história, Umbanda: um ensaio de ecletismo, Iniciação à Umbanda, Os Orixás na Umbanda e no Candomblé, Manual do Médium de Umbanda, A construção histórica da literatura umbandista, Antônio Eliezer Leal de Souza: o primeiro escritor da Umbanda, Memórias da Umbanda do Brasil, Você sabe o que é Macumba? Você sabe o que é Exu?, História da Umbanda no Brasil, História da Umbanda no Brasil - Volume 2: A Umbanda nos Jornais do Rio de Janeiro, Volume 3: Memórias de uma religião, História da Umbanda no Brasil - Volume 4: Documentos históricos*.
- *Past Master* da Loja Maçônica Cavaleiros de São Jorge (Grande Oriente do Brasil).
- Membro da Escola Superior de Guerra.
- Médium do Templo de Umbanda Ogum Beira-Mar, dirigido por Edison Cardoso de Oliveira, entre 1981 e 1989.
- Vice Presidente da Federação Umbandista do Grande ABC entre 1985 e 1989 e Membro do Conselho Consultivo do Superior Órgão de Umbanda do Estado de São Paulo no mesmo período.
- Relator do Fórum de Debates: *A Umbanda e a Constituinte*, realizado na Assembleia Legislativa de São Paulo, em 1988.
- Colunista do Jornal *Notícias Populares*, em 1989, escrevendo aos domingos sobre a história e os ritos da Umbanda.
- Pesquisou a Umbanda e os cultos afro-brasileiros em diversos terreiros, visitando várias vezes a Tenda Nossa Senhora da Piedade e a Cabana de Pai Antônio onde conviveu com Zélia de Moraes e Zilméia de Moraes.
- Dirigiu o Templo da Confraria da Estrela Dourada do Caboclo Sete Lanças entre 1993 e 1999.
- Colunista do *Jornal de Umbanda Sagrada* entre 2008/2009.
- Colunista do Jornal *Aldeia de Caboclos* desde 2013.
- Atualmente é sacerdote do Templo de Umbanda da Estrela Lilás (T.U.E.L.) - Cabana de Pai Benguela.
- Sacerdote de Orunmilá-Ifá iniciado pelo Babáláwò Ifatoki Adekunle Aderonmu Ògúnjimi (Babalaw*o Ifasoya Ifadaisi Agbole Obemo*).
- Iniciado na Raiz de Guiné (*Hanamatan Ramayane*).
- Iniciado e consagrado na Kimbanda das Almas (*Tata Kimbanda Matambi*).

A TENDA ESPÍRITA MIRIM

DIAMANTINO FERNANDES TRINDADE

14,21cm – 286 P.

A **EDITORA DO CONHECIMENTO** traz aos leitores uma importante obra sobre dois baluartes da Umbanda: Caboclo Mirim e seu médium Benjamim Figueiredo, que, juntamente com Zélio de Moraes e seus contemporâneos, deu uma enorme contribuição para a descriminalização e crescimento dessa religião ancestral. Fundada em 1924, a Tenda Espírita Mirim administrada por ele deu origem a inúmeras outras casas espalhadas pelo território nacional, tornando-se um dos mais importantes núcleos umbandistas do país, porque funcionava como uma escola-modelo muito à frente de seu tempo. É pelas mãos do pesquisador Diamantino Fernandes Trindade, através de sua constante tarefa de resgate histórico da memória umbandista, que esse missionário notável e infatigável ressurge nas páginas deste livro para relembrar seu papel numa época em que a Umbanda era muito mal compreendida, e quando reinava uma verdadeira desunião entre seus adeptos e no próprio seio de suas instituições. Foi Benjamim Figueiredo quem difundiu a ideia de uma umbanda sadia, discreta, sem matança de animais, numa harmonia perfeita entre amor e disciplina, abolindo de seus rituais elementos ligados a "macumbas" e "feitiçarias" reinantes na época, bem como a outros relacionados ao culto católico e à cultura africana.

Não é possível esquecer uma escola tão profícua e bela em seus mistérios e simplicidade como a Escola de Mestre Mirim. Por isso, o extenso material reunido nesta obra, com preciosos depoimentos, inúmeras fotos, vasto material jornalístico, e inclusive um adendo intitulado "O vocábulo Umbanda na palavra de Ramatís", dará oportunidade a muitos autores umbandistas de rever seus conhecimentos e conceitos a respeito desse importante movimento espiritualista.

História da Umbanda no Brasil - Vol. 5
foi confeccionado em impressão digital, em março de 2022
Conhecimento Editorial Ltda
(19) 3451-5440 — conhecimento@edconhecimento.com.br
Impresso em Super Snowbright_b 70g